河南省"十四五"普通高等教育规划教材

中外教育简史

主 编 黄思记 黄宝权 王 立
副主编 李玉峰 王世军
参 编 于书娟 常顺利 魏臣宇

南京大学出版社

图书在版编目(CIP)数据

中外教育简史 / 黄思记,黄宝权,王立主编. — 南
京:南京大学出版社,2021.7(2024.8 重印)
 ISBN 978-7-305-24721-7

 Ⅰ. ①中… Ⅱ. ①黄… ②黄… ③王… Ⅲ. ①教育史
－世界－高等学校－教材 Ⅳ. ①G519

中国版本图书馆 CIP 数据核字(2021)第 137255 号

出版发行 南京大学出版社
社   址 南京市汉口路 22 号   邮   编 210093
书   名 **中外教育简史**
          ZHONGWAI JIAOYU JIANSHI
主   编 黄思记 黄宝权 王 立
责任编辑 曹 森   编辑热线 025-83686756

照   排 南京南琳图文制作有限公司
印   刷 南京百花彩色印刷广告制作有限责任公司
开   本 787 mm×1092 mm 1/16 印张 19.25 字数 500 千
版   次 2021 年 7 月第 1 版   2024 年 8 月第 5 次印刷
ISBN 978-7-305-24721-7
定   价 49.80 元

网址:http://www.njupco.com
官方微博:http://weibo.com/njupco
微信服务号:NJUyuexue
销售咨询热线:(025)83594756

编　委　会

序

以史为镜,可以知兴衰。科学和历史,犹如车之两轮,在研究当代、面向未来的过程中,同样具有不可忽视的巨大作用和意义。科学给人机智与敏锐,历史则给人深邃与开阔。探讨历史发展的规律,把握历史发展的脉络与走向,正是为探索未来奠定基石。

教育史对于师范教育(包括普通高校的小学教育专业)而言,是不可或缺的基础课程之一。当然,由于普通高校小学教育专业,尤其小学教育全科方向,面临着需要开设的课程多、时间有限等问题,难以像教育学专业一样用相对多的时间分别开设中国教育史和外国教育史两门课程,因此南京大学出版社把《中外教育简史》作为普通高校小学教育专业规划教材,较好地解决了这一难题,这确实是一件好事。

《中外教育简史》全书共十五章,第一章介绍了教育的起源与原始社会的教育,第二章至第八章为中国教育史部分,以时间为序,分别介绍了先秦时期的教育、秦汉魏晋南北朝时期的教育、隋唐时期的教育、宋辽金元时期的教育、明清(鸦片战争前)时期的教育、近代教育的发展和现代教育的发展。第九章至第十五章为外国教育史部分。从古到今,分别介绍了东方文明古国的教育、古希腊与古罗马的教育、西欧中世纪、拜占庭与阿拉伯的教育、文艺复兴与宗教改革时期的教育、近代欧美主要国家和日本的教育、19 世纪末至 20 世纪前期欧美教育革新运动、现代欧美主要国家和日本的教育。整体而言,该书体系完整、内容全面、详略得当、深浅适度,可以满足小学教育专业教育史课程开设之需要。而该书设计的"扫码学习方式",则为读者提供了更加丰富的学习资源。

对于这样一部《中外教育简史》,普通高校小学教育专业的同学们,亦即未来的教师们如何进行学习和研究？在此提出几点个人的看法，供大家参考。

第一，学习和研究中外教育史要坚持以马克思主义为指导。习近平总书记在纪念马克思诞辰200周年大会上指出："从《共产党宣言》发表到今天，170年过去了，人类社会发生了翻天覆地的变化，但马克思主义所阐述的一般原理整个来说仍然是完全正确的。我们要坚持和运用辩证唯物主义和历史唯物主义的世界观和方法论，坚持和运用马克思主义立场、观点、方法，坚持和运用马克思主义关于世界的物质性及其发展规律，关于人类社会发展的自然性、历史性及其相关规律，关于人的解放和自由全面发展的规律，关于认识的本质及其发展规律等原理，坚持和运用马克思主义的实践观、群众观、阶级观、发展观、矛盾观，真正把马克思主义这个看家本领学精悟透用好。"①中外教育史的学习和研究从根本上来说，就是要坚持以马克思主义为指导，尤其是坚持历史唯物主义和辩证唯物主义的方法论。坚持历史唯物主义就要以历史的眼光看待当时发生的教育实践、当时产生的教育思想；坚持辩证唯物主义就要防止机械、片面、割裂地看待人类教育的发展。

第二，学习和研究中外教育史要秉持比较的方式和方法。"比较"是一种思维方式，也是一种学习方法和研究方法。该书把中外教育史放在一本书中编写，就含有促使大家以比较的眼光来学习和研究的初衷。采用比较的方式和方法学习和研究中外教育史，能够使我们以更为开阔的视野审视中外教育发展的历史，可以使我们在这方面获得更为清晰、深刻的认识，提升我们的思维水平，从而更好地汲取教育发展史上的宝贵经验以及沉痛教训，以便更有效地服务于当代教育的发展，服务于我们将来所要从事的教育教学工作。该书在课后的"思考与拓展"设计中，有中外教育比较方面的思考题，正是这一学习和研究方法的体现。认真分析这些题目，将有利于大家对教育史知识的理解和掌握，有利于大家养成比较的思维习惯和学习方法。

第三，学习和研究中外教育史应立足本国国情，服务时代发展需要，谨防食古不化与崇洋媚外两种极端。立足本国国情，就是要立足于中国特色社会主义新时代，要通过学习和研究，实现中、外传统教育思想和教育制度的现代性转化

---

① 习近平. 在纪念马克思诞辰200周年大会上的讲话[M].北京:人民出版社,2018:25.

和创新性发展，做到以古鉴今，继往开来；借鉴外来，为我所用，而不是为我所困。此方面，中国古代哲学及教育中重要的思维概念和具体做人处事的重要原则，也是儒家道德的最高境界——中庸之道，即"执两用中"、行为适度而避免走极端的方法，应该成为我们学习和研究中外教育史的基本方法。

第四，学习和研究中外教育史要养成爱读书和勤读书的好习惯。读书是终身学习的基本途径，也是教师专业发展的基本途径，更是我们学习和研究中外教育史的基本途径。不读书，教育史的学习和研究就会大打折扣。只有养成读书的良好习惯，并在读书的基础上不断进行思考，才能不断促进我们的学习和研究。那么如何读书？建议大家拿到这本书后，尽可能先通读一遍，对中外教育发展史形成一个整体的大概印象。之后，在教师讲授和指导下的学习过程中，再认真阅读本书的相应章节和相关资料，进行深度学习。该课程结束后，建议大家以通过该书学习获得的教育史知识为基础，围绕学习、研究和工作需要，进一步阅读教育史专题研究方面的书籍。与此同时，还可涉猎一些与教育史知识密切相关的哲学、心理学、伦理学、美学、历史学等书籍，获得更为广博的知识，从而扩大知识视野，进一步提升思维水平。

可以明显地感到，《中外教育简史》的编写团队是一个有着强烈事业心和责任感的团队，为该书的撰写和出版付出了大量而辛勤的劳动。相信该书的出版，定能为教育史学科的发展、为教师教育的发展，做出应有的贡献。

李申申

2021 年 5 月 6 日

于河南大学教育科学学院

目　录

微信扫一扫

✓课件申请

✓教学资源

教师服务入口

✓拓展阅读

✓加入学习交流圈

学生服务入口

第一章　教育的起源与原始社会的教育

本章概要：教育的生物起源论者认为教育是一种生物现象，教育起源于动物界中各类动物的生存本能活动，教育活动是按生物学规律进行的本能传授活动。教育的心理起源论者认为教育的起源不是生物现象，而是心理现象，教育起源于儿童对成人无意识的模仿。教育的劳动起源说认为教育是在人类的生产劳动中产生的，推动人类教育起源的直接动因是在劳动过程中人们传递生产经验和生活经验的实际社会需要。原始社会教育的性质是人人平等的，其目的是为了个体生存和种群延续，教育内容与生产、生活紧密相关，教育方式和教育方法极其简单。原始社会末期产生了最原始的文字和学校的雏形，奴隶社会的教育由此开始发展。

第一节　教育的起源

教育的起源问题一直是教育学和教育史研究的重要课题之一。科学把握教育的起源有利于我们更好地认识教育的本质及其与其他社会活动的区别和联系，进一步把握教育发展的规律，指导教育实践。就已有研究而言，比较典型的观点有生物起源论、心理起源论和劳动起源论三种。

一、生物起源论

教育的生物起源论者认为教育是一种生物现象，教育起源于动物界中各类动物的生存本能活动，教育活动是按生物学规律进行的本能传授活动。代表人物主要有法国哲学家利托尔诺（C. Letourneau，1831—1902）和英国教育家沛西·能（T. Percy Nunn，1870—1944）等。

利托尔诺认为教育在人类出现前就已经产生，他根据对动物生活的观察得出结论，认为动物界中也存在教育，如大猫教小猫捕鼠、大鸭教小鸭游水等[1]。利托尔诺在其《动物界的教育》一书中阐述了他的教育生源论观点，认为人类的教育与动物的教育相似，都是基于生物本能：

> 动物尤其是稍微高等的动物，完全同人一样，生来就有一种由遗传而得到的潜

---

[1] ［苏联］巴拉诺夫. 教育学［M］. 李子卓，译. 北京：人民教育出版社，1979：10.

在的教育,其效果见诸个体的发展过程。①

从观察得到的、互相有联系的许多事实已无可争辩地向我证实:兽类教育和人类教育在根本上有同样的基础;由人强加的人为的教育,可以动摇甚至改变动物的被称为本能的倾向,并反复教它们具有一些新的倾向;为取得这一结果,通常只要让年幼动物反复地练习并恰当地利用奖励也就够了。②

沛西·能认为教育是一种生物现象,是与种族需要、种族生活相适应的、与生俱来的本能:

教育从它的起源来说,是一个生物学的过程,不仅一切人类社会有教育,不管这个社会如何原始,甚至在高等动物中也有低级形式的教育。我之所以把教育称为生物学的过程,意思就是说,教育是与种族需要相适应的、种族生活天生的,而不是获得的表现形式;教育既无待周密的考虑使它产生,也无须科学予以指导,它是扎根于本能的不可避免的行为。……生物的冲动是教育的主要动力。③

教育一种生物的实验。④

总之,生物起源论者把教育起源看成生物现象和生物本能,强调教育的生物性,否定了教育的社会性,忽略了教育是人类社会特有的有意识、有目的的社会活动。因此,教育的生物起源论是不科学的。

二、心理起源论

教育的心理起源论者认为教育的起源不是生物现象,而是心理现象,教育起源于儿童对成人无意识的模仿。主要代表人物是美国的教育家孟禄(P. Monroe,1869—1947)。他批评了利托尔诺的教育生物起源观点,阐述了个人的教育心理起源观点。

除了在偶然的情况下和在最高的阶段,原始人从来没有达到有意识的教育过程。即使就给予的训练而言,至多仅仅指明要做的事情和做事情的过程,而没有试图做解释或阐明,绝大部分纯粹是无意识的模仿。儿童仅仅是通过观察和使用"尝试—成功"的方法学习如何用弓箭射击,如何加工被杀死的动物,如何烹饪,如何编织,如何制作陶器。⑤

(原始社会的教育)使用的方法从头至尾都是简单的、无意识的模仿⑥,原始社会以最简单的形式展示它的教育,然而教育的过程在这早期阶段,也具有教育在高

---

① 瞿葆奎.教育学文集·教育与教育学[M].北京:人民教育出版社,1993:158.
② 瞿葆奎.教育学文集·教育与教育学[M].北京:人民教育出版社,1993:177.
③ [英]沛西·能.教育原理[M].王承绪,赵端瑛,译.北京:人民教育出版社,2005:36.
④ [英]沛西·能.教育原理[M].王承绪,赵端瑛,译.北京:人民教育出版社,2005:36.
⑤ 瞿葆奎.教育学文集·教育与教育学[M].北京:人民教育出版社,1993:186-187.
⑥ 瞿葆奎.教育学文集·教育与教育学[M].北京:人民教育出版社,1993:179.

度发展阶段所展现出来的所有基本特征。①

　　孟禄把教育的起源归结于儿童对成人的无意模仿,这一论点忽视了人是有意识的存在物这一本质特性,忽视了教育活动中成人对儿童的指导作用,否认了人的社会性,也把人类社会有意识地提升人格的活动等同于动物无意识的模仿。因而,这种观点也是不科学的。

三、劳动起源论

　　教育的劳动起源论是在批判生物起源论、心理起源论的基础上,以马克思主义历史唯物主义观点为指导形成的。其主要内容为:生产劳动是人类最基本的实践活动;教育是人类特有的一种社会活动;人类教育起源于生产劳动过程中的经验传递;口耳相传和简单模仿是最原始、最基本的教育形式;教育产生于劳动,以人类语言的发展为条件;教育从产生之日起,其职能就是传递劳动过程中形成与积淀起来的社会生产经验和生活经验;生产力劳动的变革是推动人类教育变革最深厚的动力;教育范畴是历史性与阶级性的统一。

　　教育的劳动起源论这一观点是由苏联教育家提出来的,为我国学者普遍接受。苏联教育史学家米定斯基说:"只有从恩格斯的'劳动创造人类本身'这个著名原则出发,才能了解教育的起源,教育也是在劳动过程中产生出来的。"②

　　劳动起源论是马克思主义教育理论对教育起源的正确解释。③ 其正确性与合理性源于马克思主义唯物史观,以下是马克思和恩格斯的相关论。

　　　　劳动是从制造工具开始的。④
　　　　任何一个民族,如果停止劳动,不用说一年,就是几个星期,也要灭亡……⑤
　　　　劳动是整个人类生活的第一个基本条件,而且达到这样的程度,以致我们在某种意义上不得不说劳动创造了人本身。⑥

　　在劳动中,为了有效地传递信息、交流和协作的需要,人类逐渐形成了语言,也是在劳动中,在选择石器之类的劳动工具中,人类逐渐产生了思维。语言和思维是人之为人的重要特征,也是教育产生的重要的条件,所以说"劳动创造了人本身",劳动也创造了教育这一人类特有的社会活动。总之,教育是在人类的生产劳动中产生的,推动人类教育起源的直接动因是在劳动过程中人们传递生产经验和生活经验的实际社会需要。⑦

---

① 瞿葆奎.教育学文集·教育与教育学[M].北京:人民教育出版社,1993:178.
② [苏联]米定斯基.世界教育史[M].叶文雄,译.北京:生活·读书·新知三联书店,1950:5.
③ 《教育学原理》编写组.教育学原理[M].北京:高等教育出版社,2019:27.
④ [德]马克思,恩格斯.马克思恩格斯文集(第9卷)[M].北京:人民出版社,2009:555.
⑤ [德]马克思,恩格斯.马克思恩格斯文集(第9卷)[M].北京:人民出版社,2009:289.
⑥ [德]马克思,恩格斯.马克思恩格斯文集(第9卷)[M].北京:人民出版社,2009:50.
⑦ 《教育学原理》编写组.教育学原理[M].北京:高等教育出版社,2019:29.

第二节　原始社会的教育

　　原始社会又称为史前社会，是人类社会发展史上的第一个社会形态，包括人类文明社会之前的蒙昧时代和野蛮时代。按照摩尔根和恩格斯的说法，蒙昧时代是以采集现成的天然产物为主的时代，野蛮时代是学习会经营畜牧业和农业的时代。我国学者把原始社会划分为原始群、母系氏族社会和父系氏族社会三个阶段。原始社会教育的研究主要通过考古学、人类学、民族学的相关研究成果，以及古代传说等相关文献的考证、推测和类比来进行。以下根据已有研究成果，概要介绍原始社会的教育状况。

　　原始社会教育的性质是人人平等的，目的是为了个体生存和种群延续的需要。原始社会是人类社会最长的社会阶段，长达二三百万年。原始社会是一个生产力水平极其低下、没有剩余产品、没有剥削、没有压迫、没有阶级、人人平等的原始共产主义社会。与其社会特征相适应，教育也是没有阶级、人人平等的。原始社会的教育仅仅是个体生存和种群延续的需要，不是为了个别阶层的教育，而是全体成员在生产劳动和社会生活中平等拥有的教育。

　　教育内容与生产、生活紧密相关。在原始社会中，为了生存和生活的需要，教育必须向儿童和青少年传递生产劳动知识和劳动技能，这也是教育的主要内容。利托尔诺描述北美印第安人儿童的教育状况说："有些负了教育责任的部落成员，应该使儿童认识生产，谁都不可以没有生产的知识的。"[①]

　　在长期的社会生活中形成的各种习俗和规范是原始教育的另一重要内容，包括部落传统、习惯、禁忌、道德等。其中，"成人礼"是原始社会一种重要的教育内容和教育形式。

　　原始社会的教育内容还包括宗教、音乐、舞蹈和军事等。"一切宗教都不过是支配着人们日常生活的外部力量在人们头脑中的幻想的反映，在这种反映中，人间的力量采取了超人间的力量的形式。"[②]在原始社会后期，部落之间为了争夺资源不断产生冲突和战争，军事教育也逐渐产生。而军事教育的源头应该是原始社会的生产劳动形式之一——打猎：打猎的工具发展为军事教育的武器，打猎的方式方法则是军事教育的战略战术了。

　　原始社会的教育方式和教育方法极其简单。原始社会没有文字，没有专门的教育机构，教育是在社会生产和生活中进行的，没有形成专门的社会活动，教育是与生产劳动和社会生活紧密相融的，是在共同劳动、生活和活动中进行中的。"口耳相传""言传身教""做中学"是原始社会的教育和学习方法。法国哲学家利托尔诺对这种口耳相传的教育做了生动的记述："在漫长的冬夜里，极北部的红色皮肤人用口授来教育自己的孩子。他们使孩子们知道本地动物的名称、认识动物的性能、认识猎取的方法；教他们如何设置皮毛兽的陷阱。他们告诉孩子们如何利用锹和刀，用树皮制成独木舟、雪车、雪靴等。""对孩子们继续不断地讲述光荣的业绩和祖先的军功，以引起儿童的想象，指导他们渴慕光荣。一有适宜的机会，总是

---

　　① ［苏联］加业林，哥兰塔. 世界教育学史［M］. 柏嘉，译. 上海：作家书屋，1953：10.
　　② ［德］马克思，恩格斯. 马克思恩格斯文集（第三卷）［M］. 北京：人民出版社，2009：354.

告诉儿童们关于他们部落的仇敌,表示复仇是神圣的义务。"[1]

原始社会末期产生了最原始的文字和学校的雏形。恩格斯说:"(野蛮时代的高级阶段)从铁矿的冶炼开始,并由于文字的发明及其应用于文献记录而过渡到文明时代"。[2] 苏联教育史家沙巴耶娃依据人类学、考古学的材料,推断在母系氏族社会末期出现了社会教育机构的胚胎形式——青年之家。[3] 文字和学校的产生,标志着制度化的教育开始萌芽,标志着人类教育逐渐步出原始社会,开始走向更高级的阶段——奴隶社会。这也标志着人类逐渐走出蒙昧和野蛮时代,步入文明社会。

思考与拓展

1. 你比较认同哪一种教育起源论,请说明原因。
2. 分析原始社会教育的主要特征。

---

① [苏联]加业林,哥兰塔. 世界教育学史[M]. 柏嘉,译. 上海:作家书屋,1953:10.
② [德]马克思,恩格斯. 马克思恩格斯文集(第三卷)[M]. 北京:人民出版社,2009:21.
③ 滕大春. 外国教育通史(第一卷)[M]. 济南:山东教育出版社,2005:16.

第二章　先秦时期的教育

　　本章概要："先秦"的含义有广义和狭义之分,广义的先秦指秦朝以前的历史时期,包括原始社会,夏、商、西周时期,以及春秋战国时期三个阶段;狭义的先秦则特指春秋战国时期。本书的"先秦"概念取其广义。因本书第一章已对人类社会初期教育的特征做了介绍,故本章专对夏商周三朝教育特征做出分析。

　　此一时期是中华文明的初盛期,专门学校教育也在此时期孕育。该时期教育发展主要体现为学校制度的产生与传统教育理论的产生两个方面。该时期学校制度经历了从无到有、从官府走向民间的过程;文教政策的重心从尚武、尊天转向现实人伦。学校教育的独立以及注重德政德教,促使私学大师们开始探讨教育与教学的规律。百家争鸣的学术氛围为这一探讨提供了良好的条件,儒家、墨家、道家等学派的教育家们从不同角度去认识教育、阐述教育,从而促成了中国传统教育理论的形成。

第一节　夏商的教育

一、夏朝的教育:学校的萌芽

　　依照通史惯例,我们以夏朝(约公元前 2070—公元前 1600)为我国王朝之始。[1] 需要特别关注的是,2019 年 7 月 6 日 10 时 42 分,联合国教科文组织第 43 届世界遗产委员会会议通过决议,将中国世界文化遗产提名项目"良渚古城遗址"列入《世界遗产名录》。良渚古城遗址从学术上实证了中华 5 000 多年文明史,但是,这并未否定夏朝的存在,只是有可能将中国最早的王朝的"桂冠"从夏朝"头上"移走。

　　从理论上讲,夏朝具备了出现学校的条件:第一,它是我国历史上第一个奴隶制的阶级社会。据历史传说,夏部落的首领禹的儿子启,废除推选的"禅让"制,正式揭开了奴隶社会的帷幕。第二,它是个金石并用的时代。当时的生产力有了较大发展,农业已发展到人工灌溉的百谷种植,手工业也发展到能铸造绘有多种花纹图案的陶器和青铜器。第三,出现了原始文字,并已有脱离生产劳动的文化人员——"巫人"。另外,先秦时期典籍《左传》《国语》等书多处引用了《夏书》的材料,说明夏朝已经进入了有文字记载的文明时代。

---

① 广少奎.中国教育活动通史(第一卷)[M].济南:山东教育出版社,2017:99.

· 6 ·

图 2 - 1　良渚古城遗址

古籍中关于夏朝学校的记载也颇多,教育机构的名称主要有庠、序、校等,如《礼记·明堂位》:"序,夏后氏之序也。"《孟子·滕文公上》:"夏曰校。"由于我们还没有足够的文献论证夏朝确已有学校的存在,因而只能做某些推论。据许多学者考证,"庠"乃沿袭舜时的名词,为养老兼教育的场所。"序"则为习射的场所,后来成为军事教育的机构。"校"与"序"相似,也是一种军事体育性质的教育机构。《史记·儒林外传》记载:"乡里有教,夏曰校"。另外,《古今图文集成·学校部》载:"夏后氏设东序为大学,设西序为小学。"由这些史料可推知,夏朝分级设学,"校"是夏朝等级较低的乡学,而"庠""序"则是较高等级的教育活动的场所。

在教育管理方面,夏朝设置司徒主管国学的教育教化事务,设置瞽、党正、啬夫等掌管地方乡学的教化。在学生管理方面,夏朝从入学程序到管理方式再到考核,都有一定的规定。《夏小正》载:"二月……丁亥,万用入学。"这是我国入学和学年的最早记载。

夏朝的庠、序、校具有一定的教育意义,尽管它们不同于后来的专门教育机构,只是一种政教合一的场所,但后来的专门学校由此孕育。这标志着我国古代文明时代的到来。[①]

文教政策是国家和政府制定与颁布的发展文化教育事业的总方针。从仅有的文献中,可大致辨识此时期的文教政策的面目。宋元之际的马端临在《文献通考》中,将夏朝教育的特征归结为"以射造士"。其实,以射造士亦可视为夏朝的文教政策,它旨在为国家培养精通射术的武士。夏朝的立国,与武力征服有关。甲骨文中的"夏"字,像人"秉钺讲武"之形,故夏朝"为政尚武"似可成立。

二、商朝的教育:学校教育制度的初建

商汤灭夏,建立了我国历史上第二个奴隶制国家——商朝(公元前 1600—公元前 1046)。从商朝的政治、经济、文化发展的水平而言,商朝已经完全具有成熟的产生学校的条件。

关于商朝的学校教育机构的名称,地下文物也有实证。结合古籍的记载,商朝的学校机

---

① 广少奎.中国教育活动通史(第一卷)[M].济南:山东教育出版社,2017:155.

构主要有庠、序、学、瞽宗四种。

商朝的学校已有小学、大学之分，古籍对此多有记载，如《礼记·王制》："殷人养国老于右学，养庶老于左学。"右学，大学，在西郊；左学，小学，在国中王宫之东。《礼记·明堂位》："殷人设右学为大学，左学为小学，而作乐于瞽宗。"重要的是近年来在甲骨卜辞中已发现了"大学"和"小学"的字样，进一步证明商朝学校已分为两级施教。[1]

据甲骨文和古籍所载，可以肯定商朝小学进行读、写、算的教学。甲骨文中发现不少练字的骨片，上有五行字，重复刻着从甲子到癸酉十个干支，其中一行刻得整齐精美，其他四行则字迹歪斜，显得颇不协调。据郭沫若的分析估计，那一行整齐精美的字是老师刻的字样，另外四行是学生的练习。这是商朝小学识字、习字教学的实际物证。

马端临在《文献通考》中，将商朝教育的特征归结为"以乐造士"，这也可视为商的文教政策。这种文教政策，要求为国家培养精通乐律、指挥歌舞、祀天祭神的巫师。《礼记·表记》有载："殷人尊神，率民以事神。"由于殷人对鬼神的极度崇拜，祭祀也就成为商朝最重要的政治活动。既然祭祀如此重要，当然就离不开音乐、诗歌和舞蹈（"乐教"）。为了营造浓烈的宗教氛围，"乐教"受到统治者的格外重视，在商朝获得了前所未有的发展。

第二节　西周的教育

代商而起的奴隶制国家周朝（公元前 1046—公元前 221），分为西周（公元前 1046—公元前 771）和东周（公元前 770—公元前 221）两段。本节主要介绍西周的教育概况。西周是我国奴隶制社会的全盛时期，经济上实行奴隶主贵族的土地国有制；政治上实行以宗法制为基础的分封制度，严君臣、尊卑、上下之分，明父子、长幼、亲疏之别；思想意识上由重神鬼逐渐变为重人事。这些就决定了西周"以礼造士"的文教政策，以及统治者对教育的极端重视和高度垄断，形成"学在官府""官守学业"的局面。

一、文教政策

马端临在《文献通考》中，将西周的教育特征归结为"以礼造士"，这可视为西周的文教政策。这种文教政策，要求为国家培养通晓并遵循礼仪的文官。中国"文官政治"由此发端。《周礼·表记》载，周人"尊礼重施"，"先礼而后鬼"，这显然与"以礼造士"密切相关。"礼"字的本义，《说文解字》有言："礼，履也，所以事神致福也。"依此可知，它实指祭神的仪式和心态，其引申义为敬意、敬礼或礼貌。礼虽由殷人的尊神致祭而来，且周人也并不排斥对天命、鬼神的顶礼膜拜，但周朝却赋予礼字"敬德保民"的崭新时代内涵。所谓"先礼而后鬼"所表征的，是由"神本"向"人本"的回归。这在中国文化史上是一个重大的转折，同时也为中国教育的发展创造了良好的契机。

---

① 吴洪成. 中国小学教育史[M]. 太原：山西教育出版社，2006：6.

二、家庭教育

（一）西周的贵族家教

有关西周平民家教的资料，早已散佚。在《礼记训纂·内则》中所录载者，大体反映的是贵族家庭童幼教育的实况：

> 子能食食，教以右手。能言，男唯女俞。男鞶革，女鞶丝。六年，教之数与方名。七年，男女不同席、不共食。八年，出入门户及即席饮食，必后长者，始教之让。九年，教之数日。十年，出就外傅，居宿于外，学书计。

具体说来，家庭教育的内容主要包括：① 行为习惯。"教以右手"所依据者，为"从众"原则；他如举手投足，也均有轨义可循。② 语言训练。不仅须读准字音，而且还要求流利表达，甚至男孩、女孩说话的音调也还要有所不同（男唯女俞）。③ 自我服务及修饰。包括穿衣戴帽、洗脸沐足等项。还包括男孩须系皮制腰带（男鞶革），女孩须系丝编腰带（女鞶丝）。④ 知识和常识。包括数数与"数日"，还包括辨识东、南、西、北各方或器物名称（方名）。⑤ 伦理规范。包括："男女不同席、不共食"；"出入门户及即席饮食，必后长者。"总之，"礼教"是家庭教育的重心所在。

（二）西周的宫廷教育

宗法制的"宗君合一"，为统治术的"家国一体"奠定了基础。如此，国即"大家"，国君即"大家之长"；国君的教子之法，也就必然会影响无数"小家"。所谓"宫廷教育"，实则为"第一家庭的教育"。

西周的宫廷教育，首重胎教。胎教系指母体怀胎期间对胎儿所施加的影响。影响因素主要包括：① 食物营养；② 起居环境；③ 音乐绘画；④ 行为规范；⑤ 情绪调控。贾谊在《新书·胎教》记有："周后妃妊成王于身，立而不跛，坐而不差，笑而不喧，独处不倨，虽怒不骂，胎教之谓也。"据此可知西周胎教的主要措施。

西周的宫廷教育，还重视启蒙教育。当太子或皇子出生后或在六七岁时，皇帝还专置"三公"，以协助自己教育皇子。三公为太保、太傅、太师的合称，由在朝高官兼任。《大戴礼记·保傅》云："昔者周成王幼，在襁褓之中，召公为太保，周公为太傅，太公为太师。""保，保其身体；傅，傅之德义；师，道之教训，此三公之职也。"由于三公的施教场所须在外宫，因而须待皇子稍长而送出外廷受教。或识字读经，或接受道德训诫，或练习骑射，均具有启蒙性质。

三、西周的学制及实施

依据后世所追记的材料，西周集前代学校之大成，组构出比较完备的学校教育体系。

（一）西周的学制体系

西周的学制，可用"两级两类"来简明概括。所谓"两级"，一为"小学"（初等教育设施），一为"大学"（高等教育设施）；所谓"两类"，一为由中央政府出资办理的"国学"，一为由地方政府出资办理的"乡学"。国学设于王都之中，乡学则设于王都之外。具体设学情况详见如下图2-2：

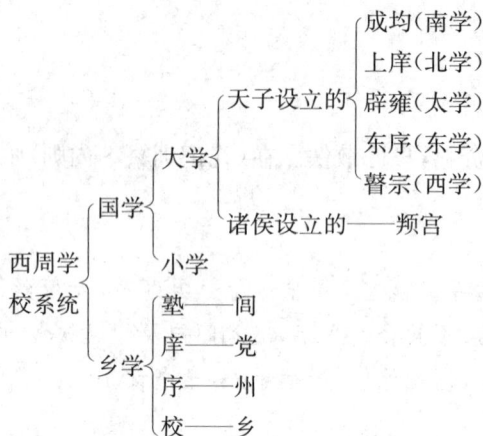

图 2-2　西周的学校系统

下列几处有必要说明：① 国学与乡学相对独立，大体各自构成升续体系；但乡校的"俊士"，可直接升于国学中的大学。② 国学与乡学都有小学建制。国学中的小学有两种，一种设在宫廷附近的贵胄小学，一种设在郊区的一般贵族子弟小学。宫廷附近的贵胄小学有文献记载。《礼记·王制》："天子命之教，然后为学。小学在公宫南之左，大学在郊。"《大戴礼记·保傅篇》："及太子少长知色，则入小学，小者所学之宫也……古者年八岁而出就外舍，学小艺焉，履小节焉。"设在郊区的一般贵族子弟小学有文献记载。《春秋公羊传解诂》（何休）："十月事讫，父老教于校室。乡学之秀者移于庠，庠之秀者移于国学，学于小学。诸侯岁贡小学之秀者于天子，学于大学。"至于乡学，是地方基层学校，均为小学教育机构。③ 大学分天子所设"五学"和诸侯所设"泮宫"。"五学"中的辟雍地位最高，设于大学中央，类同于"明堂"之设，为皇帝承师问道之所。其他"四学"，分设于辟雍四侧，有分科设教之意：东序"春夏学干戈，秋冬学羽籥"，习军事与祭祀；南学成均为学乐之所；西学瞽宗为演礼之所；北学上庠为学书之所。

（二）西周教育的实施

首先，关于"政教合一""官师合一"的教育管理体制。西周的教育行政并未专门化，既无专门机构，也无专门职官，而是与普通行政混为一体，由行政官员兼任教官与教职。就大学中的"四学"而言，东学由"乐师"主之，南学由"大司乐"主之，西学由"礼官"主之，北学由"诏书者"主之。国学中的其他职官，有"师氏""保氏""大胥"和"小胥"。

其次，关于小学和大学的学制。学制建设是教育体制建设中最为重要的组成部分之一，是学校教育正规化的重要标志，也是教育自身发展到一定历史时期的产物。《礼记》对西周学制的论述，分大学和小学两级。关于各级的修学年限，小学无具体记载。据其他典籍记录各学入学的年龄看，"八岁入小学，十五岁入大学，此大学之礼也。"（《礼记·保傅》）据此，入小学到大学的修业年限为七年，可知小学的修业年限为七年制。[①] 关于大学的修业年限，据《礼记》记载，西周有一个九年制从初级到高级的完整的大学学制。初级"小成"阶段为七年分四级，高级"大成"分两年，完成即结业。

---

① 徐仲林，谭佛佑，梅汝莉. 中国教育思想通史（第一卷）[M]. 长沙：湖南教育出版社，1994：321.

综合各种文献,西周时国学中的小学入学年龄有八岁、十岁、十三岁、十五岁等说法,大学入学年龄则有十五岁、十八岁、二十岁之说。如今通常认为,八岁入小学、十五岁入大学的是王太子;十三岁入小学、二十岁入大学的是指公卿太子、大夫元士之子;十五岁入小学、十八岁入大学的是指"余子"(即大夫、元士之妾所生之子,亦称"众子")。可见,身份地位越高者,其子弟入学年龄越小,反之则越大。入学年龄的不同,绝非由学生素质高下所决定,同样反映了西周宗法制度对受教育权利的规范和制约。相比国学,乡学的入学资格较为宽松。除一般奴隶主的子弟外,部分庶民及平民子弟亦可入学学习,学习内容为初等教育性质。至于其入学年龄,古籍记载不详。

最后,关于小学和大学"六艺"教育内容。《周礼·地官》载,大司徒"以乡三物教万民而宾兴之。一曰六德:知、仁、圣、义、忠、和;二曰六行:孝、友、睦、姻、任、恤;三曰六艺:礼、乐、射、御、书、数。"大体说来,"六德"和"六行"属社会教化的内容,而"六艺"方为学校教育的课程。不论是小学或是大学,都是以"六艺"为基本学科,但在要求上有层次的不同。书、数称为"小艺",是小学的主要课程,礼、乐、射、御称为"大艺",是大学的主要课程。"六艺"教育具有多方面的教育元素:既重思想道德,也重文化知识;既注意传统文化的传承,也注重实用技能的训练;既重视文事,也强调武备;既注重行为规范的礼仪养成,也关注内心情感的表达。简言之,其中包含了德、智、体、美多方面的教育意蕴。因此,将"六艺"教育称为我国最早的、自成体系的"素质教育"或"和谐教育",是毫不为过的。[①]

第三节　春秋战国时期的教育

东周(公元前770—公元前221)史称"春秋战国"时期。春秋战国是我国由分封制社会向郡县制社会过渡的时期,其在政治、经济、文化方面都经历了巨大的动荡。可以说,大动乱与大变革,就是这个时期的代名词。纷乱的政局和频仍的战乱,却为思想自由和文化繁荣提供了契机,使"政教合一"的模式松动乃至离散,从而为私学的发展和勃兴,以及教育理论的繁荣创造了条件。从"百家争鸣"局面对此后中国历代的深远影响来看,战国时代实可称为中国教育活动发展史上的第一个"轴心时代"。[②]

一、官学的衰废和私学的勃兴

官学教育活动的衰落并非一日而成的,经历了从西周末到春秋初较长时间的演变。整个春秋时期,见于史载的官学活动只有两条:一条是《诗经·鲁颂·泮水》中"明明鲁侯,克明其德;既作泮宫,淮夷攸服"的诗句,描述的是鲁僖公在泮宫设宴,庆祝战胜淮夷的事迹;另一条是《左传·襄公三十一年》记载的郑国执政子产"不毁乡校",被后人传为德政之美谈。

与官学衰废形成鲜明对照的是,春秋时期私学则异军突起。春秋时期的私学是在私人讲学活动的基础上产生的,后来逐渐发展、分化而形成了众多学派。一般而言,"私学"具有

---

① 广少奎.中国教育活动通史(第一卷)[M].济南:山东教育出版社,2017:181.
② 广少奎.中国教育活动通史(第一卷)[M].济南:山东教育出版社,2017:13.

两重含义：一是指私家学派，二是指私人教育形式。二者之间的关系是密不可分、互为条件的：私家学派是在私人教育的过程中逐渐形成和发展起来的；私人办学要能生存和发展，也要以一定的学术地位和社会声誉为基础。

二、稷下学宫

稷下学宫也称稷下之学。因其校址选定在齐国都城临淄（今山东淄博）的稷门（西门）之外或稷山之下，故名。该学宫具备高等学府的特征，旨在研讨高深的学术，是战国时代"百家争鸣"的缩影，且为中国教育发展史上第一个有系统文字记录的学校，也为后世书院的创立预行了奠基礼。

图 2－3　稷下学宫版画像

1. 稷下学宫的沿革

稷下学宫创办于公元前 307 年左右齐桓公执政时期。齐国步入春秋以后，就成为与秦国并称的大国强国。它经济繁荣，人口众多，农工商并重，极大地活跃了新兴封建经济，为稷下学宫的创设提供了雄厚的经济基础。齐国统治者雄心勃勃，素有统一中国的雄志。他们在推行富国强兵政策的同时，在文化政策上采取开放政策，广揽天下之士，为完成统一大业做好人才准备。稷下学宫正赖此环境而产生，它历经齐桓公、威王、宣王、湣王、襄王、齐王共六代，跨越 150 年。

2. 稷下学宫的性质、教学和管理

稷下学宫由政府出资办理，这与西周官学的经费来源是一致的；稷下先生被授以上卿、上大夫、大夫、学士等官职，这与夏、商、西周"官师合一"的定制也是一致的。但它"既官既私"，又"非官非私"；它冠以国立大学之名，却行以私学办理之实；它在经费来源、教官授衔等方面类同于官学，却在教育内容、管理方式等方面类同于私学。所以，稷下学宫的性质，可用"官私联营"或"民办官助"来概括。这种特殊性质的学校，实与后世"书院"的性质颇为相近。英国知名教授李约瑟（J. Neebham）便认为书院源于稷下学宫："在中国，书院的创始可追溯到这个时期。其中最有名的是齐国首都的稷下书院。"①

---

① ［英］李约瑟. 中国科学技术史（第一卷第 1 分册）［M］. 袁翰青，译. 北京：科学出版社，1975：199.

稷下学宫的功能：一为议政，所谓"昔田巴毁五帝、罪三王、訾五霸于稷下"[①]证之；二为教学，所谓"齐田氏时善学者所会处"[②]证之；三为研究，所谓"各著书言治乱之事"（《史记·孟子荀卿列传》）证之。

教学活动中的"期会"，既与议政相关，也与研究相关。所谓期会，即定期或约期举行的学术论辩会。参加者，主体为稷下师生，其他为四方游士或朝廷命官；论辩时，既可侃侃道来，也可愤激陈言。期会实际成为各派私学宣扬各自学说的舞台。这种讲学活动，实际具有"百家争鸣"的典型特征，进而促进了学术繁荣。孟子与告子有关"人性之辩"，孟子与淳于髡的"嫂溺之辩"，田巴与鲁仲连的"离坚白、合同异之辩"，均有可能是稷下期会的论题。这种求同存异、以理服人的学风，赋予了中国文化独特的韧性。

对于稷下学宫的管理，当政者亦取宽松、无为原则，不仅师生均来去自由，而且很少进行行政干预；在教学内容、教学方式、研究方向等方面，均取自由原则，以让各家私学在竞争中发展或淘汰。《弟子职》为《管子》之中一篇，被认定为是稷下学者托管子之名所撰。其中系统规定了弟子事师、受业、馈馔、洒扫、执烛、坐作、进退之礼。郭沫若认为，《弟子职》"当是齐稷下学宫之学则"[③]，类似今日之"学生守则"。

需要特别说明的是，春期战国时期，文献记载的官学或者私学，也或者性质特殊的稷下学宫，都是属于成人和高等教育性质。[④] 至于儿童和小学教育，几乎没有一点材料记载，但是并不能就此认为当时不进行儿童教育。事实上，缺乏儿童教育这一环节，成人教育是衔接不上的。1957年，河南信阳长台观发现一座战国楚墓，出土了大批楚简。其中有一枚简上记载了儿童在家中要学习说话，练习乐器，以便上学后易于接受"六艺"课程。简文写道："母教之七岁，教言三年……"《大戴礼记·保傅篇》称："古者年八岁而出就外舍，学小艺焉，履小节焉。"这与简上所提"母教之七岁"是相符的。可见当时对学前儿童教育已有规定。至于相当于小学的儿童教育，因缺乏资料，难知其详。不过，从这枚楚简来推测，战国时期存在着相当于小学教育阶段的学校是可以肯定的。

第四节　诸子百家的教育思想

儒、墨、道三家是春秋战国时期影响最大，并与教育关系最为密切的私学。这三家私学的产生和兴起不仅促进了当时教育事业的发展，共同营造了教育繁荣兴盛的局面，而且这种私人办学的形式在我国一直流传了两千多年之久，尤其是在教育和教学方面蓄积了极为宝贵的经验，已成为中华民族的一份优秀的教育遗产。

一、儒家教育思想

春秋战国时期的儒家私学是办得最为成功的。当时的儒家大师孔丘、孟轲、荀况在教育

---

① 曹植.曹植集[M].北京：人民文学出版社,1984：154.
② 张秉楠.稷下钩沉[M].上海：上海古籍出版社,1991：4.
③ 郭沫若.管子集校[M].北京：科学出版社,1955.
④ 孙培青,任钟印.中外比较教育史纲（古代卷）[M].济南：山东教育出版社,1997：150.

理论上的建树也极富特色,对后世的影响绵延至今。

(一) 孔丘的教育实践与教育思想

孔丘(公元前 551—公元前 479),字仲尼,春秋末期鲁国陬邑(今山东曲阜)人,中国古代伟大的教育家、思想家,儒家学派的创始人。《论语》是研究他的教育思想的主要依据。

图 2-4 孔丘

1. 论教育作用与意义

首先,孔子认为,社会的稳定和发展离不开教育的作用。《论语·子路》曾记载一则故事:有一次,孔子到卫国去,学生冉有替其驾车。马车进入卫国不久,孔子便感叹地说:"好稠密的人口!"冉有便问老师:"人口已经众多了,当政者下一步该怎么办呢?"孔子答道:"(发展经济)使他们富裕起来。"冉有又问:"如果已经富裕了,接下来该怎么办呢?"孔子回答:"教育他们。"由此可见,孔子将人口(庶)、财富(富)、教育(教)看作是立国的三大要素,缺一不可。

其次,孔子也非常重视教育对个体发展的作用。春秋之际,他第一个提出"性相近也,习相远也"(《论语·阳货》。本章以下凡引《论语》处,只注篇名)这个较为科学的命题。"性相近",表明人的天赋素质并没有悬殊的差异,造成人们后天差别的主要原因是"习染"。所谓"习染"包括两方面:一是环境的影响,二是教育的作用。教育创设一种有目的、有计划、有安排的特殊环境,当然比一般自发的环境作用更大。基于此,孔子特别重视教育,《论语》开宗明义第一句话便是"学而时习之"。

2. 论教育目的

孔子在政治上主张举贤才,在教育上就以培养贤才为目的,具体称谓有士、君子、士君子、君子儒、圣人等,其中"君子"在《论语》中出现最多,达 107 次。"君子"原是指国君之子,或奴隶主贵族出身的人。随着经济、政治、文化的下移,孔子欲通过教育把平民出身的弟子培养成君子。"君子"一词的含义也发展成为具有一定道德标准的精神贵族和理想人格。

孔子对君子的品格非常重视。这种品格包括两方面:一是能够注重道德修养,具有仁爱克己之心,二是具有治国安民之才。而在德与才两者之间,尤以德为主,所谓"知及之,仁不能守;虽得之,必失之。"(《卫灵公》)

孔子认为德与才都需要学习,学习是为官从政的准备。那么是否凡是学习的人都能为官呢?也不是。孔子以为只有那些学习优秀、品德兼能的贤才才能做官,他的学生子夏说:"仕而优则学,学而优则仕。"(《子张》)这比较准确地从理论上概括了孔子关于教育目的的主张。

3. 论教育对象

在教育对象的问题上,孔子主张"有教无类",即不分族类、贫富、贵贱,不问地位高低,均享有受教育的权利。正如他自己所称:"自行束脩以上,吾未尝无诲焉"(《述而》),即是说只要主动送上 10 条干肉作为诚心拜师的见面礼,我没有不教的。考察孔子私学的学生来源,成分很复杂,但总体上是贵族和商人的子弟人数较少,绝大多数为平民子弟,年龄差异也大,可见其主张确非空言。

4. 论教育内容

教育内容是保证教育目的实现的重要条件之一。孔子出于培养从政人才的目的,其教育内容基本上仅限于人事的范围,主要是限于做人的道理(德)和从政的手段(才),具体说包括道德教育、文化知识教育和技能技巧的训练三个方面。

（1）知识教育方面

孔子在知识价值的取向方面,极为推崇古典知识的作用,他自己也多次谈到,"信而好古""述而不作",由此在文化知识教育的内容方面,主要局限于古代经籍的传授,具体说就是经他改编的《诗》《书》《礼》《乐》《易》《春秋》"六书"（从荀况开始尊称为"经"）。

孔子是中国最早系统整理"六书"的人,并将其作为教材传授给弟子,由此奠定了"六书"由古代史料文献发展为儒家经籍的基础,也开始了中国古代教学内容由重技能训练向重文字教育的转变。

（2）技能训练方面

中国古代的教育内容从重武到重文的变化,是一个渐进的过程。孔子培养的是文士,不是武士,但是孔子并未完全排斥军事、体育方面的知识和技能的训练,在他看来,"有文事者必有武备,有武备者必有文事",文武兼备、身心兼求是未来的官吏不可缺少的本领。因此在他的私学中,既有杏坛,也有射圃。孔子自己也具有军事体育方面的才能,《礼记》中曾说孔子"射于矍相之圃,观者如堵墙焉"。他的弟子中,如冉求、樊迟也很有军事方面的才能。

（3）道德教育方面

孔子的道德教育思想是一个博大的体系,这里只能举其大端。

孔子关于道德教育论述最多的是"仁"和"礼"。所谓"仁",《说文解字》曰:"仁,亲也。从人从二。"这里的"二"是指人、己二人而言,即如何处理人与人之间的关系。《论语》中孔子自己对"仁"的解释中最简洁的是"爱人",而最经典的是"克己复礼为仁"。（《颜渊》）

就仁和礼二者的关系而言,仁是核心,礼是仁的准则;仁是内容,礼是仁的形式。具体言之:就"克己"的道德而言,即要求以礼制来约束自己,一切行为都应该循礼而行,即所谓"非礼勿视,非礼勿听,非礼勿言,非礼勿动"。（《颜渊》）其中最根本的要求是在财富的占有上谨守等级名分,克制超越礼制的欲望。

综上所述,孔子的教育内容主要倾注在经籍传授与道德修养方面,涉及自然知识和生产技能的训练则很少。这个特点,不仅使后代儒学出现重道德修养和重经籍传授两派分野,而且还形成了"德成而上,艺成而下"（《礼记·乐记》）,即轻自然、斥技艺的传统价值观念,从而阻碍了中国古代教育理论的发展与自然科学技术的发展。

5. 论教育原则与方法

第一,因材施教。孔子是我国第一个提倡因材施教的教育家。孔子采取因材施教的教学方法有着多方面的原因:首先,适应社会发展的需要。当时最需要的人才是士,而士又分为文士和武士,具体到每个人又有着多方面的需求,所以各种专才的培养成为社会对教育发出的要求。其次,在孔子的私学里,由于实行"有教无类",使得孔子的学生成分异常复杂,年龄差异很大,性格和智力也各有千秋,这种教育对象的现状也要求因材施教。此外,孔子教学的基本形式是个别教学,教与学的活动是一对一的,这为实施因材施教提供了有利的条件。

了解学生是因材施教的前提。孔子在教育活动中为加深对学生的了解,一是"听其言而观其行"(《公冶长》),由表及里地了解学生思想实际;二是利用师生之间融洽的关系,在自由交谈中了解学生。

在对学生各方面了解的基础上,进行有针对性的教育。孔子在教育实际中,非常注意从学生各自的实际出发,对不同学生提出的同一问题,在遵循基本精神的前提下,给出不同的回答。例如,《论语》中记载樊迟、仲弓、颜渊问仁。樊迟问仁,子曰:"爱人。"仲弓问仁,子曰:"己所不欲,勿施于人。"颜渊问仁,子曰:"克己复礼为仁。"

第二,启发诱导。纵观中外教育史,孔子是启发式教学的首创者。在关于启发诱导的时间、具体方法等方面都有精辟的论述。孔子认为:"不愤不启,不悱不发。"(《述而》)南宋教育家朱熹在《四书集注》中将孔子这句话解释为:"愤者,心求通而未得之意;悱者,口欲言而未能之貌。启,谓开其意;发,谓达其辞。"孔子主张,教师要在学生对于某一问题正在积极思考,急于解决而不得时,才启发学生思考,帮助学生打开思路;要在学生对某一问题已经有所思考,尚未成熟,处于欲言而又无法表达清楚时,才帮助学生明确认识,弄清概念,用准确的语言表达出来。可见,发动学生独立思考,是启发教学的基本前提。

值得注意的是,孔子启发诱导的教学方法,不仅要求学生在得到启发前要积极思考,而且要求学生在受到启发后能进行积极思维,以求举一反三。他说,"举一隅不以三隅反,则不复也",这才是孔子启发教学的真谛。

作为一个真正的教育家,孔子是极富有首创精神的。他一生抱着追求真理和教育人才的愿望,在自由讲学的长期实践中积累起来的丰富的教育思想和经验,是中国教育史上的宝贵遗产。从我国古代教育史的发展看,许多对后世产生巨大影响的重要思想和言论,大都可以直接追溯到孔子。孔子毕生的教育活动、教育思想、教育经验是卓越的,他在中国古代教育史上的贡献也是十分巨大的。

(二) 孟轲的教育思想

孟轲(约公元前372—公元前289),字子舆,战国中期邹国(今山东邹县)人,著名的哲学家和教育家。他是继孔子之后儒家第二位代表人物,被后世尊称为"亚圣"。孟子在政治上具有浓厚的民本主义色彩,主张"王道政治",要求统治者对民众实行"仁政"。他从事教育工作也是为实现其政治主张服务的。《孟子》一书是研究他的教育思想的主要依据。

图 2-5 孟轲

1. 性善论与道德内发说

人性问题即人的本质问题,是中国教育思想史上的一个重要理论问题。早在春秋时期就引起了当时某些思想家的重视。到了战国中期,对人性问题的探讨,更是成为百家争鸣中的焦点之一。当时人性问题最主要的分歧是"性善"与"性恶",其中有主张"性无善无不善"的,有主张"性可以为善可以为不善"的,还有主张"有性善有性不善"的。

孟子在批判地总结各派观点的基础上,提出了性善论。孟子主张性善论,但并不否认教育在人发展中的作用。他认为,在人的本性中,虽然有四种先天的善端,但善的萌芽并不等于完善的道德。外因的不良影响及自身的自暴自弃,会使人陷溺其心,泯灭其善端,乃至可能作恶。简而言之,教育的作用就在于存心养性,在于求其放心,在于将其心性中固有的善性加以扩充。

2. 论理想人格

"内圣外王"是儒家对理想人格的具体描述,但是在"圣"(伦理道德的完满体现)与"王"(治理天下国家的才能)的关系上却大多呈现重德轻才的价值取向,这便是孔子的思想中已出现的以仁为核心的主张,孟子更是将其推向极致,将道德的完善视为重要甚至唯一的标准。他说:"圣人,人伦之至也。"(《离娄上》)有人曾问孟子:"士何事?"孟子答道:"尚志。"那么,何谓尚志?孟子又说:"仁义而已矣。杀一无罪非仁也。非其有而取之非义也。居恶在,仁是也;路恶在,义是也。居仁由义,大人之事备矣。"(《尽心上》)以仁为安身立命之所,以义为行动的标准,则大人之事便齐全了。这里的"大人"便是具有理想人格的人,也就是仁者。作为理想人格的"大人",孟子有时又称之为"大丈夫"。他对"大丈夫"的描绘是:"富贵不能淫,贫贱不能移,威武不能屈。"(《滕文公下》)具体来讲,"大丈夫"应该有着崇高的志向和伟大的精神境界,有着对正义行为的高度自觉性,有着坚定的信念和高尚的气节。

3. 论道德教育方法

孟子根据"性善论",认为道德教育主要应注重启发人们自求自得,向自己的内部下功夫,以恢复固有的道德观念。道德教育的方法,很大程度上就是道德修养的方法。孟子提出的修养方法主要包括以下四种:

(1) 存心寡欲。孟子的"性善论"认为,人天生就具有善的萌芽和天然的道德理性,恶的产生乃是由于人们发乎耳、目、口、腹之中的物质欲望遮蔽了"心之官"的道德理性。从理论上讲,自然属性(欲)和道德属性(义)同为"性",两者统一。但其价值和意义并不相同,这其中有大小贵贱之分。他认为心是大体,口、耳、鼻、目等器官属于小体。而"从其大体为大人,从其小体为小人。"(《告子上》)随其心中的善端发展,用道德理性节制口腹之欲的,就是大人、君子;相反,随其耳、目等感官之所欲,蒙蔽了本性,甚至泯灭了善端,则成为卑鄙的小人。

(2) 尚志养气。孟子继承和发展了孔子立志有恒的思想,认为士应立定高远的志向,具体讲就是能实行仁义的"大丈夫"。士不仅应该立大志,而且还有能为自己的志向牺牲自己生命的精神,他说:"生亦我所欲也,义亦我所欲也;二者不可得兼,舍生而取义者也。"(《告子上》)生与义同是固有的本性,但却有着大体、小体的天壤之别,"舍生取义"不是对生命的否定,而是对生命价值的肯定。

(3) 反求诸己。孔子在道德修养方法上,最重自觉,讲究内省,提出以忠恕之道来处理人与人之间的关系,即所谓"君子求诸己""厚于责己",言行中"战战兢兢,如临深渊,如履薄冰。"(《诗经·小雅·小旻》)

(4) 磨炼意志。孟子说,许多在德与才方面有成就者多处于各种生活的逆境中,因为他们必须经常为不测的灾患而操心积虑,由此也发展了他们的德行和智慧。相反,生活于安逸环境中的人无忧无虑,往往不明事理,这就是所谓"生于忧患,死于安乐"的道理。

孟子政治观中的闪光点为"贵民说":"民为贵,社稷次之,君为轻。"(《尽心下》)它所反映的民本主义色彩更为浓重。这反映在教育观中,则为"重生说",即以学生为本位,注重个体"良知良能"的开发,强调主观能动性的发挥。因此,孟门私学的师生关系是"朋友式"的,教学方式侧重于"情感启发式",并能以"求放心""深造自得"作为教育的基本原则。要而言之,孟子所构建的教育理论,相对突出了教育的主体意识,对教育服务于政治的传统思想有所淡化;更须注意的是,它明显强调了个体的独立意识,注重精思和悟获,因而有利于理论思维的深化,为宋明理学中的"陆王心学"提供了思想养料。

(三)荀况的教育思想

荀况,字卿,又叫孙卿,战国时期赵国人,生卒年无可靠记载,主要活动在公元前265—公元前230左右年间。[①] 荀子的思想可以说是受学于稷下,成长于稷下,成熟于稷下。三游稷下时被尊为"祭酒""最为老师"(《史记·孟子荀卿列传》),成为稷下学术教育中心的领袖。晚年居楚地兰陵授徒讲学,著书传业,培养了不少人才,弟子知名于世者有韩非、李斯、陈嚣、毛亨、浮丘伯、张苍等。荀子是先秦儒家的集大成者,郭沫若说

图 2-6 荀况

他"不仅集了儒家的大成,而且可以说是集了百家的大成的。"[②]《荀子》一书是我们研究荀子教育思想最为可靠的材料。

1. 性恶论与外铄说

在人性问题上,荀子反对孟子的"性善论"。荀子认为人性是属于自然的,是人的自然本性,是天生的素质及天赋的本能,"生之所以然者谓之性"(《荀子·正名》。本章以下凡引《荀子》处,只注篇名),而且是先天生成的、"不可学,不可事"的原始材料,如目可见、耳可听等。由此出发,他认为人性本来没有道德礼义的成分,也没有什么等级性,一切人生来都是相同的,"凡人之性者,尧、舜之与桀、跖,其性一也;君子之与小人,其性一也。"(《性恶》)人天生所具有的维持机体生存的各种自然本能如"饥而欲饱,寒而欲暖"等,本身虽无道德属性,但却具有所谓"好利""疾恶""有欲"等倾向。如果顺着这种倾向发展而不加以节制,必然会引起争夺、发生暴乱,与外在的社会规范、道德观念发生冲突,并破坏现有的社会秩序、危及社会生存,最终也将危及每个人的生存。从这个意义上讲,荀子认为人的本性是恶的。

荀子从"性恶论"出发,认为在道德教育的问题上必须明"性伪之分",即明确划分天赋与人为的区别。他认为礼义法度、道德观念不是与生俱来的,而是圣人的制作,人们只有通过后天的学习,才能形成善的道德品质,可见,礼义法度、道德观念是属于"伪",是外铄的结果,而不属于"性"。

2. 论教育内容

荀子的教育内容是与其教育目的的主张密切结合的。他的教育目的是造就儒者中具有治才的"贤能之士",在教育内容上也主要是对孔子的六书进行继承与改造,并将六书尊称为"六经"。荀子非常重视读经,他说:"学恶乎始?恶乎终?曰:其数则始乎诵经,终乎读《礼》。"(《劝学》)

荀子虽然称颂儒家经典,注重"六经"的传授,但他并非原封不动地传述,而是有所侧重、取舍和改造。这主要包括两个方面:第一,在"六经"之中,尤以《礼》为重要,认为学习者应该

① 胡适. 中国哲学简史[M]. 北京:台海出版社,2017:246.
② 郭沫若. 十批判书[M]. 北京:科学出版社,1956:209.

从《诗》的学习开始,而以读《礼》告终。因为"礼"是"正其经纬"的纲纪,只要抓住了《礼》,就好比抓住了皮衣的领子,五个指头抖一抖,毛就会自然顺着垂下去。第二,荀子重视"六经"的传授,但他认为经书中也存在缺点,如《礼》《乐》只有纲领性文字而没有详细的说明,使人不易领会和掌握;《诗》和《书》记载的都是过去的事而不切合当前的实际;《春秋》言语隐晦,而不能使人迅速理解。因此,对经书也不能盲目信奉,而必须由教师有选择地讲授。

3. 论学习方法

(1)防邪近正。荀子肯定人性的发展是受环境所决定的,他把环境对人的影响称为"渐"或"注错"。他认为一个人的成长过程,与其所处的环境有着特殊的关联,处于什么样的环境中就接受何种影响,造成什么样的积习。所以,教者对于学者必须"谨注错,慎习俗"(《儒效》),就是说为人父、为人师者要十分慎重地选择学生学习和生活的环境。

(2)积学积善。环境对人的影响固然很大,但人的发展如何,并不完全取决于客观事物,而决定于主体的选择。荀子认为,仅仅有良好的客观条件还很不够,必须加上主观的努力,在"积"方面下功夫。所谓"积",又称"积靡",是个人不断地接受外界教育影响的过程。在他看来,"夫尽小者大,积微者著",大凡自然中的一切都是不断积累的结果。

(3)虚壹而静。"虚壹而静"原是宋尹学派用来去知、去欲的治心之道,具有神秘的性质。荀子接受了这个术语,并重新加以改造,赋予积极的意义。所谓"虚",就是不以已获得的知识妨碍新知识的接受。所谓"壹",就是专一,不分心。所谓"静",就是要宁静,不要胡思乱想。简而言之,"虚壹而静"就是精神高度集中,专心致志而不旁骛。

4. 论教师

先秦诸子中,荀子对教师问题的论述最系统、详明。[1] 荀子认为教师不仅是决定学生人格形成的关键,而且还关乎国家的安宁。礼是最高的社会规范,是用来矫正一个人的思想行为的。但礼是属于"伪",学生必须通过教师的传授才能懂得这些礼法和规则。他形象地把礼喻为颜色、声音,而不从师学习就像聋人欲辨声音、盲人欲辨颜色,没有不错误的。从这个意义上讲,教师甚至比礼还重要。由于教师在国家政治生活中发挥着极其重要的作用,强调尊师是势所必然。荀子认为,在师生关系中,教师具有绝对的权威,学生应该以师言为准则,应该像服从君王的指令一样无条件地服从教师的教诲,他说:"言而不称师谓之畔(叛),教而不称师谓之倍(背)。"(《大略》)

综上所述,荀况是先秦教育思想的集大成者。其教育思想中最为可贵的因子,便是依据他"人定胜天"的理念,认定凡事均可学、凡理均可知,从而强调了"学行"的重要,并以此作为人与兽的分野:"为之,人也;舍之,禽兽也。"(《劝学》)此外,荀子相对重视知识,重视书籍,重视传经工作,重视对各家各派思想的兼收并蓄。荀子对后世教育的实际影响并不逊色于孟子,从此在中国古代教育发展史上,出现了孟子的自内修养的"复性说"和荀子自外形成的"成性说"两大教育体系。其负面影响,主要由"一制度""隆君权"主张所派生,后世的文教专制等,莫不与此相关。

---

① 王凌皓. 中国教育史纲要[M]. 北京:人民教育出版社,2005:137.

二、墨家的教育思想

墨家鼻祖墨翟,生卒年代不可确考,宋国(一说鲁国)人。出身贫寒,做过工匠,自称"贱人"。青年时代居鲁,精研儒学。后不满儒学的烦琐,另立新说,聚徒讲学,创立墨家学派,与儒学分庭抗礼。墨子生平的模糊之处甚多,一如其生卒年和出生地。体现墨家教育思想的主要著作是《墨子》。

图 2-7 墨翟

1. 论教育目的:兼士

墨子的身份使他深知、同情当时劳动人民的疾苦,他说当时人民有"三患":"饥者不得食,寒者不得衣,劳者不得息。"(《墨子·非乐上》。本章以下凡引《墨子》处,只注篇名)造成这种苦难的原因是礼乐、厚葬以及战争,而其根源乃在于人人自私自利,不相友爱,甚至亏人以自利。拯救社会的办法不是儒家宣扬的"爱有差等",在墨家看来,这种理论不过是放大亏人利己的行为,在道德实践中不但不能调和矛盾,而且会加剧社会的分裂。为此,他主张应以"兼"易"别",通过造就具有兼爱之心的"兼士"来"兴天下之利,除天下之害",建立一种理想的社会。所谓"兼爱",就是兼相爱,交相利,即互爱互利,利己与利他统一。

2. 论教育内容:功利主义

教育内容是由教育目的所决定的。墨子为了把"农与工肆之人"培养成能为社会建功立业的"兼士",提出了一套具有功利主义色彩的教育内容。墨子的教育内容大致可分为三大部分。

第一,古代文化知识教育。据说墨子青少年时期曾经师从儒家学者,因而通晓诗书和古代历史,后虽创立了新的学派,但他仍然重视古代文化的教育。不过,墨子作为小生产者利益的代表,在评价古代文化的优劣时,却有着自己的标准。他反对儒家"信而好古,述而不作"的保守思想,而以是否有利作为择取的标准,认为只有古代优秀的遗产才能继承,而对那些无益的甚至有害的则应采取批判的态度。

第二,科学技术教育。在墨家的私学中,由于师生均未完全脱离生产劳动,经常接触到生产实践中遇到的各种问题,因而自然科学知识和生产技术成为教学内容的一个重要组成部分,这在当时也是大别于其他私学之处。从流传下来的《墨经》一书中,我们仍然可以发现墨子和墨家的科技教育的内容异常丰富,涉及几何学、力学、光学、机械制造等诸多方面。由于这些知识均是墨子在实践中对各种知识和技术的积累和总结,时至今日,仍然具有一定的科学价值。值得注意的是,墨家虽然重视自然科学知识和生产技术的教学,但它并不是以培养技术人才为目的,而是要造就既能懂得实用性的知识和技术,同时又能参政议政的政治人才——"兼士"。

第三,逻辑学知识的传授。战国时期是"处士横议"的时代。旧的传统丧失尊严,是非利害各持己见,一切似乎均要重新予以评说。如何在百家争鸣中取胜,成为各家各派十分关心的问题,因而逻辑学(时称"辩学")也成为当时比较重要的一门学科。墨家当然也不例外,同时还由于墨子是出儒反儒,为了创立自己的学派,建立自己的政治伦理学说,批判儒家的思想，墨子不能不十分重视"辩"的方法，同时也将"辩学"作为重要内容传授给学生，以利于他们宣传墨家的政治理想。他曾要求他的弟子们："能谈辩者谈辩，能说书者说书，能从事者从事。"（《耕柱》）

3．论教育方法：主动

墨子一生始终以"兴天下之利，除天下之弊"为己任，并以一种近乎宗教的虔诚去宣传他的政治主张，且把教育看作是救世的事业，所以他特别强调教育者施教时要保持主动、积极的态度，即教师必须起主导作用，强力劝教，努力去解决问题，绝不可懈怠。

墨子在教育方法上主张主动说服，与儒家"礼闻来学，不闻往教"的思想是截然不同的。《墨子》中曾记载了一段儒、墨两家在此问题上的对话。儒家学者公孟子认为："譬如钟然，叩则鸣，不叩则不鸣。"即教师要在学生主动学习、主动求教的前提下，才能予以启发，予以教授，其目的在于要求学生能够"自求自得"，与墨子两主张是不同的。

客观来说，墨家与儒家一样，重点关注的依旧是社会问题，都试图为身处的"乱世"寻求一条出路，并描画出一幅乌托邦式的政治蓝图。有所不同的是，墨家的"天志""明鬼"主张，显然不具备"人文"色彩；而墨家学派所代表的工匠阶层及其所崇奉的"交相利"信条，又使墨学的"科技主义"色彩得以相对彰显。诚如梁启超所言："在吾国古籍中，欲求与今世所谓科学精神相悬契者，《墨经》而已矣。"[1]有人认为，中国古代技术相对进步而科学相对滞后，并由此造成了近代中国的整体落后，其中的原因之一，便是墨学长期未受到应有的重视。这种看法不无道理。墨学被尘封千年的遭际，对教育的直接影响便是科技教育在经学教育的长期重压之下，只能是石缝之花或树下之草，从而制约了其教育功能的全面发挥，并使中国文明逐渐落后于西方文明。反思悲剧的成因，或许能够更为深刻地体认墨学"科技主义"的价值。

三、道家的教育思想

道家创始人老子，姓李，名耳，字聃，一字伯阳，生卒年未详，楚国苦县（今河南鹿邑县）人。原为宫廷史官，学问渊博，后流落民间成为最早的私人讲学者，曾受孔丘求教。留下著作《老子》，或称《道德经》。使道家真正成为一个学派而与儒、墨相抗衡的是庄周。庄周（约公元前369—公元前286），字子休（一说子沐），宋国蒙（今河南商丘，或安徽蒙城）人。庄子早年可能学过儒，终身不仕，发展了老聃学说，形成道家主流思想——鄙视和否定社会生活，仰慕自然，追求人格的独立和精神的逍遥。留下《庄子》一书。

1．论教育作用

道家认为人的理想状态既非有知识，也非有道德，而是如同婴儿般无知无欲、无争无斗的质朴状态。社会文明的发展使人异化，文化教育对人的影响一方面如同给马套络、给牛穿鼻，是摧残天性；另一方面使人智慧而变得好伪，也是背弃自然。道家学者并通过比喻，指出"善治马"的伯乐实为摧残马的罪魁；大森林中的良木往往更易被砍伐而中途夭折，是因人为干预。因此教育应是个将种种人为影响逐渐消减的过程，"为学日益，为道日损，损之又损，以至于无为"。（《老子·第四十八章》）提醒人须注意教育的副作用和教育中减少人为干预、

---

① 梁启超.梁启超全集·墨经校释·自序[M].北京：中国人民大学出版社，2018：3195.

遵循自然发展,富于启发。

2. 论理想人格

对儒、墨学者以仁义为追求的圣贤人格,道家提出怀疑,认为为仁义献身是以牺牲人的自然发展为代价,于是提出一种"无功""无名"、物我两忘的逍遥人格。并以为现实中最当称道的不是圣贤,而是捕蝉者、屠夫、匠人、残疾人甚至盗贼等"小人",因为他们的自然天性丧失得最少。道家虽然抵制人的社会化和社会责任,但也指出了社会原则与个性发展存在矛盾冲突的事实。

3. 论学习

道家对学习求知问题也有独特见解:提倡怀疑,不仅怀疑自然、怀疑社会,更怀疑"圣人"教条。庄周指出"六经"是前人社会活动的成果,二者如同足迹与步履,时代不可阻挡,为何要用过去的足迹(六经)限制今天的脚步;主张求知当"虚而待物","知不知,上;不知知,病。夫惟病病,是以不病。"(《老子·第七十一章》)自知有所不知,是好的;不知而自以为知,是错的。正因为把错误当错误,所以不会有错误。并且应懂得辩证地学习:"善人者,不善人之师;不善人者,善人之资"(《老子·第二十七章》),既须求师,也须取资(借鉴)。要注意思考知识与认识能力的关系:"吾生也有涯,而知也无涯,以有涯随无涯,殆矣。"(《庄子·养生主》)人生有限,宇宙无穷,如何解决有限的认识能力与无限的知识世界的矛盾?

总体来说,道家的"自然主义"教育倾向,集中反映在反对人为教育的制度规范、目标设定、组织保障、内容偏狭和方法偏颇上。道家采用以偏纠偏、矫枉过正的方式,来批判教育的专门化、政治化、伦理化取向,在实践层面上无疑后果消极;然而在思想层面上,却又散发出清新的气息,有助于教育理论的深化,并给予个人心灵的自由。

四、法家的教育思想

法家是战国时期的重要学派之一,因主张法治和变法而得名。一般认为,法家代表着新兴的社会势力,具有较强的变革精神。他们在社会政治实践中颇有成果,但在教育主张方面与儒、墨相比则具有极强的专制色彩。法家思想渊源可上溯至春秋时期的管仲(?—前233),其后经魏国的李悝(前455—前395),卫国商鞅(约前390—前338)、申不害(约前385—前337)、慎到(约前395—前315)等人的发展和实践,至战国后期的韩非(约前280—前233)到达法家思想发展的顶峰,韩非也成为集法家思想之大成者。

1. 绝对"性恶论"与教育作用

法家主张强制性的"法",否定道德教育的功效,其思想源于对人性本质的看法。早在《管子·禁藏》一文中就认为,"夫凡人之情,见利莫能勿就,见害莫能勿避",指出趋利避害是人的本性。《商君书·算地》也认为民众的本性是:"饥而求食,劳而求逸,苦则索乐,辱则求荣。"趋利之性如同水往低处流一般不可阻挡。韩非子不仅认为人具有趋利避害之心,而且人与人之间的关系亦无非利害关系,他说:"父母之于子也,犹用计算之心以相待也,而况无父子之泽乎。"(《韩非子·六反》)既然趋利避害是人不可更改的本性,因而就无法指望人能自觉为善,道德教育也不可能取得教育者所期望的效果,因为实际情况是:"母厚爱处,子多败,推爱也;父薄爱教笞,子多善,用严也。"(《韩非子·六反》)所以,韩非子认为一方面管理必须用严刑峻法,另一方面根据两害相较取其轻、两利相权取其重的"人情",因势利导。教育作用的发挥应建立在"因人情"的基础之上,他说:"凡治天下,必因人情,人情者有好恶,故赏罚可用;赏罚可用,故禁令可立,而治具矣。"(《韩非子·八经》)借助赏罚手段,以更大的"利"诱使人们由私利向公利转化,将私利与公利协调、统一,这便是教育者的责任所在。

2."以法为教"和"以吏为师"

韩非子认为:"故明主之国无书简之文,以法为教;无先王之语,以吏为师。"(《韩非子·五蠹》)这是对法家教育内容和教育方法的基本概括。

先秦儒家主张为政以德,法家则强调以法治国。所谓"法",是指当时新兴地主阶级统治集团所颁布的有关政治、经济和思想文化等方面的政策、法令。在法家看来,以法治国是符合人性特点的,商鞅便认为只有采用重刑才能使民众不敢为非作歹,从而达到"一国皆善"。德与法的关系是"德生于刑",如果像儒教重德轻法,只会助长罪恶。可见,"法令者,民之命也,为治之本也"(《商君书·定分》)。韩非子进一步认为法是人们行动的依据或准则,而要实施法治,必须将国家的法令、法律公布于众,作为教育的内容,以使人们知法、懂法。百姓知法、守法,则社会就安定;官吏知法、执法,便不会残害百姓。因此,教育全体民众知法、守法、畏法,则国家的强盛便指日可待。

要实施法制教育,首先必须使法具有权威性、严肃性,信赏必罚,以取信于民。韩非子说:"法之所加,智者弗能辞,勇者弗敢争。刑过不避大臣,赏善不遗匹夫。"(《韩非子·有度》)强调法的严肃性和权威性,不仅能使民众信法、畏法,而且也可使民众认识到法制教育的意义。其次,要将法推行于民众中,还必须使法通俗易懂。韩非子依据当时诸国的现实从反面加以说明它的重要性:"今为众人法,而以上智之所难知,则民无从识之矣。"(《韩非子·五蠹》)假令法律、法令条文连智慧较高者都不能理解,当然也就谈不上法制教育的普及。

法制是教育的唯一内容,而实施法制教育的手段和制度便是"以吏为师"。商鞅在秦变法时便认为:"今先圣人为书而传之后世,必师受之,乃知所谓之名;不师受之,而人以其心意议之,至死不能知其名与其意。故圣人必为法令置官也,置吏也,为天下师,所以定名分也。"(《商君书·定分》)要求像设置传授圣人之书的教师一样,挑选一些通晓法令、法律的官吏,作为天下人学习法的教师。韩非子继承、发展了商鞅的吏师主张,进一步要求国家的全体官吏都应成为传法的教师。按照韩非子的理想,只有使全体百姓都成为法制教育的学生,全体官吏均成为传授法制的教师,才能最终使法制教育普及。

可见,法家要求实施的理想教育只是一种社会法制教育。这种教育对于巩固专制政权固然有着重要作用,但以此而排斥其他教育(包括学校教育)则是极端错误的。

五、战国后期的教育论著

《礼记》是战国时期儒家著作的一个总集,一本汇编。其内容包括两部分,一部分是儒家讨论礼制、阐述礼义的文章,另一部分是儒家的哲学和教育论文。其中,《大学》《学记》是专门论述教育的专著,《中庸》是儒家的哲学论文,也言及教育。《乐记》讨论了音乐与艺术教育问题。此外,《礼运》《王制》《内则》《文王世子》等也论述过教育问题。下面专门介绍《学记》的教育思想。

《学记》重在讨论教育的具体实施,又偏重说明教学过程的各种关系,相对于《大学》专重"大学之道",更多讨论"大学之法",是中国最早的专门论述教育和教学问题的专著。通常认为其主要代表了儒家思孟学派的主张。

《学记》本着儒家德治精神，用格言化的语言说明了教育的社会政治作用："建国君民教学为先……君子如欲化民成俗，其必由学乎！"并用形象的比喻——"玉不琢，不成器；人不学，不知道"，说明了教育的社会作用是通过对个人的影响而实现的。由此将教育与政治结合起来，使之成为政治的手段，成为中国古代关于教育作用问题的一般表述。

图 2-8　学记

《学记》完整设想了一套学校教育制度。首先，借鉴古代传说，从中央到地方按行政建制设立学校："家有塾，党有庠，术有序，国有学"，成为后世设学兴教的基本框架。其次，设计了大学的学习年限和阶段，即九年、两段、五级。第一、三、五、七年共四级为第一段，完成者谓之"小成"；第九年一级为第二段，完成者谓之"大成"。设定递进的评价标准，通过品德和学业两方面考试来评定能否升级或毕业，评价标准分别为"离经辨志""敬业乐群""博习亲师""论学取友""知类通达，强立而不反"。最后，建立管理制度。如要求学生树立为从政而学的学习目的；严肃纪律教育，甚至采取体罚的手段；建立君主定期视察、督导学校的制度，体现大学教育的重要性。

《学记》的重点和精华在于对教学问题的论述，提出了一系列教学原则和方法："禁于未发之谓豫"——预防性原则；"当其可之谓时"——及时性原则；"不陵节而施之谓孙"——循序性原则；"相观而善之谓摩"——学习观摩原则；"教也者，长善而救其失者也"——扬长救短原则；"道（导）而弗牵，强而弗抑，开而弗达"——启发性原则；"时教必有正业，退息必有居学"——课内课外结合原则；"藏焉修焉，息焉游焉"——劳逸结合原则。对于教学方法则提出：讲解法，要求"约而达"（语言简约而意思准确），"微而臧"（含义精深而说得完善），"罕譬而喻"（举例精练而道理明白）；问答法，要求提问"如攻坚木"，先简易后艰深，答问"如撞钟"，随其问之所至而应答；练习法，如学诗须多吟诵，学乐须多操琴，学礼须多躬行。表现了对教学活动的深刻体会。

《学记》的出现标志着中国古代教育理论的专门化，其论述体系完整、理解教育教学问题深入细致、表述概括明晰，表现出相当高的教育思维水平和鲜明的民族特色，为中国传统教育理论发展树立了典范。

夏、商、西周完成了教育的"三级跳"：社会教育→家庭教育→学校教育。"国之大事，唯祀与戎"，这是夏、商、西周统治者共同的国策，它深刻地影响着教育的发展，使军事教育和宗教教育始终占据着重要地位。但三个时期又各有不同，夏朝教育侧重于习武，商朝教育热衷宗教，西周则以尊礼为旗帜，向着文武兼备的方向发展。西周集前代教育之大成，汇合种种教育机构形成一套组织比较完备的学校教育体系。这套"两段两类"的官学教育制度，实际奠定了中国古代学制的基础；而"六艺"教育内容，经后世儒家的倡扬而影响深远。

春秋战国时期形成了官学和私学并存的格局。这种格局延续至今，其间绝少中辍。尽管私学仅作为官学的补充形式而存在，但其历史意义却不容低估。一则因私学兴盛多在乱世，因而它成为中国文化在乱世得以传承的主要渠道；二则因私学兴盛多与思想解放同步，因而它成为思想启蒙的摇篮和教育理论的实验园地；三则因私学的办学经费多为民间自筹，因而它有利于教育的普及。

　　从先秦教育理念看,儒、墨、道诸家基于对自然与社会的不同理解,提出了各具特色的人生境界与教育理想。尽管各家观点不甚相同,甚至明显对立,但归纳起来,其学理不外乎两大取向:儒、墨两家都强调整体利益至上,主张在遵守共同的文化秩序下发展自我;而道家则强调人格的独立,主张依据自然法则追求人格的完满。而在儒、墨两家中,儒家的教育理论最为丰满,教育实践最为成功,因而在先秦教育理论中形成了儒、道互斥互补的格局。

思考与拓展

1. 简述我国先秦时期官学教育的主要内容及特点。
2. 分析春秋战国时期私学产生的原因、特点与意义。
3. 孔子对我国古代教育思想的发展有何贡献?
4. 孟子和荀子在哪些方面继承并发展了孔子的教育思想?
5. 比较儒墨道关于教育目的和教育内容等方面的异同。
6. 简述《学记》在教学思想上的主要贡献。
7. 阅读下面的文献,并回答:

　　"虽有佳肴,弗食,不知其旨也;虽有至道,弗学,不知其善也。是故学然后知不足,教然后知困。知不足然后能自反也;知困然后能自强也。故曰:教学相长也。《兑命》曰:'学学半',其此之谓乎?"

(1) 文献的出处。(2) 对其中的教育观点加以分析评述。

第三章 秦汉魏晋南北朝时期的教育

本章概要:此期包括秦汉和魏晋南北朝两段。秦汉基本上保持了政治上的统一,农业经济得以健康发展,经学文化也开始在学校教育中确立了主体地位。魏晋南北朝则又重陷战乱的泥潭,国家分裂,政权更迭频繁,社会经济遭受严重破坏,外来的佛教文化和本土的道家文化或道教,开始对儒学构成了严峻的挑战,并使学校教育呈现出多元化发展的态势。总体来说,此期的社会发展,历经了又一次"由治而乱"的轮回。此期若以官学教育为主线,则呈现出一起一落的"波浪性"发展规律,这与政治"治乱交替"的规律正好合拍。此期的私学教育,也逐步趋于定型,并主要反映在教学内容的规范化和教学方法的多样化上。

第一节 秦朝的教育政策与措施

秦朝(公元前221—公元前206)国祚前后仅15年,然而它是中国第一个统一的多民族的君主专制中央集权国家,它采取了一系列政治和经济措施,奠定了民族国家的基础,使中国的政治航船驶入了崭新的河道——"宗法专制社会"[1],并延续了两千年之久。与此同时,在文教方面,秦朝采取了如书同文,行同伦,颁挟书令、禁私学,实行"以法为教,以吏为师"等重大政策和措施,有利于国家的统一和巩固,有利于经济和文化教育的发展,但也产生了消极影响,并且加速了秦朝的灭亡,给后世留下了深刻的教训。

一、统一文字

从秦朝的文教政策看,最具建设性的举措当属"书同文""行同伦"的推行。这是为巩固统一而推行统一文字、规范社会习俗的重要措施。"书同文"的目的是消除春秋战国以来"言语异声,文字异形"的现象,以小篆为标准文字,在全国进行文字的改革和统一工作。这不但为秦朝政策法令的顺利推行扫除了障碍,也为文化的传播和教育的推广创造了有利的条件。

二、严禁私学

随着政权建设的推进,秦朝统治者开始重视思想的钳制,于是有了颁挟书令,禁私学,以法为教等一系列政策的出台。而这些政策出台的直接背景则是源于政治权力对文化权力的

封杀。秦始皇三十四年(公元前213),在为皇帝祝寿的宴会上,博士淳于越批评仆射周青臣阿谀颂过,并进而批评郡县制不合殷周古制,遭到丞相李斯的反驳。李斯在阐述了"师古"之谬后,进而借题发挥,将批评矛头指向了私学。这一政策实际上成为秦朝文教政策的核心内容。秦朝严禁私学,特别是"焚书坑儒"扼杀了百家争鸣的学术风气,禁锢了人们的思想,使诸多私学在全国范围内遭到的了沉重打击,战国时代的百家争鸣至此遂告结束。

三、吏师制度

为了达到思想的高度统一,使法家思想深入人心,同时也为了培养一大批知法、执法的官吏,秦采取了以法为教、以吏为师的教育政策。秦始皇二十六年,"分天下为三十六郡,郡置守、尉、监",郡下有县,县下有里、亭、乡。大率十里一亭,亭有长;十亭一乡,乡设三老、啬夫、游徼。"三老掌教化"(《汉书·百官公卿表》);啬夫听讼,收赋税;游徼循禁盗贼。"三老"直接根据秦王朝的意图执行"行同伦""黔首改化,远迩同度"(《史记·秦始皇本纪》)的任务,对一般人民进行法治教育、耕战教育和尊卑贵贱的思想教化。

概括来说,秦始皇建立了统一的中央集权的专制国家,采用法家的政策,秦朝在短短的十余年中,各种制度的改革确实取得了不少重大的成就,成为继起王朝的模式。秦创建的许多制度是符合当时社会需要的。秦朝所推行的文教政策对建立一个统一的高度集权王朝发挥了积极的作用,但在文教方面的改革,尤其是"禁私学,以吏为师",否定学校教育,这就又回到了"学在官府"的状态。这是教育发展过程中的一种倒退。

第二节　汉朝的教育

汉(公元前206—公元220)是继秦朝而出现的统一王朝,包括西汉(公元前206—公元25,其中,王莽:公元8—公元23在位;刘玄:公元23—公元25在位)和东汉(公元25—公元220),分别建都于长安和洛阳。

一、汉朝文教政策的确立

1. 倚重黄老,百家复现

汉高祖立国后,汲取秦朝覆亡的教训,废除苛法,减轻田赋和徭役,劝民归乡务农,强化"重农抑商"的国策,使汉初的社会经济得以恢复。公元前177年,汉文帝刘恒即位,在位23年。前157年,汉景帝刘启即位,在位16年。这近40年时间,合称"文景之治"。"文景之治"被称为影响中国历史的100件重大事件之一。在此治世中,所信奉者,依旧是"民为邦本,本固邦宁"的古训。这种更为宽松的政治氛围,为诸子百家的复现创造了条件,无怪乎学术界有人称此期为"小百家争鸣时期"。[1]

2. 罢黜百家,独尊儒术

公元前141年,汉武帝刘彻即位。次年,定年号为"建元",随后变官制,议明堂,改历法,

---

① 喻本伐,熊贤君.中国教育发展史[M].武汉:华中师范大学出版社,2011:91.

进行了一系列改革。在权力巩固后,汉武帝于元光元年(公元前134)诏举贤良、文学,用"古今治国之道"为题以征,董仲舒以《对贤良策》(又称"天人三策")以应。此议正合帝心,于是汉武帝一改先帝的治国之道,开始致力于罢黜百家、独尊儒术地位的营造。

3. 今文经学与古文经学之争

今文经学,也称"经今文学";古文经学,也称"经古文学"。两者皆为研究儒家经典的学术派别。从形式上看,主要是"今文"与"古文"的差别。今文,系指两汉所通行的隶书;古文,系指先秦所通行的篆书。两者更为重要的殊异,在于研经方法上有着实质的不同:今文经学看重"微言大义",主张古为今用,有着"以论带史"的趋向;而古文经学则看重"训诂考据",主张实事求是,有着"论由史出"的趋向。

4. 察举制度

察举制又称荐举制,是两汉选拔官吏的主要制度。该制实为西周"乡贡"制度之复兴,即采用"乡举里选"方式,由地方官根据一定科目和标准选拔人才,然后向上级层层推荐并筛选,最后由皇帝策问并授官。与察举制并行的,还有"学选"制,即太学毕业便可授官(这将在介绍太学时论及)。与此同时,前代的多种任官制,在汉朝也依旧得以沿用。大体说来,察举制采用"横向分科,按需求才"的模式。

二、汉朝的学制系统

国家的统一,经济的繁荣,新的教学手段以及帛和纸作为书写工具的出现,是汉朝学校教育发展的三个基本的社会物质条件。在这三个基本条件的基础上,在汉武帝开始实行的"独尊儒术"的政策指导下,汉朝的官学和私学都得到空前的发展,学制系统已初具规模,为以后历代封建王朝的学校教育制度奠定了初步基础。

(一)官学系统

严格来说,我国古代官学制度的建立始于汉武帝时期,至汉中叶平帝元始三年才逐渐制定与完善了中央与地方的学制系统。汉的官学分五级(见图3-1),在中央有太学一级,在地方按行政区划设置:郡国设"学",县道邑设"校",乡设"庠",聚(村落)设"序"。郡国学,据古籍记载是由蜀郡太守文翁(公元前156)首创。蜀地(今四川省)文化落后,文翁为淳化民风,选派年轻官吏到京师长安太学学习,学成归蜀,委以官职。文翁还在成都市中修筑学舍,招收下县子弟入学。数年后,蜀郡为之一变。

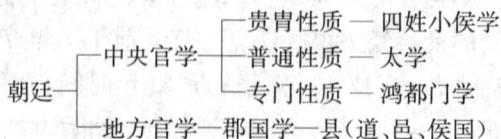

图3-1 两汉官学系统图

汉朝没有专门的教育行政机关,在中央的教育长官称太常,是兼管教育的,地方学校则由各级行政长官兼管。

汉朝中央官学中的太学属于大学,鸿都门学是一种艺术专科学校,四姓小侯学和宫邸学是小学。四姓小侯学创于东汉明帝永平九年(66),当时明帝崇尚儒学,亲自讲经,自皇太子、诸公侯以及功臣子弟莫不受经。但在当时势力很大的外戚四姓：樊氏、郭氏、阴氏、马氏，不是列侯，因此被称为小侯。为了教授他们的子弟，即设置这种特殊的四姓小侯学。

（二）太学

汉朝太学为国家培养了不少人才，一些出身卑微的布衣寒士由此而显名。如匡衡"父世农夫，至衡好学，家贫，庸作以给资用。"（《汉书·匡衡传》）儿宽"贫无资用，尝为弟子都养"（《汉书·儿宽传》），以为同学烧饭来换取读书的机会。又如翟方进家境贫寒，其母跟他一同去长安"织履"，以供方进读书。（《汉书·翟方进传》）

归纳起来，太学教育有以下基本特点。

第一，为国家培养"经明行修"的官吏。"经明"，就是要通晓一种或两种以上经书，这是对官吏在知识才能方面的要求。"行修"，就是要具有"三纲五常"的德行，这是对官吏道德方面的要求。

第二，御定统一的教材。孔子删订的儒家经典——五经是太学法定的教育课程。至西汉，解释五经的经说，每一经都形成了许多家。至于哪一家的经说可以在太学中传授，必须经过五经博士评议，最后由皇帝裁决，这叫"立于学官"。

第三，传经必须遵守"师法"和"家法"。如某一经学大师的学说，已准予"立于学官"，设立了博士，那么这一位大师的经说，就称"师法"。弟子代代相传，形成"家法"。博士传经都要严格地按照师法、家法，如果被发现篡改了师法、家法，皇帝就要取消其博士资格。汉朝封建统治者就是利用这种师法、家法的教规保证法定经说的传授，以求其思想统一。

第四，建立了定期的考试制度。太学首创一岁一试的考试制度。当时称"设科射策"，意即分甲、乙科两种程度命题，进行抽签考试；按成绩等第，分别授予不同的官职。

第五，"学而优则仕"制度化。在春秋战国时代，"学而优则仕"是孔子的一种教育主张；到了汉朝，"学而优则仕"已转化为一种国家取士制度。经学从此成为士人做官必备的学问。

汉朝太学教育与汉朝的政治经济相适应，对于巩固封建大一统的政权起到了积极的作用。汉朝太学的教育模式，为汉以后历代封建王朝所继承和发展。

（三）私学制度

汉朝私学十分发达，在组织形式上可分为两种：一为"蒙学"，二为"精舍"（"精庐"）。

汉朝小学教育的场所是"书馆"，教师被称为"书师"。汉朝的"书馆"又可分为两种类型。一种是书师在家室或公共场所，坐馆施教，附近儿童入馆就学，儿童数名、十数名、数十名不等，多的达百人。一种是贵门富户聘书师来家施教，本家或本族学童在家受教，也叫"家馆"。王国维对汉朝书馆的学习有以下简单概括："汉时教初学之所，名曰书馆，其师名曰书师，其书用《仓颉》《凡将》《急就》《元尚》诸篇，其旨在使学童识学习字。"[1]"书馆"所用的字书，现在保存下来的只有《急就篇》，相传是西汉史游编撰的。今本《急就篇》共有1 244字。其内容包括姓氏、衣着、农艺、饮食、器用、音乐、生理、兵器、飞禽走兽、医药、人事等方面的应用字，全文押韵，没有重复字，句子有七言、四言、三言等。既便于记诵，又切合实用。《急就篇》流传较广，是自汉到唐的主要识字课本。

"精舍"或"精庐"，相当于太学程度，由经师大儒教授。西汉时就已出现，东汉时更为兴盛。自汉武帝"独尊儒术"后,汉朝的大小官吏都要具备儒学知识,差不多都需要专门学一经。当时民间谚语说:"遗子黄金满籝,不如教子一经。"意思是说,与其给儿子留下满箱的黄金钱财,不如教儿子专通一经。

三、董仲舒的教育实践与教育思想

董仲舒(公元前 179—公元前 104),广川(今河北景县)人。出生于官宦之家,家中藏书宏富。自幼好学不倦,遍览家中藏书,"三年不窥园"(《汉书·董仲舒传》)。学成后开办私学,"下帷讲诵",尤精《春秋公羊传》,为当世知名的今文经学家。汉景帝执政后期(公元前 143—公元前 141),被征为博士,仍专事讲学。元狩二年(公元前 121),因病休致,居家治学与著述。毕生著述颇丰,后人辑录其遗文 79 篇,编成《春秋繁露》一书。

图 3-2 董仲舒

(一)哲学伦理思想

董仲舒用"公羊春秋"的微言大义来改造先秦儒学,并容纳刑名法术、道墨阴阳家思想,以天人关系问题为中心,建立了一套新的儒学。其要点如下。

1. 天创万物与天人感应

董仲舒抬出"天"作为宇宙人间的最高主宰,他说:"天"是"百神之大君也"。(《春秋繁露·郊义》。本章以下凡引《春秋繁露》此书处,只注篇名)"天"有双重性质,既有神学人格性,又有自然物质性。他说:"天者,万物之祖,万物非天不生。"(《顺命》)"为人者天也,人之人本于天,天亦人之曾祖父也,此人之所以上类天也。"(《为人者天》)他说天根据自己的形象创造了人的形体以及精神上的各种表征,完全跟天体相同。

2. 皇帝至尊与君权神授

董仲舒认为人类社会组织是"天"安排的,"天"给人类社会设立了最高权力的君主"替天行道"。皇帝是"天子",是"天"派下来统治万民的,是唯一合法执行"天意"的人,要服从"天意",就要服从皇帝。他说:"德侔天地者称皇帝,天佑而子之,号称天子。"(《三代改制质文》)"《春秋》之法,以人随君,以君随天……故屈民而伸君,屈君而伸天。"(《玉杯》)意思是说,按《春秋》的法则,臣民应当服从君主的意志,君主应当服从"天"的意志,因此,要抑制臣民而伸张君主,抑制君主而伸张"天意"。

3. 王道三纲与阳尊阴卑

董仲舒认为"天"的意志是通过"阴阳五行"来表现的,认为"天"是"阳贵而阴贱"(《天辨在人》),"亲阳而疏阴"(《基义》)。"凡物必有合……合各有阴阳","天道在阳而不在阴","阳兼于阴,阴(被)兼于阳"。(《基义》)他把"阳尊阴卑"的理论引用来说明人们社会地位的不平等,认为君、父、夫属阳,臣、子、妻属阴。臣、子、妻是配合君、父、夫的存在而存在的,臣、子、妻要绝对服从君、父、夫。

4. "任德教"与"奉天法古"

董仲舒还利用天道"阳尊阴卑"的思想,为儒家的"德治"找到了"天意"的根据。他说:"天数右阳而不右阴,务德而不务刑。"(《阳尊阴卑》)王者应"承天意以从事,故任德教而不任刑"。(《贤良对策》)他认为"德教"可以收到严刑峻法所收不到的效果。当然他也不反对用刑,把刑作为"德教"的辅助手段。他说:"阳为德,阴为刑,刑主杀而德主生……以此见天之任德不任刑也。"(《汉书·董仲舒传》)

（二）论人性与教育作用

董仲舒继承了先秦儒家通过探讨人性来说明教育作用的思想。在人性论问题上,他调和孟、荀的"性善论"和"性恶论",认为人性是"天"创造人类时所赋予的一种先验的素质,这种素质具有"善"与"恶"两种可能性。他说:"性者,天质之朴也。"(《实性》)"身之名取诸天,天两有阴阳之施,身亦两有贪仁之性","身之有性情也,若天之有阴阳也"。(《深察名号》)就是说,天有阴阳,那么禀之天的人性中亦有性有情。性属阳,是仁,是善;情属阴,是贪,是恶。因此人有贪仁二性,人性兼含善恶两种要素。董仲舒认为人性中有善的要素,但这善的要素并非就是善,善的要素必须通过人为的教育,才能使它进而为善。

董仲舒还明确提出了"性三品"说。他把人性分为"圣人之性""中民之性"与"斗筲之性"。"中性之民"人数最多,是当时政治和经济制度赖以存在的支柱,也是主要的教育对象。

（三）论道德教育

关于道德教育与修养的原则方法,董仲舒有以下主张。

1. 强勉行道

董仲舒说:"强勉行道,则德日起而大有功。"(《对贤良策》)他主张奋勉地努力进行道德修养,认识与行为都跟上,这样德性就会一天比一天好,而且越发成功。在"行道"中,他要求人们"兴善去恶"和"改过迁善",并说"修身审己,明善以反(返)道者也",要"返道以除咎"和"进善诛恶"。在"行道"中,他还要求人们"谨小慎微",采取"众少成多,积小致巨""渐以致之""集善累德"的方法。这是要求人们道德修养不只是停留于认识上,而应表现于行为上。

2. 明于性情

董仲舒说:"引其天性所好,而压其情之所憎者也。"(《正贯》)他认为在道德教育中要注意诱发学生天性中所喜好的,抑制天性中所厌恶的。他从"性情"二元论思想出发,重视引导学生对于自身有明确的自我认识,区分爱憎,发扬所好,抑制所憎,注重道德情感的作用。

3. 必仁且智

他认为德育与智育应结合起来:"莫近于仁,莫急于智……仁而不智,则爱而不别也;智而不仁,则知而不为也。"(《必仁且智》)他指出了"仁而不智"与"智而不仁"的片面性,从而提出既强调德育而又必须德智相辅以及通过智育进行德育的方法,这种德智统一的思想是有价值的。

董仲舒是儒学发展史上承上启下的关键性人物之一。他前承"思孟学派",并结合阴阳家邹衍的学说,提出了"天人合一""天人感应"的主张,为儒学提供了可作为基石的系统化的宇宙图式,力促儒学进入了一个新阶段。董仲舒将新儒学又运用到专制政治和宗法社会的构造之中,为冉冉上升的新社会和新王朝带来了维护统治秩序的先进理论。他的学说,对中华文化的形成和传承均有着重大作用。然而其中的"神秘主义"以及"三纲五常"的道德教条,随着宗法专制社会由上升衍变而走向停滞和衰落的时候,其保守、阻碍的作用也就越来越明显了。

四、王充的教育实践与教育思想

王充(约 27—100),字仲任,会稽上虞(今浙江上虞)人。他所著《论衡》共 30 卷,分 85 篇(其中的《招致》仅存篇目,实存 84 篇),自述其主旨为:"铨轻重之言、立真伪之平,非苟调文饰辞为奇伟之观也。"(《论衡·对作》,本章以下凡引《论衡》者,只注篇名)透露了他斥虚求实的"非神学化儒学"的本色。

图 3-3 王充

(一)哲学思想

正当宗法专制统治者大兴谶纬迷信的时候,作为一位战斗的唯物论的思想家和教育家王充高举"疾虚妄"的旗帜,用唯物主义观点对谶纬迷信进行了批判与驳斥。他的唯物主义思想可以概括为以下几点。

1. 天自然无为

王充认为天和地都是无意志的自然的物质实体,宇宙万物的运动变化和事物的生成是自然无为的结果。他认为万物是由于物质性的"气"自然运动而生成的。"天地合气,万物自生,犹夫妇合气,子自生矣。"(《自然》)天气和地气相合,万物自然就生长出来,好像夫妇相交合,孩子就自然地生出来一样。他认为生物间的相胜是因为各种生物筋力的强弱、气势的优劣和动作的巧拙不同,并非天的有意的安排,天不是什么有意志能祸福的人格神。

2. 天不能故生人

王充认为天是自然,而人也是自然的产物。人的自然属性与其他万物并没有区别。"夫人,物也,虽贵为王侯,性不异于物。"(《道虚》)人是自然界的一部分,是禀受天地元气而成的。天是自然,没有什么有意志能祸福人的天,而人也是自然的产物。

3. 神灭无鬼

王充批判了认为人死后为鬼能害人的说法。他认为人有生即有死。人之所以能生,是由于他有精气血脉,而"人死血脉竭,竭而精气灭,灭而形体朽,朽而成灰土,何用为鬼?"(《论死》)他继承了桓谭(公元前 23—50)的思想,认为人死犹如火灭,火灭如何还能有光?他的这一思想为后代唯物主义者如范缜等人所继承和发展。

4. 今胜于古

王充反对"奉天法古"的思想,认为古人与今人相"齐",今人与古人气禀相同,古今不异,没有根据说古人总是胜于今人,没有理由颂古非今。他认为汉朝比过去进步,因为汉在"百代之上"。(《恢国》)"汉在后",一代比一代进步,认为历史是后代超过前代的,这种见解与"天不变,道亦不变"的思想是不同的。

(二)论人性和教育作用

王充重视教育对于人性发展的作用。他把人性分为三种:一是生来就善的人,是中人以上的人;二是生来就恶的人,是中人以下的人;三是无善无恶或善恶相混的人,是中人。他认为人性之所以有贤愚善恶不是天意的原因,而是由于自然因素影响而形成的。由于人在受胎时,所禀受的天性有厚有薄,"禀气有厚薄,故性有善恶也"。(《率性》)他认为禀气厚薄决定人性的善恶,就像曲糵多少决定酒味好坏一样。

王充肯定教育对人的发展起着重大作用。一方面论证了人性可以改变,善可以变得更善,恶的也可以变善,说明了教育的可能性;另一方面他又以许多具体的事实说明了教育的实际功效,从而说明了教育的必要性。他说:"久居单处,性必易变。"《率性》。王充对于先秦以来人性论和教育作用的关系做了唯物主义的解释,认为环境、教育可以改变人性,肯定了"教训之功而渐渍之力"(《率性》)的作用,是可取的。

(三) 论理想的培养目标:"鸿儒"

王充把"鸿儒"当作理想的培养目标。他说:"能说一经者为儒生,博览古今者为通人,采掇传书以上书奏记者为文人,能精思著文联结篇章者为鸿儒。故儒生过俗人,通人胜儒生,文人逾通人,鸿儒超文人。"(《超奇》)他的培养目标:第一为"鸿儒",因为"鸿儒"能独立思考、著书立说,有自己的见解;第二是"文人",能掌握各种丰富的知识,并从事政治工作;第三是"通人",能博览古今,融会贯通;第四是"儒生",仅有局部知识,只比俗人稍微高明一点,既没有"尽才",又不能"成德"。他认为"儒生"是不受社会欢迎的,他也不满足于培养"通人"和"文人",而主张培养"鸿儒",把"鸿儒"当作理想的培养目标。

(四) 论教学思想

王充认为,人与动物的本质不同,在于人具有认识世界的能力。他把先秦时期一些唯物主义思想,特别是荀子的"万物之中人为贵,贵其有知"的思想发展到了新的高度。他的唯物主义的认识论,表现在教学思想上有以下几个方面。

1. 知识来源:"学之乃知,不问不识"

王充反对生知之说,反对知识的先验论。他说:"天地之间,含血之类,无性(生)知者。"(《实知》)他反对那种认为圣人能前知千岁、后知万世的说法,认为"人才有高下,知物由学,学之乃知,不问不识"。(《实知》)人的天生才能虽有不同,但要知道事情、认识世界却是由于学习;学习了才能知道,不询问就不能明白。

2. 教学过程:"见闻为"与"开心意"

王充认为教学过程包括"见闻为"感性认识与"开心意"理性认识两个阶段。所谓"见闻为",就是说教学中首先要依靠耳闻、目见、口问、手做,去直接接触客观事物。他说:"须任耳目以定情实。"须经过耳目感官来确定实际情况。王充认为如果只凭耳目,只能得到片面的、不完整的或不完全正确的知识,所以还必须把感性认识加以深化提高。他说:"故是非者不徒耳目,必开心意。"(《薄葬》)即要求开动脑筋,进行理性思考。他曾批评过墨子过于强调感性经验,过于相信老百姓所谓"耳目之实"的错觉迷信,以致墨子也承认鬼神,认为有鬼神存在。王充主张"铨订于内""以心意议",这样才能"知一通二,达左见右"。(《实知》)即用理性的认识加以审查,才能分清是非,判定真假,"订其真伪,辨其实虚"。(《对作》)总之,他强调一定要通过内心的思考,仅凭耳闻目见是靠不住的。

3. 教学效果:"效验"

"订其真伪,辨其实虚"的标准是什么呢? 王充说:"事莫明于有效,论莫定于有证。"(《薄葬》)所谓"有效",就是与事实相符合;所谓"有证",就是要有确实的证据。王充认为教学过程还应包括以实际效果来检验知识真伪的功夫。他对这一点是很重视的。他说:"凡论事者,违实不引效验,则虽甘义繁说,众不见信。"(《实知》)这就是说,必须通过实际效果来检验,凡是符合事实效果就是正确的,否则就是错误的。

之所以说王充的教育思想具有"非神学化"特征，是因为其自然论具有唯物主义色彩，并以实事实功作为教育的基本追求；他重视知识学习，强调在"信闻见"基础上"开心意"，并且主张"精思极问""敢于距师"，富有强烈的批判精神，甚至能够"问孔""刺孟"，是中国教育史上难得一见的思想家。他承袭了荀子"重学"的精神，对"墨学"的经验论局限有所指正，在教学论和治学方法论上多有创发，从而丰富了中国的教育理论宝库。诚然，王充的教育实践经历无多，史籍上也鲜见其弟子之名，但是，他对汉朝虚妄学风起到的矫正作用则为后世所公认，并对开启"魏晋经学"的新风有所影响。

第三节　魏晋南北朝的教育

魏晋南北朝（220—589）是我国古代由统一转为分裂和长期战乱的时期。这个时期学校废置无常，官学数量大大减少，但也出现了一些具有重要历史意义的新情况和新特点。

在选士制度上，这一时期主要实施的是九品中正制，同时也沿用了汉朝的察举制度。在教育思想领域，这一时期出现了较为错综复杂的现象，即玄学盛行，佛道广泛传播，儒学经学进入了一个新的历史阶段，被学术界称为"继汉开唐"的时代。[①] 本节主要介绍这一时期的学校教育制度、九品官人法、私学教育发展以及颜之推的家庭教育思想。

一、魏晋南北朝时期官学制度及实施

（一）三国时期的官学教育

魏太学所实施的制度中，最重要者有"五经课试法"。这是学校教育内部的考试方法。源于东汉太学的儒经课试法，在曹魏太学中成为定制。此法规定，每两年考试一门儒经，及格者获续考他经的资格；不及格者或勒令退学，或隔年再试。考通五经者，可获一定实权的官职。据《通典·选举制》载："始诣太学为门人。满二岁试通一经者，称弟子，不通者罢遣。弟子满二岁试通二经者，补文学掌故；不通者听随后辈试，试通二经亦得补掌故。满三岁试通三经者，擢高第为太子舍人；不第者随后辈复试，试通亦为太子舍人。舍人满二岁，试通四经者，擢其高第为郎中；不通者随后辈复试，试通亦为郎中。郎中满三岁，能通五经者，擢其高第随才叙用；不通者随后辈复试，试通亦叙用。"此项法令，规定了太学生的学习内容和定期考试制度，安排了仕进的梯级，对于太学的稳定和发展起了一定的积极作用。

（二）两晋时期的官学教育

西晋泰始八年（272），晋武帝整顿太学，将原有的七千生员淘汰到三千人，并完善了有关制度。咸宁四年（278）除继续兴办传统的太学外，还创办了一所旨在培养贵族子弟的国子学，定置国子祭酒、博士各一人，助教十五人，以教国子学生。这是我国古代在太学之外，另外设立一所传授同样内容的中央官学的开始，也是西晋教育制度的一个主要特点。国子学的设置，使中央官学多样化，等级性更明显了。

---

① 王炳照. 简明中国教育史[M]. 北京：北京师范大学出版社，2008：121.

（三）南朝时期的官学教育

宋文帝元嘉十五年(438)曾征召名儒雷次宗至京师，开儒学馆于京郊鸡笼山，聚徒教授，置生百余人，朱膺之、庾尉之并以儒学监总诸生，文帝也数临学馆，奖励生徒。翌年，又使丹阳尹何尚之立玄学馆，太子率更令何承天立史学馆，司徒参军谢元立文学馆。四馆并列，各就其专业招收学生进行教学、研究，有研究老庄学说的玄学、研究古今历史的史学、研究辞章的文学与研究经术的儒学并列，这是学制上的一大改革，也反映当时思想文化领域的实际变化。齐灭刘宋，亦复建国子学。然而立国仅 23 年，就曾两次因"国哀"而废学。

梁武帝萧衍是较有作为的帝王之一，在位 47 年。他在学校建设方面很有建树。天监四年(505)诏开武馆，置五经博士各一人，总以五经教授。于是以当时硕儒平原明山宾、吴郡陆琏、吴兴沈峻、建平严植之、会稽贺场补博士，各主一馆。五馆招生只问程度，不限门第、员额，每馆学生数都达数百人。五馆之间允许学生自由听讲。

陈灭梁后，国子学与太学并设。"世祖以降，稍置学官，虽博延生徒，成业盖寡。"（《陈书·儒林传序》）这说明了陈朝国学没落的趋势。梁陈的专科教育主要是律学。陈沿梁置胄子律博士，属廷尉。梁时律博士在品秩上高于太常博士和国子助教，但低于五经博士；而陈朝律博士的官品与太学博士、国子助教相同，但也低于五经博士。

（四）北朝时期的官学教育

鲜卑拓跋部建都平城（今山西大同）后，便创立北魏太学(398)，次年"增国子、太学生员至三千人"。（《魏书·太祖纪》）太武帝始光三年(426)"别起太学于城东"，"令州郡各举才学。于是人多砥尚，儒林转兴"。（《魏书·儒林传序》）孝文帝、宣武帝两朝(471—515)是兴学高潮时期，国子学、太学修葺一新，还开创新型学校。如皇宗学（皇子学），专掌皇家子孙教训，始创于孝文帝太和九年(485)；四门小学，因分设于城墙四门而得名的小学性质的学校，始置于太和十九年(495)。

北魏州郡立学校开始于献文帝拓跋弘天安元年(466)，这是由于相州刺史李䜣的请求而设立的。李䜣认为明主都在京都建庠序，在地方立学校，以培养人才。他感到当时后进无人，要求"于州郡治所各立学官"。郡国学校在西汉已有了，平帝时曾命令郡国普遍设学官，但学制并未建立。郡国学制的建立，始于北魏。

北齐国祚为时不长(550—577)，暴君迭出。文教事业上的贡献是设立了国子寺。国子寺负责训教胄子，为统理学官、生员的机构，这一行政机构后为隋唐因袭。

北周除续办太学及郡学外，还创立了一些新的学校。如东馆，周太祖平河东后(550—556)"置学东馆"（《周书·儒林传》）。大抵属地方藩镇学。麟趾学，明帝宇文毓即位后(557—560)"集公卿以下有文学者八十余人于麟趾殿，校刊经史"（《周书·明帝纪》）。这可视作丽正书院、集贤殿书院前身。北朝同南朝一样，也设有专门学校。如北魏、北齐、北周都置律学博士；北魏、北周还设有书学，以教授书生；北魏、北周还设立了算学，学生称算法生。由此可见，北朝的专门学校不仅有人文学科，亦有自然学科。

以上说明这时我国古代的专科学校已处于萌芽阶段，对于以后专科学校及分科教授制度的发展是有影响的，表明儒学独尊已逐渐为儒佛道并行的局面所代替，科学技术的传授开始在学校教育中取得一定的地位。就该时期官立小学而言，虽然比较零碎，不够系统，教育教学活动也不够正规。但是，一些开明的君主或贵族统治者为了巩固政权，在大举兴办高等教育的同时也积极倡导小学教育,而小学教育的发展很明显地带有民族融合和少数民族汉化的特点。

二、魏晋南北朝时期私学的发展

每当战乱分裂之世,官学往往中辍或有名无实,此时往往由私学独挑大梁;每当"独尊"破产,出现多元文化竞争的格局之时,则私学必定表现为相对繁荣;每当新兴学术挣脱束缚而得以传播之时,不仅表现为私学的相对兴盛,而且表现为私学具备了"自由的灵魂"。魏晋南北朝时期的私学,正因为具备了这些发展的前提条件,所以才会有私学"百家"的涌现。①儒学、玄学、佛学、道教的结合,是这个时期私人讲学的特色。如陈朝的徐孝克既讲玄理,又通五经,他每日早讲佛经,晚讲《礼经》与《左传》,受业者达数百人。科技教育也是当时私学的重要内容。天文学家郭琦和台产均以天文、五行教授门徒,黄泓也随父学天文秘术。南朝的王微深入研究本草,常带两三位学生去采摘草药,并亲自尝试以验证本草的可信程度。他继承了我国古代医药学在采摘中药工作中重视实践的传统,亲自带弟子摘采并尝试草药,这可以说是一种很好的教育方式。

三、魏晋南北朝时期的选士制度

"九品中正制"是魏晋南北朝时期主要的选官制度。它与察举制一样,均为"乡贡"性质;但它以"唯才是举"为旨,不同于察举制重德的"任人唯贤"。简明来说,九品中正制与察举制的殊异,主要反映在如下诸方面:

其一,该制为"纵向分等"的制度。即将"品状"出的人才分为"上三品":上上、上中、上下;"中三品":中上、中中、中下;"下三品"下上、下中、下下。它不同于察举制的"横向分科"。

其二,该制的选才权专任。州置大中正(或称"州都"或州中正),郡、县均置小中正;大小中正俱统领"访员"若干,由其深入察访人才。察举制则由各级行政长官兼负选才之责。

其三,该制实施之初,"重状轻品"。"状"为"行状"的简称,即对才、能、德的综合评价;"品"为"品第"的简称,即以家世谱牒、父祖资历所做的出身考察。重状轻品反映了重才能,轻品德、门第的特征。而察举制所重为德行、声誉。

其四,该制实施后期,倚重经学考试。以"品状"选人,多有中正官主观臆断之通病。于是,南北朝确立了以考试定去取的选录方式。"试吏制"对年过30的寒门子弟试以文法,通过者授任文吏;"明经科"则对儒生试以经术,通过者随才叙用为文官。北魏孝文帝曾试用考试制,南朝梁武帝也曾以考试选才:"其有能通一经、始末无倦者,策实之后,选可量加叙录。虽复牛监羊肆、寒品后门,并随才试吏,勿有遗隔。"(《梁书·武帝纪》)而察举制在复核中,绝少运用统一的文化或经学考试之法。

在两晋,由于受门阀制度的影响,九品中正制的弊端也日益显露。一则表现为,中正官基本被士族垄断。二则表现为,去取与否,全凭中正一人之言。马端临在《文献通考·选举一》中指出:"九品中正者,寄雌黄于一人之口。"三则表现为,基本堵塞了平民布衣的仕进之路。所谓"上品无寒门,下品无士族"(《晋书·刘毅传》)即是。正是有鉴于此,南北朝方对此

---

① 喻本伐,熊贤君.中国教育发展史[M].武汉:华中师范大学出版社,2011:131.

制有所变通与改革。

总体来说,此期的社会和教育的发展,历经了又一次"由治而乱"的轮回。

在两汉"治世"中,由于教育具备了良好的经济基础、正确的政治导向及其制度管理,加之又具备了相对宽厚的儒学文化背景,所以使官学制度日趋健全。此期不仅恢复了"两级两类"的官学体制,而且在两类教育中,除"国学"与"乡学"外,又增加了"经学"与"非经学"的教育设施。除制度建设卓有建树外,两汉的教育实践也日益丰富并深化。这不仅集中反映在太学的办理上,还反映在各级各类私学的竞争性发展中。这种"官私并存"的格局,成为两汉文明的一抹特异光辉。

在魏晋南北朝的"乱世"中,由于学校教育发展所必需的基本条件难以得到保障,所以就其总体而言,实际处于"退潮期";尤其是官学教育,在时兴时废中始终难挽颓势。但是,此期与春秋战国一样,在战乱的忧患中,却孕育了思想理论的多元与繁荣;儒、佛、道三家的争奇斗艳,使教育理论的哲理性和思辨性色彩日益浓重。而教育理论的日趋成熟,又为教育制度的多样性提供了可能。就官学教育而言,"非经学"教育制度在此期有所强化,"四学馆""总明观""律学""医学"等均得以创立。此外,在"两类"教育中,又新增了贵族与平民分野的"双轨制",使国子学与太学并存。理论繁荣对于教育的积极影响,还集中反映在私学的多样性及其相对繁盛上。佛教的寺院教育和道教的道观教育,可视为特殊性质的私学;专习科技的以及其他非经学教育的设施,更是丰富了私学类别。因而,"这是一个绝非'黑暗'可概括的时代,而是一个风流竞逐、异彩纷呈的时代,它是国际色彩丰富的隋唐时代的渊源。"[①]也因此,史学界普遍认为魏晋南北朝有"继汉开唐"的划时代意义。

思考与拓展

1. 试述"独尊儒术"文教政策对教育的影响。
2. 试述汉朝太学的基本特点。
3. 董仲舒提出的道德教育的原则和方法,对当今道德教育有何影响?
4. 王充对迷信烦琐的经学教育做了哪些批判?

① ［日］川本芳昭.中国的历史·第五卷·魏晋南北朝[M].余晓潮,译.南宁:广西师范大学出版社,2014:7.

第四章 隋唐时期的教育

本章概要:隋唐时期,国家得以重新统一,中央集权的行政制度得以重新确立,这一时期的教育也进入了一个新的历史阶段。隋唐经济的繁荣促进了教育的快速发展,儒、道、佛在文教领域都得到了积极的发展,儒学的发展处于明显的优势地位。隋唐时期的教育制度较之前代取得了显著的进步,主要表现在:科举考试选士制度正式确立,并进一步控制学校教育;教育制度推行官学与私学并举的措施,地方官学与中央官学的有机衔接,形成较为完备的学校系统;学校内部管理制度进一步健全和完善;出现了新的教育组织形式——书院,成为我国封建社会一种重要的文化传承和人才培养的机构;中外教育交流开始得到进一步发展;出现了以韩愈为代表的教育思想家,对后世产生了较大的影响。

第一节 隋唐的文教政策

一、崇儒兴学

隋朝建立后,隋文帝出于巩固中央集权统治的需要,选择儒术作为国家的政治指导思想,确立了以德治国的统治理念。开皇三年(583)隋文帝下诏宣布:"朕君临区宇,欲使生人从化,以德代刑。"在推行德治的政策引领下,儒学主张的礼教开始受到统治者的重视。而要宣扬礼教,就必须要借助于学校教育机构。隋文帝出于稳固国家统治的考虑,开始大力推崇儒学和兴办学校。后来,隋炀帝即位后,于大业元年(605)颁布《求贤兴学诏》,大力兴办学校,培养人才,将隋文帝精简而后停办的国子学、州县学重新恢复起来。

唐朝建立后,唐朝统治者总结隋朝兴亡的经验教训,仍然坚持将儒家思想作为国家的统治和指导思想,更加强调尊儒,确立了崇儒兴学的文教政策,促进了学校教育的发展。唐太宗时期继续贯彻崇儒兴学的文教政策,认为改变社会风俗主要依靠学校,在全社会推行教化。唐高宗继续延续唐太宗崇儒兴学的政策,保持了良好的发展势头,出现了"今庠序遍于四海,儒生溢于三学"的繁盛景象。武则天当政时期,采取尊佛抑儒的文教政策,重科举轻学校,使官学几乎处于荒废状态。唐玄宗时期,又重新恢复了崇儒兴学的文教政策,使学校教育得到再次发展。后世历代统治者在此基础上继续推行崇儒兴学的文教政策。唐朝崇儒兴学的文教政策极大地促进了唐朝学校教育的发展。

二、兼用佛道

隋唐的统治者虽然崇儒兴学,但并不唯儒独尊,在重视儒学的基础上,对于佛、道两教同时加以利用。隋文帝时期,为了争取佛教信徒的拥护和支持,大力发展佛教,下令恢复被周武帝禁毁的寺院,听任民众加入佛教,再度使佛教风靡天下。佛教由于得到了皇帝的支持,得以飞速发展。隋朝的寺院既是佛教徒聚会的场所,也是传播佛教的教育机构,在一定程度上冲击了学校教育的发展。隋文帝在提倡佛教的同时,也注意利用道教,当时道教的地位仅次于佛教。

隋炀帝对佛教也较为重视,他积极扶持佛教的发展,利用佛教维护隋朝的统治。唐高祖年间实行儒佛道三教并用的政策,他指出:"三教虽异,善归一揆。"出于巩固皇权的政治需要,他利用道教制造"君权神授"的舆论,尊道教始祖李耳为"圣祖",借以提高李氏宗室的地位。在他的影响下,唐朝李姓皇帝大都崇奉道教,大力扶植道教,一度使道教发展成为三教之首。唐太宗不喜欢佛教,认为佛教荒谬无用,但他却支持唐玄奘译经,并为其写下《大唐三藏圣教序》。唐高宗崇奉道教,曾亲自到亳州谒老君庙,追封老子为"太上玄元皇帝",下令百官学《老子》,广大士子也习《老子》,使道教发展成为唐朝的国教。武则天当政后,为了争取佛教徒的支持,大力扶植佛教,在全国各地普建佛寺,使道教居于其次,儒学则降为第三位,使得佛教势力极度膨胀,甚至与国家利益发生冲突。唐玄宗在位期间,认识到了佛教势力潜在的危险,他当政期间对文教政策进行了调整,抬高道教的地位,下令两京及诸州各设置玄元皇帝庙,以道法供奉,同时建崇玄学,令每家藏一部《道德经》,在全国各地征召道家学者,把道教抬到高于儒家和佛教的地位。此外,唐玄宗出于巩固政权的需要,倡导发展儒学,并使传授儒学的国子监和州县学制度化。同时追封孔子为文宣王,依法行释奠礼,春秋定时致祭。在提倡道、儒的同时,他对佛教采取抑制措施,下令禁止建造寺庙,禁止民众出家为僧,禁止铸佛写经,禁止百官与僧尼来往,使得佛教勉强维持现状。唐玄宗以后的皇帝,也都采取三教兼用的政策,只是三教利用的程度不同而已。总的来看,佛、道二教在隋唐的发展是不均衡的,常常伴随皇帝的态度时有起伏。

三、发展科举

隋文帝在位期间,为了进一步加强中央集权,废除由士族门阀垄断的九品中正制,逐步把任用官吏的权力收归中央。隋文帝首先采取恢复察举制来解决官员的补充问题,同时对察举制进行改革,把察举的设科、推荐、考试,与地方按行政区定时、定额、定科选送人才结合起来,逐步形成以文化才能为选拔标准的科举考试制度。同时,又把官学培养人才的制度与科举考试制度衔接起来。开皇七年(587)"制诸州岁贡三人",标志着察举制向科举制转变的开始。开皇十八年(598)皇帝诏令"以志行修谨、清平干济二科举人",使选士制度向着设科方向发展。隋炀帝大业二年(606)秋七月"始建进士科"(《通鉴纲目》卷三六),标志着科举考试制度的形成。隋炀帝十分重视利用科举制度选拔人才充任官员,并根据行政管理的实际需要,设立十科举人,明确表示要"随才升擢"。隋炀帝大业五年(609),将十科举人减为四科举人,突出强调选拔具有专长和实际才能的人才。

唐朝沿袭和发展了隋朝的科举考试制度,武德四年(621)下诏恢复科举:"择善任能,救民之要术,推贤进士,奉上之良规。自古哲王,弘风阐教,设官分职,惟才是与。"明确了科举考试制度的选官功能。李肇的《唐国史补》卷下记载:"进士科,始于隋大业中,盛于贞观、永徽之际。"唐朝贞观年间,科举考试制度得以进一步发展,使科举考试制度成为一种常规的以考试选拔人才的制度。唐高宗当政时也很重视科举,除了每年举行常科外,还不定期举行制科,为国家选拔急需的人才。武则天时期重科举轻学校,注重利用科举来吸引和选拔人才,值得一提的是武则天时期开设了武科,为国家选拔了一些军事人才。

唐朝历任皇帝都注重以科举考试来选拔官员,逐渐使得科举制度成为一种固定的人才选拔制度。科举考试制度在实施的早期,录用的人数较少,后来名额逐渐增多,这得益于唐朝历代皇帝对科举考试制度的重视。如唐睿宗景云元年(710)《申劝礼俗敕》规定:"每年贡明经进士,不须限数,贵在得人。"

四、鼓励私学

隋唐时期,私学受到政府重视,鼓励私学发展成为隋唐政府的惯常政策。

隋文帝开皇三年(583)发布《劝学行礼诏》鼓励民间私学发展,号召天下官员民众积极学经习礼。隋朝对民间办学采取宽松政策,听任私人自由设立学校,不加过多的限制。社会上一些人士也积极创办私学,民间私学大兴,私学教师也逐渐成为一种固定职业。民间办学的程度和水平不一,其中也不乏学有专攻的学者,他们中的佼佼者或被推荐参加制举,或被朝廷直接征召任用。

唐朝政府继续采取鼓励私人办学政策。唐朝政府只在州县设立官学,县以下的乡里,政府则不派官办学,由民间私人办学,唐朝政府鼓励私人办学,主要目的是希望私学能够在施行礼教、移风易俗方面发挥其作用。唐中宗要求各地要效法前代的做法,从上至下都要层层设立各级教育机构,唐朝的下层教育机构主要指的是私学,强调要仰仗民间私学来推行礼教。

唐玄宗当政时,对私学更加重视。开元二十一年(733)颁布《每年铨量举送四门俊士敕》曰:"诸百姓任立私学,其欲寄州县学授业者亦听。"政府任由民众自行设置学校来承担最基层民众的教育任务。

总的来看,唐朝私学教师属于自由职业者,不属于政府官员,也不必政府财政支持,但私学作为基层教育组织,承担着下层民众的教育任务,私学为国家承担着推行礼教和知识教育的重要职责,为国家培养了大批有文化的人才。

第二节　隋唐的学校教育

隋唐时期的学校教育的发展受各个朝代政策的影响而时有起伏。

隋朝存续38年,学校发展出现了两起两伏。隋朝建立后,政治趋于稳定,隋文帝接受了刺史柳昂的"劝学行礼"的建议,在全国范围内发起兴学运动,要求从京师到天下州县,皆设置博士讲习礼教,学校教育得以快速发展。但到了隋文帝晚年时期,对儒学的态度大变,认为官学未能为国家提供所需人才,徒有虚名,颁布《简励学徒诏》,下令停废州县学,同时下令压缩国学招生名额,使得隋朝的学校教育遭到重大打击。

直到大业元年(605),隋炀帝下令复开庠序,颁布《劝学诏》,下令全国兴办学校,使得许多被停废的学校得以再度恢复,国学州郡县学都得到很大发展。但隋朝学校教育的繁盛仅持续了十余年,受到战争的影响,学校荒废,有名无实。

唐朝存续290年,大致以"安史之乱"为界,分为前后两个阶段。总体来看,前期学校教育呈发展趋势,后期学校教育的趋势是衰落,全过程亦有多次起伏。

唐朝建立之初,受到群雄争战的影响,官学得以部分恢复。贞观时期,唐太宗推行崇儒兴学政策,学校教育得以迅速发展,形成私学与官学、地方官学与中央官学并存的良好局面,不同层次、不同类型的学校相互衔接,形成了较为完整的学校体系。唐高宗时期学校教育政策未有大的变化,学校规模较为稳定。武则天当政时期,文教政策发生了变化,开始崇佛抑儒,重科举轻学校,使得大量学校荒废,唐朝的学校教育坠入低谷。唐玄宗时期,学校教育得以恢复和发展,重新步入兴盛时期,并建立了一套较为完整的教学管理制度,各层次官学有了法令规定的名额,这种良好局面持续了将近半个世纪。"安史之乱"使唐朝的学校教育遭到极大破坏,导致战后相当长的时间仍难以恢复。唐朝后期的皇帝都曾下令对学校进行整顿,但都无法推动唐朝官学教育再次复兴,达到贞观、开元时期官学教育的辉煌。

一、中央官学

1. 隋朝中央专设的学校

隋朝中央官学最初称国子寺,隶属于太常寺。隋朝的国子寺设国子祭酒一人,为最高行政长官,主簿一人,录事一人。后来,因国子寺规模扩大,学生数量增多,管理事务日益繁杂,需要独立才能有利于国子寺的发展。开皇十三年(593),"国子寺罢隶太常",国子寺独立,独立后改称为国子学。大业三年(607)改称为国子监,教育行政人员增设司业1人,丞3人,并进一步细化了分工和责任。

《隋书》卷二八《百官志》中记载:"国子寺统国子、太学、四门、书、算学,各置博士、助教、学生等员。"国子寺各学基本情况如下:

国子学:它原本是为"殊其士庶,异其贵贱"而特设的,专门招收贵族及高官子弟。设国子博士(正五品)5人,负责分经教授。设助教(从七品)5人,协助博士分经教授。国子学生140名,有缺则补。

太学:太学与国子学的学生来源和学习内容不同,所谓"国学以教胄子,太学以选贤良",表明设立太学的主要目的是为国家培养和选拔贤良人才,太学教授的主要内容是五经。太学设博士(从七品)5人,分经教授。助教(正九品)5人,协助太学博士分经教授。招收太学生360人。太学的门第和品级要求均低于国子学。

四门学:以五经传授为主要教育内容。设四门博士(从八品)5人,分经教授。四门助教(从九品)5人,助四门博士分经教授。招收四门学生360人,生源为地方州县选送,多属于庶族优秀子弟。

书学:为隋朝创设,主要教授汉字"六书"的构造原则和文字"八体"的不同写法,目的在于培养书法专门人才。书学设博士(从九品)2人,助教2人。招收书学生40人,生源来自庶族子弟。

算学：亦为隋朝创设，以算学专书为主要学习内容，主要培养天文、历法、财务等方面的专业计算人才。设算学博士（从九品）2人，助教2人，算学生80人。

2. 唐朝中央专设的学校

（1）中央教育机构由附属改为独立设置

武德年间采取精简机构的做法，以国子学隶属太常寺，管理国子学、太学、四门学等三学。贞观元年（627），朝廷下令国子学脱离国子寺，改称为国子监，使其成为与太常寺平行的独立机构。这样就使国子监成为具有双重功能的机构，既是中央政府最高教育行政管理机构，又是国家最高学府。国子监的设立，标志着国家对培养统治人才的重视，也标志着唐朝的学校管理走向专门化，以适应教育事业大规模发展的需要。以后虽经改朝换代，国子监一直长期存在，直到清末学部成立才被废除。

（2）国子监作为教育行政机构的官员及分工

唐朝国子监作为行政机构，下设若干部门，分工和职责明确。

国子祭酒1人，从三品，掌管监学训导之政令。

国子司业2人，从四品下，为祭酒的副手，协助祭酒管理监事。

监丞1人，从六品下，掌管日常行政全面事务。

主簿1人，从七品下，掌印，训导学生与执行学规。

录事1人，从九品下，掌来往文书，收发记录。

以上品官共6人。此外还有非品官的具体管理事务的人员，包括府7人，史13人，亭长6人，掌固8人，共34人。整个国子监品官和事务人员共40人。

唐朝除了当时的京城长安，还有东都洛阳。唐高宗龙朔二年（662）正月设立东都国子监，当时设立的管理人员主要有监丞1人，主簿1人，录事1人，还有人数不等的事务人员。

3. 中央专设学校的管理

（1）入学制度

唐朝中央官学实行按等级入学制度，贵族与官僚的子弟有优先入学的特权，学生按出身门第的高低、父祖官位的品级进入相应的学校。具体儒学规定为：

国子学接受文武官三品以上及国公子孙、从二品以上曾孙为生。

太学接受文武官五品以上及郡县公子孙、从三品曾孙为生。

四门学接受文武官七品以上及侯伯子男子为生，或庶人有文化知识经考试选拔为俊士者。

律学接受文武官八品以下及庶人子之通其学者为生。

书学接受文武官八品以下及庶人子之通其学者为生。

算学接受文武官八品以下及庶人子之通其学者为生。

广文馆接受将应进士科考试者申请附监读书备考。

凡是申请入国子监的学生，除了身份限制外，年龄也有一定的限制。一般限年龄14岁以上，19岁以下；律学等专门学校一般为18岁以上，25岁以下。唯有广文馆对学生年龄没有限制。

（2）学礼制度

束脩之礼：学生初入学时，约定好时日，穿好制服，隆重举行拜师礼，师生见面，表示师生建立关系，按照礼制规定学生要向学官敬献礼物：束帛一篚（国子生、太学生各绢三匹，四门生各绢二匹,俊士及律、书、算学生各绢一匹),酒一壶,脩一案,称为束脩礼。

国学释奠礼:按照唐朝的礼制规定,每年春秋季第二月上丁日,在先圣庙举行释奠礼,全体学生和学官都要参加行礼仪式,并奏请在京文武七品以上清官观礼。祭酒为初献,司业为亚献,博士为终献。行礼完毕,会举行讲学和交流活动。

贡士谒见及使者观礼:贡士拜谒先师,始于开元五年,从此成为法定的礼制。每年诸州贡士明经进士朝见完毕之后,集体到国子监拜谒先师,参加国子监为其举办的行礼活动,并由学官为他们举行讲学活动,质问疑义。当日,五品官以上官员要前往国子监观礼。外国使者来唐,朝见之后会被引导到国子监参观,感受中华的文化礼教。

通过上述定期性的隆重礼仪活动,使人们受到崇儒尊师、登科从政的教育和熏陶。

(3)教学制度

国子学、太学、四门学学习的主要内容是儒家经典,传授的儒家经典主要包括《周易》《尚书》《周礼》《仪礼》《礼记》《毛诗》《春秋左氏传》《公羊传》《谷梁传》等,并兼修《孝经》《论语》《老子》。在唐朝,儒家经典又有大、中、小之分,其中《礼记》《左传》为大经;《周礼》《仪礼》《毛诗》为中经;《周易》《尚书》《公羊传》《谷梁传》为小经。按照唐朝的规定,通二经者,大经、小经各一,或中经二。通三经者,大经、中经、小经各一。通五经者,大经皆通,余经各一,《孝经》《论语》兼通之。凡习《孝经》《论语》共限1年,《尚书》《公羊传》《谷梁传》各1年半,《周易》《诗》《周礼》《仪礼》各2年,《礼记》《左传》各3年。博士、助教分经教授诸生。学书,日纸一幅,间习时务策,并读《国语》《说文》《字林》《三仓》《尔雅》等书。

律学,以学习唐律令为主要内容,格式法例也兼习之。

书学,以学习《石经》《说文》《字林》为主要内容,也兼习其他字书。其中《石林》修习3年,《说文》2年,《字林》1年。

算学,以学习算经为专业,课业分为两组,其中习《九章》《海岛》《孙子》《五曹》《张丘建》《夏侯阳》《周髀》《五经算》15人,习《缀术》《辑古》15人。《记遗》《三等数》亦皆兼习之,《九章》《海岛》共限3年,《张丘建》《夏侯阳》各限1年,《孙子》《五曹》共限1年,《周髀》《五经算》共限1年,《缀术》4年,《辑古》3年。

广文馆,以进士科三场考试的帖经、杂文、时务策为学习内容。

(4)考核制度

唐朝的学校已经出现了学业考核制度,考核的主要目的是督促学生课业,每阶段都有考试,考核的基本手段为考试。考试类型主要分为旬试、月试、季试、岁试、毕业试等。

旬试:旬试在每旬休假前一日举行,由博士主持。考试方式有两种:试读者,每千言试一帖,帖三言;试讲者,每两千言问大义一条,总试三条,通二为及格,通一及全不通者会有相应的处罚。

月试:每月第三次进行的旬试即为月试,主要考核一月内所讲习的内容。旬试与月试结合进行,由于旬试和月试给学生带来较大的负担和压力,后来就取消了旬试,仅保留月试,每月有考试成绩记录。

季试:季试是在政局动荡、管理松弛的条件下出现的,月试被取消,仅举行季试。广文生也用季试考核。

岁试:岁试考核一年的学业,考核形式为口试,口问大义十条,通八为上,通六为中,通五为下。

毕业试:每年有学生完成学业,能通两经以上的明经或进士而欲求出仕者,登记名册,上报国子监,由国子祭酒、司业、监丞考试其学业。毕业试相当于考生应科举的资格考试,毕业考试合格者,其名册经祭酒审阅,然后报送礼部,可以参加科举考试。

(5)惩罚制度

国子监主簿负责执行学规,督促学生勤学,保证国子监的教学和生活秩序。按照《唐六典》的规定,有以下情节者,要给予惩罚处分:

不率师教者:不听从老师教诲的学生,要上报祭酒,按照国子监规定,开除其学籍,令其退学。

学业无成者:学业不能取得进步的学生,且连续三年考试成绩不合格,在学校学习长达九年者,律生在学达六年者,令其退学。

假违程限者:有事请假回乡,岁中违程满三十日,事故百日,亲病二百日,超过期限,没有充分的理由,不能如期返校学习者,要做退学处理,并将退学处理通知其原籍政府。

作乐杂戏者:在监舍之内,喧闹扰众,影响正常秩序者,令其退学。

(6)休假制度

唐朝中央官学有明确的休假制度,学官享受国家法定的休假日,学生跟着学官一同休假。唐朝中央官学固定的休假日有旬假、田假、授衣假。旬假,每10日休假一日;田假,一般在每年五月农忙收种时放假15天,让学生回家帮助农事;授衣假,每年九月天气转凉时,放假15天让学生回家准备冬衣。唐朝的休假制度体现了我国农业社会政府对学生的人文关怀。

二、地方官学

隋唐的地方官学与地方的行政制度密切相关。隋唐的地方官学分为州学、县学两级。州学和县学均由地方政府主办,由州县的首长刺史、长史、县令任领导,而具体管理事务州一级由司功办理,县一级由司功佐办理。州学按专业和学生人数配备博士、助教,负责掌管教学事务,县学则配备博士掌管经学教育。州县学生受到政府的严格管理,入学要申报审批。地方官学在隋朝已得到广泛发展,唐朝对地方官学更加重视,较之隋朝有新的发展。隋唐政府要求各地方设学,并规定要按照州县大小确定学生名额,地方学校得以先后建立。

隋唐初设的州县地方官学,学习的主要内容为儒家经典。后来,唐朝设置了一些新的地方官学,如《新唐书·百官志下》记载:"贞观三年,置医学,有医药博士及学生。开元元年,改医药博士为医学博士,诸州设助教。"地方医学校的设立是唐朝地方官学的一大突破和创新,表明当时的唐人已开始重视医疗保健。此外,崇玄学也开始在地方官学设立,据《旧唐书·礼仪志四》载:"开元二十九年正月己丑,诏两京及诸州各置玄元皇帝庙一所,并置崇玄学。"崇玄学的设立体现了唐政府对道教的重视和提倡。由此可见,隋唐地方官学主要有三种类型:经学、医学、崇玄学。其中经学存在的时间较长,崇玄学存在的时间较短。

隋唐时期地方官学的博士州县的情况略有不同,《封氏闻见录》卷一这样记载:"国朝以来,州县皆有博士,县则州补,州则吏曹授焉。然博士无吏职,多以醇儒处之。"州博士是由吏部授官委任的,有一定的官品,可以按官品享受国家的俸禄。而县博士是州政府在地方延聘的,没有官品,地位和待遇都较低,州县博士都由有一定学识的"醇儒"来担任,以教学为生。

地方官学的学生名额根据州县大小确定,招收的对象大多数为庶族子弟。学习的内容以经学为主要本业,兼习文词、礼仪、史学等。州县学生毕业后的出路主要有四种:一是表现优秀的可以由地方主管部门经考试合格,升入四门学充任俊士;二是经地方考试合格者,以乡贡的身份赴京参加科举考试;三是在地方官府谋取小吏;四是自由择业。

隋唐时期地方官学的发展,满足了中下层民众子弟求学的需求,成为隋唐中央官学的重要补充。

三、私学

私学是相对于政府办理的官学而言的,它是由民间私人办理的,是古代封建教育的重要组成部分。隋唐时期的私学得到了快速发展,其原因主要有以下几个:第一,满足社会民众求学的需要。由于地方官学招收的学生名额受到严格控制,私学可以满足广大民众尤其是下层民众接受教育的需要。第二,政府政策的驱动。隋文帝推行德治,重视对民众的教化,推动了私学教育的发展。唐朝对私学也采取积极鼓励政策,唐高祖武德七年发布的《置学官备释奠礼诏》规定:"州县及乡里,并令置学。官僚牧宰,或不存意,普更颁下,早遣修立。"政府对州县以下的乡里学校的设立不加限制,允许自由创办。开元二十一年五月发布《每年铨量举送四门俊士敕》再次强调"许百姓任立私学"。开元二十六年正月唐政府发布《亲祀东郊德音》:"宜立天下州县,每一乡之内,里别各置学,仍择师资,令其教授。"政府鼓励民众在州、县、乡里设学。第三,唐朝经济的繁荣。隋唐时期都有比较安定的政治和平时期,促进了隋唐社会农业经济的繁荣和发展,为私学的发展奠定了重要的经济基础。

私学按照教学程度可分为初级私学与高级私学。一般来说,凡是进行启蒙识字教育和一般的生活与伦理教育的为初级私学;凡是进行专经传授或其他专业知识技术传授的为高级私学。现做简要介绍:

(一)初级私学

初级私学有多种办学主体和办学形式。

1. 乡学(乡校)

这类学校以乡为办学主体,设在居民聚集的场所,一般由乡里官绅或富户提倡,带头捐献钱物或办学场地,延聘教师供本乡的子弟入学。如《旧唐书·苗晋卿传》记载:"苗晋卿,上党壶关人。为魏郡太守兼河北采访处置使。请假归乡里,大会乡党。又出俸钱三万为乡学本,以教子弟。"《旧唐书·王栖曜传》中记载:"王栖曜,濮州濮阳人,初游乡学。"表明乡学的存在是一个普遍现象。

2. 村学

这类学校以村为办学主体。村学不仅招收本村子弟,也招收邻村儿童入学。村学的规模比乡学的规模小,但数量众多。《纪闻·修武县民》记载:"开元二十九年二月,修武县某村中有小学,时夜学,生徒多宿。"赵璘的《因话录》卷六载:"窦易直,幼时家贫,受业村学。"从以上事例可以看出,村学大多为贫家子弟读书学习之所,个别村学还可以留宿。

3. 私塾

这类学校由塾师自己创办,自己担任教师。私塾有的设在塾师自己家中,有的设在别处,据史料记载,城市和乡村都有私塾存在,如《太平广记》卷四四《田先生》记载:"田先生,元和中隐于饶州鄱亭村,作小学以教村童十数人。"卷一五七《李生》记载:"李生者,居洛城徽安门内,其所居,有学童十数辈。李生甚贫窭,日不暇给。"私塾教师多为贫穷的读书人,学生数量较少。

4. 家塾

这类学校是以一家或家(宗)族为办学子弟。不同于私塾,家塾招收的对象是自家子弟,一般不接受外人。《旧唐书》卷一七七记载:"李德裕设家塾以教授诸子。"润州句容人刘邺七岁能赋诗,李德裕对他照顾有加,允许他在家塾与诸子同砚席而学。

5. 家学

家学类似于家塾,办学主体为学有专攻的父母或兄长,在家中设学担任教师,主要教授自家子弟。例如唐朝的元稹、杨收、李绅等,在幼年时期都是由母亲在家中对其进行教授,在家学中完成了学问的奠基。

初级私学没有成文的制度,但会有一些约定俗成的规定。

对于初级私学的年龄,没有统一的硬性规定,主要根据儿童的实际情况和家长的意愿,入学较早的在四五岁,较晚的在八九岁,大多数的孩子在六七岁开始入学接受教育。开学的时间一般是春节、元宵节后,十二月中旬后散学,以年为学习期限,但没有固定的学习年限,学习的时间一般根据开设的课程多少,以及学生学习的进度快慢而定。

初级私学的教学方式多采用个别授课的形式,由于学生年龄、程度各异,需要教师在一个教室内轮流对学生进行个别教育,以教师讲、学生听为基本授课方式,往往搞得教师身心俱疲,教学效率不高。

初级私学教学的主要内容为简单的读、写、算。尤其是读、写最受重视,占用了学生大部分时间。对读的要求,一般是熟读,最好能背诵,并反复诵读巩固。对写的要求,一般是依照范本字样让儿童临摹,先从笔顺开始练习,然后从字体结构、字体美观等方面要求儿童反复练习,为以后学习更高深的知识奠定基础。唐朝进行识字阅读教学的教材,比较流行的有以下几种:《急就篇》《劝学》《发蒙记》《启蒙记》《开蒙要训》《千字文》《训俗文字略》《兔园册府》《蒙求》《太公家教》等。

儿童除了阅读和学习上述童蒙教材外,还会读一些当时流行的浅显易懂、朗朗上口的诗歌。如元稹的《白氏长庆集序》中这样记载:"予于平水市中,见诸童竞习诗,召而问之,皆对曰:'先生教我乐天、微之诗'。"诗歌教学可以有效激发学生的学习兴趣,调节儿童单调的学习生活。

初级私学的教师以收取所教儿童的束脩为主要生活来源。由于古代农民的收入较低,除去要上缴国家的赋税外,基本所剩无几,因此,初级私学的教师收入较为有限,大多数私学教师只能勉强维持生活,有的甚至生活难以为继,不得不在教学之余从事一些农业或渔业劳动,以贴补生活之用。《天平广记》卷三零九记载:"雪人蒋琛,精熟二经,常教授于乡里。每秋冬,于雪溪太湖中流,设网罟以给食。"蒋琛作为一个私学教师,长期过着半教半渔的生活。

（二）高级私学

高级私学招收的对象是接受过初级私学教育，有一定文化基础，要求有进一步提高从而接受专业教育的青年，接受高级私学教育的青年出身于社会各个阶层。

高级私学的设立以教师为中心，设置较为自由灵活。凡教师具备专门知识或广博学问，有一定的社会影响力，且愿意从事教育工作，便可开设私学授徒讲学。私学招收学生分为长期讲授和短期游学两种形式，学生可根据自己的学业基础和时间而定。高级私学的授课方式不限于当面传授，有的教师还采取书信往来的形式，类似于今天的函授教育。学生有疑惑，可以以书面的形式请教教师，教师书面作答。如韩愈的《答刘正夫书》和柳宗元的《答韦中立论师道书》即为函授形式的私学教育。

私学教师的来源非常广泛，第一类为学有专长的知识分子。他们一般具有一定的政治抱负，但尚未获得出仕的机会，就先以讲学来扩大社会影响，等待发展的机会。如隋朝的马光，精通"三礼"，为当时儒者所景仰，收门徒上千人之多。唐朝的儒者王质，寓居寿春，专以讲学为事，受业者大集其门。马光和王质后来都成为名士，出仕为官。第二类为在职官员，他们具有专门的学问，应青年学生所求，发挥其所长，于公事之余，聚徒讲学，如曹宪、尹知章等。第三类为失职官员，他们在赋闲期间，暂时以教学为生，待机东山再起。如隋朝刘焯，被人毁谤而除名，于是归乡教授。唐朝颜师古，失职归长安，由于生活困难，只得暂时以教授为生。第四类是退休的官员。退休之后的官员不甘于平淡，选择归乡教授。如隋朝王孝籍，退职后归乡里，以教授为业。唐朝张士衡，原为崇贤馆学士，退休后返乡教授。唐朝王义方，从官场退休后，返乡昌乐授徒讲学。第五类是隐居避世的学者。这类人由于声名在外，虽然隐居，但慕名前来求学者络绎不绝。如隋朝王通，隐居白牛溪，讲学授徒，往来受业者达千余人。唐朝马嘉运，退隐白鹿山，而诸方来受业者至千人。唐窦常，以讲学著书为事，二十年不出。

高级私学的教师，能坚持长期讲学的保障在于他们能收到弟子们奉送的束脩，教师收到学生束脩，就表明确立了师生关系。据孙光宪的《北梦琐言》记载："唐咸通中，荆州有书生号'唐五经'者，学识精博，实曰鸿儒，志趣甚高，人所敬仰。聚徒五百辈，以束脩自给。"从孙光宪的情况来看，高级私学教师收入还是相当可观的，他们衣食无忧，生活条件要远远超过初级私学教师，能够安心授徒讲学及著书立说。

隋唐高级私学讲学的内容较为广泛，主要涵盖以下内容："三礼"学、《易》学、《春秋》学、《汉书》学、谱学、《文选》学、文学、科学技术等。

四、学校教育发展的特点

（一）学校教育体系基本形成

隋朝的学校已经形成了中央官学和地方官学并存的局面，中央官学设置有五学，地方官学设立的有州县学。但是受到政局的影响，并未形成一个稳定的学校体系。唐朝的官学较之隋朝有了较大的发展，唐朝的中央官学增设了律学，也设置了一些专科学校，为社会培养了大量专门人才。唐朝地方官学按照州县规模定额设置，在州一级设置了医学校，使医学教育得以进一步推广。地方官学还承担起为中央官学输送生源的职责，使得地方官学与中央官学有机衔接。隋唐时期的官学在教育体系中是教育的主干，承担着教育行政管理和教育的双重职能,私学作为官学教育的重要补充,承担起了基础教育和专业教育的重要任务。隋唐时期的学校教育体系的形成,对后世封建教育产生了重要影响。

（二）教育行政分级管理体制得以确立

隋以前,中央政府没有设立专门管理学校教育的机构,由负责礼乐的太常寺兼管学校。从隋朝开始,为了加强对教育事业的管理,中央官学由之前的附属机构变为独立机构,开始从太常寺分离,设立国子学专门管理教育事务。国子学后来改称为国子监,国子监既是当时的高级教育机构,又是教育行政机关,国子监行政长官负责管理中央官学,地方官学由州县长官负责管理,专科学校则由对口的行政部门管理,教育行政分级管理体制得以确立,在一定程度上提高了教育管理的效率。

（三）学校内部教学及教育管理制度日趋健全

隋朝以前的官学,教育教学管理也有一些规定和惯例,在正常条件下,这些规定和惯例还能够发挥一定的作用,但到了社会动荡或管理松懈阶段,原先的教育规定和惯例就会失去功效,难以保证正常的教学和管理秩序。隋唐时期对于学校教学和管理制度进行了重新修订,将之纳入法制化轨道,使得隋唐时期的入学年龄和资格、学校礼仪、教学内容、考试制度、教学管理、违规惩戒、休假处理等方面都有了具体的规定,违犯规定会受到法规处理,保证了学校教学得以依法管理。

（四）专业教育受到重视

隋朝以前的中央官学,基本沿袭汉朝太学的传统,只重视五经的传授,即使与经学密切相关的史学、文学,到了南北朝时期才被列入官学课程,设学传授,科学与技术方面的人才也被忽视,也没有独立设置专业对其进行专业培养。这种情况到了隋唐时期发生了转变。由于统一的中央集权国家需要大量的专门人才,以满足国家行政管理和社会发展的需要,开始在国子监增设算学来培养算学专门人才,在太医署附设医药专科学校来培养医学专门人才,此外还包括其他的一些专科学校的设立,满足了国家和社会对专业人才的需求,隋唐的专业教育得以快速发展。

（五）学校教育与行政机构及事务部门的结合

隋唐政府下设的管理机构,下设一些事务部门如司天台、太医署、太仆寺等,这些事务部门集中了一批专业人才,并拥有必要的物质设备,它们肩负双重任务,既为政府提供专门服务,又担负起为国家培养专业人才的任务,学生有机会把专业知识学习与专业实践结合起来,实现了学校教育与行政机构及事务部门的结合。

第三节 科举考试制度的建立

一、科举制度的产生

隋朝以前魏晋南北朝时期实行的选官制度是九品中正制,它以门第为品评门第的标准,担任中正官的完全出自士族豪门,九品中正制实际上成为士族豪门操纵政权的工具。隋文帝建立政权之后,把选任官员的权力逐步收归中央吏部,中正官不再具有评选官员的权力,仅保留其乡官的权力，开皇十五年(595)，完全罢免乡官，从法律上完全废除了九品中正制。政府开始采用察举制选拔官员，由中央选派高官和地方行政长官负责考查和推荐，将考生在规定时间内集中到京都，由吏部进行考试，择优录取，量才任以官职。察举发展到后期，由之前的一个科目或两个科目发展成为多个科目，可以为朝廷选拔多种人才。察举有推荐的程序，但不完全取决于推荐，而是采用考试来决定人才取舍，为科举制的产生打下了基础。

科举考试采取个人自愿报考，县州逐级考试筛选，按科命题，同场参加竞试，以文化考试成绩面向全国选拔真正优秀的人才，有利于选拔具有真才实学的人才。科举制度作为一种选官制度，它破除了士族豪门对政权的垄断，有利于扩大政府的统治基础。

科举制度的产生经历了一个逐步发展的过程。开皇七年(587)正月，政府"制诸州岁贡三人"(《隋书》卷一《高祖纪上》)，这是科举制度起步的重要标志，它确立了每年定期、定额通过考试选拔人才的做法，打破了过去士族豪门垄断选举的做法，为地方庶族士人打开了一条仕途升迁之道。在诸州每岁贡举获得社会支持的基础上，逐渐使不定期举行的察举向定期的科举转变。开皇十八年(598)，"以志行修谨、清平干济二科举人"(《隋书》卷二《高祖纪下》)，表明察举开始转向设科举人，科举考试制度得以基本形成。隋炀帝当政时期，科举考试制度发生了重大转变，大业二年(606)"始设进士科"(《通鉴纲目》卷三六)，确立了以文才为选士的方向和标准，成为科举制度形成的重要标志。大业三年(607)，皇帝下令招收十科举人，分别为：孝悌有闻、德行敦厚、节义可称、操履清洁、强毅刚正、执宪不挠、学业优敏、文才美秀、才堪将略、膂力骁壮等。表明隋朝分科选士的科举制度得以正式形成。科举制度经过一段时间的发展，后来逐步形成常科、制科并行的选士制度，其中常科是固定每年都会举行的，制科根据国家的需要不定期举行。

科举制度自606年"始设进士科"，标志着科举考试制度的确立，一直到清末1905年废除，在中国延续了近1 300年，对我国封建社会的政治、经济、文化、教育都产生了重要影响。

二、科举考试的程序、科目与方法

(一) 科举考试的程序

关于科举考试的程序，《唐摭言》卷一这样记述："始自武德辛巳岁四月一日，敕诸州学士及秀才、俊士、进士，明于理体，为乡里所称者，委本县考试，州长重复，取其合格，每年十月随月入贡。斯我唐贡士之始也。"此敕令在唐朝具有一定的开创意义，它规定了唐朝科举考试的基本程序，即由乡里遴选优秀士子参加县试，然后由州一级组织考试，选拔合格的士子在每年的十月份随物入贡。贡士集中到京都后再参加由朝廷组织的考试。

(二) 科举考试的科目

唐朝科举考试分为常科(每年举行一次)与制科(不定期举行)。常科的科目是承续隋朝的，但随后发生了不少新的变化。武德四年皇帝敕令设四科，分别为明经、秀才、俊士、进士。到开元二十六年调整为六科：秀才、明经、进士、明法、明书、明算。但实际上在考试过程中，秀才科标准和难度较高而应试者很少，到了唐高宗永徽二年(651)秀才科停止，而明法、明书、明算三科由于专业性较强，应举的人也不多，所以每年的贡举大多数考生主要集中在明经和进士两科。后来，为了满足国家对多种人才的需要，考试科目发生了一些变化，据《新唐书·选举志》记载："其科之目，有秀才、有明经、有进士、有明法、有一史、有三史、有开元礼、有道举、有童子。而明经之别,有五经、有三经、有二经、有学究一经、有三礼、有三传、有史科。此岁举之常选也。"各科在具体实施的过程中命运各异。如道举,仅在唐玄宗一朝实行,其他各科实行的时间长短不一,只有明经、进士两科,是常科中最受重视和盛行的。尤其是进士科声望最大,很多人通过进士科成卿成相。

(三) 科举考试的内容与方法

科举考试的内容与方法取决于科举考试的科目。唐朝科举考试的内容承袭了隋朝,主要的几个考试科目如秀才、明经、俊士、进士的考试都只有试策一种方法。虽然只有试策一种,具体考试方法略有侧重,如秀才科试方略策,明经科试经策,俊士、进士试时务策。后来,开元二十五年(737)颁布《条制考功明经进士诏》,规定明经每经帖十,取通五以上,案问大义十条,取通六以上,答时务策三首。进士帖大经十帖,取通四以上,准例试杂文(二首)及策(时务策五道)。从此,科举考试的内容和方法基本定型,主要包括帖经、口问、试策(杂文)三种。其中口问大义简称为"口义",也即口试,有时改变方式用笔试,称为"墨义"。天宝年间,杂文改为专试诗赋,后因长期沿用而成为定例。

三、科举制度对学校教育的影响

(一) 科举制度影响学校教育人才培养的目标

学校是培养人才的机构,科举是选拔人才的制度。读书人要想改变和提高自己的社会政治地位,必须经过科举制度的选拔,才能够跨入入仕做官的门径。而要想通过科举考试,必须要先入学校,打下一定的知识基础。科举以功名利禄的刺激,带给民众提高社会地位的希望,从而调动广大民众积极接受教育、学习文化知识的积极性。民众学习文化知识继而又称为学校教育发展的动力。学校创办者为了教育自身的发展,势必要考虑到民众通过教育改变自身命运的愿望,以适应国家政治和社会发展的需要,因此学校教育人才培养的目标必然会以育才应举为正道,以登科做官为荣耀。特别是各级各类官学,莫不以学生能通过科举考试应举出仕为根本教育目标,这样就使得科举制度成为学校教育的指挥棒,主导着教育发展的目标和方向。正如《通典》卷一五所记载的《取士先德行而后才艺疏》中所说的那样:"国家以礼部为考季之门,考文章于甲乙,故天下响应,驱驰于才艺,不务于德行。……致有朝登科甲,而夕陷刑辟,制法守度使之然也。"表明隋唐科举考试选官制度的标准发生了根本性的变化,不再以门第和道德品质为选官标准,而是以才艺为选拔人才的主要标准,这对于学校教育人才培养的目标和发展方向产生了深远的影响,各个学校纷纷以培养学生的才艺为标准来造就人才,学校逐渐成为科举的附庸。

(二) 科举考试制度影响学校教育的内容

学校在科举制度的影响下,被动地适应科举制度的需要,亦步亦趋地跟在科举制度这一指挥棒后面,科举考试考什么内容,学校就传授什么样的内容。如进士科考试策论,要想通过试策就必须要以经书为基础知识,还要能够从诸史当中引经据典;试诗赋,就必须要懂得音韵。这些考试的重要知识,就成为各类学校教育的重点内容。凡是科举考试要考的内容,就自然成为学校教育的重点内容,反之,凡是科举考试不考的内容,学校也就自然不传授这方面的知识,如古代的科学技术等实用的知识,由于古代科举不考,自然就难以受到广大读书人的重视,造成古代读书人知识面狭隘的局面。

(三) 科举考试制度影响学校教育的方法

学校为了使本校的学生将来能够适应科举考试的要求,特别重视在学校对学生进行考试训练,属于典型的"应试教育"。学生平时的学习,基本都按照科举考试的方法和方式来进行演练。如科举考试中有帖经、口试大义等考试形式,学校就仿照科举考试让学生平时进行试读与试讲。特别是在学生即将完成学业参加科举考试之前,学校会举行毕业考试,"其试法皆以考功",考试的方法完全依照科举考试的方法来进行,参照科举考试中考明经、进士的办法进行三场考试演练,明经试帖经、口义、时务策三项,进士试帖经、杂文、时务策三项,是对正式科举考试的实战演习和模拟考试。

总之,科举考试对学校教育的影响是全方位的,既促进了学校教育的发展,又使得学校教育逐渐沦为科举的附庸。

第四节　隋唐的中外教育交流

隋唐是当时世界强国,也是封建文化教育繁荣的朝代,吸引了很多外国人到中国进行教育文化交流。隋唐重视与外夷诸国进行教育交流,如高丽、新罗、百济、日本等国,都和中国有友好的通商和往来关系。外国与隋唐进行文化教育交流的重要方式是派遣留学生、留学僧来唐学习先进的文化。当时的京都长安是当时著名的政治、经济和文化教育中心,也是外国留学生、留学僧向往的目的地。当时向我国派遣留学生、留学僧最多的是新罗与日本,下面就以新罗和日本为例来简要介绍一下隋唐的中外教育交流情况。

一、隋唐与新罗的教育交流

新罗是 6 至 7 世纪朝鲜半岛较为发达的国家,新罗为了自身发展的需要,派遣使者与隋朝(581—618)建立了友好联系。公元 618 年唐朝建立之后,开始与唐朝建立友好联系。

新罗派遣留唐学生的条件,最初是以政治身份为主要标准,所以来唐留学生大多为王公贵族子弟。后期较为重视派遣留学生学习专业知识,多选取六头品官的子弟。留学生的身份为宿卫学生或宿卫。留学的年限以 10 年为限,限满归国。新罗派遣来华的留学生的人数不固定,因年而异,少则 2 人,多则一二百人不等。来华的留学生的留学费用,由唐政府提供经费支持,在学期间的费用由唐政府供给。留学生的组织属于政府行为,随遣唐使来往中国和新罗。据研究统计,新罗自圣德王以后到景德王期间(702—765)63 年的时间内,新罗共遣使入唐 56 次。据《三国史记》卷一一《新罗本纪》记载:"景文王九年(869),又遣学生李同等 3 人,随进奉使金胤入唐习也。仍赐买书银三百两。"按照上述关于留学情况的记载,当时一次派遣到唐朝留学的人数为 3 人。留学人数的多少根据当年的实际情况而定。留学生学成之后,大多数留学生选择归国为国家服务。归国的留学生大多为王公贵族子弟,归国后常任政府部门要职。也有一小部分留学生在中国参加科举考试,及第之后,选择在唐朝任职做官。

新罗留学生来唐进行文化教育交流的人数逐年增多,他们从唐朝学习了丰富的知识和先进文化,回国后根据新罗的国情,建立起了适应新罗需要的学校教育制度和文化体系,大大缩短了与唐文化之间的差距。

二、隋唐与日本的文化教育交流

中日之间的文化交流,早在西周时期就开始了。汉朝、魏晋南北朝时期,中日两国之间的交往从未中断过。日本人对中国文化较为认同,他们对中国先进文化的追求,使得我国的儒学教育传统直接影响到日本,形成了和中国儒学教育传统类似的教育体系,日本学校以儒家经典为教材,并掌握了汉字的用法。中日两国共同的文字和教育内容,为中日两国的文化教育交流奠定了良好基础。

隋唐时期,中国是世界上先进的文明国家,为世界其他国家所仰慕。隋唐对各国来访使节都以礼优待,为他们提供免费的食宿。唐朝的皇帝常常会亲自接待各国使者,尽量满足他们的要求。如《旧唐书》卷一九九上《东夷列国·日本国》记载:开元五年(717),日本又遣使来唐,请求传授经书,唐玄宗派四门助教赵玄默到使者住处传授经书。日本对大唐文化热心学习和模仿,形成了中日文化交流的高潮。特别是日本从崇德太子主政之后,出于政治变革和社会经济发展的需要,促使日本与中国展开了大规模的文化教育交流活动。

日本会定期派遣唐使来中国进行访问交流,日本的留学生、留学僧随同遣唐使一起来华,中国也会派僧人、学者和科技工作者到日本进行交流,中日之间的文化教育交流日益频繁。据统计,从隋文帝开皇十二年(600)日本向隋朝派出第一批遣唐使,到唐昭宗乾宁元年(894),在294年的时间内,日本共向中国派出4次遣隋使,19次遣唐使。遣隋使的组织规模较小,遣唐使的组织规模逐年增大,特别是第九次遣唐使的使船,由过去的2艘增加为4艘,人员增至500人左右。日本从公元607年开始,随同来华使者派遣留学生和留学僧。留学生的规模要少于留学僧,但留学生在中国学习的时间比留学僧更长,这是由于被中国博大精深的文化所吸引。如日本留学生南渊请安、高向玄理在中国留学长达32年,回国后成为日本"大化改新"运动的有力推动者。吉备真备在中国留学18年,广泛涉猎中华文化,回国后带走《唐礼》130卷及其他经籍多卷,还有其他相关器物,回国后积极从事文化教育活动,推动了日本大宝令有关学制的改革和相关礼典的修订。

此外,还有一些东渡日本的学者,对中日文化教育交流做出了重要贡献。如唐朝学者袁晋卿,送遣唐使来到日本,由于他精通《文选》《尔雅》,受到日本政府敬重和重用,被日本政府任命为大学音博士,后升任大学头。著名的鉴真和尚,应日本僧人的邀请,决心东渡日本,历经艰难、双目失明,终于于753年第六次东渡日本得以成功,到日本后在日本建造佛寺,传播佛教和中国文化,促进了日本佛教事业、建筑和医药事业的发展,为中日教育文化交流做出了重要贡献。

第五节　韩愈的教育思想

一、生平与教育活动

韩愈(768—824),字退之,唐河内南阳(今河南孟州市)人,唐朝著名的文学家、思想家和教育家。韩愈出生于官宦世家,七岁开始学习儒家经籍,学习刻苦勤奋。青年时期曾从独孤及、梁肃、萧存等游学,受其影响,开始专研古文,潜心儒道学说,奠定了一生学问的基础。唐朝贞元八年(792),韩愈进士及第,开始踏入官场。贞元十二年被汴州刺史、宣武节度使董晋招为幕僚,任观察推官,并首次招收弟子,开始教育活动。他曾在地方和京都为官,多次起伏迁徙,先后任四门博士、权知国子博士、国子博士、国子祭酒等。韩愈是当时思想文化和教育领域的主要倡导者和引领者。在思想文化领域,他主张复兴儒学,认为要维护国家统一,反对藩镇割据,就必须以孔孟之道作为国家的思想支柱,提出尊孔

图 4-1　韩愈

孟、排异端的口号,尤其反对佛教。在文学领域,他反对四六排比的骈体文,主张接近口语的散体文,倡导以儒学为文章思想内容的新古文运动。在教育领域,他倡导师道运动,打破习俗偏见,带头招收弟子,发表了著名的《师说》,扭转社会上对教育的偏见,使得社会风气发生转变。韩愈最后官至吏部侍郎,于长庆四年(824)病逝。韩愈的著作由李汉编集为《昌黎先生集》四十卷,又有其他遗文编为外集,加上《顺宗实录》五卷,均附于后,总称为《韩昌黎集》。

(一)"性三品"说

韩愈在《原性》中从天命论出发,将人性分为"三品",认为人由天命而生,人性也由天命而成,人性三个等级和人性五项道德内容,都本于天命。

韩愈在论述人性问题时把性与情并论,把性作为情的基础。韩愈提出:"性也者,与生俱生也;情也者,接于物而生也。"认为性是人与生俱来的,情是人接触外界事物、受到刺激引起反应而产生的。性与情的关系是完全对应的。性有上中下之分,情之品也有上中下与之对应。性的内容表现在人身上是仁、礼、信、义、智等五德,情的表现是喜、怒、哀、惧、爱、恶、欲等七情。上品的性是善的,以仁德为主,但也与其他四德相通,相应地产生上品的情,动而得中,符合五德的规范。中品的性既可能善也可能恶,其表现为仁德有所不足或有所违背,其余四德或有而不完全纯粹,相应产生中品之情,有时过分有时不及,但也有合乎道德规范要求的。下品的性是恶的,既违反仁德,也不符合其他四德,相应产生下品的情,任凭感情支配行动,都不符合道德规范。

韩愈的这种人性三品的理论,把封建的仁礼信义智等道德原则,说成是人天生的本性,以此作为区分善恶的标准,使各阶级各阶层的人,都能够遵从道德原则的约束,从而达到维护封建社会秩序的目的。韩愈的性三品说是一种唯心主义的人性论,他反对任情纵欲,也反对绝情禁欲,而主张以道德规范来节制情欲。韩愈的性三品理论实际上是为统治阶级服务

的理论,他把人性的等级作为划分社会等级的依据,在他眼中,统治者是上品,劳动人民是下品,居于二者之间的是中品。在韩愈看来,人性三品是不会变的,那么社会的三个等级也就不能改变。统治者命定为统治者,被统治者命定为被统治者,这种理论必然受到统治者的支持和欢迎。

(二)论教育作用

韩愈的"性三品"说奠定了其教育理论的基础,在他看来,教育的作用主要体现在三个方面:第一,人性决定教育所起的作用。由于人性存在等级差别,教育对不同的人性发挥着不同的作用。上品的人,"上之性就学而愈明",教育能使其先天具有的仁善之性得到发扬,使其行动都符合道德原则。中品的人,"中焉者可导而上下",教育可引导人们往上也可引导其向下,这类人存在着被改造的可能性,也最需要接受教育,通过教育可使他们往上品靠拢。下品的人,"下之性畏罪而寡罪",这类人的行为总是违反道德标准,对他们只有用刑罚,才能使他们因害怕受到刑罚而避免犯罪,以此来保证社会秩序稳定。第二,人性规定着教育的权利。人的人性等级不同,教育作用也不同,教育的实施只限在一定范围内,有必要照顾到每一个人。"上者可教,而下者可制也。"因此,只有上层统治阶级才可以享受学校教育的权利,而被统治者阶级则被剥夺了受教育的权利。第三,人性决定教育的主要内容。由于人性的内容是以仁礼信义智为主的,教育要发挥人内在的善行,应当以五常道德教育为主,最好的教育就应该是儒家的《诗》《书》《礼》《易》《春秋》。韩愈的这种主张,和他坚持捍卫儒学、反对佛老是思想是高度一致的。

二、论人才培养和选拔

韩愈认识到人才的培养有赖于教育。因此,他主张发展学校教育,并采取一系列措施来推动教育的发展。

第一,用德礼而重学校。韩愈继承了儒家重视德治的思想,把教育作为维护政治的首要工具。韩愈说:"孔子曰:'道之以政,齐之以刑,则民免而无耻。'不如以德礼为先,而辅以政刑。夫欲用德礼,未有不由学校师弟子者。"这里的德礼指的是德政和礼教。德礼和刑罚是古代政治统治中两种基本的治国手段,从国家治理的效果来看,先对民众进行道德的思想教育,人们对封建统治会更加顺服。德治需要先推行德礼,再运用刑罚。而要强调德礼,必然要重视学校教育,作为统治者推行德治的工具和手段。

第二,学校的任务在于训练和培养官吏。学校既是道德教化的场所,又是训练封建官吏的机构。特别是中央官学,更是补充官员的重要来源,应该选拔最优异的人才来训练和培养。韩愈在《韩昌黎集》卷十四《省试学生代斋郎议》中这样指出:"自非天资茂异,旷日经久,以所进业发闻于乡间,称道于朋友,荐于州府,而升于司业,则不得齿乎国学乎",对国学寄予厚望,希望能够将国学生培养成为国之栋梁,他认为符合标准的官吏,应该是"纯信之士,骨鲠之臣,忧国如家,忘身奉上者"。这些官吏忠心朝廷,能够把君主的政令有效地推行到民众中去。各级学校都应该把培养未来合格的官吏作为重要的教育任务。

第三,对国学进行整顿。韩愈在穆宗即位后被任命为国子祭酒。在他上任之前,国子监积弊已久,正常的教学活动几乎停顿,无法发挥中央官学培养高级人才维护封建统治的职能。韩愈上任后,首要的任务便是对国子监进行整顿。首先,对招生制度进行改革,稍微放宽入学的等级限制。其次,对学官选任进行改革。在学官选任方面,原来政府委派学官只凭年龄和资质,学官的委任不以才能为标准,一些不称职的人借此混入学宫。韩愈主张以实际才能和学识为标准来选拔学官,主张新学官要从儒生中选拔,经考试合格,才能正式委派为官。最后,扭转官学学风,恢复教学秩序。原来的国子监纪律松弛,教学难以为继,甚至陷于停顿状态。韩愈上任后,恢复国子监的正常教学活动,使当时的国子监重新呈现浓厚的教学与研讨风尚。

第四,恢复发展地方学校。韩愈在潮州任刺史时,发现州学荒废,礼教未行,学生无处就学,为此他强烈呼吁要恢复地方官学,并在潮州地区大力推行教化,促进了官学的恢复和地方区域文化的发展。韩愈曾写有《子产不毁乡校诵》,一方面表达了对子产保存乡校的赞颂,另一方面也显示了韩愈对整顿地方官学的重视。

三、论师道

韩愈的《师说》是其论述师道的重要理论著作。自唐朝以来,科举制度盛行,士人依靠文学来争名位,文学的重要性已然超过经学,导致当时的学风和思想观念发生了转变,文人竞相撰文显示自己的才能,一些文人不以师传为荣,而以求师为耻,逐渐形成了轻视师道的风气。当时的学校虽然有传经博士,但无人以传道之师自任,文人之间形成了"耻学于师"的风气。为复兴儒学,扭转社会风气,韩愈写了著名的《师说》一文,在社会上引起了极大的反响,扭转了社会风气。

韩愈的师道观主要体现在以下四个方面:

1. "学者必有师"

韩愈反对儒家传统的"生而知之"的说法,赞同东汉王符提出的"虽有至圣,不生而智,虽有至才,不生而能",认为"人非生而知之","人不可不就师",强调后天学习的重要性,每个人要想进步必须要通过学习,而学习必须要通过教师的指导,教师是社会所必需的。

2. 教师的基本任务是"传道、授业、解惑"

关于教师的任务,前人的说法不一。如孔子认为教师要"笃信好学,守死善道"(《论语·泰伯》),荀况认为"师者,所以正礼也"(《荀子·修身》),杨雄提出"师者,人之模范也"(《法言·学行》)等。上述说法没有全面揭示教师工作的性质和任务。韩愈总结了历史上关于教师工作的经验和说法,提出了:"师者,所以传道、授业、解惑也。"明确规定了教师工作的三大任务:所谓"传道"是指要传授和弘扬儒家的仁义之道,以达到治国平天下之目的;所谓"授业",是指要传授儒学的"六艺经传"与古文;所谓"解惑"是解决学"道"与"业"过程中的疑问。三项任务中最重要的任务是"传道","授业"和"解惑"都要为"传道"服务。韩愈的这个观点强调了教师的主导作用,其影响延续到现在。

3. 以"道"作为"求师"的标准,主张"学无常师"

韩愈认为,求师的目的是学"道",其办法是要做到"学无常师"。在唐朝科举盛行、文学风靡的时代,人们不再以"道"为求师的标准,学生求师的目的急功近利,以通过科举考试为其明确目的。韩愈针对当时的风气,提出教师教学的主要任务在于"传道",学生求学的主要任务在于学道,衡量教师能否胜任的标准是"道"的有无,"闻道有先后,术业有专攻",谁先闻道,谁就有条件担负起传道的任务,担任教师的工作,起到教师的作用,因此,能否为师就不能依据年龄大小、地位贵贱,道是唯一的标准,只要有道就可以为师,所谓"道之所存,师之所存"。社会上有大量有道之人,他们皆可为师,因此求学的范围就不应当受到限制,而应当"学无常师",善于学习他人的长处,方能成为"圣贤"。韩愈提出的"以道为师""学无常师"的主张打破了当时的士大夫妄自尊大的心理,营造了良好的尊师向道的风气。

4. 提出"相师",确立民主性的师生关系

韩愈通过观察各行业的人,发现"巫医乐师百工之人,不耻相师",他赞同这种"相师"的做法。但当时的士大夫"耻学于师",不愿意相互学习,这让韩愈深以为忧。韩愈认为士大夫应该矫正"耻学于师"的风气,不仅同辈朋友之间要相互学习,师生之间也要相互学习交流。他认为不应该以年龄大小作为判断为师的标准,而应该看学术和业务水平,"弟子不必不如师,师不必贤于弟子",认为师生关系是可以互相转化的,弟子如果有专长,也可以为师,教师也应当向有专长的弟子学习,教师与弟子之间可以互相学习,取长补短,教学相长。

思考与拓展

1. 隋唐时期的文教政策对教育的影响有哪些?
2. 隋唐时期在教育制度的创新对当今教育改革有何启示?
3. 隋唐时期教育发展的特点是什么?
4. 隋唐时期科举制度对学校教育发展有什么影响?
5. 分析韩愈的师道观及其意义。

第五章　宋辽金元时期的教育

本章概要：宋朝以"兴文教，抑武事"为基本国策，建立起了从中央到地方的官学教育体系。辽、金、元普遍推行"汉化"政策，在发展教育的过程中重视民族特色学校的设立，促进了本民族文化和教育事业的发展。书院作为一种教育制度在宋朝得以形成和兴盛，形成了书院教育的特点。元朝对书院采取保护、提倡和加强控制的政策。书院自宋朝以来出现了显著的官学化倾向。宋元时期的蒙学取得了长足的发展。宋元时期的科举制度出现了许多新的变化和发展。王安石是北宋时期重要的教育改革家，他崇实尚用的教育思想和系统的人才理论，对后世产生了积极的影响。朱熹作为南宋时期最负盛名和最具有代表性的教育家，精心编撰了《四书章句集注》等多部教材，其教育思想内容丰富，对后世产生了巨大的影响。

第一节　宋辽金元时期的文教政策和教育制度

一、宋朝的文教政策

宋初的统治者在基本统一国家之后，在统治策略上做出了重大调整，即由原来的崇尚"武功"调整为强调"文治"。正如天平兴国七年（982）宋太宗指出的那样："王者虽以武功克定，终须用文德致治。"（毕沅，《续资治通鉴卷一一》）在此基础上确立了"兴文教，抑武事"的基本国策。

（一）重视科举，重用士人

宋初统治者鉴于唐末、五代地方节度使拥兵自重、割据称雄所带来的严重危害，出于巩固政权的需要，一方面威逼利诱将帅交出政权，另一方面开始重用文人担任各级政权的管理者，军队也要受武官节制。由于政治上需要大量文人来治理朝政，宋朝统治者便利用科举，大量选拔人才。对于考中的士人，政府给予很高的地位和待遇。由于朝廷对科举考试寄予厚望，从宋初开始，取士的名额愈加增多，其中太平兴国二年，一次取士竟达到500人。其中第一等、第二等进士及《九经》授官为监丞、大理评事、通判诸州，同出身进士及诸科并送吏部免选，优等待用。

（二）发动"三次兴学"运动，广设学校

宋初通过科举考试选拔了不少人才，基本适应了当时朝廷用人的需要，有利于中央集权的加强和巩固，但是却忽视了兴建学校培育士子，以满足持续、大量人才选拔的需要。为此，宋朝的文教政策开始由重视科举向兴学育才转变。于是,从庆历四年(1044)后,宋朝历史上先后出现了三次著名的兴学运动。

第一次兴学称"庆历兴学"。第一次兴学运动是庆历四年在范仲淹的主持下进行的,史称"庆历兴学"。

庆历兴学的主要内容主要有三项:第一,在各地普设地方学校。范仲淹要求各地诸路府州军皆立学,县有士子200人以上亦设学,教官选本地宿学硕儒充任。并规定士人必须在学校接受一定时间的教育,方能参加科举考试。第二,改革科举考试。规定科举考试先策,次论,次诗赋,同时规定罢帖经、墨义。凡士子通经术,愿对大义者,试十道,以晓析意义为通;三史科取其明史意而文理可采者,明法科试断案。第三,创建太学。由于原来的国子监规模过小,难以满足士子学习的需要,于是范仲淹下令在原来锡庆院校址的基础上,修建讲堂,创建太学,招生规模为200人。聘请当时著名学者石介、孙复等名儒到太学任教,并在太学中推行著名教育家胡瑗的"分斋教学"制度。"庆历兴学"后来虽然由于范仲淹被排挤出朝廷而宣告失败,但这次兴学对北宋教育事业产生了积极的影响。

第二次兴学称"熙宁兴学"。"熙宁兴学"是王安石在宋神宗熙宁年间主持进行的。"熙宁兴学"的内容主要有四个方面:

1. 改革太学,创立"三舍法"

首先,扩增太学校舍。王安石将整个锡庆院扩增为太学校舍,并令在朝集院西庑建造讲学堂数间,基本保证了太学师生教学和生活的需要。其次,充实和整顿太学师资。规定除了主管官员之外,增设太学直讲至10人,每两人负责讲授一经。为了保证教学质量,增设的直讲必须由中书亲自遴选,或由主管官员奏举,对于教导有方者予以升迁,对于不负责任者坚决罢黜。最后,创立"三舍法"。"三舍法"即"太学三舍选察升补之法",是王安石改革太学的重要措施。"三舍法"将太学分为外舍、内舍和上舍三个程度不等、依次递升的等级,太学生也相应分为三部分,初入太学者,经考试合格进入外舍,为外舍生。外舍每月举行一次考试,每年举行一次升舍考试,成绩获得第一、二等者,再参照平时的表现,升入内舍,为内舍生。每两年举行一次升舍考试,成绩优、平两等者,再参考平时表现,升入上舍,为上舍生。上舍每两年举行一次考试,考试方式与科举考试的"省试法"相同。成绩评定分为三等。上等者免殿试,直接授官,中等者免礼部试,直接参加殿试,下等者免贡举,直接参加礼部试。"三舍法"是王安石在太学内部建立起来的一套严格的升舍考试制度,它将学生的考试成绩与平时表现结合起来作为选任官员的依据,将学习效果与官员任职结合起来,有利于调动学生学习的积极性,提高了太学教育的质量。同时,它又把升舍与科举考试结合起来,将太学养士与选士结合起来,提高了太学的影响和地位。"三舍法"是我国古代大学管理制度上的一项创新,对宋朝及其后世的学校教育产生了积极影响。

2. 恢复和发展州县地方学校

北宋于"庆历兴学"之后开始在州县设立地方学校。"庆历兴学"失败后,州县学校名存实亡。为了改变这种状况,王安石执政后,即奏请恢复和整顿地方学校。宋神宗接受了王安石的建议,于熙宁四年(1071)二月,在京东、京西、陕西、河东、河北五路设置学官,接着在诸路设置学官,专门管理地方学校的恢复、整顿和教育教学工作。同时,又命诸州皆设学校,每所州学拨给学田四十顷以供其开支,并设立小学教授。为了保证州学的教师质量,熙宁八年

（1075）又下诏各州学官先赴学士院考试，取其优秀者为教师。经过王安石的整顿，北宋的地方学校得到了一定程度的恢复和发展。

3. 恢复和创设武学、律学和医学

熙宁五年（1072），在京师武成王庙旧址恢复了已经废弃将近30年的武学。熙宁六年，在朝集院创立律学，并规定了教学内容和考核方式。同时，又对医学进行了整顿。上述措施使北宋时期的专科学校教育进入了一个崭新的发展阶段。

4. 编撰《三经新义》作为官方统一教材

为了统一思想，改变"谈经者人人殊"的局面，熙宁六年三月，宋神宗下诏设置经义局，命王安石主持《诗经》《尚书》《周礼》三部经书的重新编写，该书于熙宁八年编写完成，取名《三经新义》，此书成为当时士子必须要学习的官方统一教材，而且也是科举考试的基本内容和参考标准。

此外，王安石在兴学期间进行科举考试制度改革，下令废除明经诸科，进士科考试罢诗赋、帖经、墨义，而以经义、论、策试之。

"崇宁兴学"运动是蔡京于崇宁年间主持的，此次兴学恢复和发展了"熙宁兴学"的某些做法。这次兴学的主要内容包括五个方面：第一，在全国各地普遍设立地方学校。颁布了《州县学敕令格式》，对如何办理地方学校做了进一步具体规定。第二，建立县学、州学、太学三级相联系的学制系统。规定小学生经考试合格可以升州学，州学生每三年可以根据考试成绩升入太学不同的斋舍。成绩上等者升上舍，中等者升下等上舍，下等者升内舍，其余升外舍。这种学制对后世元、明、清的学校教育产生了深刻影响。第三，新建辟雍，发展太学。崇宁元年，在京城开封南门外营建规模恢宏的辟雍，亦称"外学"，作为太学的外舍。同时增加太学生数量。第四，恢复设立医学，创立算学、书学、画学等专科学校。第五，罢科举，改由学校取士。这是对科举取士制度的重大改革。

北宋时期的三次兴学运动，虽然前两次兴学都未能取得预期的改革效果，但都不同程度地将宋朝的教育事业向前推进了一大步。第三次兴学的效果对宋朝教育事业的发展促进更大。三次兴学运动也是宋朝"兴文教"政策最直接和最重要的体现。

二、宋朝的教育制度

宋朝的教育制度基本上沿袭唐朝的做法。宋初由于重视科举取士，虽然设有官学，但未被重视，自三次兴学运动之后，逐渐在中央和地方建立起了完备的官学教育体系。南宋时期的官学也有一定程度的发展。

宋朝的官学教育制度包括中央官学和地方官学。中央官学属于国子监管辖的有国子学、太学、辟雍、四门学、广文馆、武学、律学、小学等；属于中央各局管辖的有医学、算学、书学、画学等；直属于中央政府的有资善堂、宗学、诸王宫学、内小学等。地方官学有州学、府学、军学、监学、县学等，属于地方政府及诸路提举学事司管辖。简单介绍如下：

（一）中央官学

1. 国子学、太学、辟雍、小学

国子学亦称国子监，它既是宋朝最高教育管理机构，又是当时的最高学府。国子学招收京朝七品以上官员子孙为学生，称为国子生。刚开始没有规定名额，后以200人为限。国子学初置判监事、讲书(淳化五年改为直讲)、丞、主簿等职。由于当时国子学不受重视,办学不善,导致很多学生空挂学籍而长时间不到校。为了扭转这种局面,宋朝开宝年间采取了插班补缺的办法,由在京进士及诸科常赴国子学肄业,以补国子生之缺。真宗景德年间,宋朝国子学实行附学旁听制度,允许非国子生来国子监列席旁听。可以看出,宋朝的国子学,虽然表面上看来属于当时最高学府,但实际上徒有空名而已。

太学的地位比国子学低,规定招收八品以下官员子弟或庶人之俊异者为太学生,它设立的时间较晚,但办学效果比国子学更有成效。太学是宋朝育才兴学的重点,也是中央官学的核心。太学创设于宋仁宗庆历四年(1044),熙宁四年(1071)在太学创设三舍法,太学生不断增加。随着学生人数的增加,太学的校舍也得到了扩建。"崇宁兴学"时期,太学得到快速发展,崇宁元年(1102)太学生总数达到3 800人,为宋朝太学的极盛时期。

太学的教官情况,据《宋史·职官志》记载,祭酒总管政令;司业协助祭酒管理校务;博士掌分经讲授,考校程文,以德行道艺训导学生;学正、学录掌举行学规,凡诸生之戾规矩者,处以五等之罚;①学谕掌以所授经传谕诸生;直学掌诸生簿籍,以及稽查出入。此外,每斋设斋长、学谕各1人,管理斋务及考核斋生行艺。学正、学录、学谕等均以上由舍生担任。

太学的教学内容,主要是学习儒家的经书,但也经历几次大的变动。宋神宗熙宁八年(1075),将王安石编注的《三经新义》颁于学校,作为太学生必须学习的内容。宋徽宗重和元年(1118),又在太学中设置《内经》《道德经》《庄子》《列子》博士,向太学生传授黄老之学。南宋孝宗淳熙中,曾"命诸生暇日习射,以斗力为等差,比类公、私试,别理分数",这显然是为了应付当时外患的需要所做出的调整。总的来说,太学在宋朝的中央官学中是较有成效的。

辟雍相当于太学的分校,始建于崇宁元年。在蔡京主持"崇宁兴学"期间,规定各地州学每三年一次向太学选送学生,为了安置这些新生,于开封南郊新建辟雍,并将原太学外舍也合并于此。这样就使得太学专处上舍生和内舍生,而辟雍专收外舍生,因此辟雍亦称"外学"。辟雍的规制类似于太学。辟雍教官设司业、司丞各1人,博士10人,学正、学录各5人,学谕10人,直学2人。

小学招收8岁至12岁儿童入学,创办于宋哲宗时期。《宋史·选举志三》记载:"哲宗时,初置在京小学,曰'就傅''初筮'分,凡两斋。"至宋徽宗政和四年(1114),学额近千名,分设十斋。小学与太学一样实行三舍法。初入外舍,以诵经书写字多少升补内舍。若能文,从博士试本经、小经义各一道,稍通补内舍,优补上舍。

2. 四门学、广文馆

四门学和广文馆这两所学校都是为士子准备参加科举考试而设立的预备学校。四门学始建于仁宗庆历三年(1043),招收"八品至庶人子弟充学生"。学生在学期间,"差学官锁宿、弥封校其艺,疏名上闻而后给牒,不中试者仍听读,若三试不中,则出之"(脱脱,《宋史·选举志三》)。不久,四门学停办。广文馆设立于哲宗元祐七年(1092),目的在于"以待四方游士试京师者",学生曾多达2 400人。但广文馆仅存在两年就停办了。

---

① 五等之罚:轻者关暇几月,不许出入;重则前廊关暇;再重则迁斋;再重则下自讼斋,自宿自处;又重则夏楚,屏斥终身不齿。

3. 专科学校

宋朝的专科学校有六所,分别是:武学、律学、医学、算学、书学、画学。

武学是宋朝设立的最早的专科学校。仁宗庆历二年(1042)十二月,置武学教授。翌年五月,正式在开封武成王庙设立武学,以太常丞阮逸为教授。武学"习诸家兵法。教授纂次历代用兵成败、前世忠义之节足以训者"。宋朝重视武学,是和当时宋朝面临外患侵扰、亟须军事人才有密切关系的。

律学在宋朝也很受重视。宋朝建国之初,就开始置博士,教授法律。神宗熙宁六年(1073),在国子监下专设律学,以朝集院为校舍,置教授4人,后又置学正1人。律学设断案和律令两个专业。凡朝廷有新颁条令,刑部即送学,令学生研习。律学采用太学的管理制度,学生必须遵守,但命官允许在校外住宿。律学采用国子监司业朱服的建议:"命官在学,如公试律义、断案俱优,准吏部试法授官"(脱脱,《宋史·选举志三》)。律学的设置,为宋朝培养了大批法律人才。

医学设置的时间较早,最初隶属于太常寺,到神宗时,才开始设置提举判局官1人专管。设教授1人,学生300人。分设三科:方脉科、针科和疡科。三科学习内容各有侧重。方脉科以《素问》《难经》《脉经》为大经,以《巢氏病源》《龙树论》《千金翼方》为小经。针科、疡科去《脉经》,而增设《三部针灸经》。学校实行三舍法。各斋另置斋长、学谕各1人。考试分三场,凡考试合格,成绩优等者,则任尚药局医师以下职,其余"各以等补官,为本学博士、正、录及外州医学教授"。后来金兵侵宋,医学被迫停办。南宋高宗绍兴年间,医学曾得以恢复。

算学始设于徽宗崇宁三年(1104)。招收"命官及庶人"为学生,定额210人。教学内容为《九章》《周髀》《海岛》《孙子》《五曹》《张丘建》《夏侯阳》算法以及历算、三式、天文等。此外,算学生还要学习一小经或大经。每月公试、私试及四还行三舍法,与太学相同。大观四年(1110)算学归入太史局。南宋高宗绍兴初年,命太史局试补算学生。算学为宋朝培养一大批算学人才。

书学和算学创立的时间同为徽宗崇宁三年(1104),也实行三舍法。书学招生较为宽松,不受出身的等级限制,也不设定额。学生主要学习篆书、隶书和草书三种字体,同时须通晓《说文》《字说》《尔雅》《博雅》《方言》,并兼通《论语》《孟子》或儒家大经。大观四年(1110),书学并入翰林院书艺局。

画学不仅与算学、书学同时设立,而且实行的"三舍试补、升降以及推恩"也都相同。画学开设佛道、人物、山水、鸟兽、花竹、屋木等专业课程,学生除了学习这些专业课之外,还必须学习《说文》《尔雅》《方言》《释名》等基础理论知识。学生分为士流与杂流,分斋而居。士流另兼习一大经或一小经,杂流则通小经或读律。大观四年(1110),画学并入翰林院书画局。

4. 贵胄学校

贵胄学校是宋朝专门为教育宗室子弟而设立的学校,主要有四种类型:资善堂、宗学、诸王宫学和内小学。资善堂是专门供太子就学的场所,创建于真宗大中祥符九年(1016)。真宗命入内押班周怀政为都监,入内供奉官杨怀玉为伴读,并面戒不得于堂中嬉笑及陈列玩弄之具。宗学设立于宋初,但废置无常。神宗熙宁十年(1077),始立《宗子试法》。徽宗崇宁年间,在两京皆置敦宗院,各设大、小学教授,立考选法。南宋高宗绍兴十四年(1144),重建宗学于临安,定员 100 人。招收的学生都是南宫、北宅诸王之子孙。宁宗嘉定九年(1216),改宗学教授为博士,又置学谕 1 员,隶属于宗正寺。诸王宫学在北宋时就已设立,南宋初仍然继续设置。绍兴十四年,置大、小学教授各 1 员。它与宗学一样,亦是大小学混合设置的。内小学创立于理宗淳祐二年(1242),置教授 2 员,招收宗子入学就读。

(二) 地方官学

宋朝的地方行政分为三级:第一级为路;第二级为州、府、军、监(一般设州或府,特殊情形才设军、监);第三级为县。路不直接设学,仅置学官管辖所属各学校。因此,宋朝地方学校仅有两级,即由州或府、军、监设立的,称为州学或府学、军学、监学,由县设立的称县学。由于州、县设置学校最为普遍,因此宋朝大量设置的学校主要为州学和县学。

宋朝很早就设置了地方学校。宋朝立国之初就开始在各地陆续兴建地方官学,积极支持地方设学,鼓励地方办学所采取的主要措施有赐书和赐学田。上述做法对地方官学的发展起到了积极的推动作用。

宋朝地方官学的发展繁荣始于"庆历兴学"。庆历四年,宋朝统治者"诏令州县皆立学",于是各地纷纷奉诏立学,设立很多地方官学。此后的"熙宁兴学"也强调要重教兴学。在兴学运动的推动下,政府从师资和经费给予地方官学积极的支持,促进了宋朝地方官学的发展。

南宋初,政府仍注重地方官学的设立和发展,如高宗绍兴二十一年(1151),曾诏借寺观绝产以赡地方学校。但自孝宗以后,由于金兵侵扰,战争连绵,灾荒不断,导致地方学校办学经费短缺,地方官学从此日益衰落。

宋朝地方官学已经形成自己的办学特色,地方官学一般都具有颇具规模的校舍,分为教学、祭祀、娱乐、膳食、住宿、收藏等几大部分。学校内部普遍设立藏书楼,藏书丰富且具有地方特色。在教师和学生管理上也形成了一定的规章制度,如熙宁八年(1075)创立的"教官试",规定诸州学官必先赴学士院考试,"优通者"才能任职等。在办学经费上,实行以学田支持为主,政府资助、社会献田、捐款集资、学校刻书创收等为辅的多途径办学经费筹措的办学方法,为地方官学的发展提供了经费支持。

宋朝地方官学除了传统的儒学之外,还增设了武学和道学。武学设于宋徽宗崇宁年间,武学仿照儒学的做法,其武艺绝伦、文又优特者,用文士上舍上等法,岁贡释褐;中等仍隶学俟殿试。道学设于宋徽宗政和年间(1111—1118)。道学学习的内容以《黄帝内经》《道德经》为大经,《庄子》《列子》为小经。凡精通道经者,不问已命、未仕,经提学司审验合格,皆可入学肄业。同时,也招收"业儒而能慕从道教者"。道学存在的时间不长,宣和二年(1120)即被废止。

宋朝地方官学还创设了"分斋教学"制度。该教学制度是宋朝著名学者胡瑗在主持湖州州学时创立的一种新的教学制度,其主要做法是在学校内分设经义斋和治事斋。经义斋选择"心性疏通,有器局,可任大事者",学习儒家经义。治事斋又称治道斋,分设治兵、治民、水利、算数等学科,学生可选择其中一科为主修,另选一科为辅修。"治事则一人各治一事,又兼摄一事。"(黄宗羲,《宋元学案・安定学案》)两斋的培养目标不同,经义斋以培养比较高级的统治人才为目标,即所谓"可任大事者";治事斋是为了造就在某一方面有专长的技术、管理人才,"如治民以安其生,讲武以御其寇,堰水以利田,算历以明数是也"(黄宗羲,《宋元学案·安定学案》)。胡瑗创立分斋教学制度,在同一个学校分设经义斋和治事斋,实行分课教学;使得以前不受重视的治兵、治民、水利、算数等实用学科正式纳入官学教学体系之中,取得了与儒家经学同等重要的地位;此外,治事斋学生治一事,又兼摄一事,开创了中国教育史上主修和辅修制度的先声。分斋教学制度产生后,在当时及后世产生了积极的影响。

总的来看,宋朝的官学制度是在唐朝官学制度的基础上发展起来的,但也形成了自己的特点。概而言之,主要体现在四个方面:第一,管理体制进一步完善。不仅在中央设立国子监管理中央官学,而且在诸路设置提举学事司,使得我国出现了专门的教育行政机构来管理地方官学,建立起了一套从中央到地方完备的教育行政管理体制。第二,官学类型更加丰富和多样化。宋朝中央官学除了设置儒学(包括国子学、太学、四门学等)、律学、医学、算学、书学之外,还创立武学和画学。在地方官学中,除了儒学之外,也分别设置武学和道学。在中央设立武学和道学,在州县建立武学和道学,这是唐朝官学中所没有的。同时,宋朝官学又创立了分斋教学制度,在中国古代学制发展史上具有开创性意义。第三,中央官学的等级限制放宽。书学甚至取消了限制,这是学校教育的一大突破。第四,学田制度得以确立。学田作为一种制度被确认下来是在宋朝,从此以后,地方官学一般均设有学田,学田成为学校经费的主要来源,这一制度后来也被元、明、清三朝长期沿用。

第二节　辽、金、元时期的教育发展

公元10世纪至14世纪,我国历史上先后出现了三个少数民族建立的朝代,分别是契丹族建立的辽朝、女真族建立的金朝、蒙古族建立的元朝。为了巩固政权,维护统治,各个少数民族政权都大力推行"汉化"政策,从政治、经济、文化教育等各个方面广泛吸收先进的中原文化,不断进行改革,以加速本民族封建化的进程,从而促进了各少数民族和汉族文化教育的大融合。同时,为了培养本民族人才,金、元两朝还专门开设了民族学校,建立起了较为完整的民族教育体系,推动了本民族教育事业的发展。因此,辽朝、金朝、元朝的教育,在中国古代教育史上显得颇有民族特色。

一、辽朝的教育制度

辽朝的教育制度草创于辽太祖耶律阿保机时期,辽太祖是依靠武力建国的。自从神册元年(916)立国之后,为了巩固契丹政权,辽太祖积极推行"汉化"政策,注重发展文化教育事业。建国不久,辽太祖就于神册三年(918)诏令兴建孔庙、佛寺、道观并于翌年亲谒孔庙,命皇后、皇太子分谒寺、观,显示出辽太祖对儒学的推崇,且主张儒、佛、道并举。神册五年(920),吸收借鉴汉字,制成契丹文字,并下令颁行全国,结束了契丹没有文字的历史。辽太祖还仿效唐朝的教育制度,在皇都创建国子监(太宗时将皇都改称为上京,故称上京国子监)。辽朝国子监位于皇都城的西南方向,监北为孔庙。国子监设有祭酒、司业、司丞、主簿等职,既是最高学府,又是全国教育管理机构。后来,太宗、圣宗、道宗诸帝,在太祖建立的基础上,通过几代皇帝的努力,终于建立起辽朝的教育制度。

太宗首先在南京(即今北京)设立国子学。道宗清宁元年(1055)十二月,辽太宗"诏设学养士,颁'五经'传疏,置博士、助教各一员"(脱脱,《辽史·道宗本纪一》)。后来辽太宗在当时的上京、东京、中京、西京都设置有国子学,连同先前设立的南京国子学,总称为"五京学"。清宁六年(1060)六月,南京又置国子监。此外,西京也曾设立国子监。所以,辽朝除了 5 所国子监之外,还设有上京、中京、西京 3 所国子监。

辽朝地方官学的类型有府学、州学和县学。《辽史·百官志》记载,黄龙府、兴中府并有府学,皆置博士、助教。州学早在穆宗时期已经开始设置。至于县学,道宗时,大公鼎人任良乡县令,"建孔子庙学";马人望任新城县令,建新城县学,县学亦设有博士和助教。

辽朝统治者十分重视贵族子弟的教育,曾专门创立"诸王文学馆",设有"诸王伴读"和"诸王教授"。

综上所述,辽朝积极学习中原文化,尊孔崇儒,努力发展教育事业,建立起了从中央到地方的官学教育体系,有力地促进了辽朝经济社会和文化教育事业的发展。

二、金朝的教育制度

金朝的学校教育制度仿效唐、宋,逐步建立起一套较为完整的官学体系和相应的管理制度,到金世宗和金章宗时期,金朝的教育达到全盛时期。金朝的学校教育制度的发展主要体现在官学教育体系方面,分为中共官学和地方官学两种类型。

(一) 中央官学

金朝的中央官学主要包括"六学","六学"隶属于国子监,主要指:国子监、小学、太学、女真国子学、女真小学和女真太学。

国子监属于金朝的最高学府,小学附设于国子监。两学都以宗室、外戚皇后大功以上亲属以及诸功臣和三品以上官员的子孙或兄弟为招收对象,不同的是国子监招收的是 15 岁以上的学生,不足 15 岁的则进入小学学习。国子监除了有教学任务外,还负有管理中央其他各学的职责,设置有祭酒、司业、司丞、监丞等教学和管理人员。同时国子监还负责刊印各种教科书,成为金朝教科书的刊印和发行中心。

太学始设于大定六年(1166),学生的来源有两类:一是五品以上官员的兄弟及子孙;二是地方各府推荐的生员以及终场举人。第一类入学一般须参加礼部考试;第二类可直接免试入学。太学设置博士、助教等教职,专门负责教授课业。学生每三日作策论一道,又三日作赋及诗各一篇。三个月举行一次私试,在季月初举行,考试内容是先诗赋,间一日试策论,考试成绩在前五名者直接报吏部。学生每十天休假一次,称为"旬休"。此外,逢年节、省亲、生病等情况均给假期。学生管理制度较为严格,学生若在遭丧百日后要求入学,则不得参与释奠礼。如果学生有违反校规或不堪教育者,则根据情节轻重分别给以各种处罚,直至开除学籍。

金朝注重设置本民族专门学校,以培养自己所需要的人才。金朝设立的这样的具有民族特色的学校主要包括女真国子学、女真小学和女真太学。大定十三年(1173),金朝正式建立女真国子学,设女真进士科,以策、诗取士,当年共有 27 人登第,在女真族的历史上产生了第一批进士,具有开创性意义。为了培养更多的女真族人才,这批新科进士,皆被授予教授职,有的直接就在新成立的女真国子学任教。为了使年龄较小的女真贵族子弟也能及时受到正规的学校教育,同年又成立了女真小学。规定国子学策论和小学生各为 100 人。大定二十八年(1188),又创建了女真太学,规定教授必须以宿儒高才者充任。金朝的中央官学除了国子监、小学和太学以外,又建立了专门培养女真族人才为目的的女真国子学、女真小学和女真太学,这种情况在中国古代教育史上是颇有特色的。

除了上述6所中央官学之外,金朝还创办有司天台办学和宫女学校。司天台属于政府机构,主要掌管天文历数,观察风云气色,隶属于秘书监。司天台招收汉学生50人,女真学生26人,分隶天文、算历、三式、测验、漏刻等科。

此外还有宫女学校,这类学校设置在宫廷内部,专门教授宫内诸宫女。教官称为"宫教",由行为端正、学问通达的老成之士担任。宫教授课需用青纱与宫女隔离,师生双方不能直接见面。宫女学校反映了金朝的等级差别及男女有别观念。

(二)地方官学

金朝的地方官学主要有府、镇、州学和女真府、州学以及医学。

府、镇、州学:金朝政府下令在地方普遍设立学校,始于金世宗大定十六年(1176),据《金史·世宗本纪》记载:是年四月,诏京府设学养士。于是,京府设立府学共十七处,学生人数达千人。随后又设立州学。大定二十九年(1189),皇帝诏令在全国京、府、节镇、防御州普遍设立学校,并根据各府、节镇、州人口的多寡,规定设学规模。总计在全国共新设府学、镇学、州学84处,增加学生1745人,金朝教育进入全盛时期。各府、节镇、防御州学各设教授1人,"选五举终场或进士年五十以上者为之"(脱脱,《金史·选举志一》)。大定十六年规定,府学生必须是曾取得廷试资格以及宗室皇帝并得解举人。后来扩大为五品以上,朝官六品以上官员的兄弟或子孙,以及获得府荐的其他官员的兄弟或子孙和举人等。学生入学,需经府、州提举学校学官主持考试,但获得府荐者和终场举人可以免试,不过人数不能超过20人。

女真府、州学:大定十三年(1173),金朝在中央设立女真国子学的同时,又在女真人居住集中的中都、上京等地设置女真府、州学22处,以这一年新科女真进士为教授。学生全部为女真族子弟。规定"凡会课,三日作策论一道,季月私试如汉生制"(脱脱,《金史·选举志一》)。

地方医学:金朝地方医学分为十科,学生人数多少不一,如大兴府30人,其余京府为20人,散府节镇16人,防御州10人。每月考试疑难问题,并根据学生成绩的优劣,给以一定的奖惩。三年一次试诸太医,即使不属系籍学生,也听试补。

在金朝,无论是中央官学还是地方官学的学生,都由政府来供养,经费的主要来源是学田。按照金朝的规定,金朝官学生除了能在经济上得到政府的供养外,还终生免除官学生的杂役。

综上所述,金朝的学校教育制度有以下两个显著的特点:

第一,建立起了较为完整的女真族教育体系。由女真族建立的金王朝,当时尚处在奴隶社会阶段,政治、经济、文化教育等各个方面都较为落后。金朝建立之后,积极吸收中原文化,大力发展本民族的文化教育事业,形成了女真族自己的文字。同时,金朝建立了一套从中央到地方完整的女真族教育体系,使女真族的人才培养和教育事业走上了新的发展道路,加速了金朝封建化的进程,对后来元朝蒙古族教育体系的形成产生了一定的影响。

第二,金朝学生入学资格的规定愈发严格。金朝对于中央官学学生的入学资格的规定,较之唐、宋更加严格,金朝这样做的目的在于以法定的形式保障上层官僚子弟享有文化教育的特权,这是金朝政权在其社会性质从奴隶制向封建化转化过程中,等级性不断加强的一种表现,是历史的倒退。

三、元朝的教育发展

元朝的学校教育,开始于元太宗窝阔台时期。《元史·选举志》记载,太宗六年(1234)灭金朝,即改原金朝枢密院为宣圣庙,"以冯志常为国子学总教,命侍臣子弟十八人入学"。到元世宗忽必烈统治时期,元朝学校教育的发展进入兴盛时期,逐步建立起从地方到中央较为完备的官学体系和教育管理机构。

(一)中央官学

元朝的中央官学主要包括国子学、蒙古国子学和回回国子学。

1. 国子学

国子学是元朝专门学习汉文化的学校,创立于至元六年(1269)。国子学设置博士、助教、学正、学录、典给等职。博士掌管教授生徒、考校儒人著述和教官所著文字。助教同掌学事,分教各斋生员。学正、学录负责申明规矩,督习课业。典给掌生员膳食。学生入学条件为七品以上朝官子孙及卫士子弟,平民中俊秀者,需得三品以上朝官保举,方能为陪堂生伴读(类似于现在的旁听生)。国子学学额初定200人,武宗至大四年(1311)增至300人,仁宗延祐二年(1315)又增至400人,另设陪堂生20人。学生中包括蒙古人、色目人和汉人,其中蒙古人所占的比例最高。学习内容为:先学《孝经》《小学》《论语》《孟子》《大学》《中庸》,次习《诗》《书》《礼记》《周礼》《春秋》《易》)。教学形式主要有讲说、属对、诗章、经解、史评等。

元朝国子学的重要特点是实行"升斋等第法"和"积分法"。该做法是于仁宗延祐二年(1315),集贤学士赵孟頫、礼部尚书元明善等建议实施的。"升斋等第法"的做法为:把国子学分为下、中、上三个等级六个斋舍,学生按程度分别进入斋舍学习不同的内容,依据其学业成绩和品德行为,依次递升的方法。这是在宋朝三舍法基础上的延续与发展。"积分法"是与"升斋等第法"相联系的。元朝规定汉人学生升至日新、时习两斋,蒙古、色目学生升至志道、据德两斋,则实行"积分法"。"积分法"是累计计算学生全年学业成绩的方法,这种方法始行于宋朝太学,到元朝国子学变得趋于完善。由于"积分法"注重学生平时的考试成绩,故具有督促学生平时认真学习的积极作用。

2. 蒙古国子学

蒙古国子学设立于元世祖至元八年(1271)正月,主要招收蒙古、汉人百官及宿卫官员之俊秀子弟入学,初未定员数,同时招收陪堂生若干名。成宗大德十年(1306),学生增至60人,后来规模逐步扩大。蒙古国子学学官有博士、助教、教授、学正、学录、典书、典给等。国子学主要教授内容为翻译成蒙古文的《通鉴节要》,学生学成精通者,量授官职。蒙古国子学的设立,显然是受到金朝女真国子学的启发,目的在于培养本民族所需要的人才,传承和发展本民族的文化。不过,和金朝相比,蒙古国子学有所改进,它除了招收蒙古族学生之外,还同时招收其他民族的学生入学。

3. 回回国子学

回回国子学是专门学习亦思替非文字(即波斯文字)的学校,设立于至元二十六年

(1289)。学生来源为公卿大夫和富民之子弟。学官有博士、助教等。学校设立之后,为元朝培养出来一大批外语专门人才,适应了当时社会的发展。回回国子学是我国古代设立的中央官学最早的外语学校,对于当时的中西文化交流起到了积极的促进作用。

(二)地方官学

元朝统治者注重学校教育,积极创办地方各级各类学校,重视学田的设立,使元朝的地方官学的办学经费有了一定的保证。元朝按路、府、州、县的行政区划,在地方上建立了路学、府学、州学、县学以及小学、社学的儒学系统。除此之外,元朝还开设了蒙古字学、医学、阴阳学等专门学校。

1. 路学、府学、州学

路学创建于元世祖中统二年(1261)。路学学官设教授、学正。县学设教谕。教授由朝廷任命,学正、学录、教谕则由礼部、行省或宣慰司任命。凡在路学、府学、州学和县学肄业的生徒,学成后,经守令举荐,台宪考核,或用为教官,或取为吏属。

2. 小学

小学始设于至元二十八年(1291),附设于江南诸路学及各县学内,选老成之士为教师。

3. 社学

社学创建于至元二十三年(1286)。《新元史·食货志》记载:"每社立学校一,择通晓经书者为学师,农隙使子弟入学。如学文有成者,申复官司照验。"可以看出,社学设在农村地区,常利用农闲空隙时间,以农家子弟为教育对象的初等教育组织,对于发展农村地区文化教育事业具有一定的促进作用。这是元朝在教育组织形式上的一种创新。

4. 蒙古字学

蒙古字学是地方上学习蒙古文字的学校,创建于至元六年(1269),目的在于普及蒙古文字,培养掌握蒙古文字的人才。蒙古字学除了招收蒙古族学生之外,还招收其他民族的学生入学肄业。为了保证办学经费,元贞元年(1295),命有司割地充当学田,作为学生学习的来源。蒙古字学的学习科目与京师蒙古国子学学习的内容相同,主要是翻译蒙古文的《通鉴节要》。学官设教授、学正等。在学生员,免除杂役。学成考试合格者,可充任学官、译史等职。

5. 医学

医学创设于中统二年(1261)。学生主要招收在籍医户及开设药铺人家的子弟。其他愿意学医且有学医潜质的子弟,经考选合格也可入学肄业。学官设有教授、学正、学录等。元朝规定无论是教学人员还是医学生员,均可免除杂役。学习内容除了《素问》《难经》《神农本草》等医学经典外,还需要研习十三科(即大方脉、杂医科、风科、产科、眼科、口齿科、咽喉科、正骨科、金疮肿科、针灸科、祝由科、禁科)的疑难问题。此外,医学生还需要学习《四书》。

6. 阴阳学

阴阳学创设于至元二十八年(1291),主要学习天文、历算。据《元史·选举志》记载:阴阳学招收"通晓阴阳之人"入学,"依儒学医学之例,每路设教授以训诲之。其有术数精通者,每岁录呈省府,赴都试验,果有异能,则于司天台内许令今侍。"在地方上设立培养天文、算历人才的专门学校,这是元朝的创举,对后来的明朝教育产生了重要影响。

(三)教育管理机构

元朝建立了从中央到地方的官学教育体系的同时,也设置了相应的教育管理机构。在中央,国子学隶属于国子监。元朝国子监创设于至元二十四年(1287),设祭酒、司业、监丞、典簿、令史、译史、知印、典吏等。其中祭酒、司业"掌学之教令,皆德尊望重者为之",监丞"专领监务"。国子监又归集贤院管辖。蒙古国子学隶属于蒙古国子监。蒙古国子监创设于至元十四年(1277),置祭酒、司业、监丞、令史等,归蒙古翰林院管辖。回回国子学隶属于回回国子监。回回国子监创建于延祐元年(1314),归翰林院兼国史院管辖。天文、星历学生归司天台管辖。在地方上,设置儒学提举司管辖诸路、府、州、县学等儒学。每司设置提举、副提举、吏目、司吏等职。儒学提举司又上隶属于中央大司农司。诸路蒙古字学归蒙古提举学校官管理。蒙古提举学校官,仅在江浙、湖广、江西三省设置,上隶属于中央蒙古翰林院。诸路医学由医学提举司管理,上隶属于太医院。诸路阴阳学,由阴阳学教授管理,上隶属于太史院。

第三节　宋、元时期的书院

一、书院的萌芽

　　书院是我国封建社会自唐朝以来所出现的一种重要的教育组织形式。"书院"的名称始出现于唐朝。当时有两种场所可被称之为书院:一种是由中央政府设立的主要用作收藏、校勘和整理图书的机构,如丽正修书院和集贤殿书院;另一种是由民间设立的主要供个人读书治学的地方,这类书院或直接以个人名称命名,或以书院所在地命名,这类书院数量较多。

　　在私人设立的书院中,已经出现了授徒讲学的活动。同治《九江府志》卷二十二记载:义门书院,唐义门陈衮即居左建立,聚数千卷,以资学者,子弟弱冠,皆令就学。书院萌芽于唐朝,主要有三个方面的原因:

　　第一,唐朝官学衰落,士人失学。唐朝受"安史之乱"的影响,国力由盛转衰,形成藩镇割据的混乱局面,各地战争连绵不断,严重危害了唐朝教育事业的发展,造成官学衰微,广大士人大量失学。于是,一些好学之士便退居山林名胜僻静之所,建屋藏书,聚徒讲学。朱熹在《衡州石鼓书院记》记载道:"前代庠序之教不修,士病无所于学,往往相与择胜地,立精舍,以为群居讲习之所。"(朱熹,《朱文公文集卷七十九》)社会动乱导致官学衰败,成为书院萌芽的主要原因。

　　第二,受我国私人讲学传统的影响。我国有悠久的私人讲学传统,早在春秋战国时期,私学就已经作为我国古代一种重要的教学组织形式而出现了。后来虽然在秦朝遭到禁毁,但仍然禁而不止。汉朝后,私学作为官学的重要补充,一直与官学并行不悖,得到了快速发展,遍及当时各地,成为官学之外古代人才培养的又一条重要的途径。当社会动乱,官学无法满足人们的求学需求时,私学就会以顽强的生命力及时出现,并得到了一定程度的发展。

　　第三,受佛教禅林的影响。佛教自汉朝传入中国后,到唐朝成为一种重要的宗教禅宗派别。禅宗把禅定作为修养身心的重要途径和方法之一。所谓"禅定"是"安静而止息杂虑"的意思,认为只要静坐敛心,专注一境,久而久之就会达到身心"轻安"、观照"明净"的理想状态,即成禅定。受这种观念的影响,佛教徒往往在山林名胜之处建立禅林精舍,从事坐禅和讲授佛经,依傍山林胜地以便于清静潜修。书院大多也设于山林名胜之所,显然是受到佛教禅林的影响。此外,佛教禅林高僧讲经说法所采用的升堂讲说、质疑问难等形式,以及徒众把讲经说法的内容记录下来成为《语录》《章句》等做法,对书院的教学活动也产生了重要影响。

二、宋朝的书院

书院萌芽于唐朝,但作为一种教育制度形成和兴盛则出现在宋朝。

宋朝结束自唐朝中叶、五代以后长期分裂割据的混乱局面,实现了国家统一,社会生产得到一定程度的恢复和发展,人们的生活相对安定下来,民众普遍向学。然而,宋初统治者过于重视科举选拔人才,以满足国家建立之初对大批治世人才的需求,而忽视了设立学校培养人才,导致宋朝在建立之初的80余年间,官学并没有得到应有的发展。这给书院的发展创造了良好的环境,很快发展成为一种重要的教育制度。

宋初出现了一些著名的书院,历史上较为著名的书院共有六所,分别为白鹿洞书院、岳麓书院、应天府书院、嵩阳书院、石鼓书院、茅山书院。以下做简要介绍:

(一)白鹿洞书院

白鹿洞书院在今江西省九江市庐山五老峰下。唐贞元年间(785—805),洛阳人李渤与其兄长李涉隐居庐山读书治学,将其所居之处称之为"白鹿洞"。长庆(821—824)初,李渤任江州刺史期间,在当年兄弟读书旧址重新修建台榭,引流植花,遂使白鹿洞闻名于世。唐朝末年,书法家颜真卿后人颜翊率子弟30余人,授经于白鹿洞中。南唐升元年间(937—943),朝廷在此建学,称为庐山国学,又称为白鹿洞国庠,洞主为当时国子监九经李善道,在此授徒讲学,培养了一大批人才。宋初在白鹿洞置书院,有生徒数十百人。太平兴国二年(977),知江州周述上书朝廷,请赐《九经》以供生徒肄习,诏从其请,朝廷令驿送国子监印本《九经》至书院,白鹿洞书院遂名闻天下。太平兴国五年(980),书院洞主明起被任命为蔡州褒县主簿,书院遂逐渐衰落。后来,白鹿洞书院毁于兵火,后来长期遭到废弃而默默无闻。淳熙六年(1179),理学家朱熹知南康军,对白鹿洞书院重新加以修复,并在此聚徒讲学,并制定著名的《白鹿洞书院揭示》,淳熙八年(1181),朝廷赐予白鹿洞书院经书,遂使白鹿洞书院又重新名扬天下。

(二)岳麓书院

岳麓书院在今湖南省长沙市西岳麓山抱黄洞下。原来曾是智璿等僧人所建佛寺。开宝九年(976),谭州太守朱洞在原来佛寺的基础上"因袭增拓",建讲堂5间,斋舍52间,创建了岳麓书院。咸平二年(999),谭州太守李允对岳麓书院加以扩建。中开讲堂,揭以书楼,塑先师十哲之像,画七十二贤。咸平四年(1001),李允上书朝廷,请赐诸经释文义疏,以及《史记》《玉篇》《唐韵》等书,上从其请。岳麓书院历史上第一次获得朝廷赐书。当时书院正式定额招收学生60余人。大中祥符五年(1012),周式任岳麓书院第一任山长,呈请太守刘师道对书院进行扩建,在刘师道的支持下,书院规模得以大大拓展,生徒增至数百人。大中祥符八年(1015),宋真宗接见岳麓书院山长周式,任命其为国子监主簿,仍令其为岳麓书院教授,宋真宗亲书"岳麓书院"匾额赐予书院对其进行褒奖,书院从此得以名闻天下。

(三) 应天府书院

应天府书院在今河南省商丘市。当时的应天府治所在地旧称为睢阳,因此应天府书院历史上又称为睢阳书院。大中祥符二年(1009),应天府民曹诚在名儒戚同文旧居旁,建造学舍150间,聚书1500余间,史载"博延生徒,讲习甚盛",曹诚愿意以其所建学舍捐赠于官府,得到朝廷批准,诏赐"应天府书院"匾额,并命戚同文之孙戚舜宾主持书院工作,聘请曹诚为助教。景祐二年(1035),应天府书院改为应天府学,给学田十顷以资学事。

(四) 嵩阳书院

嵩阳书院在今河南省登封市太室山(即嵩山)南麓。北魏时为嵩阳寺,唐朝为嵩阳观,五代后周时期改为太室书院。宋太宗至道二年(996),朝廷赐"太室书院"匾额及印本《九经注疏》。仁宗景祐二年(1035),秘书著作郎王曾奏置书院院长,赐学田一顷,诏更名为嵩阳书院,名闻天下。嵩阳书院到南宋时衰废无闻。

(五) 石鼓书院

石鼓书院在今湖南省衡阳市北石鼓山。初为寻真观。唐刺史齐映曾建合江亭于石鼓山之右麓。唐宪宗元和年间(806—820),衡阳士人李宽在寻真观旧址读书其中。刺史吕温慕曾慕名上山访之。宋太宗至道三年(997),李宽族人李士真根据李宽的故事,呈请郡守在李宽当年读书旧址创建书院,以满足衡阳士人读书之需要。景祐二年(1035),集贤校理刘沆为衡阳太守,请朝廷赐额"石鼓书院"及学田。《衡州府志》记载:于是石鼓书院"遂与睢阳、白鹿、岳麓称四大书院焉"。因当时衡阳并未设立州学,即以石鼓书院为州学。

(六) 茅山书院

茅山书院位于今江苏省金坛市境内茅山之麓,为宋初处士侯遗所建。据《茅山志》记载:侯遗"营创书院,教授生徒,兼饮食之,积十有余岁"。宋仁宗天圣二年(1024),光禄卿王随知江宁府,奏请朝廷赐学田三顷,以供书院膳用,得到朝廷批准。后来书院废弛。南宋理宗淳祐年间(1241—1252),金坛知县孙子秀在旧址对书院进行重建,但后来办学不善被宗禧观所占据。度宗咸淳七年(1271),书院迁建于金坛市南顾龙山麓。茅山书院在获得朝廷赐田时曾名闻一时,但不久即衰落,后来兴废无常,影响总体不大。

上述六所书院,之所以能够发展成为宋初著名书院,最重要的原因在于获得了朝廷的支持和褒奖,或赐匾额,或赐书,或赐学田,或兼而有之,在当时起到了引领书院发展的作用。

北宋时期重视兴学育才,曾先后三次掀起大规模的兴学运动,统治者不再向宋初那样积极提倡书院的发展,对书院的发展起到一定程度的负面影响,一些书院相继衰落。但总体来看,北宋时期的书院仍然有一定程度的发展。南宋时期,朝廷重视育才兴学,在中央设立国子监和太学,地方州县学校也相继恢复和建立。但是,由于朝廷重科举轻学校,导致学校有名无实,书院的发展受到影响。后来,随着南宋理学的不断成熟,学派林立,形成了以朱熹为代表的闽学、以张栻为代表的湖湘学派、以陆九渊为代表的心学、以陈亮为代表的永康之学、以叶适为代表的永嘉之学和以吕祖谦为代表的婺学等。各个学派为了宣传自己的思想主张,纷纷创设书院,授徒讲学,使得南宋时期的书院得到了极大发展。加之后来宋理宗对书院大力提倡,对书院赐书、赐院额,使书院的发展达到极盛。此时南宋也出现了著名的四大书院:白鹿洞书院、岳麓书院、丽泽书院、象山书院。其中白鹿洞书院和岳麓书院因朱熹而闻名、丽泽书院因吕祖谦而闻名、象山书院则以陆九渊而闻名。

南宋时期书院的兴盛繁荣,与朱熹对书院的大力提倡和支持关联极大。朱熹作为理学的集大成者,淳熙六年(1179)三月,朱熹知南康军,此时白鹿洞书院废弛已达100余年,他上书朝廷请求修复白鹿洞书院。在书院修复后,朱熹自任书院山长,亲自授徒讲学,并聘请学录杨日新为书院堂长,发文各地征求图书,并于淳熙八年(1181)上书朝廷请赐御书石经和监本《九经注疏》《论语》《孟子》等书,还设法筹措置田资金等。最重要的是朱熹亲自制定了中国书院史上的第一个纲领性学规《白鹿洞书院揭示》(又称为《白鹿洞书院学规》《白鹿洞书院教条》),它不仅对于当时及后来的书院教育产生了重要影响,而且对于官学教育亦产生了重大影响。摘录如下:

> 父子有亲,君臣有义,夫妇有别,长幼有序,朋友有信。
> 右五教之目。尧舜使契为司徒,敬敷五教,即此是也。学者学此而已。而其所以学之之序,亦有五焉。其别如左:
> 博学之,审问之,慎思之,明辨之,笃行之。
> 右为学之序。学问思辨四者,所以穷理也。若夫笃行之事,则自修身以至于处世接物,亦各有要。其别如左:
> 言忠信,行笃敬,惩忿窒欲,迁善改过。
> 右修身之要。
> 正其义,不谋其利,明其道,不计其功。
> 右处事之要。
> 己所不欲,勿施于人,行有不得,反求诸己。
> 右接物之要。(朱熹,《朱文公文集卷七四》)

在《白鹿洞书院揭示》中,朱熹明确了书院教育的目的,阐明了教育教学的过程,并提出了修身、处事、接物的基本要求,并用学规的形式规定下来,形成较为完整的书院教育理论体系,成为后世学规的范本和办学准则,使书院教育逐步走上制度化的发展轨道。

总的来说,宋朝的书院具有以下几个特点:

第一,书院作为一种教育制度已经确立。书院在唐朝萌芽时,多作为个人或家族子弟读书治学之所,既不普遍,也没有形成系统的规章制度。到宋朝,不仅书院的数量大为增加,而且形成了较为完整的书院教育体系。书院内部设立有山长、洞主、院长、堂长等职位,由"年德老成"者担任,负责书院的组织管理和教育教学工作。书院设置有学田,专门用于书院办学经费。活动内容更加丰富,除了聚徒讲学外,还从事学术研究、藏书、祭祀、刻书等活动。当然,最主要的是形成了以《白鹿洞书院揭示》为代表的书院教育理论体系,明确了书院教育的宗旨、教育教学原则等一系列根本问题,标志着书院作为一种教育制度在宋朝得以正式形成。

第二,书院促进了理学的发展和学术的繁荣。南宋理学家大都以书院为阵地开展讲学授徒活动,作为宣传其学术思想的场所。如朱熹曾在白鹿洞书院、岳麓书院、武夷书院、沧州精舍等书院讲学;吕祖谦亲自创办并在丽泽书院讲学;陆九渊曾在象山书院担任主讲等。书院成为理学家传播各自思想学说的重要基地,促进了南宋学术流派的形成和发展。同时,理学家还邀请不同学术流派的大师到自己主讲的书院开展学术交流活动,如张栻曾邀请朱熹到他主讲的岳麓书院讲学,朱熹也曾邀请陆九渊到他主讲的白鹿洞书院讲学,形成了书院特有的会讲传统,使得书院成为不同学术流派相互交流争鸣的重要场所,促进了理学的兴盛和繁荣。

第三,书院的官学化倾向已经出现。所谓书院官学化,就是书院逐渐受制于官府,被纳入官学教育体系。宋朝的官学化倾向主要表现在两个方面:一方面是私人将所见的书院斋舍、所购置的藏书及田产等设施,捐赠给政府,以谋得一定的官职,即"以学舍入官"。朝廷对书院或赐院额,或赐书、赐田等,并任命书院的学官。这类书院已改变其书院的私立性质,变成了由政府办理。有的直接被改为地方官学,如应天府书院。另一方面是州郡长官直接利用地方官府的财力兴建书院,书院建成后由朝廷赐院额,并赐书、赐学田等,成为地方官学,如石鼓书院等。宋朝书院的官学化倾向带来了两种效应:一是书院由于得到了朝廷的褒奖而名闻天下,带动和刺激了其他书院的发展;二是政府加强了对书院的控制,书院逐渐被纳入官学教育体系,有的直接变为地方官学,慢慢丧失了书院的特色,成为科举考试的预备场所。

三、元朝的书院

元朝对书院采取保护、提倡和加强控制的政策。元太宗八年(1263),在燕京(即后来的元朝首都大都,今北京)创设了元朝第一所书院——太极书院。此后,受到战争的影响,元朝各地经常出现军队骚扰、破坏书院教育教学活动的情况。对此,中统二年(1261),元世祖忽必烈下诏严禁侵犯书院。但是,尽管如此,元朝书院在战争中被毁坏的情况仍然十分严重。

元世祖至元十六年(1279),元朝灭亡南宋,实现了国家统一,社会相对趋于稳定。元朝书院出现了两种发展动向:一种是在热心地方教化人士的倡议和支持下,全国各地不少的路、府、州、县开始了书院的重建工作;另一种是在南宋灭亡后,有些士人坚持不仕元朝,纷纷选择隐居山林,自建书院,专门从事教学和学术研究活动,还有的选择在地方缙绅、豪富所建的书院里担任主讲。面对这种情况,元朝政府因势利导,对书院从之前的保护态度发展成为积极提倡的态度。至元二十八年(1291),元朝政府明令"先儒过化之地,名贤经行之所,与好事之家出钱粟赡学者,并立为书院"(宋濂,《元史·选举志一》)。鼓励学者和各地民众积极兴建书院,从而大大促进了元朝书院的发展。

元朝政府在积极提倡兴办书院的同时,也进一步加强了对书院的控制,使得自宋朝以来出现的书院官学化倾向更加明显。元朝对于书院的控制,主要表现为三个方面:第一,政府任命书院的教师。元朝政府规定,书院山长或由集贤院及台宪等官荐举充任,或由地方官学的教谕、学录历经两次考试后升任,后来又改为以下第举人担任。山长同地方官学的学正一样,经考核合格,可以升散府上中州教授,最后升为路学教授。除了山长之外,路府州书院还设直学以掌钱谷,从郡守及台府官试补。很显然,这样的书院山长、直学,实际上已然成为由政府任命的地方学官。第二,政府控制书院的招生、考试及生徒的去向。元朝书院的生徒,实质上同官学学生享受的待遇基本是一样的。第三,在书院设置学田。元朝政府在鼓励民间士绅捐资创办书院的同时,还积极为书院设置一定数量的学田,为书院的发展提供经费保障。元朝政府一方面拨学田给书院,另一方面设法保护书院的学田不受地方豪强和佛、道的侵扰,既保护了书院正常的教学秩序,又通过学田控制了书院的经济命脉,从而使书院官学化倾向更加明显。

元朝书院传授的内容,主要是儒家经书和理学家的著作,如《六经》《论语》《孟子》传注,以及周、程、张氏之微言,朱子所尝论定者。值得关注的是,元朝设立的书院除了儒家及理学的内容之外,还有一些新的学科内容。如濮州历山书院设有医学,南阳府博山书院设有数学、书学,鄱阳县鄱江书院设有蒙古字学等,这是元朝书院特色之所在。

总之,由于元朝对书院采取保护、提倡和加强控制的政策,元朝的书院一方面在数量上得到了较大幅度的增长,书院遍及全国各地;另一方面,书院的官学化倾向越来越严重,许多书院甚至已完全被纳入地方官学教育系统,与路、府、州、县学一样,成为科举的附庸,丧失了书院淡泊名利,志在治学修身的初衷。

第四节　宋、元时期的科举制度

一、宋朝的科举制度

宋元时期的科举制度,在承袭唐朝科举制度的基础上,出现了许多新的变化和发展。科举制度在宋元时期变得更加趋于成熟和完善,成为当时选拔各级官员的主要途径,对宋元时期的社会发展和学校教育均产生了重要影响。

宋朝的科举考试有了明确的常科和制科之分。常科是定期经常举行的考试,主要包括进士、九经、五经、开元礼、三史、三礼、三传、学究、明经、明法等科。以上诸科"皆秋取解,冬集礼部,春考试。合格及第者,列名放榜于尚书省"(脱脱,《宋史·选举志一》)。其中进士科为常科中录取人数最多的科目。制科为非常设科目,是由皇帝根据需要临时设置并亲自主持的考试,目的是"待天下之才杰",即为国家选拔特殊之人才,以备国家的特殊之需。宋朝的制科主要包括贤良方正直言极谏、经学优深可为师法、详闲吏理达于教化、孝弟力田、奇才异行、文武才干、才识兼茂明于体用、军谋宏远才任边寄、博学宏词等。

宋朝科举考试还设有武科。武科是专门选拔武官的。宋代武科考试开始于宋仁宗天圣八年(1030),宋仁宗亲试武科12人,考试内容为先骑射后策问,其中决定是否录取,弓马决定武功高低。宋神宗元丰元年(1078),规定武科考试内容为步射、马射、马上武艺、孙、吴兵法、时务边防策、律令等。到南宋孝宗乾道五年(1169),颁布武科执法,规定武科殿试之后,榜首赐武举及第,余并赐武举出身。武科从此取得与文科同等待遇。

宋朝的科目除了成人科目之外,还设有童子科。宋朝的童子科规定:凡15岁以下,能通经作诗赋的少年儿童,由州官推荐,经皇帝亲自主持考试,中举者赐进士出身或同学究出身。童子科属于非常设科目,至南宋理宗后被废止。总的来看,宋朝科举制度相对于唐朝来讲,主要有以下几个方面的发展与变化:

(一)增加科举名额,提高中举待遇

唐朝科举考试每榜录取的人数很少,平均每榜录取不到26人。但自宋太宗以后,科举录取的名额大大增加,每榜多达数百人。如宋太宗即位次年即太平兴国二年(997)第一次举行科举考试,当年共录取进士109人,其他诸科共207人,共计316人,比唐朝的录取人数增加了数倍。

宋朝科举考试除了按照常例录取正奏名之外,还增设特奏名。所谓"特奏名"是指特赐连续多次应省试而不第的年老举子以本科出身,又称为"特奏名及第"或"恩科及第"。开宝三年(970),宋太祖特赐连续15次参加进士科、诸科考试而没有被录取的106人以本科出身,此为宋朝特奏名之开端,以后逐步发展成为定制。特奏名的设立促使宋朝的科举录取名额进一步膨胀,远远超过了前代录取名额。

在大幅度增加科举录取名额的同时,宋朝还提高科举及第后的待遇和地位。及第的士子除了能获得皇帝赐宴、题名金榜等荣誉外,最主要的是及第后可以直接授官,而无须像唐朝那样还必须通过吏部考试。

(二)确定了"三年一贡举"

宋朝科举考试的时间,最初并没有确定。宋太祖时沿袭唐制,实行一年一考。自宋太宗时期,科举考试时间变得没有规律,考试间隔时间长短不一,间隔2至5年不等,这样的做法给士人备考应举带来很大不便。宋仁宗嘉祐二年(1057)后,曾将考试时间固定为间隔"一年一贡举",这种做法虽然在一定程度上缓和了广大士人因开考时间无常而产生的不满,但由于开科时间过于频繁而使得士人疲于奔波,也给官府组织考试带来了很大压力。因此,宋英宗治平三年(1066),确定了科举考试的时间为"三年一贡举"。"三年一贡举"的做法自此成为定制,在历史上产生了深远的影响,一直沿用到清末科举考试制度废除。

(三)殿试成为定制

殿试最初始于唐朝武则天时期,但没有形成制度。开宝六年(973),落第考生徐士廉等人告发考官录取不公,宋太祖当年决定在讲武殿亲自主持考试,"殿试遂为常制"(脱脱,《宋史·选举志一》)。从此,三级科举考试制度得以正式形成:州试(由地方官主持)——省试(由尚书省礼部主持)——殿试(由皇帝主持)。自宋太宗太平兴国八年(983),开始将殿试成绩评定等级,把进士分为三甲。宋真宗景德四年(1007),《亲试进士条例》规定进士分为五等:第一、二等为及第,三等为出身,四、五等为同出身。宋神宗时发展成为第一、二等为赐进士及第,三等为赐进士出身,四等为赐同进士出身,五等为赐同学究出身。南宋时改为:第一甲赐进士及第,第二甲赐进士出身,第三甲赐同进士出身,这一规定长期影响了元、明、清的科举考试制度。

(四)建立防止科举作弊新制

宋朝为了维护科举考试的客观性和公平性,探索了一些防止科举考试作弊的新做法,收到了良好的效果,防止作弊的措施主要有:

1. 建立锁院制

宋朝主持礼部考试的考官称为知贡举,由皇帝直接任命,通常由六部尚书、翰林学士等充任,人员年年变动,还设置"同知贡举"(副考官),使科举考试的权力相互监督和相互制约。为了进一步保证考试的公平性,宋太宗淳化三年(992),正式建立锁院制,规定主考官一旦受命,立即住进贡院,与外界隔绝,以避免请托,干扰考试公平。

2. 实行别头试

别头试又称为"别试",最初出现于唐朝进士科的考试,凡考生与主考官礼部侍郎有亲戚故旧关系的,另由礼部考功员外郎主持考试,称为考功别头试。别头试作为一种制度被确定下来,始自宋太宗雍熙二年(985),朝廷规定凡是省试主考官、州郡发解官和地方长官的子弟、亲戚、门生故旧等参加科举考试,都应另派考官,别院应试,以避免裙带关系干扰考试公平。

3. 采用糊名法

所谓"糊名法",是指将考生试卷上的姓名、籍贯等信息密封起来,以防止考官徇私舞弊。因此"糊名"又称为"弥封"或"封弥"。唐朝武则天时期曾经采用此法,但没有形成一种制度。宋朝科举考试采用糊名,始于宋太宗淳化三年(992)的殿试。后来,宋真宗景德四年(1007)省试采用糊名,宋仁宗明道二年(1033)州试也采用了糊名。至此,宋朝的殿试、省试、州试三级考试都采用了糊名法,糊名法在后世的科举考试中逐步得到普遍应用。

4. 创立誊录制

誊录是指在誊录官的监督下,由书吏用朱笔誊抄试卷。誊抄后的试卷称为"朱卷",原来的试卷称为"墨卷"。景德二年(1005),宋真宗在亲自主考礼部奏名的河北举人时,率先采用了誊录的做法。大中祥符八年(1015),宋朝的省试也开始采用誊录,标志着誊录制在宋朝得以正式确立。

尽管宋朝统治者为了防止科举考试舞弊进行了上述积极的探索,也取得了一定的成效,但是,宋朝科举考试作弊的手法五花八门,令人防不胜防。《宋史·选举志二》曾记载了宋朝科举考场作弊的五种手法:一是传递答案;二是调换试卷;三是涂改试卷编号;四是将试卷传出考场,请人代答;五是疏通关节,誊录时篡改试卷。

综上所述,宋朝的科举制度大幅增加了录取名额,提高了及第者的社会地位和待遇,同时为防止科举舞弊也进行了积极有效的探索,为中国科举考试制度的日益成熟和完善做出了重要而独特的贡献,在我国科举发展史上占据着异常重要的地位。

二、元朝的科举制度

元朝统治者起初并不重视科举考试制度,直到元仁宗皇庆二年(1313)才建立了科举考试制度。

元朝的科举考试制度,每三年举行一次考试,分为乡试(行省考试)、会试(礼部考试)和御试(殿试)三级。与其他朝代相比,元朝的科举考试制度具有以下明显特点:

(一)民族歧视严重

元朝等级观念非常严重,元朝统治者将元朝人分为四等:第一等人是蒙古人;第二等人是色目人(回回等少数民族);第三等人是汉人(包括契丹、女真及原来金朝统治下的汉人);第四等人是南人(包括原南宋所辖的南方汉人及西南少数民族)。这四类人在科举考试的科目、答题要求、考试结果等方面都各不相同。据《元史·选举志一》记载:会试时蒙古人、色目人只考两场,而汉人和南人都必须要考三场。御试时,汉人、南人试策论一道,限1000字以上;而蒙古人、色目人试时务策一道,只要500字即可。此外,元朝政府还规定,如果蒙古人、色目人愿意试汉人、南人的考试科目,通过考试者则可以加授一等官职。

科举制度的民族歧视还体现在御试放榜时,放榜分为左、右两榜,蒙古人、色目人为一榜,称为"右榜";汉人、南人为一榜,称为"左榜"。两榜均分为三甲,但以右榜为尊。元朝科举考试的上述"特殊"规定,体现了明显的民族歧视特点。

(二) 规定科举考试从《四书》中出题,以《四书章句集注》为答题标准

《四书》包括《大学》《中庸》《论语》《孟子》。朱熹花费了毕生精力为《四书》作注,后人称之为《四书章句集注》(简称为《四书集注》),该书的特点是训诂简略,重在义理的发挥,旨在阐明理学思想。元仁宗皇庆二年(1313)下诏规定科举考试必须从"《大学》《论语》《孟子》《中庸》内设问,用朱氏章句集注"(佚名,《元史·选举志一》)。从此《四书章句集注》成为科举考试的答题标准,正式取得了与《五经》的同等地位,"四书五经"成为广大读书人和各类学校必读的参考书和教科书,影响了我国封建社会时期的教育长达数百年之久。

(三) 科举考试制度日趋规范

元朝的科举考试制度在前代基础上,又增加了诸多科举考试的若干规定,使得科举考试制度日趋规范和严密。据《元史·选举志一》记载:凡倡优之家及患废疾、犯十恶奸盗之人,不能参加科举考试;考生与主考官有五服内亲者,自应回避,另由同试官主持考试;考生入贡院时进行严格的搜检,除了规定的书籍之外,禁止夹带任何其他与考试无关的资料;考生若违反考场纪律,在考场内大声喧哗,取消下两次考试资格;夹带或找人代考者,汉人、南人居父母丧而应举者,也取消下两次的考试资格;考生谤毁诸司,率众喧哗,不服制约者,治罪;实行试卷弥封、誊录制,建立严格的试卷处理流程,规定监试官、知贡举官、同试官、阅卷官、收卷官、弥封官、誊录官、对读官、帘内官、帘外官等考官的职责,若有违反规定或越轨者一律治罪。上述措施为科举考试制度的进一步完善积累了宝贵经验,为明清时期的科举制度的发展和完善奠定了基础,也对后世的科举制度产生了重要影响。

三、宋元科举制度对学校教育的影响

宋朝在立国之初,出于对人才的强烈需求,统治者对科举制度十分重视,而且宋朝每榜招收的人数之多,远远超过前代,录取后的待遇也是前所未有。宋朝的科举制度虽然适应了统治者对于人才的需求,有利于巩固宋朝的统治基础,但对学校教育的发展带来了消极的影响。第一,宋朝的学校教育受到忽视。宋初统治者长期以来只注重利用科举选拔人才,而忽视了兴建学校培养人才,造成了人才选拔与人才培养的割裂。北宋时期的"三次兴学"在一定程度上扭转了这种不正常的做法,加强了科举制度与学校教育的联系,突出了学校教育在人才培养和选拔过程中的重要地位。第二,宋朝的科举制度助长了士人的追名逐利的风气。在科举制度所带来的荣耀驱动下,广大读书人心存侥幸,不尚实才,不务实学,使学校成为"声利之场"。

元朝的科举制度,对于提高官僚阶层的文化素质、促进学校教育发展、加强民族文化交流、加快政权封建化进程起到了一定的积极作用,但是科举制度也带来了一些不可忽视的负面影响。如元朝科举制度存在严重的民族歧视,人为地造成了各民族之间的不平等和矛盾;元朝规定科举考试要从《四书》中出题,以朱熹的《四书章句集注》为考试答题标准,严重限制了士人的思想,对中国封建社会后期的学校教育产生了消极影响。

第五节　宋元时期的蒙学

在儒家经典《周易·蒙卦》有"蒙以养正,圣之功也"的说法。我国封建社会时期,一般将8至15岁儿童的"小学"阶段的教育称为"蒙养"教育阶段,将对儿童进行启蒙教育的学校和教育机构称为"蒙学"。

我国历来有重视儿童启蒙教育的优良传统。早在殷周时期,就已经出现了为贵族子弟设立的小学。春秋战国时期,随着私学的产生,民间也开始出现了对儿童进行启蒙教育的机构。汉朝时,这种机构已然渐趋成熟,称为"书馆",教师称之为"书师",规模较大,肄业的学童多达"百人以上"。到了宋元时期,我国古代蒙学发展到一个新的历史阶段,蒙学不仅在数量上得到了进一步的发展,而且在教育内容、教育方法以及教材编写等方面,形成了这一时期独有的特点,对后来明清时期的蒙学教育产生了重要影响。

一、私塾的发展与种类

宋元时期的统治者对蒙学非常重视,在全国城乡各地设立了不少蒙学教育机构,使得蒙学得到了较大发展。宋元时期的蒙学就设立的性质而言,可以分为政府办的官学和民间办的私学两种类型。

(一)官办蒙学

宋元时期官办蒙学主要可以分为两种。一种是设在京城宫廷内的贵胄小学。另一种是设在地方上的庶民小学。这类由官府办的小学,有的还制定了学规,对诸如入学手续,注意事项、教师职责、教学计划、奖罚制度等都做了详细的规定。例如,宋朝《京兆府小学规》记载了蒙学有关教学计划的规定:"教授每日讲说经书三两纸,授诸生所诵经书、文句、音义,题所学字样,出所课诗赋题目,撰所对诗句,择所记故事。诸生学课分三等:第一等,每日抽签问听经义三道,念书二百字,学书十行,吟五七言古律诗一首,三日诗赋一首,看史传三五纸;第二等,每日念书约一百字,学书十行,吟诗一绝,对属一联,念赋二韵,记故事一件;第三等,每日念书五七字,学书十行,念诗一首。"(王昶,《金石萃编卷一三四》)该学规不仅规定了教师每日教授的内容,而且将学生分为三等,并根据不同的程度,规定每日的功课。此外,元朝还于至元二十三年(1286),下令全国各地农村每50家组成一社,每社设立学校一所,称为"社学","择通晓经书者为学师,农隙使子弟入学"。显然,这种社学是设在乡村地区,利用农闲时节,以农家子弟为对象的具有蒙学性质的教育机构。

(二)私办蒙学

宋元时期的私办蒙学是指设立在民间的私学,它有各种不同的名称,有的称为"小学"。还有设立在农村地区,主要招收冬闲时节农家子弟入学的蒙学,称为"冬学"。此外,还有称作"乡校""家塾""私塾""蒙馆"等众多的蒙学。由于宋元时期官办小学数量十分有限,而且办理蒙学所需经费不多,所以宋元时期设立在中小城镇和乡村地区的蒙学较为普遍。

二、蒙学教育的内容和特点

宋元时期蒙学教育的基本内容,主要包括初步的道德行为训练和基本的文化知识技能学习两个方面。朱熹明确指出,小学的任务是"教以事",即"教人以洒扫、应对、进退之节,爱亲、敬长、隆师、亲友之道",以及"礼、乐、射、御、书、数之文"。因此,蒙学每日的功课一般主要包括教儿童识字、习字、读书、背书、对课与作文,同时向他们进行基本的道德观念灌输和道德行为习惯的培养。

宋元时期的蒙学在长期发展的实践过程中,积累了一些成功的经验,主要体现在三个方面:

第一,强调对学生严格要求,打好基础。蒙学教育属于基础教育,在这个阶段对学生严格要求,打好基础,对于儿童日后的发展将会起到长期而深远的作用。因此,宋元蒙学非常强调对儿童进行严格的基础训练。比如在生活礼节方面,教育儿童要居处必恭,步立必正,视听必端,言语必谨,容貌必庄,衣冠必整,饮食必节,堂室必洁等。在学习方面,教育儿童读书必须字字响亮,且"不可误一字,不可少一字,不可多一字,不可倒一字",而且还要熟读成诵;写字必须做到"一笔一画,严正分明,不可潦草",尤其重视对儿童良好学习习惯的培养,如要求儿童要做到"凡读书,须整顿几案,令洁净端正。将书册整齐顿放,正身体,对书册,详缓看书,仔细分明读之","凡书册,须要爱护,不可损污皱褶";"读书有三到,谓心到、眼到、口到"等。因为良好行为习惯一旦养成,将会更加有利于儿童成长,而且能使儿童终身受益。

第二,重视用《须知》《学则》的形式培养儿童的行为习惯。蒙学阶段的儿童可塑性极强,为了培养儿童的行为习惯,宋元时期的教育家制定了各种形式的《须知》《学则》等,以此作为规范儿童的准则。如朱熹的《童蒙须知》,程端蒙、董铢的《学则》对儿童的生活、学习等各个方面提出了具体的要求。这些规定和要求看起来不免烦琐,且有压抑儿童个性发展的缺陷,但它能使儿童的言行举止等各个方面都有章可循,有规可依,对于培养儿童的行为习惯,具有一定的积极作用。

第三,注意根据儿童的心理特点,因势利导,激发儿童的学习兴趣。宋人已经认识到,出于蒙学阶段的儿童活泼好动,应该注重引导,激发儿童的学习兴趣。宋朝教育家程颐曾说:"教人未见意趣,必不乐学"。朱熹主张教育儿童的过程中,要利用历史故事、道德诗歌来教育儿童,并开展"咏歌舞蹈"等文娱活动,以引起儿童学习的兴趣,增加儿童学习的主动性和自觉性,达到"习与智长,化与心成"的境界。如朱熹在《小学》书中辑录了许多"古圣先贤"的格言、故事、训诫诗等,以此来激发儿童的学习兴趣。同时,朱熹又根据儿童记忆力强、理解力弱的特点,强调儿童要对学习内容要熟读牢记,这些经验值得今天借鉴和学习。

三、蒙学教材的发展、种类和特点

我国古代历来重视蒙学教材的编写。秦汉时期已经编写出了一些有影响的蒙学教材。西汉时期,史游所编的《急就篇》影响最大,流传最广。自东汉至隋唐,也编写出了多种蒙学教材。如蔡邕编撰的《劝学》1卷,晋束皙编撰的《发蒙记》1卷,晋顾恺之编撰的《启蒙记》3卷,梁周兴嗣编撰的《千字文》1卷,以及唐人编撰的《蒙求》《太公家教》《兔园策》等。

宋元时期的蒙学教材,在继承和发展前人编写蒙学教材经验的基础上,开始出现了分类

按专题编写蒙学教材的情况,标志着我国古代蒙学教材的编写进入了一个新的历史阶段。宋元时期的蒙学教材主要可以分为以下五类:

第一类是识字教材。如《三字经》《百家姓》等。主要目的是教儿童识字,同时介绍一些综合性基础知识。

第二类是伦理道德的教材。如吕本中的《童蒙训》、吕祖谦的《少仪外传》、程端蒙的《性理字训》等,主要向儿童传授伦理道德知识及为人处世、待人接物的准则等。

第三类是历史教学的教材。如宋王令编写的《十七史蒙求》、胡寅所编的《叙古千文》、黄继善所编的《史学提要》,元人陈栎所编的《历代蒙求》、吴化龙所编写的《左氏蒙求》等。这类教材,有的是简述历史的发展,有的是选辑历史上的名人故事或嘉言嘉行,既可以向儿童传授历史知识,也可以对儿童进行思想教育。体例"多为四言,参为对偶,联以音韵",便于记诵。

第四类是诗歌教学的教材。这类教材如朱熹编写的《训蒙诗》、陈淳的《小学诗礼》等。选择适合儿童的诗词歌赋让儿童学习,主要是对儿童进行文辞和美感教育。

第五类是名物制度和自然常识教学的教材。这类教材以方逢辰的《名物蒙求》为代表。这类教材内容涉及天文、地理、人事、鸟兽、草木、衣服、建筑、器具等。

宋元时期的上述蒙学教材中,流传最广的为《三字经》《百家姓》和《千字文》,一般合称为"三、百、千"。

《三字经》相传为宋末王应麟所作,全书共有356句,每句三个字。句句成韵,通俗易懂,读起来朗朗上口,便于儿童背诵。而且文字简练,善于概括。

《三字经》文中向儿童灌输封建道德如"三纲五常"的相关内容,此外,《三字经》当中也向儿童介绍一些名物常识、历史故事和古人勤奋好学的范例。使儿童能够在很短的篇幅内,获得较为丰富的学习内容,并能够从古人刻苦求学的榜样中受到激励。

《百家姓》相传在宋初编写,但作者不详。全书共汇集各种姓氏400余字,均为四字韵语。明朝学者朱国桢在《涌幢小品》中说:"今《百家姓》,以为出于宋,故首以'赵、钱、孙、李',尊国姓也。"《百家姓》通篇虽无文理,但朗朗上口,便于儿童诵读。因此,《百家姓》在南宋十分盛行,成为农家儿童冬学中的识字课本之一。

《千字文》为南北朝梁周兴嗣编写,为四言韵语,共250句,1 000个不同的字。主要是供儿童识字,同时也向儿童介绍有关自然、社会、历史、伦理、教育等方面的知识。该教材从隋朝就开始流行,到宋朝已经成为广泛使用的蒙学教材。

总之,宋元时期的蒙学教材出现了一些新的特点:如已经开始出现按照专题分类编写,蒙学教材从内容到形式上都呈现出多样化发展的趋势;一些著名学者开始亲自编撰蒙学教材,如朱熹、吕祖谦、王应麟等,对提高蒙学教材的质量起到了重要引领作用;蒙学教材注意儿童的心理特点,采用韵语形式,文字简练,通俗易懂,并力求将识字教育、基本知识教育和伦理道德教育有机结合起来。

第六节　朱熹的教育思想

朱熹是理学思想的集大成者，也是南宋最负盛名的大教育家。朱熹长期从事讲学活动，为后世精心编撰很多教材，培养了大批人才，对书院教育也做出了重要贡献。朱熹的教育思想对当时及后世的教育产生了重大而深远的影响。

一、生平与教育活动

朱熹（1130—1200），字元晦，后改为仲晦，号晦庵。祖籍今江西省婺源县人，出生在福建南剑（今南平）尤溪县。朱熹 18 岁就考中了举人，19 岁中进士，从此走上了仕途。他历任泉州同安县主簿、知江西南康军、提举浙东常平盐茶、知漳州、知谭州等地方官。绍熙五年（1194）八月，在朱熹 65 岁时，他被任命为焕章阁待制兼侍讲，为宁宗皇帝近讲《大学》。但仅仅 40 天后就被罢免，从此结束了坎坷不平的仕途生涯。

朱熹一生主要致力于学术研究和教育活动。他是南宋著名的理学家，继承和发展了二程的思想学说，成为南宋理学思想的集大成者。同时，作为一位大教育家，毕生讲学活动不辍。他曾经在福建崇安武夷山"寒泉精舍"和"武夷精舍"授徒讲学，传播理

图 5-1　朱熹

学思想。绍熙二年（1191），他由崇安迁居建阳考亭，建"竹林精舍"，授徒讲学。后来由于求学人数众多，绍熙五年（1194），他扩建精舍，并将之改名为"沧州精舍"，表达了他"永弃人间事，吾道付沧州"的志向。即使在各地为官从政期间，他每到一处，仍然坚持设学育才，并亲自担任主讲。他在任同安县主簿时，对县学进行整顿，遍访名师来当地讲学，取得了显著的成效。在知南康军期间，他亲自主持修复白鹿洞书院，并直接参与白鹿洞书院的管理与讲学，四处搜寻、购置图书典籍，亲自拟定了影响深远的《白鹿洞书院揭示》，成为南宋以后和各地方官学共同遵守的学规。在知漳州时，他经常到学校视察，对诸生进行教导。在知谭州时，他热心提倡州、县学，还主持修复岳麓书院，对校舍进行扩建，增加书院学田，并抽空莅临书院讲学，对书院的发展起到了很大的推动作用。

他一生笔耕不辍，编撰了很多经典教材。淳熙二年（1175），他与吕祖谦合著了《近思录》一书，精选了周敦颐、张载、二程的语录 622 条，分为 14 卷，成为后人学习理学的入门教材。同时，他还编撰了《小学》一书，是中国封建时代颇有影响的蒙学教材。后来，他编撰除了对后世影响深远的经典著作——《四书章句集注》（奠定了其理学大家的地位），还编撰了《资治通鉴纲目》《伊洛渊源录》《朱文公文集》《朱文公文集续集》《朱文公文集别集》《朱子语类》等。

他在长期的教育实践活动中，为后世培养了很多人才。最主要的教育著作包括《大学章句序》《白鹿洞书院揭示》《学校贡举私议》《童蒙须知》《读书之要》等。

二、论教育的作用与目的

朱熹非常重视教育对改变人性的重要作用。他从"理"一元论的客观唯心主义思想出发来解释人性论，提出了人性就是"理"，"理"即是"仁、义、礼、智"封建道德规范。"性即理"的具体内涵为"仁、义、礼、智"。那么，人为何会有不同的人性？朱熹把人性分为"天命之性"和"气质之性"两种。所谓"天命之性"（又称为"天地之性""义理之性"或"道心"），它是"专指理言"，它是禀受"天理"而成的，所以浑厚至善，完美无缺；所谓"气质之心"（又称"人心"），它是禀受"理"与"气"，二者乍然相存而成。由于"气"有清明、浑浊的区别，所以"气质之性"有善有恶。由此，朱熹认为，教育的作用就在于"变化气质"，发挥"气质之性"中所具有的"善性"，去蔽明善。朱熹认为《大学》中的"明明德"即是如此，要"明明德"，就必须"复尽天理，革尽人欲"。在朱熹看来，"天理"与"人欲"是相互对立、水火难容的。在朱熹看来，"人之一心，天理存，则人欲亡；人欲胜，则天理灭，未有天理人欲夹杂者。"因此，他告诫人们说："学者须是革尽人欲，复尽天理，方始是学"（朱熹，《朱子语类卷十三》）。朱熹基于上述对理学的认识，论述了教育的作用在于"变化气质""明明德"，最终实现"明天理，灭人欲"的根本任务。

在朱熹教育作用的认识基础上，朱熹进一步提出学校教育的目的在于"明人伦"。在朱熹看来，要克服"气质之偏"，革尽"物欲之弊"，以恢复人先天具有的善性，就必须"尽人伦"。所以，朱熹特别强调"父子有亲，君臣有义，夫妇有别，长幼有序，朋友有信，此人之大伦也。庠、序、学校皆所以明此而已"（朱熹，《孟子集注卷五》）。在朱熹所制定的《白鹿洞书院揭示》中，他明确把上述五伦列为"教之目"，置于首位，指出"学者学此而已"。

三、论"大学"和"小学"教育

朱熹在总结前人教育经验，结合自身长期的教育实践经验，同时基于对人的心理特征的初步认识，把一个人的教育分为"小学"和"大学"两个既有区别、又有联系的阶段，并针对不同的阶段提出了不同的教育任务、教育内容和教育方法。

（一）小学教育阶段

8岁至15岁为小学教育阶段。朱熹十分重视小学阶段的教育，他认为小学教育的任务是培养"圣贤坯璞"。朱熹认为如果儿童在这个阶段没有打好基础，长大后就会做出违背伦理纲常的事情，再要弥补，就会极为困难了，因此，朱熹认为，小学教育对于一个人的成长非常重要，必须抓紧抓好。

关于儿童阶段的教育内容，朱熹指出，由于小学阶段的儿童还"智识未开"，思维能力较弱，因此儿童学习的内容应该是"知之浅而行之小者"，力求浅近、具体。为此，儿童这一阶段的应以"教事"为主。所谓"教事"是指："小学是事，如事君，事父，事兄，处友等事，只是教他以此规矩做去。"（朱熹，《朱子语类卷七》）。强调要让儿童在日常生活中，通过具体行事，懂得基本的伦理道德规范，养成一定的行为习惯，学到初步的文化知识技能。关于儿童阶段学习的主要内容，朱熹在《小学书题》中指出："古者小学，教人以洒扫、应对、进退之节，爱亲、敬长、隆师、亲友之道。"朱熹希望儿童通过"学其事"，在实际活动中得到锻炼，增长才干，成长为"圣贤坯璞"。

为了实现培养儿童成为"圣贤坯璞"的教育目标，朱熹在教育方法上强调要从三个方面入手。第一,先入为主,及早施教。朱熹认为小学阶段的儿童思想很容易受到外界各种因素的干扰和影响,一旦受到"异端邪说"的影响,再教之以儒家的伦理道德就会遇到抵触。因此,必须对小学的儿童及早进行教育,"必使其讲而习之于幼稚之时,使其习与知长,化与心成,则无扞格不胜之患也"(朱熹,《小学书题》)。第二,教育方法要形象、生动,以激发儿童学习兴趣,使儿童易于接受。朱熹在这一教学思想的指导下,从经传史籍中广泛采集有关忠君、孝亲、事长、守节、治家等内容的格言、训诫诗、故事等,编成儿童易于接受的《小学》一书,该书成为影响深远的儿童教育用书。第三,首创以《须知》《学则》的形式来培养儿童道德行为习惯。为了养成儿童良好的习惯,朱熹注重发挥《学则》《须知》的作用,使儿童的一言一行、一举一动,都能够有章可循,有规可依,逐步养成儿童良好的道德行为习惯。为此,朱熹亲自制定《童蒙须知》和《训蒙斋规》,按照三纲五常的封建道德要求,对于儿童的日常生活、学习等各个方面,做了极为详细的条文规定。《童蒙须知》强调从小培养儿童良好的生活和学习习惯,是值得我们借鉴和学习的。

(二) 大学教育阶段

15岁以后为大学教育。大学教育是在"小学已成之功"基础上的深化和发展,与小学教育阶段重在"教事"不同,大学教育内容的重点在于"教理",即重在探究"事物之所以然"。朱熹在《小学辑说》中指出:"小学是事,如事君、事父兄等事。大学是发明此事之理,就上面讲究所以事君、事父兄等事是如何。"朱熹又进一步指出:"小学之事,知之浅而行之小者也;大学之道,知之深而行之大者也。"

大学教育的任务与小学教育的任务不同。小学教育是培养"圣贤坯璞",大学教育则是在坯璞的基础上"加光饰",把人进行进一步的精雕细刻,从而把学生培养成为对国家有用的人。朱熹认为:"国家建立学校之官,遍于郡国,盖所以幸教天下之士,使之知所以修身、齐家、治国、平天下之道,而待朝廷之用也。"(朱熹,《朱文公文集卷七十五》)。在大学教育方法方面,朱熹基于自己长期的教育实践,为我们留下了宝贵的大学教育的经验。第一,重视自学。重视在教师的指导下,开展学生的自学和研究。第二,提倡不同学术观点之间的相互交流和学习。

朱熹认为,尽管小学和大学是两个相对独立的教育阶段,具体的任务、内容和方法也各不相同,但是,这两个阶段有着内在密切的联系,它们的根本目标是一致的,在某种程度上反映了人才培养的某些客观规律,为中国古代教育理论的发展注入了活力。

四、论道德教育

道德教育是理学教育的核心,也是朱熹教育思想的重要组成部分。朱熹非常重视道德教育,主张将道德教育放在教育工作的首位。朱熹认为,道德教育的根本任务是"明天理,去人欲"。朱熹所说的"天理",是指以"三纲五常"为核心的封建伦理道德。朱熹所说的"人欲",则是指"心"的毛病,是"嗜欲所迷"之心。如在饮食上要求美味,穿着要求华丽精细,言行放纵、不符合礼仪等。因此,要实现道德教育的"明天理,去人欲"的根本任务,就必须对人进行以"三纲五常"为核心的封建伦理道德教育,这是朱熹道德教育的基本特点。

朱熹总结出了一套道德教育的行之有效的方法,主要表现为以下几点:

1. 立志

朱熹认为,志是心之所向,对人的成长至关重要。因此,朱熹要求学者要树立远大志向。

"问为学功夫,何以为先? 曰:亦不过如前所说,专在人自立志。"(朱熹,《性理精义卷七》)因为人有的远大方向,才有了前进的目标和动力。如果不立志,则目标就会不明确,也就会丧失了前进的动力,"直是无著力处"。朱熹批判了有的人"贪利禄而不贪道义,要做贵人而不要做好人",也是因为"志不立之病"。朱熹强调人要立志,尤其要立大志,要立志成为像尧、舜那样的圣人,"学者大要立志,才学便要做圣人,是也"(朱熹,《朱子语类卷十三》)。

2. 居敬

朱熹指出:"敬字工夫,乃圣门第一义,彻头彻尾,不可顷刻间断。"(朱熹,《朱子语类卷十二》)又指出:"敬之一字,圣学之所以成始而成终者也。为小学者不由乎此,固无以涵养本原,而谨夫洒扫应对进退之节与夫六艺之教。为大学者不由乎此,亦无以开发聪明,进德修业,而致夫明德新民之功也。"(朱熹,《小学辑说》)由此可见,"居敬"在朱熹看来是一种重要的道德修养方法。朱熹所说的"居敬",不是主静,也不同于佛家闭目合十,"耳无闻,目不见,不接事物"的"坐禅",而是指专心致志、谨慎认真的意思。朱熹认为,只要坚持"居敬"的修养功夫,就能够实现"明天理,灭人欲"的教育根本任务。朱熹认为,"居敬"的修养功夫要从两个方面着手:第一要做到"内无妄思",即自觉抑制人欲的诱惑,自觉执守封建伦理道德;第二要坚持"外无妄动",即在人的言行态度、服饰动作等外部方面,要做到"整齐严肃",使其符合封建伦理道德规范。

3. 存养

"存养"即"存心养性"的简称。朱熹认为,每个人都具有与生俱来的善行,但同时又有气质之偏和物欲之弊。因此,人需要用"存养"的修养方法,来发扬人的善行,发明本心。"存养"的目的还是为了不使人丧失本心。所谓"圣贤千言万语,只要人不失其本心"。因为"心若不存,一身便无主宰"(朱熹,《朱子语类辑略》)。同时,从道德教育的根本任务来说,"存养"是为了收敛人心,将其安顿在义理上。由此可见,朱熹"存养"的道德教育方法,是从理学的角度对孟子"存其心,养其性"和"求放心"思想的继承与发展。

4. 省察

简单来讲,"省"是反省,"察"是检查。"省察"就是经常进行自我反省和检查的意思。朱熹认为,一个人要想搞好自身的道德修养,就应当做到"无时不省察"。在朱熹看来,"凡人之心,不存则亡,而无不存不亡之时。故一息之顷,不加提省之力,则沦于亡而不自觉。天下之事,不是则非,而无不是不非之处。故一事之微,不加精察之功,则陷于恶而不自知"(朱熹,《性理精义》)。所以,朱熹认为,为了不使人心"沦于亡",做事不"陷于恶",人有必要经常进行自我反省和检查。朱熹对孔子所提出的"吾日三省吾身"说法非常认可,认为是抓住了道德修养的根本。朱熹认为,人在两种情况下应该加强"省察":一种情况是"省察于将发之际",即在不良念头刚刚萌芽时,就应当对其进行检查和纠正,将其消灭在萌芽状态;另一种情况是"省察于已发之后",即在不良言行已经暴露和发生后,要及时对其进行检查和纠正,不让其继续滋长和发展。也即是说,既要做到防微杜渐,又要做到及时纠正。

5. 力行

朱熹非常重视"力行"。朱熹说:"夫学问岂以他求,不过欲明此理,而力行之耳。"又指出"故圣贤教人,必以穷理为先,而力行以终之"(朱熹,《朱文公文集卷五十四》)。朱熹这里所说的"力行",是强调要将习得的伦理道德知识付诸自己的实际行动中去。朱熹反对知而不行、不知而行、知之不深而行的做法，强调穷理要深，认为"行而未明于理，则其践履者又未知其果为何事"，"穷理不深，则安知所行之可否哉？""知"可以为"行"奠定基础，应该先"知"后"行"。同时他还认为"行"具有检验"知"的作用。"欲知之真不真，意之诚不诚，只看做不做，如何真个如此做底，便是知至意诚。"（朱熹，《朱子语类卷十五》）由此可见，朱熹是把"知"看作"行"的前提，"行"是"知"的目的和检验标准，做事做学问要言行一致，身体力行，反对言行不一致甚至脱节。朱熹的这一观点其实涉及的是道德认知与道德行动的关系问题，是很有道理的。

五、朱子读书法

朱熹强调读书穷理，他认为"为学之道，莫先于穷理；穷理之要，必在于读书"。朱熹一生酷爱读书，他结合自己长期的读书实践，总结出了六条读书的经验，分别为循序渐进、熟读精思、虚心涵泳、切己体察、着紧用力、居敬持志，朱熹弟子将其概括为"朱子读书法"。

（一）循序渐进

朱熹认为读书要做到"循序渐进"，应遵守三个读书原则：第一，读书应该按一定次序，不可颠倒。"以二书言之，则通一书而后又一书。以一书言之，篇、章、文、句、首尾次第，亦各有序而不可乱也。"第二，读书应根据自己的实际情况和能力，安排好读书计划，并切实执行。即"量力所至而谨守之"。第三，读书要扎实打好基础，不可囫囵吞枣，急于求成。应做到"字求其训，句索其旨。未得乎前，则不敢求乎后；未通乎此，则不敢志乎彼"。否则，"若奔程趁限，一向趱着了，则看犹不看也"。

（二）熟读精思

朱熹强调，读书既要做到熟读成诵，又要精于思考。朱熹认为熟读的标准是"使其言皆若出于吾之口"。他认为熟读要读足一定的遍数，熟读有助于理解，正如"读书千遍，其义自见"。当然在朱熹看来，之所以强调熟读，关键在于熟读能够为精思奠定基础，熟读的目的在于精思。朱熹对"精思"的要求是"使其意皆若出于吾之心"。对于如何"精思"，朱熹提出了要读书要经历"无疑——有疑——解疑"的过程。朱熹说："读书始读，未知有疑。其次则渐渐有疑，中则节节是疑，过了一番后，疑渐渐解，以至融会贯通，都无所疑，方始是学"（黄宗羲，《宋元学案·晦翁学案》）。这里提到的从无疑到有疑再到解疑的过程，其实揭示的就是通过读书发现问题进而解决问题的过程。读书若能做到既读得熟，又思得精，则真正把书读通了，而且会印象深刻。

（三）虚心涵泳

"虚心涵泳"包含两层意思，所谓"虚心"，是指读书时要虚怀若谷，静心思虑，仔细体会书中的意思，不要先入为主，牵强附会。读书过程中发现了疑问，也应虚心静虑，切勿匆忙决定取舍。所谓"涵泳"，是指读书时要反复咀嚼，细心玩味。

（四）切己体察

朱熹强调读书不能仅仅停留在书本上和口头上，要用自己的实际行动身体力行。他坚决反对只向书本上求义理，而不将其"体之于身"的读书方法，认为这样即使"广求博取，日诵五车"，亦无益于学。

（五）着紧用力

这一读书方法包含两个方面的含义：第一，读书必须抓紧时间，发愤忘食，反对悠悠然；

第二,读书必须抖擞精神,勇猛奋发,反对松松垮垮。朱熹形象地将读书比喻为救火治病,撑上水船和破釜沉舟,认为读书应该具有救火治病那样的紧迫感,应该有撑船不进则退的顽强作风和破釜沉舟的勇往直前的精神。

(六) 居敬持志

居敬持志既是朱熹道德修养的重要方法,也是他最重要的读书方法。所谓"居敬",是指读书时要做到精神专一,注意力高度集中。所谓"持志",是指读书要树立远大志向和长远的目标,要以顽强的毅力长期坚持下去。只有做到"居敬持志",才能使学业不断长进。

"朱子读书法"是朱熹长期读书经验的概括和总结,反映了我国古代对于读书方法研究成果的精华,其中不乏合理可资借鉴的内容。如"循序渐进"包含有读书的量力性和打好基础的思想;"熟读精思"包含有读书要重视思考的思想;"虚心涵泳"包含有读书要客观揣摩的思想;"切己体察"包含有身体力行思想;"着紧用力"包含有积极奋发的思想;"居敬持志"包含有持之以恒的思想等。上述读书思想对于我们今天更有效率的读书是很有借鉴作用的。但是,我们也要清醒地认识到"朱子读书法"的不足之处:第一,朱熹所提倡阅读的书,主要是指宣传封建伦理道德的"圣贤之书";第二,朱熹的读书法主要强调如何学习好书本知识,主要指的是学习间接经验,而对于实际知识也即直接经验的学习则不够重视,对于如何认识和处理二者之间的关系也没有提及。这种读书思想不仅影响和限制读书的范围,还会造成"万般皆下品,唯有读书高"和"两耳不闻窗外事,一心只读圣贤书"的不良学风。

思考与拓展

1. 试评述北宋的"三次兴学"。
2. 宋朝官学制度有哪些特点?
3. 分析书院产生的原因及两宋时期书院的特点。
4. 试论宋元时期的蒙学教育的经验及其对当代的启示。
5. 试评述宋元时期的科举制度及对学校教育的影响。
6. 论述朱熹关于"小学"及"大学"教育思想。其中"小学"教育思想对当今教育有何启示?
7. 试论"朱子读书法"对当今阅读有何借鉴意义。

第六章 明清(鸦片战争前)时期的教育

本章概要:本章讨论明朝和鸦片战争前清朝的教育。明清时期的统治者实行思想控制和文化专制政策,都希望通过重视发展文化教育事业来推动国家治理。明清时期的官学教育形成了各自的特点。明朝的书院由于受统治阶级内部矛盾斗争的影响发展受到打击。其中,明朝的东林书院,成为明朝一个重要的学术文化中心和政治活动中心。清朝的书院获得了长足发展,不但数量众多,而且还出现了诸如诂经精舍、学海堂、漳南书院等颇具特色的书院。明清对科举考试都非常重视,明朝时期,八股文成为固定的考试文体,使得学校教育受到科举制度的严重影响。清朝的科举制度更为严密。但是,清朝科场舞弊之风层出不穷,积重难返,逐步使学校成为科举的附庸,丧失了其作为教育机构的独立性。明清时期出现了王守仁、黄宗羲、王夫之、颜元等著名的教育家,在中国教育史上产生了深远影响。

第一节 明清时期的文教政策

一、明朝的文教政策

明太祖朱元璋虽然知文墨不多,但他从历史的经验教训和亲身实践中,深刻地认识到学校教育对于国家治理的重要作用。因此,明太祖在立国之初,就开始将发展教育事业置于重要的战略地位。他指出:"治天下当先其重其急而后及其轻且缓者。今天下初定,所急者衣食,所重者教化。衣食给而民生遂,教化行而习俗美。足衣食者在于劝农,明教化者在于兴学校。"(胡广,《明太祖实录卷二六》)从而确立了"治国以教化为先、教化以学校为本"(张廷玉,《明史·选举志》)的文教政策。明朝的文教政策主要体现在以下三个方面:

(一) 广设学校,培育人才

朱元璋认为,人才是国家的宝贵资源和财富,而"人才以教导为先",主要依靠学校来培养。在这一思想指导下,明朝在立国之前,于元至正二十五年(1365)将应天府学改为国子学,创建了明朝中央最高学府。洪武十四年(1381),明朝又改建国子学于鸡鸣山下。明洪武十五年(1382),明政府改国子学为国子监,设祭酒 1 人,监丞、典簿各 1 人,博士 3 人,助教 16 人,学正、学录各 3 人,掌馔 1 人。永乐元年(1403),另设北京国子监。这样,明朝就出现了南北两个国子监。永乐十八年(1420),明政府迁都北京,将原京师国子监改为南京国子监,北京国子监则改为京师国子监。

在积极创建中央学校的同时,明朝统治者也十分重视发展地方教育事业。洪武二年(1369),明政府发布兴学令,要求全国各地普遍设学。于是,各地纷纷设立学校,府学设教授,州学设学正,县学设教谕,均为 1 人。各地还另设训导,人数多寡不等,府学 4 人,州学 3 人,县学 2 人。同时,对于各学入学人数、师生待遇等,也都做了明确的规定。洪武八年(1375),又下令设立社学,"延师儒以教民间子弟"。这样,明朝从京师到郡县以及乡村地区,都建起了较为完整的学校教育网络,有力推动了明朝教育事业的发展。

(二) 重视科举,选拔人才

明朝一方面重视设立学校培养人才,另一方面也非常重视通过科举选拔人才。明朝选拔人才的制度主要原来主要有两种:荐举和科举。明朝对这两种人才选拔制度都很重视。立国之初,明太祖曾多次发布求贤诏,访求天下贤才。自建文、永乐以后,明政府对科举日益重视,荐举日益不受人重视,广大士人都以科举登第为荣,使得荐举名存实亡,科举制度逐渐成为明朝主要的选士制度。

(三) 加强思想控制,实行文化专制

明朝统治者重视发展教育,重视科举制度,目的是为了培养统治者所需要的统治人才。为实现这一目的,明统治者在重视文化教育事业发展的同时,采取各种措施加强思想控制,实行文化专制统治。主要体现在三个方面:

1. 推崇程朱,删节《孟子》

明朝统治者竭力推行程朱理学,把其视为思想、文化、教育领域的统治思想。朱元璋曾下令,规定学者讲学"一宗朱子之学","非濂、洛、关、闽之学不讲"。同时,于洪武二年(1385)明确规定:"国家取士,说经者以宋儒传注为宗。"后来,明成祖永乐十三年(1145),命翰林学士胡广等编纂《五经大全》《四书大全》《性理大全》,作为钦定的教科书颁行天下,从此,程朱理学成为天下读书人学习的基本内容和科举入仕的主要途径。此外,明朝统治者还表彰程朱门人,借此提高程朱理学的社会地位。如景泰七年(1456),朝廷下令将朱熹门人黄榦、蔡沈、刘钥、真德秀陪祭孔庙,大大提高了程朱理学在当时的社会地位和影响力。

在大力推崇程朱理学的同时,明朝对阻碍专制统治思想的其他思想学说采取抑制和排斥的态度,哪怕是被历代统治者推崇的儒家经典《孟子》一书,也难逃被排斥和打击的命运。明太祖认为,《孟子》书中的有些内容不利于君主专制统治,如《孟子》书中的"民为贵,社稷次之,君为轻""君有大过则谏,反复之而不听,则易位""君之视臣如草芥,则臣视君如寇仇"等,下令将孟子逐出孔庙,罢其配享,并令儒臣对《孟子》一书进行严格审查。经过审查,将《孟子》一书中的 85 处不利于封建专制统治的内容全部删除,并规定凡是删除的内容,"课士不以命题,科举不以取士",且不得将被删除的《孟子》一书中的内容作为科举命题和考试的内容。明统治者将删节后的《孟子》一书称为《孟子节文》,在全国各地学校颁行,令广大师生使用。对《孟子》的删节,反映了明政府文化教育的高度专制。

2. 严格管理学校,禁止学生议政

明政府对中央和地方各级学校都实行严格管理。如国子监设立"绳愆厅",由监丞负责,凡"诸师生有过及廪膳不洁",则书之于集愆簿,并依据情节加以惩罚,严重者则"发遣安置"。国子监还屡次对学规进行更改,对师生的言论、行动进行严格监视和管束,禁止师生"议论他人长短",规定各堂之间不准"往来相引","交结为非"。如有违反上述规定者,则由绳愆厅严加治罪,甚至法外用刑。明政府在地方学校也实行严格管理。洪武十五年(1378),"颁禁例十二条于天下,镌立卧碑,置明伦堂之左。其不遵者,以违制论"。按照明朝禁例规定,学校生员严禁参与国家政治,严禁议论朝政得失。如禁例第三条规定:"一切军民利病,农工商贾皆可言之,唯生员不许建言。"(王圻,《续文献通考·学校考》)禁例也禁止学生对教师的讲授提出不同意见,第五条规定:"生员听师讲说,毋恃己长,妄行辩难,或置之不问。"(王圻,《续文献通考·学校考》)明政府对中央和地方学校的严格管理,目的都是为了禁锢师生思想,加强其专制统治。

3. 屡兴文字狱

明朝统治者为了加强思想控制,还屡兴文字狱,以莫须有的罪名对士人进行严酷残害。当时不少士人因为文字而惨遭杀害。明政府利用文字狱对广大士人进行残害,目的是要营造一种恐怖气氛,使广大师生慑于朝廷淫威而不敢犯上作乱,从而服从明政府统治,忠于朝廷。文字狱是明朝专制统治思想在文化教育领域内的具体体现。

二、清代的文教政策

清朝建立政权定都北京后,开始重视发展文化教育事业对于治理国家的重要作用。顺治十二年(1655)确立了"兴文教,崇经术,以开太平"的文教政策。这一文教政策主要体现在三个方面:

(一)崇尚儒术,推崇程朱理学

儒术是历代统治者控制人们思想行为、巩固封建统治基础的重要精神支柱,清朝统治者当然也不例外。在清朝建立之初,顺治帝就对"六经"大加推崇,认为"六经"是"天德王道备载于书,其万世不易之理也",认为它既是"帝人修身治人之道",又是"臣子致君之本",要求选拔精通儒术的汉臣"朝夕进讲《六经》"。清朝大小官员也要静心研究儒术。实践证明,崇经必然尚孔。为了提高儒家思想的社会地位和影响力,顺治元年(1644)朝廷封孔丘第六十五世孙孔允脂为"衍行公",顺治二年(1645)年封孔丘为"大成至圣文宣先师",顺治十四年改封孔子为"至圣宣师",康熙二十二年(1683),康熙帝亲自书写"万世师表"匾额,悬挂于全国各地孔庙,并于翌年到孔子故里曲阜,亲自祭礼。乾隆皇帝曾9次亲赴曲阜对孔子进行朝拜。

清政府在崇尚儒术和尊孔的同时,也大力推崇程朱理学。为了体现对程朱理学的推崇,顺治十二年和康熙五年,分别下诏封朱熹十五世孙朱煌和十六世孙朱坤承袭《五经》博士,在籍奉祀。康熙二十九年康熙帝亲书"大儒世泽"匾额及对联"诚意正心阐邹鲁之实学,主敬穷理绍濂洛之心传",赐考亭书院悬挂。康熙五十一年,康熙帝下诏朱熹配享孔庙,列为"十哲之次"。康熙五十二年,康熙帝又下令命李光地、熊赐履等理学名臣编纂《朱子全书》,并亲自为之作序,对此书进行高度评价和推崇。后来康熙帝又为新编的《性理精义》一书作序,再次推崇程朱理学。经过清朝统治者的大力推崇和提倡,程朱理学成为清朝兴学育才的指导思想,也成为科举考试的基本内容。

(二)广设学校,严订学规

清初沿袭明制,在中央和地方广泛设立学校。清顺治帝刚刚定都北京,就下令"修明北监为太学",设置祭酒、司业、监丞、博士、助教、学正、学录、典籍、典簿等学官,并设立率性、修道、诚心、正义、崇志、广业六堂作为讲学之所。随后,又先后创办了算学、八旗官学、宗学、觉罗学、景山官学、咸安宫官学、俄罗斯文馆等。在地方上,也因袭明制,设立府、州、县、卫儒学,府设立教授 1 人,州设学正 1 人,县设教谕 1 人,各学堂另设训导佐之。

清政府还在各省设置了专门管理教育的行政长官,起初称为督学道,以各部郎中进士出身者充任。但顺天、江南、浙江称为提督学正,由翰林官担任。教育行政长官的职责主要包括:"掌学校政令,岁、科两试。训历所至,察师儒优劣,生员勤惰,升起贤者能者,斥其不帅教者。凡有兴革,会督、抚行之。"(赵尔巽,《清史稿·职官志三》)后来,教育行政长官一律改为学院,亦称为学政。此外,清政府还在全国城乡地区和少数民族地区设立社学、义学、井学等,建立起从中央到地方完整的学校教育体系。

清政府在广泛设立学校,积极发展教育事业的同时,还仿照明朝的做法,制定各种严厉的学规,加强对各级各类学校的管理和控制。其中影响最大的有三个学规:第一个学规是顺治九年(1652)颁布于直省儒学明伦堂的《卧碑文》,亦称为《训士卧碑文》,内容包括八个方面,涉及对地方官学中学生的为人、求学,以及对教师的教学要求,实质上是禁止师生关注社会现实问题,剥夺其结社和言论权利,使其将来成为所谓的"忠臣清官",心甘情愿地为清政府效劳。第二个学规是颁布于康熙三十九年(1700)的《圣谕十六条》,以封建社会的政治、伦理、道德为标准,对生员的思想、行为、学习、生活等各个方面提出明确要求,成为清政府当时全国各类学校培养和教育学生的准则。并明文规定:"每月朔望,令儒学教官传集该学生员宣读,务令遵守。违者责令教官并地方官详革治罪。"第三个学规是雍正三年(1724)颁布的《圣谕广训》,《圣谕广训》的基本内容与《圣谕十六条》相同,不同是它对《圣谕十六条》的具体条文"旁征远引,往复周详,意取明显",对前者做了进一步的阐释。

(三)软硬兼施,加强控制

清朝统治者所制定的"兴文教,崇经术"的目的是巩固清王朝的统治。为此,清政府采用软硬兼施的手段,加强对汉族知识分子的控制。一方面,清政府采取开科取士和编辑书籍,以笼络士人。康熙、乾隆年间,清政府曾组织学者编撰多部大型书籍,其中《四库全书》分为经、史、子、集,历时 10 年编成,是我国最大的一部丛书。清政府组织学者编写书籍是为了笼络士人,宣扬所谓的文治盛世,但对于整理、保存、传承古代文献起到了推动作用。另一方面,清政府还采用高压手段,对知识分子进行压制和残害。第一,严禁立盟结社,对结党者严厉打击。第二,销毁书籍,对那些不利于清政府统治的书籍进行销毁。第三,大兴文字狱。清政府的文字狱之多、处罚之严重世所罕见。清政府采取如此严酷的手段对待士人,迫使广大读书人埋头读书,乖乖做清政府的顺民。

第二节 明清时期的官学

明清时期的官学可以分为中央官学和地方官学两大类。其中地方官学主要包括府学、州学、县学、社学等。明清时期对官学教育都非常重视,在"兴文教"思想的指导下,明清时期的官学教育得到了较大的发展。

一、明朝的官学

明朝官学分为中央官学和地方官学两大类。中央设立的主要有国子监,此外还有宗学、武学等。地方设立的主要有府学、州学、县学,以及都司儒学、行都司儒学、卫儒学、都转运司儒学、宣慰司儒学,此外还有武学、医学、阴阳学和社学等。其中国子监隶属大学性质;医学、武学、阴阳学属于专科学校性质;各府、州、县学、都司、行都司、卫、都转运司、宣慰司、安抚司儒学相当于中等学校性质;社学属于小学性质;宗学属于贵胄学校性质。

在教育行政管理方面,国子监同时又是明朝最高教育行政管理机关,长官为祭酒,司业为其副,主管中央官学的教育事务。地方教育行政机关,明初沿袭元朝制度,在各直省设置儒学提举司。明正统元年(1436),明朝始设"提督学校官"(简称"提学官"或"提学"),南、北直隶由御史充任,各省由按察司副使、佥事担任。明朝地方教育行政具有一定的独立性。下面做简单介绍。

(一) 中央官学

明朝的中央官学,主要可以分为以下两大类:

1. 国子监

明朝国子监有南北之分,并在永乐年间以北京国子监为京师国子监。南京国子监规模恢宏,校内建筑直接用于教学活动的有正堂和支堂,其中正堂亦称"彝伦堂",共 15 间;支堂在正堂之后,共设 6 堂,分别为率性、修道、诚心、正义、崇志、广业。此外,还有书楼、射圃、馔堂(餐厅)、号房(学生宿舍)、光哲堂(外国留学生宿舍)、养病房、仓库、文庙等建筑。

在国子监肄业的学生,统称为监生。因监生的入学资格不同,分为"举监""贡监""荫监""例监"。其中,会试下第举人入监肄业,称为"举监";地方府、州、县学生员被选贡到国子监肄业,统称为"贡监"。品官荫一子入监,称为"荫监"。庶民援生员之例,通过纳粟纳马等捐资入监,称为"例监",亦称为"民生"。此外,在国子监肄业的还有来自邻邦高丽、日本等国的留学生,称为"夷生"。国子监学生的来源虽不同,但在肄业期间,均能享受到优厚的待遇。平时会赐给监生布帛、鞋衣等,"每遇到节日,俱赏节钱",因此吸引了很多人到国子监学习深造。

国子监的教育各司其职。其中祭酒、司业"掌国学诸生训导之政令";监丞参领监务,掌管绳愆厅。博士掌分经讲授。助教、学正、学录共同负责"六堂之教诲",对本堂学生"讲说经义文字,导约之以规矩"。典簿负责文书及经费,典籍掌管书籍,掌馔负责伙食。

国子监的教学内容主要包括对监生"造以明体达用之学,以孝弟、礼义、忠信、廉耻为之本,以六经、诸史为之业"。"凡经,以《易》《诗》《书》《春秋》《礼记》,人专一经,《大学》《中庸》《论语》《孟子》兼习之"。(张廷玉,《明史·职官志二》)进入国子监肄业,主要目的当然是为了入仕参政,因而学习本朝律令成为监生的必修课。如刘向的《说苑》、明太祖所撰写的《御制大诰》。除上述内容之外,监生每月还须习射、习字。

明朝国子监在教学制度方面,有两点值得注意。

第一,创立监生历事。明朝洪武五年(1372)规定,国子监生学习到一定年限,分拨到政府各部门"先习吏事",称为监生历事。除中央各部门接受监生历事之外,监生也会被分派到州、县清理粮田、督修水利等。监生历事的时间长短不同,三个月、半年、一年不等。建文年间(1399—1402)确定了历事监生的考核办法:监生历事期满经考核,分为上、中、下三等,上等者送吏部铨选授官,中、下等者仍历一年再考,上等者依上等用,中等者不拘品级,下等者回监读书。明朝统治者选派监生历事,最初原因是为了弥补明初官吏的不足,然而实践证明,监生通过历事,可以获得从政的实际经验,可以为监生更好地入仕奠定基础。因此,明朝的监生历事制度,可以看作是中国古代大学的教学实习制度。但明朝后期,随着监生人数的日益增多,历事冗滥,监生历事逐渐流于形式,失去了其应有的积极意义。

第二,实行积分法。明朝国子监分为六堂三级:正义、崇志、广业三堂为初级;修道、诚心二堂为中级;率性一堂为高级。监生按其程度进入各堂肄业,然后逐级递升。凡仅通《四书》而未通经者,居正义、崇志、广业三堂肄业。学习一年半以上,文理条畅者,升入修道、诚心二堂肄业。再学习一年半,经史兼通,文理俱优者,则升入率性堂肄业。升入率性堂,便开始采用积分法。具体做法为:"孟月试本经义一道,仲月试论一道,诏、诰、表、内科一道,季月试经史册一道,判语二条。每试,文理俱优者与一分,理优文劣者与半分。岁内积八分者为及格,与出身。不及者仍坐堂肄业。"(张廷玉,《明史·选举制一》)

(二) 其他中央官学

1. 宗学

宗学是专门为贵族子弟设立的贵胄学校。招收世子、长子、众子、将军、中尉年未弱冠者入学。宗学的教师,从王府长史、纪善、伴读、教授中挑选学行优长者担任,另外在宗室中推举1人为宗正,负责学校行政事务。后来又增设宗副2人。学习内容为《皇明祖训》《孝顺事实》《为善阴骘》等书,兼读"四书""五经"《通鉴》《性理》等书。每年由提学官组织考试,后来宗生也参加了科举考试,出了不少人才。

2. 武学

明朝设有中央武学和地方武学。史载"正统六年(1441),设京卫武学。置教授一员,训导六员,教习勋卫子弟。七年,设南京武学"(龙文彬,《明会要·学校上卷二十五》)。武学学规规定:九年,令都司、卫所应袭子弟,年10岁以上者,由提学官选送入武学读书。弘治六年(1493),接受兵部尚书马文升的建议,刊印《武经七书》分送两京武学,令武生学习。嘉靖十五年(1536),改建京城武学,"俾大小武官子弟及勋爵新袭者,肄业其中,用文武重臣教习"。万历年间,武库司专设主事1员,管理武学。由此可见,中央武学在明朝是非常受重视的。

(三) 地方官学

明朝的地方官学,按照其性质,可划分为儒学、专门学校和社学三类。

1. 儒学

儒学包括按照地方行政区划设立的府学、州学、县学,按军队编制设立的都司儒学、行都司儒学、卫儒学,以及在谷物财货集散地设置的都转运司儒学,在土著民族聚居地区设立的宣慰司儒学和安抚司儒学等。其中,都司儒学设立于洪武十七年(1384),最初置于辽东。明太祖在诏谕中说:"武臣子弟久居边境,鲜闻礼教,恐渐移其性。今使之诵诗书,习礼义,非但造就其才,他日亦可资用。"(龙文彬,《明会要·学校上卷二十五》)行都司儒学设于洪武二十三年,最初置于北平。卫儒学设于洪武十七年,最初置于岷州卫,洪武二十三年,大宁等卫亦开始设置。上述学校设立的目的是为了"教武臣子弟",故学生称为军生。各学俱设教授1人,训导2人。

府、州、县学的普遍设立始于洪武二年(1369)。皇帝"诏天下府州县皆立学"。于是各地纷纷设学,府设教授 1 人,训导 4 人。州设学正 1 人,训导 3 人。县设教谕 1 人,训导 2 人。"教授、学正、教谕,掌教诲所属生员,训导佐之。"规定凡入府、州、县学肄业者,统称为生员(亦称诸生,俗称秀才)。每人专治一经,以礼、乐、射、御、书、数设科分教。生员分为廪膳、增广、附学三种。其中廪膳生员在学期间享受政府提供的伙食。后来因为入学人数逐渐增多,所以增广人数,增广者谓之增广生员。正统十二年(1147),礼部接受凤阳知府杨瓒的建议,又额外增取生员入学,附于诸生之末,谓之附学生员。明朝的府、州、县学的学生数,廪膳、增广人员有限额,附学生员没有人数限制。凡初入学者,需要经过岁、科两次考试,成绩优秀者,才能依次递补为增广生员、廪膳生员。按照明政府规定,生员若在学 10 年而学无所成,或有大过者,则罚充吏役,并追还廪米。反之,生员若学行优异则可以依次递升,至廪膳生员,可通过贡监进入国子监肄业。因此,明朝府、州、县学的生员在学校内部是流动的,在外部同国子监是相衔接的,这样可以有效激发生员的学习动力。

2. 专门学校

明朝专门学校包括武学、医学和阴阳学。明初不设武学。正统中期,虽在两京设立中央武学,但在地方上仍不设武学。直至崇祯十年(1367),才开始在地方设立武学,但由于明朝此时濒临灭亡而未能普遍设立。医学设于洪武十七年(1384),学官府设正科 1 人,州设典科 1 人,县设训科 1 人。阴阳学始设于洪武十七年,学官府设正术 1 人,州设典术 1 人,县设训术 1 人。

3. 社学

洪武八年(1375)太祖"诏天下立社学"。于是全国各地纷纷设立社学。明朝社学是设在城镇和乡村地区,以民间子弟为教育对象的一种地方官学。社学招收 8 岁以上、15 岁以下的儿童入学,带有某种强制性。如《明史·杨继宗传》载:成化初,杨继宗任嘉兴知府,大兴社学,规定民间子弟八岁不就学者,罚其父兄。儿童进入社学后,先学习《三字经》《百家姓》《千字文》等,然后学习经、史、历、算等知识。同时也须兼读《御制大诰》、明朝律令以及讲习冠、婚、丧、祭之礼。社学的教师称社师,一般是挑选地方上有学行的长者担任。在教学活动方面,明朝社学对于如何教儿童念书、看书、作文、记文,培养儿童学习习惯以及每日活动安排等,都有较具体的要求。

明朝社学是在元朝社学制度的基础上发展而来的。它比元朝设立更加普遍,数量也更多,在教学的各个方面也较为成熟,这和明朝统治者的重视和提倡是分不开的。当然,明朝设立社学的目的,是为了从小培养安分守己的"良善之民",以维护明政府的统治。

总的来看,明朝的官学有四个特点值得注意:第一,作为最高学府的国子监有许多新发展和变化。如放松监生入学资格的限制,根据学生的不同来源,分为举监、贡监、荫贡和例监等;创立监生历事制度,将学校人才培养与业务部门人才使用直接挂钩和联系起来,有利于促进学校教学的质量和人才素质的提高;实行积分法,使之更加完善。第二,地方官学得到空前发展。明政府不仅按地方行政区划设置学校,而且也按部队编制设学,还在全国谷物财货集散地和土著民族聚居地设学。因此,明朝地方官学的普及,超过了以前历史上任何一个朝代。第三,社学制度更加完善。社学产生于元朝,明朝继承和发展了元朝的社学制度,并在全国大力提倡,在各地广泛设立社学,并在招生、择师、学习内容、教学活动等方面形成了较为完善的制度,成为对民间儿童进行初步文化知识和伦理道德教育的重要形式。第四,形成从中央到地方相衔接的学制系统。明政府规定,凡社学中优秀者可补为儒学生员,府、州、县学生员可以通过岁贡、选贡、恩贡、纳贡等多种途径进入国子监肄业,形成了社学—府、州、县学—国子监三级相衔接的学校教育体系。明朝官学制度的上述特点,对清朝教育产生了很大的影响。

二、清朝的官学

清朝的官学制度基本上沿袭明制,也分为中央官学和地方官学两大类。中央设立的官学主要有国子监,此外还有宗学、觉罗学、八旗官学、景山官学、咸安宫官学、算学和俄罗斯文馆等。地方设立的官学主要有府学、州学、县学和卫学,统称为儒学,此外还有社学、义学和井学等。

(一) 中央官学

1. 国子监

国子监亦称国学和太学,始设于顺治元年(1644)。据《清朝文献通考·学校考三》记载,清代国子监规制的主要内容包括:第一,国子监内设立彝伦堂,"系诣学御讲之所",另分设率性、修道、诚心、正义、崇志、广业六堂教习诸生,另设号房521间,"为诸生读书之所"。第二,设置学官,规定职责。祭酒、司业为国子监的正、副主管,"职在总理监务,严立规矩,表率属员,模范后进"。祭酒为从四品,满、汉各1人。司业为正六品,满2人,蒙、汉各1人;监丞"职在绳愆,凡教官怠于师训,监生有戾规矩,并课业不精,悉从纠举惩治;博士、助教、学正、学录"职在"教诲,务须严立课程,用心讲解,如或怠惰致监生有戾学规者,堂上官举觉罚治";典籍"职在收掌,一应经史书板";典簿"职在明立文案,并支销钱粮,季报文册"。此外,还对国子监的教学内容,教学方法以及监生肄业期限等重要问题做了具体规定。

清朝国子监有以下几个方面值得注意:第一,实行监生历事制度和积分法。清朝国子监坐监期满,即拨历各部院衙门练习吏事,每隔三个月考核一次,一次期满送廷试授官,至康熙初停止。积分法始于清顺治三年(1646)规定汉人监生于常课外,月试经义、策论各一道,合格者拨置一等,岁考一等十二次者为及格,免拨历,送廷试铨选。第二,设置管理监事大臣。国子监的长官原本是祭酒、司业,雍正三年(1725),清政府另设管理监事大臣1人,成为国子监的专门主管官。第三,实施分斋教学制度。乾隆二年(1737),明朝国子监仿照宋朝学者胡瑗"经义、治事分斋遗法",实施分斋教学制度。当时,在乾隆皇帝的重视下,选拔最优秀的学者到国子监担任教师,使国子监达到鼎盛时期。

国子监的学生统称为监生。因其招收资格不一样,又可分为贡生和监生。贡生有六种:岁贡、恩贡、拔贡、优贡、副贡和例贡。岁贡为常贡,每年各府、州、县学均按照定额,选送"食廪年深者,挨次升贡",入监肄业。恩贡为不定期举行的选拔,是在国家遇有庆典或新君即位时,特别开恩选送生员入监。拔贡相当于明朝的选贡,它在常贡之外,另外"遴选文行兼优者"贡入国子监,刚开始不定期举行,自雍正五年(1727),规定每六年选拔一次,乾隆七年(1742),改定为每十二年一次。优贡是每三年选送"文行兼优者"入监,初不设廪生、增生、附生,雍正年间,定为优贡仅限于廪生和增生,正取之外,亦另设陪优。副贡是指选取乡试中列名副榜的生员入监。例贡为生员捐纳资财入监。其中,岁贡、恩贡、拔贡、优贡、副贡被称为

"五贡",被认为是正途,以区别于例贡。监生包括四种类型:恩监、荫监、优监、例监。恩监为八旗汉文官学生、算学满汉学生考取国子监者,以及圣贤后裔入监者。荫监分为恩荫和难荫。顺治二年(1645)规定文馆京官四品,外任官三品以上,荫子一人入监肄业,称为恩荫;凡任职三年期满,后死于职守的文武官员(顺治九年规定三品以上),可以荫一子入监读书,称为难荫。荫监的设立,是封建官僚子弟享受教育特权的一种重要表现。优监为优秀附生入监学习者。例监则是指庶民通过捐纳资财入监者,与例贡一样,属于杂流。

在清朝国子监肄业的还有外国留学生。康熙二十七年(1688),琉球国王开始派遣陪臣子弟梁成楫等随贡使至京师,入国子监肄业。雍正年间,俄罗斯先后派几批留学生至国子监肄业。一直到同治年间,仍然有琉球的学生在国子监肄业。监生在国子监学习期间,也享受清政府的补助,月给银米器物,学成则遣归。

国子监的教学内容,主要包括"四书""五经"《性理》《通鉴》等书,学生"兼通《十三经》《二十一史》,博极群书者,随资学所诣"。此外,还要学习清朝有关的诏、诰、表、策论、判,每日临摹晋、唐名帖数百字。教学方法为教师讲解和学生自学质疑问难相结合。监生的肄业时间,初不统一,雍正五年(1727),规定各类监生肄业时间统一为三年。

与国子监相连的还有南学和辟雍。南学设于雍正九年(1731),当时"各省拔贡云集京师,需住监者三百余人",于是拔国子监署南面的官房,供他们及助教等学官居住,南学可认为是国子监的分校。辟雍系仿"古国学之制,天子曰辟雍",于乾隆四十八年(1783)开始营建,翌年落成。辟雍位于国子监内彝伦堂南面,供皇帝视学时举行讲学之用,是国子监内一处特设的讲学场所,类似于现代大学内的礼堂。

2. 宗学、觉罗学

宗学是专门为清朝宗室子弟设立的学校。顺治十年(1653),八旗各设宗学,凡宗室子弟,年满10岁以上者,都入学学习清(满)书,由满洲人充当教师。对于宗室子弟毕业后的出路,乾隆九年(1744)做出规定:每届五年,选派大成合试,钦定名次,以会试中式注册。俟会试年,习翻译者,与八旗翻译贡生同引见,赐进士,用府属额外主事。习汉文者,与天下贡士同殿试,赐进士甲第,用翰林部属等官。这样,通过为宗学生举行特殊的考试,为宗学生的会试中试、进士及第及入仕做官创造了良好条件。

觉罗学是专门为清朝觉罗氏子弟设立的学校。它始设于雍正七年(1729)。清政府于八旗衙署旁设立满、汉学各一所。规定"八旗觉罗内自八岁以上十八岁以下子弟,俱令入学"。觉罗学设总管一人,由王、公大臣充任。每学设副管2人,"每日在学行走,稽查勤惰"。设清书教习1人,以满洲进士、举贡生员充任。设骑射教习1人,以本旗善射者充任。汉书教习每生徒10人设1人,以举贡充。学生在学期间的待遇,"给予公费银米纸笔墨冰炭等物,俱照宗学之例"。学成后,与旗人同应岁、科试、乡试、会试,并考用中书、笔帖式等官。觉罗学属于宗学性质,只是其学生来源比宗学广泛,范围扩展到了整个觉罗氏。在清朝有的地方,宗学和觉罗学会合二为一。

3. 八旗官学、景山官学、咸安宫官学

这些都是为八旗子弟设立的旗学,不同的是,前者属于国子监,后两者属于内务府管辖。

八旗官学设于顺治元年(1644)。学校设满、汉教习,最初是从京省生员中挑选,顺治十二年,由礼部会同国子监于监中考选,十七年,确定选用恩、拔、副、岁贡生。雍正元年

(1723),又从八旗蒙古护军、领催、骁骑内,挑选满语、蒙古语熟练者担任蒙古教习。学生按每佐领(300人)为一佐领,雍正五年,规定每旗额设百人,其中满60人,蒙、汉各20人。学习内容为满书、汉书及骑射。乾隆初定肄业时间"以十年时间为率,三年内讲诵经书,监臣考验,择材资聪颖有志力学者,归汉文班;年长愿学翻译者,归满汉班"。乾隆三年(1738),钦派大臣主持考试,选拔汉文明通者升入国子监肄业,学习期满,择优保荐,考选录用。八旗官学在学制上与国子监相衔接。但自嘉庆、道光后,学校逐渐废弛,"八旗子弟仅恃此进身","月课虚应故事",八旗官学变得有名无实。

景山官学创设于康熙二十五年(1686),设在京师北上门两旁官房内,满、汉文各三房。每房教习,满文3人,汉文4人。据《清史稿·选举志一》记载:"初,满教习用内府官老成者,汉教习礼部考取生员文理优通者。寻改选内阁善书、射之中书充满教习,新进士老成者充汉教习。雍正后,汉教习以举人、贡生考取,三年期满,咨部叙用。"招收内府三旗佐领、管领下幼童366人入学,分习满文和汉文。乾隆四十四年(1779),又准许在回族佐领下选补学生4名。学生肄业3年,考列一等用笔帖式,二等有库使、库守。

咸安宫官学设立于雍正七年(1729)。设立该学的直接原因是"景山官学学生功课未专",因此从咸安宫内另外修理读书房3所,从景山官学生及佐领、管领下招得13岁至23岁俊秀青少年90名入学读书,每所30名。于翰林院内挑选翰林9人担任教习,每所各3人,勤加督课。另于鸟拉人及原满洲人内挑选9人,亦每所3人,在学生读书之暇,教授满语、弓马骑射。

清政府设立的旗学,除上述之外,较为重要的还有盛京官学、八旗蒙古官学、八旗义学、八旗教场官学、八旗学堂等。重视对旗人子弟的教育并广泛设立旗学,这是清朝官学制度的一个重要特点。

4. 算学、俄罗斯文馆

康熙九年(1670),即开始在八旗官学中挑选学生学习算学。雍正十二年(1734),增设八旗官学算学教习16人,挑选资质聪明的八旗子弟生员30余人,教其学习算学。乾隆三年(1738),在钦天监附近专门设立算学,招收满、汉学生各12人,蒙古、汉军学生各6人,是清朝创立算学之始。翌年,算学归国子监管辖,称为国子监算学。据《清史稿·选举志一》记载,算学"遵《御制数理精蕴》,分线、面、体三部。部限一年通晓。七政限二年。有季考、岁考"。肄业五年期满考取者,"满、蒙、汉军学生咨部,以本旗天文生序补。汉军生举人用博士,贡监生童用天文生"。

俄罗斯文馆是清政府为了培养俄语人才而设立的一所俄文学校。创立于乾隆二十二年(1757),原为安置来京俄商之所,后来就原址设馆,"专司翻译俄罗斯文字,选八旗官学生二十四人入馆肄业"。额设助教2人,满汉各1人。以蒙古侍读学士或侍读1人担任提调官,专司稽查课程。另由理藩院委派郎中或员外郎1人兼管。学生肄业五年期满考试,列一等者授八品官,二等者授九品官,三等者不授官,且须留馆继续再读。该馆于同治五年(1862)被撤销。

(二)地方官学

清朝的地方官学可分为以下几类:按行政区划设立的府学、州学、县学,按军队编制设立的卫学;设在乡镇地区的社学;为孤贫儿童及少数民族子弟设立的义学;以及在云南设立的井学等。

1. 府、州、县、卫学

府、州、县、卫学统称为儒学。清朝在明朝的基础上,在各地普遍设立了府、州、县学。顺治元年(1644),"诏各省府、州、县儒学,食廪生员仍准廪给,增、附生员仍准在学肄业,俱照例优免"。并定各学支给廪饩法,"在京者户部支给,在外州者、县官支给"(张廷玉,《清朝文献通考·学校考七》)。四年,又规定各学廪膳、增广生员人数:府学各为 40 名,州学各为 30 人,县学各为 20 名。同时,还规定仿照明制,在军队驻地设立卫学,以教育"武臣子弟"。卫学额设廪膳、增广生员各 10 名。顺治十六年制定了《直省各卫学归并各府州学例》,一般卫学都并入府、州学。

府、州、县学的教官,府设教授,州设学正,县设教谕,均为 1 人,教官的职责是"训导学校生徒,课艺业勤惰,评品行优劣,以听于学政"。此外,各学"皆设训导佐之",协助教授、学正、教谕教导学生。府、州、县学的学生,如明制,亦统称为生员,分为廪膳、增广、附学三种。初入学者称为附学生员,须经岁、科两试,等第高者才能递补廪膳、增广生员。附学生员人数各学均无限额,而廪膳,增广生员则有定额。清朝对于生员的管理,建立了严格的"六等黜陟法",其基本特点是对生员实行动态管理,生员的等级并不是固定不变的,而是根据学业成绩或升或降。将生员的等级与学业成绩紧密挂钩,有助于调动生员学习的积极性,提高学校教育质量。"六等黜陟法"是在明朝"六等试诸生优劣"的方法基础上发展而来的,但它比明朝的方法更为周密和成熟,也更为有效,是清朝在地方官学管理制度上的一个创新之举。

清朝府、州、县学的教学内容具有清朝特色,据《清朝文献通考·学校考七》记载:顺治九年(1652)规定:嗣后直省学政将"四子书""五经"《性理大全》《资治通鉴纲目》《大学衍义》《历代名臣奏议》《文章正宗》等书,责成提调教官课令生儒诵习讲解。此外,生员还须学习《卧碑文》《圣谕十六条》《御制训饬士子文》《圣谕广训》《大清律》等。凡新进生员,规定"如国子监坐监例,令在学肄业"。考试分为月课、季考。生员除了丁忧、患病、游学等原因外,若不应月课三次者戒饬,无故终年不应者黜革。试卷必须送学政查核。但是自嘉庆以后,月课渐渐不再按月举行,"嗣是教官多阘茸不称职,有师生之名,无训诲之实",自此,清朝府、州、县学总体上开始走向衰败。

2. 社学、义学、井学

社学是设在清朝乡镇地区最基层的一种地方官学。康熙九年(1670),清政府下令各直省设置社学、社师,规定"凡府、州、县每乡置社学一,选择文艺通晓,行谊谨厚者,考充社师。免其徭役,给饩廪优膳。学校按临日,造姓名册申报考察"。(张廷玉,《清朝文献通考·学校考七》)清朝社学与府、州、县学在学制上相互联系、贯通,凡在社学中肄业者,学业成绩优秀,经考试可升入府、州、县学为生员;反之,若成绩不佳,则会被遣退回社学。

义学最初设在京师,教师称为塾师。后来各省府、州、县纷纷设立,成为孤贫生童,或苗、黎、瑶等族子弟秀异者接受教育的机构。雍正元年,规定医学学习的内容为《圣谕广训》"俟熟习后再令诵习诗、书。以六年为期,如果教导有成,塾师准作贡生。三年无成,该生发回,别择文行兼优之士。应需经书日用,令该督抚照例办给"(张廷玉,《清朝文献通考·学校考八》)。

井学是设在云南边疆地区的学校,设置于雍正二年(1724)。

综上所述,清朝的官学制度基本上沿袭明制,但经过长期的发展也形成了自己的特点:

第一,重视八旗子弟教育,广泛设立各种名目的旗学;第二,在府、州、县学中创立"六等黜陟法",对生员实行动态管理,使生员的升降与其学业成绩紧密联系。此外,清朝还设立俄罗斯文馆,重视俄语人才的培养,并在国子监实行分斋教学制度。

虽然清朝已步入封建社会末期,但在清朝几代明君如顺治、康熙、雍正、乾隆统治下,学校教育得到了较大的发展,对社会发展和人才培养起到了积极推动作用。然而,自嘉庆、道光后,学校日渐废弛,慢慢变得有名无实,这也预示着封建教育必然会被近代教育所取代。

第三节　明清时期的书院

一、明朝的书院

(一) 明朝书院的发展

明朝的书院由于受到统治阶级文教政策及其内部矛盾的影响,其发展经历了沉寂——勃兴——禁毁的曲折过程。

1. 沉寂期

从明朝立国到孝宗弘治十八年(1505)的130余年间,明朝书院处于沉寂状态。明朝统治者在立国之初,非常重视学校教育,大力发展官学,使明初期官学普及出现了唐、宋所未有的盛况。统治者在大力发展官学的同时,对书院采取了既不提倡,也不修复的做法。如著名的白鹿洞书院,自至正十一年(1351)毁于元末兵火之后,一直到正统三年(1438)才得以重建,荒废长达87年之久。统治者在发展官学的过程中,还侵占书院院址,或直接将书院改为官学。明朝统治者在积极发展官学的同时,又大力提倡科举,将科举与学校教育紧密结合起来,规定"科举必由学校",士人为了获取功名纷纷涌向官学,官学的兴盛满足了明朝统治者培养人才的需要,自然也就无意再兴办书院。此外,书院比较自由的学风,也和明朝的专制统治格格不入。以上种种原因,造成了明初的书院在一个相当长的时期内处于沉寂状态。

需要指出的是,明初书院沉寂,并不是没有书院的设置。明初书院沉寂,主要是指由于明初统治者不重视、不提倡,造成书院的数量较少,没有得到应有的发展,而不是统治者禁止在全国新设书院。

2. 勃兴期

明朝的书院自正德(1506—1521)之后开始兴盛起来,到嘉靖年间(1522—1566)达到勃兴期。据曹松叶统计,明朝书院共计1 239所,其中嘉靖年间的最多,占总数的37.13%,达到极盛时期。

明朝书院在中叶之后之所以能够兴盛起来,有三个主要原因:第一,明朝统治者内部矛盾激化,宦官专权,打击反对派,排斥异己。于是,在野士大夫便设立书院,在讲学之余,讽议朝政,裁量人物,给这个时期的书院打上了深深的政治色彩。第二,科举腐败,官学衰落。明朝科场中,贿赂作弊、顶名冒籍等弊端丛生,严重败坏了社会风气。官学变成了科举的附庸,学生不肯读书,仅把官学视为取得应试资格的场所,学校有名无实。于是,一些有志于从事学术研究的士大夫便纷纷创建书院,授徒讲学。第三,湛若水、王守仁等著名学者的倡导。

这些著名学术大师到处设立书院并讲学,对于明中叶以后讲学之风的盛行以及书院的迅速发展起到了直接的推动作用。

3. 禁毁期

明朝的书院自中叶之后曾先后遭到禁毁。第一次禁毁书院是在嘉靖十六年(1537)。《续文献通考》记载:"御史游居敬上疏斥吏部尚书湛若水,倡其邪学,广收无赖,私创书院,乞戒渝以正人心。帝慰若水,而另所司毁其书院。"虽然保留了湛若水的官职,但其创立的书院却遭到了禁毁。第二次禁毁书院是在嘉靖十七年(1538)。受到上次禁毁书院的影响,吏部尚书许赞以官学废坏不修,各地书院不仅耗财,且与官学争师,上书朝廷请求"毁天下书院",得到统治者批准,导致很多书院被禁毁。第三次禁毁书院是在明万历七年(1579),执政的张居正憎恶书院聚徒讲学,害怕书院师生势力过盛,动摇朝廷统治。因此,下令"不许别创书院,群聚徒党"。后来以常州知府施观民科敛民财私创书院为借口,请毁书院。第四次禁毁书院是在明天启五年(1625)。当时宦官魏忠贤专权,专横跋扈,排斥并坑害异己,导致朝政极度腐败。顾宪成、高攀龙等讲学于东林书院,在讲习之余,讽议朝政,引起很多士人呼应,导致东林书院名声大振,招致朝中一些人嫉恨。魏忠贤党人为压制东林党人,遂上书朝廷"毁天下东林讲学书院"。由禁毁东林书院而殃及天下所有书院,使得书院发展受到重创。

(二)东林书院

明朝的东林书院在众多书院中,名声之大、影响范围之广,远远超过历史上的其他书院,如柳诒徵在《江苏书院志初稿》中所说:"合宋元明清四代江苏书院衡之,盖无有过于东林书院者矣。"

东林书院位于江苏无锡城东南,原为北宋理学家杨时讲学之所,后在该地建书院。杨时人称龟山先生,故东林书院亦称龟山书院。明万历三十二年(1604),无锡人顾宪成及其弟顾允成,在时任常州知府、无锡知县等地方官的支持下,重新修复书院,邀约学者讲学其中,形成著名的"东林学派"。顾宪成去世后,高攀龙、叶茂才相继主持书院。东林书院诸子学术思想的基本倾向是推崇程朱,反对王学。顾宪成还以朱熹的《白鹿洞书院揭示》为范本,制定了《东林会约》,将"五教之目""为学之序""修身之要""处事之要""接物之要"作为基本内容。

东林书院是明朝一个重要的文化学术中心,它形成了一套完备的讲会制度。讲会活动产生于南宋,至明朝逐渐制度化,东林书院的讲会是明朝书院讲会制度的突出代表,集中反映在《东林会约》"会约仪式"中。

东林书院的讲会定期举行,每年一大会,每月一小会,各三日,推选一人为主持;讲会之日,必举行隆重的仪式;讲学内容主要为"四书",讲授时,与会者"各虚怀以听",讲授结束后相互讨论,会间还会相互歌诗唱和。此外,关于讲会组织的其他一些注意事项,如午餐、茶点等,也都有详细规定。表明东林书院的讲会活动已经制度化了。

东林书院另一个重要特点是,密切关注社会政治,将讲学活动与政治斗争紧密结合起来。东林书院的这个特点,集中体现在顾宪成所写的一副名联上:"风声雨声读书声声声入耳,家事国事天下事事事关心。"《明史·顾宪成传》认为:"官辇毂,志不在君父;官封疆,志不在民生,居水边林下,志不在世道,君子无取焉。"强调讲学不能脱离"世道",要关注政治民生。东林书院倡导清议的主张,产生了巨大的社会影响,使许多有识之士慕名而来,吸引了一大批民间士人来书院讲学议政,甚至一些在职官员,如吏部尚书赵南星等人,也与东林党人"遥相应和"。随着书院影响日益扩大,明朝天启五年,终于遭到以魏忠贤为首的阉党的迫害,书院被禁毁,许多东林党人如高攀龙、杨涟、左光斗、魏大中等人横遭迫害致死。后来随着崇祯皇帝即位,魏忠贤等阉党受到应有的惩治,东林党人得以昭雪,东林书院也于崇祯六年(1633)得到修复。后来,东林书院"名益高,人乃以附东林为荣",又重新生机盎然。

东林书院既是明朝的一个重要的文化学术中心,又是一个重要的政治活动中心。无论在明朝,还是在中国书院发展史上,都具有特殊而重要的地位。

二、清代的书院

(一) 清朝书院的发展

从清朝建国到鸦片战争前,在清朝社会、经济、文化教育政策等多种因素的影响下,清朝书院主要经历了两个发展阶段。

顺治元年(1644)至雍正十年(1732)为前期。这个时期清朝书院的发展表现为从沉寂转变为复苏,具体可分为两个阶段,其中顺治年间(1644—1661)为沉寂阶段。当时清政府虽已经定都北京,但政权尚未实现全国统一,政权还很不牢固。清政府为了防止书院利用讲学宣传民族思想,聚众成势,反对或推翻清王朝的统治,因而清政府一方面积极创办官学,另一方面禁止书院创设和发展的政策。顺治九年,下令"各提学官督率教官生儒,务将平日所习经书义理,着实讲求,躬行实践。不许别创书院,群聚徒党,及号召地方游食无行之徒,空谈废业"(陈梦雷,《图书集成·选举典·学校部》)。清政府虽然明令禁止创设书院,但地方上仍然有一些书院经修复后恢复讲学。对于一些著名书院,清政府也允许对其重新修复。从总体上来看,这个阶段由于朝廷明确禁止"别创书院",导致书院的发展处于沉寂状态。康熙年间(1662—1722)至雍正初年为书院复苏阶段。这一时期清政府的政权已经基本稳固,经济有所发展,社会相对稳定。在文化教育方面,虽然清政府仍坚持实行专制高压统治,但也非常注重采用怀柔政策和手段笼络汉族知识分子。这一阶段,主要通过采取赐匾额、赐书籍的方法,对书院进行褒奖和推动。如康熙二十五年(1686),康熙御书"学达性天"匾额,分赐给周敦颐、张载、程颢、程颐、邵雍、朱熹祠及白鹿洞书院、岳麓书院,并向书院颁发《十三经》《二十一史》等书。由于最高统治者对书院赐匾、赐书进行褒扬,因此办理好文化教育事业被看作是封建官吏"善政"的重要标志,于是,各地官员和缙绅纷纷积极创办和修复书院,使得清朝的书院逐渐从沉寂走向复苏。

从雍正十一年(1733)至鸦片战争以前为清朝书院发展的后期。这个时期,清政府对书院采取了积极提倡与加强控制的政策,使得书院得到很大发展。但与此同时,随着清政府控制书院的力度不断加大,书院的官学化倾向变得日益严重,成为清朝后期书院发展的基本特点。

雍正十一年,政府下令赐金鼓励书院办学,认为书院是"兴贤育才"的重要途径之一,对书院大力提倡,要求各地督抚于省会创办书院,并为书院提供办学经费。各省督抚于是遵照旨意设立或确定省城书院,如直隶为莲池书院(保定),江苏为钟山书院(江宁)和紫阳书院(苏州),浙江为敷文书院(杭州),江西为豫章书院(南昌),湖南为岳麓书院和城南书院(均在长沙),湖北为江汉书院(武昌),福建为鳌峰书院(福州),等等。各府、州、县也纷纷仿而效之,在地方创办书院。因而,清朝的书院获得了空前发展,其数量之多远远超过前代,而且在一些边远地区也首次设立了书院。如乾隆元年(1736),在大通卫(今大通县)创立的三川书院,是青海历史上第一所书院。

清政府在积极提倡书院的同时,也采取种种措施加强对书院的控制。清政府对书院的控制,主要体现在以下几个方面:第一,政府控制书院的设立,掌握书院的经费。规定省会书院由督抚"商酌奉行",其余各府、州、县书院不管是由绅士捐资设立,还是由地方官设立,牢牢掌控了书院的创办权。同时,对于书院的经费,规定省会书院"恩赐帑金,不敷,在存公项下拨付,每年造册报销"。府、州、县书院中,虽然也有部分绅士捐资兴办书院,但更多的是"地方官拨公款经理"。因而,绝大部分的书院经费来源于政府拨款。第二,政府控制书院师长的选聘权。书院师长的选聘权控制在督抚学正的手中,朝廷通过控制书院的领导权完成了对书院的控制。第三,政府控制书院的招生和对生徒的考核。乾隆九年强调:"嗣后各省书院肄业之人,令各州县秉公选择报送,各布政司会同专司稽查之道员再加考验,其果才堪造就者,方准留院肄业,毋得滥行收送。"(清会典事例卷三九五.)这样就牢牢掌控了书院的招生权和对书院生徒的考核权。清政府对书院的严格控制,结果导致了清朝书院的官学化倾向越来越严重。

清朝书院的类型按照其讲学的内容来划分,可以分为四类:第一类是以讲求理学为主的书院,如清初大儒李颙讲学的关中书院。第二类是以学习制艺为主的书院。所谓制艺,亦称制义、时艺、时文,通称为八股文。这类书院办学的主要目的是应科举,所以其主要工作便是举行课试,基本与官学无异。第三类是以学习"经世致用"之学为主,反对学习理学的帖括的书院,如颜元主持的漳南书院,设立"文事""武备""经史""艺能"四斋,学习实用的知识。第四类是以博习经史辞章为主的书院。上述四类书院中,第一、二类设置最为普遍,第三类书院反映了当时书院发展的趋势,但影响有限,第四类书院虽然数量不多,但学术影响较大,对清朝学术文化的发展起到了积极推动作用,其中以诂经精舍和学海堂最为著名。

(二)诂经精舍与学海堂

诂经精舍与学海堂这两所书院均为阮元所创立,诂经精舍是阮元任浙江巡抚在杭州孤山创立的,学海堂是他于广州粤秀山创办的,这两所书院均以博习辞章为主,注重学术研究,为清政府培养了不少人才,成为浙江、广东两地的重要的学术文化研究中心,各地纷纷仿效创办了不少类似的书院,如上海的诂经精舍、无常的经心书院、成都的尊经书院等。这两所书院积累了许多成功的办学经验,形成了自己的特点:

第一,"以励品学,非以弋功名"。清代书院的官学化已然十分明显,很多书院逐渐沦为科举的附庸,学习的主要内容是八股文、帖括,目的是为科举做准备,以获取功名。阮元对此深恶痛绝,主张书院要回归创立时的初衷,应以专志于学术研究为宗旨,而不是为了博取功名。阮元在诂经精舍中,课以经史疑义及小学、天文、地理、算法等知识,而不习时文、帖括。在学海堂亦不以举业为重而课试以文,为当时腐败的书院注入了一股清新之风。然而,这两所书院由于过于重视学术,学生整日埋头故纸堆从事名物训诂,导致所学的知识脱离社会实际,自然缺乏经世致用之才。

第二,各用所长,因材施教。这两所书院主张,书院的老师要发挥各自的专业特长,同心协力,因材施教,发展学生的专长,使得有的专课生后来成为著名学者。

第三,教学与研究密切结合。这两所书院既进行教学活动,又从事学术研究。阮元注重鼓励师生自学和开展学术研究,组织师生合作著述,使书院的教学和研究相得益彰。

诂经精舍和学海堂继承和发扬了书院的优良传统,培养了大量人才,对清朝学术文化的发展起到了积极推动作用,也改变了清朝书院腐败的风气。

第四节　明清时期的科举制度

明朝是中国科举制度史上的鼎盛时期。明朝在前代的基础上,建立了称为"永制"的科举定式,将八股文作为一种固定的考试文体,并将学校教育纳入科举体系,严重影响和制约了明朝学校和教育的发展。

一、明朝的科举制度

(一) 建立科举定式

明太祖朱元璋深谙人才为"立国之本"。在正式开科取士之前,主要采取荐举来选拔人才,由于立国之初需要大量官员,洪武三年(1307)五月,诏令"特设科举",并颁行了科举考试条例,规定了乡试、殿试的考试内容、日期及举额的分配等具体事宜。这标志着明朝科举考试正式启动。

经过十余年的发展,科举逐渐取代荐举,成为明朝主要的取士制度。明朝科举制度的定式始于洪武十七年(1384),由礼部向全国各省颁布实行,后遂成为"永制"而固定下来。这个制度的主要内容是:一是确定每逢三年开科考试;二是规定科举考试分为乡试、会试和殿试,再加上具有预备性质的童试。形成明朝科举考试依次递进的四级考试制度:童试——乡试——会试——殿试。

童试:又称童生试,是府、州、县学的入学考试,也是科举的预备考试。它包括县试、府试、院试三级考试。县试由知县主持,录取者参加由知府主持的府试,府试录取者参加由各省提学官在府、州巡回举行的院试,院试录取者取得府学学生资格,称为生员,俗称秀才、相公。

乡试:又称乡闱、大比,是在省城举行的考试,由皇帝钦命的正副主考官主持考试。在乡试举行之前,由各省提学官主持的考试称为科试,考试成绩一、二等的生员才有资格参加乡试,称为科举生员。乡试的考试时间在子、午、卯、酉年的八月,当时正是秋天,因此乡试又有秋闱、秋试等称呼。乡试分为三场:八月初九日为第一场,试"四书"义三道,每道限 200 字以上;经义四道,每道限 300 字以上。十二日为第二场,试论一道,限 200 字以上;判语五道,诏诰章表内科一道。十五日为第三场,试经史册五道,限 300 字以上。每场考试均为一天。

乡试录取者称为举人,俗称孝廉,第一名为解元。乡试中榜称为乙榜,也叫乙科。通过乡试者可获得举人称号,举人是一种正式的功名和资格,可以经过吏部铨选而授官。

会试:是指在京城由礼部主持的考试,又称礼闱。会试的时间在乡试的次年,即丑、辰、未、戌年的二月,适逢春节,故会试又称为春试、春闱等。会试的参加者为各省举人。考试分为三场,会试通过者为贡士,第一名称会元。

殿试:又称廷试。由皇帝亲自主持的考试。时间为一整天,从成化八年(1472)以后,会试时间定为当年的三月十五日。考试结果分为三甲:一甲为赐进士及第,只有三名,第一名为状元,第二名为榜眼,第三名为探花;二甲为赐进士出身;三甲为赐同进士出身。殿试中举者称进士,又称甲科、甲榜。

殿试结束后,一甲三人立即授官,其余二甲、三甲进士参加翰林院组织的考试,称之为"馆选",录取者进入翰林院学习,翰林院为明朝"储才重点",受到空前重视。

明朝洪武十七年以后所形成的三年一大比的童试——乡试——会试——殿试科举考试制度,为后来的清朝所继承,一直沿用到1905年才被废除,对后世产生了深远的影响。

(二) 八股文成为固定的考试文体

明朝科举制度不仅规定了考试的程式,而且还将八股文固定为考试文体。所谓八股文,《明史·选举志二》载曰:"其文略仿宋经义,然仿古人语气为之,体用排偶,谓之八股,通谓之制文。"八股文还称时艺、时文、四书文,它是在宋朝经义的基础上演变而成的,属于命题作文,有固定的结构。八股文的结构由八个部分组成:破题、承题、起讲、入手、起股、中股、后股、束股。其中起股、中股、后股、束股四部分是文章的主体。这四部分中各有两股,两股的文字繁简、声调缓急,都要对仗,合称为八股,八股文之名由此而来。

(三) 学校教育纳入科举体系

自洪武十七年(1384),科举成为明朝人才选拔的制度确定下来之后,学校教育与科举之间的关系日益密切,学校成为国家育才储才的重要基地,学校教育的直接目的是参加科举考试,而只有接受学校教育取得出身的学子才有资格参加科举考试。明朝的学校教育发展的规模和数量远超于前代,科举制度起到了很大的推波助澜作用。

由于八股文是明朝科举考试的主要文体,而八股文又有固定的格式,可以通过模仿而掌握写作技巧。因此教学生学做八股文就成为明朝学校教育的主要内容和重点,逐渐使得学校教育沦为科举制度的附庸,学校教育也逐步纳入科举体系之中。

二、清朝的科举制度

清朝的科举制度是国家人才选拔的根本制度。清朝在沿袭明制的基础上,根据清朝实际需要进行了完善和发展,建立了更为严密的制度体系。但是,清朝科举制度积弊丛生,科场舞弊现象严重,学校沦为科举的附庸,丧失了作为教育机构的独立性。

(一) 科举为"国家抡才大典"

清朝统治者深深认识到人才对国家的重要性,将科举制度作为"国家抡才大典",制定了各种科场条例,尽量为士人提供相对公平的竞争环境,以此来维护和巩固其统治。

清朝科举考试分为常科和制科两大类。常科是主要形式,包括文科、武科和翻译科等。文科为清朝科举考试的主体,始于顺治二年(1645),沿袭明制,实行三年一大比制度。考试程式也与明朝一样,士人依次通过童试、乡试、会试和殿试四级考试,可分别获得秀才、举人、贡士和进士称号。

武科考试与文科一样,也始于顺治二年(1645),每三年举行一次考试,实行武童试、武乡试、武会试和武殿试四级考试。武科的目的在于为国家选拔文武兼备的军事人才,因此考试内容和文科大不相同。武科乡、会试各分内、外三场,其中外场两场,主要试武艺,首场马射,二场步射、技勇;内场一场,主要试文化知识,策二问、论一篇。三场之中,尤重外场。清初,一甲武进士或授副将、参将、游击、都司,二、三甲授守备、署守备。

翻译科是清朝创立的一个科目,意在选拔满蒙语言文字翻译人才。它始设于顺治八年(1651),分为满洲翻译和蒙古翻译。前者是将汉文翻译成满文,后者是将满文翻译成蒙古文。雍正五年(1723),规定翻译科考试每三年举行一次,考试时间乡试为子、午、卯、酉年 2月,会试为辰、戌、丑、未年 8月,录取举人、进士数依据考试人数的多少最终由皇帝决定。翻译科考试中试者,授予清朝处理民族事务的理藩院和各部落满蒙中书、笔帖式等职。

制科是清朝科举考试的特殊科目,目的是"天子亲诏以待异等之才"(赵尔巽,《清史稿·选举志四》),在特殊的情况下选拔急需人才,设有博学鸿词科、经济特科和孝廉方正科。其中博学鸿词科影响最大,它设于康熙十七年(1678),选拔的标准是"学行兼优、文辞卓越之人",选拔的方法是高级官员推荐与皇帝亲自考试相结合,通过者均授予翰林官,"海内荣之",受到人们追捧。

(二)科场舞弊频发,积弊丛生

清朝非常重视科举,中举者会获得较高的社会身份和地位,因此,通过科举得第,入仕做官,成为众多士人梦寐以求的事情。面对科举成功的巨大诱惑,广大士人为之殚精竭虑,甚至不惜铤而走险,以身试法,营私舞弊。清朝科场的条例最为缜密,但其舞弊现象也最为严重。

清朝科场舞弊手法五花八门,最常见的有冒籍、怀挟、倩代、传递和通关节。冒籍即为假冒籍贯。清朝规定,各省乡试非本省人不得应试。而乡试实行分省定额录取,即根据各省的贡赋和实际情况分配举人录取名额。因此,为了能增加录取的机会,就有一些读书人弄虚作假,冒充籍贯,希望能蒙混过关。

怀挟是考生私自将文字材料藏于衣帽、裤子和器具之中,或者直接将文字写于衣裤上面,带进考场。

倩代又称为倩枪,即在考试时雇人代笔。代笔者称枪手,其舞弊行为称枪代和枪替。

传递是指考场内外相互勾结,为考生传递各种信息。

通关节指考生与考官相互串通,是清朝科场中危害最为严重的一种舞弊行为。最常见的手法是,考生与考官约定在试卷的某个地方使用某字,以作为考官阅卷时的标记。

对于清朝科场考试中的种种舞弊行为,清朝统治者进行了沉重和严厉打击,查处了多起科场大案,但在科举考试的强烈吸引下,舞弊现象并没有从根本上得到扭转,一旦有机会,科举考试过程中的舞弊行为就会重新出现,表明清代的舞弊现象已经积重难返。

(三)学校成为科举的附庸

自科举制度产生以后,学校受到科举的影响日益严重,逐渐成为科举的备考和训练机构,这种情况在清朝更为严重。学校教育的目的、内容、方法等,都围绕着科举考试进行。科举考什么,学校学什么;科举怎么考,学校也就怎样考,科举成为学校的指挥棒,学校则完全成为科举的附庸,丧失了作为教育机构的独立性,不断地走向衰败。突出表现在三个方面:

第一,学校以科举中式为目的。清朝重视科举,学校"储才以应科目"。因此,科举中式是学校教育的目的,也是士人的志向所在。

第二,教学内容空疏无用。清朝科举考试实际上是八股文的考试。为了通过考试,各级学校都将教授八股文作为自己教学的主要内容。使得大量的读书人整日埋头于学习、研究空疏无用的八股文之中,耗费了士人大量的心血和精力,而朝廷所需要的一些治国治民之才,则不受人关注。

第三,教学管理松弛。清朝读书人以科举中式为主要目的,八股文为主要教学内容,学校在教学管理上自然只重视八股文考试。学校的讲学已经形同虚设,即使举行讲学活动,也只是集合于明伦堂,由教官宣读或讲解《卧碑文》《圣谕广训》《大清律例》。学校全部教学管理活动,只剩下月课、季考、岁考等各种名目的为科举考试而设的考试,学校完全沦为八股文考试技巧的机构,学生只到考试日或领取膏火时才偶尔聚集。更为令人悲哀的是,连考课也只是勉强维持,许多学生连考课也不参加,因此学校中学生缺考现象相当普遍。

第五节　明清时期的教育思想

明清时期出现诸如王守仁、黄宗羲、王夫之、颜元等著名教育家,其中王守仁对理学的思想做了进一步的发展,形成了"心学"教育思想,颜元等思想家批判了理学教育的空疏无用,揭露了科举制度的危害,形成了"实学"教育思想,在当时和历史上产生了重要的影响。本节主要以王守仁、颜元为例,介绍明清时期的教育思想。

一、王守仁的教育思想

王守仁是明朝中叶著名的哲学家和教育家。他长期从事授徒讲学活动,形成了著名的阳明学派。他的思想继承和发展了孟轲、陆九渊的思想,创立了与程朱理学迥异的"心学"教育思想体系,在明中后期产生了广泛而深刻的影响

(一) 生平与教育活动

王守仁(1472—1529),字伯安,号阳明,浙江余姚人。他 21 岁中浙江乡试,28 岁举进士,曾历任刑部主事、兵部主事等职。武宗正德元年(1506),因上疏援救戴铣等而得罪宦官刘瑾,被贬谪为贵州龙场驿丞。刘瑾被诛灭后,王守仁先后任庐陵知县、南京刑部主事、考功郎中、南京太仆寺少卿等职。正德十四年,他率

图 6-1　王守仁

兵平息宁王朱宸濠在江西南昌的叛乱,十六年后,升任南京兵部尚书,受封为"新建伯"。

王守仁继承和发展了陆九渊的学说,提出"心即理""致良知""知行合一"等命题,创立了与程朱理学相径庭的"阳明学派"(亦称"姚江学派""王学"),其学说以"反传统"的姿态出现,在明中叶之后产生了广泛的影响,并对日本产生了积极影响。

王守仁从 34 岁起,开始从事讲学活动,直至去世,共历时 23 年。其中 6 年(1522—1527)是专门从事讲学活动,其余均是边从政、边讲学。他每到一处,热心建书院、设社学、办学校,讲学活动不断。此外,他还到处外出讲学。王守仁之所以如此热心教学、讲学活动,一方面是为了传播自己的思想,另一方面是为了加强对民众的封建伦理道德教化,即所谓"破心中贼"。王守仁的讲学活动对明朝书院的发展起到了重要的推动作用。

王守仁的教育思想主要收录在《王文成公全书》38卷中,其中包括其教育著作如《答顾东桥书》《稽山书院尊经阁记》《训蒙大意示教读刘伯颂等》。

（二）论教育作用

王守仁十分重视教育对于人的发展所起到的决定作用,提出"学以去其昏蔽"的思想。他用"心学"的观点来阐明这一观点。

王守仁不同意朱熹将"心""理"区分为二的做法,认为"理"并不在"心"外,而是存在于"心"中,也即"心即理",同时,他又继承和发展了孟轲的"良知"说,认为"良知就是天理",即是"心之本体"。良知也是伦理道德观念。他说:"见父自然知孝,见兄自然知弟,见孺子入井,自然知恻隐,此便是良知,不假外求。"(王守仁,《王文成公全书卷一》)又说"良知只是个是非之心,是非只是个好恶"(王守仁,《王文成公全书卷三》)。他认为,作为"知孝""知弟""知恻隐""知是非"等伦理道德观念的良知,具有以下特点:第一,良知与生俱来,不学自能,不教自会,即"不待虑而知,不待学而能,是故谓之良知"。第二,良知为人人所具有,不分圣愚。第三,良知不会泯灭,也不会消失,不过"良知"也有致命的弱点,即它在与外界接触的过程中,由于受物欲的引诱,会受昏蔽。所以,王守仁认为,教育的作用就在于去除物欲对于"良知"的昏蔽。因为"良知""不能不昏蔽于物欲,故须学以去除昏蔽"。

"学以去除昏蔽"的目的是激发本心所具有的"良知",所以,从积极的角度来说,王守仁又认为教育的作用在于"明其心"。在王守仁看来,无论是"学以去除昏蔽",还是"明其心",教育的作用是相同的,都在于实现"存天理,灭人欲"的根本任务。基于此,他认为用功求学接受教育,并不是为了增加什么新内容,而是为了日减"人欲"。即"吾辈用功只求日减,不求日增,减得一分人欲,便是复得一分天理"(王守仁,《王文成公全书卷一》)。

王守仁关于教育作用的认识虽然是建立在唯心主义"心学"的基础上的,但也有其积极意义。他认为"良知"人人都有,肯定人人都有受教育的天赋条件,圣愚的区别仅在于能否"致良知","圣人能致良知,而愚夫愚妇不能致";由于人人总会受到物欲的诱惑,所以人人都应该接受教育;教育是为了去除物欲对"良知"的昏蔽,因此它"不假外求",而在于"内求",即强调人的主观能动性的发挥,自觉"胜私复理""去恶为善"。这些都是有积极作用的。

（三）论道德教育

王守仁强调要把道德教育与道德修养放在学校教育工作的首位。王守仁所要培养学生形成的优良品德,其实就是封建的伦理道德。因此,他继承了儒家道德教育的传统,把"明人伦"作为道德教育的目的。他认为"人伦"即是"父子有亲,君臣有义,夫妇有别,长幼有序,朋友有信五者而已。"他认为"夫三代之学,皆所以明人伦"(王守仁,《王文成公全书卷二》),也认为"明人伦"之外无学。

为了实现"明人伦"的教育目的,虽然王守仁也主张以六经为主要学习内容,但对于六经提出了与朱熹不同的看法。朱熹认为,经书是圣人的教训,所以学者必须读经训史册以穷理。王守仁则认为:"圣人述六经,只是要正人心,只是要存天理去人欲。"因此在他看来,经书之所以能作为最重要的教材,不是为了讲学记诵,而是因为它可以帮人明吾心之常道,即普遍永恒的道理,如果只注重于文义辞章,则完全背离了学习六经的本义。

在道德教育和修养的方法上,王守仁以"知行合一"为指导思想,针对程朱理学知而不行,知行脱节的"空疏谬妄",强调道德践履和实际行动对道德教育和修养的重要性,表现出重行的倾向。在这一思想指导下,他提出了如下四种道德教育的方法:

1. 静处体悟

这是王守仁早年提倡的道德修养方法,他认为道德修养的根本任务是"去蔽明心"。因此,道德修养无须"外求",而只要做静处体悟的功夫,即让人静坐澄心,摒弃一切私虑杂念,体认本心。这是对陆九渊"自存本心"思想的继承与发展,与佛教禅宗的面壁静坐、"明心见性"的修养功夫,没有本质的区别。

2. 事上磨炼

这是王守仁晚年提出的道德修养方法。他晚年认识到一味强调静坐澄心,会产生各种弊病,容易使人"喜静厌动",流入枯槁之病"甚至使人变成"沉空守寂的"痴呆汉"。因而,他改而提出道德修养必须要在"事上磨炼",即结合具体事物,"体究践履,实地用功"。他举例说明:"如言学孝,则必服劳奉养,躬行孝道,然后谓之学。"(王守仁,《王文成公全书卷二》)可以明确看出,"事上磨炼"是其"知行合一"思想在道德修养方法上的反映。

3. 省察克治

王守仁说:"省察克治之功则无时而可间。如去盗贼,须有个扫除廓清之意,无事时将好色、好货、好名等私,逐一追究,搜寻出来,定要拔去病根,永不复起,方始为快。"主张要不断地进行自我反省和检察,自觉克制各种私欲。这是他对儒家传统的"内省""克己"修养方法的继承与发展。

4. 贵于改过

王守仁认为,每个人都会有违反伦理道德规范的时候,即使大圣人,也难以避免。他认为:"夫过者自大贤所不免,然不害其卒为大贤者,为其能改也。故不贵于无过而贵于改过。"(王守仁,《王文成公全书卷二十六》)他指出人不仅要认识到过错,更要勇于改过。他说:"悔悟是去病之药,然以改之为贵。"(王守仁,《王文成公全书卷一》)"贵于改过"的主张,体现了他求实向前看的态度,是非常可取的。

王守仁的道德教育虽然是为了维护明王朝的统治,但他关于道德教育的某些主张,反映了道德教育的一些规律性的认识,有一定借鉴意义。

(四)论儿童教育

王守仁对儿童教育非常重视,他的儿童教育思想集中体现在《训蒙大意示教读刘伯颂等》一文中。主要包括以下内容:

1. 揭露和批判传统儿童教育不顾儿童的身心特点

王守仁指出:"近世之训蒙稚者,日惟督以句读课仿,责其检束,而不知导之以礼;求其聪明,而不知养之以善。鞭挞绳缚,若待拘囚。"指出当时教育儿童的人们,每天只知道督促儿童学习,让其读书、习字、修身,但不知道用礼义来引导儿童,也不知道用善德来培养儿童使其更加聪明。对待儿童像囚犯一样,采取鞭挞绳缚的做法。他认为这种儿童教育的结果,与施教者的愿望背道而驰,导致儿童"视学舍如囹圄而不肯入,视师长如寇仇而不欲见",对学习和学校产生恐怖心理,借故逃学,放肆地从事各种顽劣活动,达到嬉游的目的。久而久之,儿童就会"偷薄庸劣,日趋下流"。因而,王阳明严厉批判了过去不顾儿童的身心发展的特点、将儿童当作小大人的错误做法,这是很有道理的。

2．儿童教育必须顺应儿童的性情

王守仁认为,大抵童子之情,乐嬉游而惮拘检,如草木之始萌芽,舒畅之则条达,摧挠之则衰萎。他认识到儿童先天不爱受拘束,像草木刚萌芽一样,须顺应儿童的发展,过度儿童就会使其枯萎衰败。因此,他主张儿童教育必须顺应儿童发展的身心特点,使其"趋向鼓舞","中心喜悦"。这样,儿童才能够不断地取得进步。

3．儿童教育的内容是"歌诗""习礼"和"读书"

王守仁认为,对儿童"诱之歌诗",可以激发儿童的意志,使其情感得到正当的宣泄,消除其内心的烦恼和忧闷,使其"精神宣畅,心气和平"。"导之以礼"可以使儿童养成威严的仪容和仪表,而且通过"周旋揖让""拜起屈伸"等礼仪动作,"动荡其血脉""固束其筋骸",可以锻炼身体,增强体质。"讽之读书",不但能够增长儿童的知识,开发其智力,而且还能"存其心""宣其志",有利于培养儿童的道德观念和理念。总之,通过"歌诗""习礼"和"读书",可以促使儿童的德、智、体、美等各方面都得到发展。

4．要"随人分限所及",量力施教

王守仁认为,儿童时期是一个重要的发展时期,其精力、身体、智力等方面都处在发展变化过程中,即"精气日足,筋力日强,聪明日开"。因此,教学必须考虑到儿童的这些特点,按照儿童的接受能力的发展程度,对儿童进行合适的教育。他把这种量力施教的思想,概括为"随人分限所及"。同时,他还指出,如果不顾儿童的实际能力,把大量高深的知识灌输给儿童,就像一桶水倾注在幼芽上将其浸坏一样,对儿童毫无益处。

此外,王守仁还认为,儿童教育"授书不在徒多,但贵精熟"。教学应该留有余地,"量其资禀者能二百字者,止可授以一百字",使儿童"精神力量有余",这样儿童就会"无厌苦之患,而有自得之美",使儿童不会因学习艰苦而厌学,而更乐于接受教育。

王守仁的儿童教育思想反对对儿童的简单粗暴式的教育,强调要顺应儿童性情,量力施教,反映了其教育思想的自然主义倾向,在当时是非常可贵的。

二、颜元的教育思想

颜元是清初杰出的唯物主义思想家和教育家,他终身从事教育活动,培养了众多学生,形成了著名的"颜李学派"。他深刻批判封建传统教育,尤其是宋明理学教育,竭力提倡"实文、实行、实体、实用"的教育,创立了以"实"为特色的教育理论体系。他的教育思想在当时独树一帜,对我国近代教育也产生了一定的影响。

(一)生平与教育活动

颜元(1635—1704),字易直,又字浑然,号习斋,直隶博野县北杨村(今属河北省)人。他8岁发蒙,师从于吴持明,吴持明能骑、射、剑、戟,精通战守机宜,通医术,又长于术数。因此,颜元从小所受的教育和传统的教育有很大差别。后来,颜元师从贾珍,贾珍主张以"实"为生活的准则,提倡"讲实话,行实事",对颜元后来实学思想的形成产生了重要影响。颜元考中秀才,但不久"遂弃举业",20岁开始研究天象、地理和兵略,后来又陆续学习医学、兵法、技击等,可谓涉猎极广。

颜元的学术思想有一个转变的过程,24岁时开始喜欢陆九渊、王守仁的语录,26岁,接触程朱理学思想,"信之甚笃"。后来在居丧期间,他"因悟周公之六德、六行、六艺,孔子之四教,正学也;静坐读书,乃朱、陆、王为禅学、俗学所浸淫,非正务也"①。从此以后,他力主恢复尧舜周孔之道,猛烈抨击程、朱、陆、王之学说,从原来笃信理学变为批判理学的杰出代表,其学术思想发生了根本性的转变。

颜元毕生从事教育活动,他24岁开始设立家塾,训子弟,后来学生日益增多,他开始制定"习斋教条",对学生严加管教。62岁时,主持漳南书院,制定了"宁粗而实,勿妄而虚"的办学宗旨,集中反映了其教育主张。

颜元的思想集中收录在《颜李丛书》中,今人编有《颜元集》,其中教育著作主要有《总论诸儒讲学》《上太仓陆桴亭先生书》《性理评》《漳南书院记》等。

(二) 对传统教育的批判

批判传统教育,尤其是批判宋明理学教育,这是实学教育思潮的一个显著特征。颜元是这一思潮中的杰出代表。颜元对传统教育的批判主要体现在三个方面:

1. 揭露传统教育严重脱离实际

颜元指出,传统教育的突出弊端在于脱离实际,把读书求学误认为是训诂,或是清谈,或是佛老,而程朱理学兼而有之,脱离实际更为严重。在颜元看来,教育只在口头纸笔上下功夫,而不在习行经济上求实学,这种教育有害无益,害心、害身、害国,他认为"误人才、败天下事者,宋人之学"②。表明他对传统教育,尤其是程朱理学教育严重脱离实际的深恶痛绝。

2. 批判传统教育的义、利对立观

传统教育的另一个弊端是在伦理道德教育方面把"义"和"利","理"和"欲"对立起来。如董仲舒提出"正其谊不谋其利,明其道不计其功"。理学家朱熹主张"明天理,灭人欲"。在颜元看来,"义"和"利"并非截然对立,二者是可以统一起来的。其中,"利"是"义"的基础,"正谊""明道"的目的就是"谋利"和"计功",如果"全不谋利计功,是空寂,是腐儒"。当然,"利"不能离开"义",而且"利"必须符合"义"。他针对传统教育的偏见,提出了"正其谊以谋其利,明其道而计其功"的命题,冲破了传统的禁锢,对义、利之间关系的认识更接近于科学。

3. 抨击八股取士制度

颜元深刻揭露了八股取士制度对于学校教育的危害,他指出,士人们在利禄的引诱下,自幼学作八股文,读书完全为了做官,读书求学完全变成了"名利引子",认为"八股之害,甚于焚坑"③。

颜元在当时"非朱子之传义不敢言,非朱子之家礼不敢行"的社会条件下,对理学思想进行深刻的批判,他这种大无畏的批判精神,在当时的思想界引起了极大的震动。

(三) "实德实才"的培养目标

颜元十分重视人才对于治理国家的重要作用,把人才视为治国安民的根本,他强调人才主要依靠学校教育培养,认为"学校,人才之本也"④。颜元主张学校应该培养"实才实德之士"。所谓"实才实德之士",是指品德高尚、有真才实学的经世致用之才。颜元有时也称这种人才为"圣人"或"圣贤"。具体来讲,"实才实德之士"有两种:一种是"上下精粗皆尽力求

---

① 颜元.颜元集[M].北京:中华书局,1987:726.
② 颜元.颜元集[M].北京:中华书局,1987:776.
③ 颜元.颜元集[M].北京:中华书局,1987:691.
④ 颜元.颜元集[M].北京:中华书局,1987:403.

全"的通才,另一种是"终身止精一艺"的专门人才。在他看来,能成为通才当然最好,但专门人才只要能经世致用,"便是圣贤一流"。

颜元所提出的培养"实才实德之士"的培养目标,虽然其根本目的是维护封建统治,但这一培养目标显然已冲破了理学教育的桎梏,具有鲜明的经世致用特征,反映了需要发展社会生产的新型市民阶层对于人才的要求,在当时无疑具有进步意义。

(四)"真学""实学"的教育内容

为了培养"实才实德之士",在教育内容上,颜元针对理学教育的虚浮空疏,提出了"真学""实学"的教学内容。

颜元认为,尧舜周孔时代的学术思想便是"真学""实学"。为此,他大力提倡"六府""三事""三物"。这里所说的"六府""三事"即《尚书·大禹谟》中所说的"水、火、金、木、土、谷"和"正德、利用、厚生";"三物"即《周礼·地官》所说的"六德"(知、仁、圣、义、忠、和)、"六行"(孝、友、睦、姻、任、恤)、"六艺"(礼、乐、射、御、书、数)。"三物"之中,又以"六艺"为根本,"六德""六行"分别是"六艺"的作用和体现。颜元强调"六艺之学",并非是要回归到尧舜周孔时代,而是托古改制,在"六艺"的旗帜下宣传自己的教育主张。

实际上,颜元"真学""实学"的教学内容已经大大超出了"六艺"的范围,它除了经、史、礼、乐等知识之外,还把诸多门类的自然科技知识、各种军事知识和技能正式列入教育内容,并且实行分科施教,蕴含了近代课程设置的萌芽,将中国古代教育内容的理论推进到一个新的发展阶段。

(五)"习行"的教学方法

他强调"习行"是在学术思想转变后关于教学方法的一个最基本也是最重要的主张,并认为"读书无他道,只需在'行'字著力"。颜元更是做到身体力行,坚持"习行"不断。颜元所说的"习行"教学法,强调在教学过程中要紧密联系实际,要坚持练习和躬行实践,认为只有如此,所学到的知识才是真正有用的知识。

需要指出的是,颜元强调"习行",并非排斥通过读和讲学习书本知识,而是主张读书、讲说必须与"习行"结合起来,而且要在"习行"上花更多的时间和精力。颜元主张通过接触实际,重视练习,从亲身躬行实践中获得知识,对当时以读书为穷理功夫、讲说著述为穷理事业、脱离实际的"文墨世界"是一种很大的冲击,令人耳目清新。

思考与拓展

1. 试比较明清的文教政策的内容及其具体表现。
2. 明朝的官学制度有哪些特点?
3. 试评述明朝东林书院的特点。
4. 试评述明清的科举制度对学校教育的影响。
5. 试论王守仁的儿童教育思想及其意义。
6. 试评述颜元的"实学"教育思想。

第七章　近代教育的发展

本章概要:鸦片战争后,教会学校在中国迅速发展,促进了中国传统教育向近代教育过渡。早期的地主阶级改革派林则徐、魏源等人提出了"师夷长技以制夷"的主张。19世纪60年代的洋务派创办新式学堂,派遣学生留美、留欧,开启了中国早期近代教育的进程。甲午战争后,康有为、梁启超等维新派为了变法维新,开始了维新教育的实践活动,颁布了一系列文化教育的变法律令。1900年八国联军侵略中国后,清政府被迫变科举、兴学校,制定和颁布近代学制,近代留学教育也得到发展,形成了留日、留美的高潮。1912年,中华民国成立后,确立了资产阶级的教育方针和学制。新文化运动所倡导的民主、科学精神,促进了各种教育思潮和教育运动的兴起,推动了"新学制"的产生和收回教育权运动。与此同时,新民主主义教育发端,在工农运动和干部教育方面进行了初步探索,为此后革命根据地教育建设和新民主主义教育的发展奠定了基础。

第一节　近代教育的起步

一、传统教育的危机和改革派的文化教育主张

(一)明末清初西学的传入

早在明朝万历九年(1581),以意大利传教士利玛窦为代表的西方传教士就已经来华传教,他们带来的西学,对中国传统思想文化有所触动,并直接、间接地影响了当时的一些学者,如徐光启、梅文鼎、方以智、颜元等。此时的"西学东渐"是一种缺乏自觉的被动输入,但它毕竟为中西文化交流提供了机会和渠道,有利于中国传统教育观念的更新。

康熙四十三年(1704),罗马教廷改变了对华传教政策,不允许在华基督教徒祭祀孔子和祖先,激起了清廷和士大夫们的不满,康熙下令驱逐了部分传教士。雍正元年(1723)实行全面禁教,中西文化交流的窗口被关闭。1757年乾隆皇帝下令封闭江苏、浙江、福建三个海关,只留下广州一个对外通商口岸,开始实行闭关自守政策。这种局面一直延续到鸦片战争。

(二)传统教育的危机

中国封建传统教育的产生和发展,跟封建的政治、经济的产生和发展紧密相连,当其所依存的政治、经济发生巨变后,它的腐朽、落后的一面便日益突出。

1. 科举制度日益腐败

实行了一千多年的科举制度,已经完全使学校教育沦为附庸,学校教育的目的、内容、方

法完全以科举考试为依据,学校成为科举的预备场所。为了加强文化思想上的控制,科举考试在字体、格式、文体等方面都有严格的规定,在命题上也常常出一些偏怪的"截搭题""枯窘题"来刁难学生。科举考试过程中"通关节""冒名顶替"夹带、联号换号等舞弊行为已成为公开的秘密,这既反映了政治的腐败,也反映了统治者对科举的实际功效已失去信心。

2. 官学教育有名无实

清末在教育制度上,是相当完备的,中央有国子监,地方有府学、州学、县学、书院,还有义学、社学、私塾,但这些学校大多徒具其名,如最高学府国子监已取消了"坐监"制度,允许监生在寓所肄业,他们只在初一、十五来监听讲"四书""五经"等,学校教学名存实亡。正如严复所指出的:"自学校之弊既极,所谓教授训导者,每岁科两试,典名册,计赀币而已。师无所为教,弟无所为学,而国家乃徒存学校之名,不复能望学校之效。"[①]

3. 教育内容空疏无用

由于科举考试以"四书""五经"作为考试范围,以朱熹的《四书集注》作为标准,以八股文和小楷作为文体模式,这使得士子束缚于儒家之学,拘泥于制义之文,而对近代社会发展所需的科学知识毫无知晓。如梁启超所抨击的:"故自考官及多士,多有不识汉唐为何朝,贞观为何号者,至于中国之舆地不知,外国之名形不识,更不足责也。"[②]晚清学校教育内容的空疏无用达到了令人汗颜的地步。

(三) 改革派的文化教育主张

19世纪上半叶,清朝社会已经走到了穷途末路,阶级矛盾、民族矛盾日益激化,以龚自珍、魏源、林则徐为代表的一批地主阶级知识分子对清王朝的腐朽提出了尖锐的批评,主张改革教育,积极向西方学习,对中国近代教育的发展产生了重要的影响。

1. 抨击旧教育,复兴"经世致用"之学

地主阶级改革派的知识分子对传统的封建教育进行了深刻的揭露和批判。在魏源看来,空谈心性、不切实际的义理和考据之学,是不能治国安民的。他主张恢复古代"以经术为治术"的通经致用的经学教育传统,极力提倡务求实际、务求实学的学风。龚自珍对传统教育也进行了批判。他痛心疾首地哀叹知识分子囿于四书、五经之内,为追求功名利禄不惜终年埋头于故纸堆中,读一些空洞无用的文章,结果是思想僵化,空疏无用的陈词滥调充满头脑,毫无实用价值。

2. 改革取士制度,"不拘一格降人才"

地主阶级改革派将人才问题作为现实社会各种弊端的源头。龚自珍认为,当时的社会是一个"无才之世":"左无才相,右无才史,阃无才将,庠序无才士,陇无才民,廛无才工,衢无才商;抑巷无才偷,市无才驵,薮泽无才盗,则非但鲜君子也,抑小人甚鲜。"[③]提出构建一个由"才相""才史""才将""才士""才民""才工""才商"组成的人才结构体系,反映了社会发展对人才的要求由原来的单一走向多元。

要选拔多样化的人才,必须要有一个"不拘一格"的选拔途径。改革派批判以科举制度

① 严复. 严复文集[M]. 北京:线装书局,2009:266.
② 舒新城. 中国近代教育史资料(上)[M]. 北京:人民教育出版社,1961:40.
③ 龚自珍. 龚自珍全集[M]. 上海:上海人民出版社,1975:6.

为主体的人才选拔制度"摧锄天下之才",剥夺了优秀人才脱颖而出的机会,埋没了无数有才之士。他们要求广开言路,改变当时官场和知识界"人心之寐"和"人才之虚"的弊病,选拔兴邦治国的人才。

3. 提倡"西学","师夷长技以制夷"

林则徐是中国近代史上"开眼看世界的第一人",在广州办夷务时就组织专人翻译外文书刊,编译《华事夷言》《四洲志》和《各国律例》等,提倡学习敌人的长处以抵抗列强侵略。在给道光皇帝的奏折中他提出了"师敌之长技以制敌"的主张。

魏源在林则徐编译的《四洲志》基础上,增补而成《海国图志》,在该书序言中明确提出此书"为师夷长技以制夷而作",并详细介绍了世界主要国家的地理、历史概况和社会现状。他认为西方之所以战胜中国,就在于其"船坚炮利",只有学习西方资本主义国家的科学技术和军事技术,才能富国强兵,打败侵略者。

(四) 太平天国运动对传统教育的冲击

1851 年爆发的太平天国运动,在进行军事、政治、经济斗争的同时,在文化教育方面,也对封建主义教育展开了斗争,实行了一系列的文教改革。

太平天国运动的目标是推翻清朝封建专制主义统治,为了配合这一革命的中心任务,在教育方面必须摧毁维护这一专制统治的精神支柱,反对封建社会儒家的传统教育思想。洪秀全早在起义前教书时就毁掉了学塾中的孔子牌位,以示与封建文教决裂。起义后,宣布孔子为邪神,儒经为妖书,禁止尊孔读经,并开展了大规模的搜书和烧书运动。

定都天京后,出于策略的考虑,太平天国不再一概反孔孟之道。1861 年颁布的《钦定士阶条例》指出:"孔孟之书不必废,其中有合于天情道理亦多。"[①]于是采取改定"四书""五经"的做法,将其中不适应太平天国利益及教义的内容删除后,允许作为学校和科举的用书。同时,太平天国编写了一些新教材,如对群众进行宗教和政治思想教育的《旧遗诏圣书》《新遗诏圣书》《真命诏旨书》及《天条书》等。还有蒙养教材《幼学诗》《三字经》《御制千字诏》等,对儿童进行太平天国的思想政治教育以及识字教育和生活知识的教育。

在教育制度上,太平天国强调普遍的平等教育。《天朝田亩制度》规定,每 25 家设礼拜堂,由两司马负责进行宗教和一般教育活动。太平天国还设有育才馆,收容干部子弟及战争中受害儿童,给予衣食和教育。群众教育,特别是妇女教育和儿童教育的广泛开展,是太平天国教育的特色所在,它冲破了封建教育只是"精英"式男子教育的旧框框,使教育真正成为全体民众的权利和义务,有效地起到了动员群众参加革命和提高他们觉悟水平的作用。

二、教会学校的兴办和西方教育观念的传入

早在明朝后期,西方传教士就陆续来华从事宗教活动。鸦片战争后,各国的传教士相继涌入中国。除传教外,他们陆续开办教会学校,对中国的传统教育形成了巨大的冲击。

(一) 早期的教会学校

1836 年,广州成立了马礼逊教育协会,这是在华英美人士为纪念第一个来华的基督教新教传教士马礼逊而设立的教育团体。1839 年在澳门又诞生了中国近代第一所教会学

---

① 陈学恂.中国近代教育史教学参考资料(上)[M].北京:人民教育出版社,1986:10.

校——马礼逊学堂,由美国长老会传教士布朗主持并担任教师,课程有中文和英文两科。1842 年学校迁往香港,1850 年停办。马礼逊学堂的学生中,以容闳、黄宽、黄胜等人比较知名,其中又以容闳对中国近代教育影响最大。

鸦片战争以后,外国传教士凭借不平等条约,在五口商埠开办了教会学校,比较著名的有:1843 年英国伦敦会从马六甲迁到香港的英华书院;1844 年英国伦敦会传教士爱尔德赛创办的中国第一所教会女子学校——宁波女塾;1845 年美国基督教北长老会在宁波开设崇信义塾(该校 1867 年迁至杭州,改名为育英义塾,1910 年又改为之江大学);1849 年,法国天主教在上海创办圣依纳爵公学(后改名徐汇公学)等。这些学校规模较小,设备都很简陋,大都属于小学程度。课程内容主要是宗教知识,还包括日常生活知识和实用性技艺等。为了吸收学生,往往采用物质引诱的方法,不仅免收学费,还提供膳食,招生对象多为穷苦教徒子弟以及无家可归的孤儿、乞丐等。

(二) 教会学校的发展

第二次鸦片战争后,传教士的传教活动迅速发展,教会学校也由沿海的通商口岸发展到内地。据统计,自 1860 年至 1875 年,教会学校总数约增至 800 所,学生约 2 万人。从 1875 至 1900 年,教会学校总数增至 2 000 所左右,学生人数达到 4 万人。[①]

这一时期不仅出现了教会中学,还产生了教会大学,但起初是在中学堂基础上添加大学班级,大学生数量也不多,只有近 200 人。招生对象也较先前有所改变,尤其在沿海通商口岸,多数学校不再免费招收贫寒子弟入学,而尽可能吸收官绅子弟入学,以适应培养上层人物的需要。这样不仅提高了教会教育的影响,还能在进行文化渗透的同时获取经济利益。

较为著名的教会学校有:1864 年美国基督教长老会传教士狄考文在山东登州开设的蒙养馆(后发展为齐鲁大学);1865 年圣公会在上海设立培雅书院,次年又设度恩书院(两者于1879 年合为圣约翰书院,后发展为上海圣约翰大学);1867 年公理会在通州设立潞河书院(后发展成为华北协和大学,进而发展为燕京大学);1871 年圣公会在武昌设立文氏学堂(后发展为华中大学);1882 年美监理会林乐知在上海设立中西书院(后发展为东吴大学);1885年美长老会在广州设立格致书院(后发展为岭南大学);1888 年美以美会在南京设汇文书院(后发展为金陵大学)。

(三) 教会学校课程

教会学校的教育课程主要有宗教、儒经和自然科学。宗教课是教学的重心,分宗教灌输和宗教训练两部分,即课堂上的说教和课外的仪式,如参加弥撒、祈祷、礼拜、集会等。儒经课教会学校初期并不受重视,后来传教士认识到结合并改造中国固有的文化传统,有助于减弱中国人的排外心理,更有利于宗教的传播,因此也被列为基本的科目,内容主要是讲解“四书”“五经”,一方面进行道德说教,另一方面培养汉语的读写能力。自然科学知识是西方文化的重要组成部分,西方列强为了培养适应资本主义发展的科技人才,同时也为了达到经济掠夺和资本输出的需要,所以将科学知识也列为常设课程。其内容包括数学、测绘学、物理学、化学、地学、天文学、动植物学等。

早期教会学校为迎合中国人不喜“洋文”的心理,同时也迫于反“洋教”的现实形势,很少

---

① 顾长生. 传教士与近代中国[M]. 上海:上海人民出版社,1981:227 - 228.

开设英语。第二次鸦片战争后,国内外形势的发展对英语人才的需求加强了,因此教会学校也逐步重视英语课程的开设。

(四) 教会学校的性质与影响

教会学校是西方殖民扩张的产物。传教士到中国传教,本来就是抱着以"基督教征服世界"的目的,他们所从事的传教活动和文化教育活动,都是与其宗主国的政治、经济甚至军事目的的紧密结合的,带有强烈的殖民性质。

教会学校的存在也是近代中国半殖民地的国家地位在教育上的反映。西方传教士在华开设的教会学校,没有一所在中国政府立案,教师选聘、课程设置、教材编写都由基督教会负责。1890年5月在上海召开的第二次"在华基督教传教士大会"成立的"中华教育会",是当时中国教会教育的最高领导机构。

教会学校同时也是中国传统教育向近代教育过渡的促进因素。教会学校的广泛设立,不仅加速了西学在中国的传播进程,而且它的教学体制、课程规划、教学方法、考试管理等近代教育的特征,也成了中国人学习西方教育的样本,通过教会教育这个渠道,中国人逐渐开阔了教育的视野。如开放女子教育,设立学前教育机构,都是从教会教育开始的。教会教育也为中国教育由传统教育向近代教育转变的起步阶段提供了大批的新式教师,促进了中国教育的近代化。

三、洋务教育的兴办

洋务教育是洋务运动的重要组成部分,主要包括两方面活动:一是创办洋务学堂,二是开办留学教育。

(一) 创办洋务学堂

创办洋务学堂的目的在于培养洋务活动所需要的新式人才,其教学内容以所谓"西文"与"西艺"为主。洋务运动中创建的新式学堂30多所,大致可以分为三类:第一类是外国语学堂;第二类是军事学堂;第三类是技术学堂。

1. 外国语学堂

外国语教育在当时也叫方言教育。随着国门的打开,由于语言文字的隔阂,清政府在办理洋务时,深感不懂外语的苦处,为在办外交时免受欺蒙,清政府决定建立外国语学校,培养当时急需的外交翻译人才,一大批像京师同文馆(1862)、上海广方言馆(1863)、广州同文馆(1864)、新疆俄文馆(1887)、台湾西学馆(1888)及湖北自强学堂(1893)这样的外语学堂应运而生。

这些外语学堂中,影响最大的是京师同文馆,它是中国近代最早的新式学堂。京师同文馆是同治元年(1862)恭亲王奕䜣等人奏请在北京设立的,附属于总理各国事务衙门。开办之初只有英文馆,第二年增添法文馆、俄文馆,每馆招收10名学生,为各旗推荐的八旗子弟。随着洋务运动的开展,又在同文馆基础上开设算学馆、天文馆等,发展成为综合性的学堂。京师同文馆的教习有外国人也有中国人,按职责又可分为总教习、教习和副教习。1869年至1894年,丁韪良任京师同文馆总教习,采取措施对同文馆的课程进行了很大的改进。1900年,由于八国联军侵入北京,全体师生被迫解散。1902年,京师同文馆并入京师大学堂。

京师同文馆在40余年的办学过程中,在培养目标、课程设置、教学内容和教学方法上独具特色,具备了近代新教育的特点。京师同文馆培养了近代第一批职业翻译官、外交官与科学技术人才,他们翻译西书,传播西学,开阔了国人的眼界。京师同文馆的课程包括许多西方的科学文化技术知识,迈出了向西方学习先进科学技术知识的第一步,为近代资产阶级文化教育的创立开辟了道路。京师同文馆在近代中国历史上第一次采用西方的教学制度,第一次把班级授课制引入中国,实行分年课程,初具现代教学制度模型。

2. 军事学堂

随着帝国主义侵略的加深,洋务派认识到要想防御外敌,必须要有新式军队和现代化的军事技术装备。因此,培养军事人才,保国御辱尤为洋务派所重视。这一时期兴办的军事学堂主要有 1866 年福建船政学堂;1874 年上海江南制造局操炮学堂;1881 年天津北洋水师学堂;1882 年广东实学堂(1884 年改为广东水陆师学堂);1885 年天津武备学堂;1886 年北京昆明湖水师学堂;1890 年南京江南水师学堂;1893 年天津军医学堂;1896 年江南陆师学堂等,这些学堂培养了中国近代第一批军事技术人才。

在洋务派创办的军事学堂中,影响最大的是 1866 年闽浙总督左宗棠设立的福建船政学堂。福建船政学堂又称"求是堂艺局""福州船政学堂",附设在福建船政局福州马尾船厂船政学堂。学堂分前学堂与后学堂两部分,前学堂学习法文及造船技术,后学堂学英文及驾驶、轮机技术。此外也学习《圣谕广训》《孝经》、策论等传统中国课程,学习年限为 5 年。船政学堂初创时的教学人员基本上来自英、法两国,其中有不少是专职教师,也有一些担任船政局指导工作的技术人员也兼任教师。福建船政学堂是中国近代最早的海军军事学堂,在从 1866 年开办到 1913 年改组的近半个世纪内,不仅为中国近代海军培养了第一代舰战指挥和驾驶人才,也为后来成立的海军军事学校输送了一批教师和管理人员。

3. 技术学堂

19 世纪 70 年代末,洋务派认识到外国人能侵略中国,不仅在于他们拥有先进的军事装备,更在于其国富民强。所以,抵御外来侵略不仅要"自强",而且要"求富",洋务运动的重心由兴办军事工业转向民用工业。为适应这种转变,他们兴办了一大批工业技术学堂,培养从事工业制造和研究的技术人员和管理人员。如 1876 年丁日昌创办的福州电报学堂;1880 年李鸿章创办的天津电报学堂;1882 年上海电报学堂;1892 年湖北矿务局工程学堂;1895 年山海关铁路学堂;1896 年南京储才学堂等。

4. 洋务学堂的特点

一是它在国家教育体制中尚无一席地位。这些新式学校都是申报朝廷批准后兴办的,虽然不是私学,但却都是以个案处理,零星举办,也不隶属于当时的教育管理系统。它的经费多靠自筹,所以严格说也不是官学,只能算是封建传统教育之外的点缀和补充而已。

二是教育范围有限。其范围局限在外语和军事两个方面,其他学科多为这两个方面的延伸。如机械专业主要是为军工服务,电报、医务专业也首先着眼于军用,实际上是"师夷之长技以制夷"原则的具体运用而已,体现出狭窄的实用性。

三是从教学到管理大权多被外国人所把持。如美国传教士丁韪良自 1869—1894 年,任京师同文馆总教习达 25 年之久。福建船政学堂由法国军官日意格、德克碑任正、副总监,清政府只管投资拨款、提供设备原材料及对学生的日常管教。

四是仍保留着封建教育的特点。首先必须是具有一定的旧学基础的人才能入学,学校均有中国教习负责传统儒家经学的教学和考核,仍有祭孔典礼,讲究礼制,学规烦琐,厉行惩戒等等,都是旧官学的传统,新教育其实仅仅表现在教学内容方面。

(二) 洋务留学教育

洋务派在开办新式学堂的同时,也派遣不少学生到欧美等国学习,首开我国近代公费留学教育的先河。

1. 幼童留美

留学教育中,最著名的是容闳率领 120 名幼童留美。容闳(1828—1912),广东香山人,1835 年马礼逊学堂筹设时先期招生的两名学生之一,附读于郭士立夫人所设女塾,1839 年进入独立设置的马礼逊学堂学习。1847 年随马礼逊学堂校长布朗去了美国,1854 年从耶鲁大学毕业后回国。1867 年他向曾国藩建议派留学生赴美,开办留学教育。1872 年清廷批准曾国藩、李鸿章的"奏选派幼童赴美肄业办理章程折",决定每年选派 30 名学生,分四年共120 人留美,学习年限 15 年。由陈兰彬、容闳担任留学生正副监督,筹办出国事宜。

1872 年容闳率 30 名幼童赴美,这是中国官派留学生之始。1873 年、1874 年、1875 年各派 30 名学生赴美。幼童最大的 16 岁,最小的 10 岁,多数为十二三岁。留美学生学习的内容以西学为主,兼习中学。每逢节日,要由监督召集学生宣讲《圣谕广训》,在重大节日和朔望等日,要望朔行跪拜礼,还要瞻拜孔子像。这些幼童到美后很快适应了新的生活,并接受了美国人的观念和思想。

1875 年陈兰彬改任驻美公使。1876 年顽固派吴子登为监督,吴上任后召集留学生训话,见学生没向他行跪拜礼,便心怀不满,此后不断向清政府写信诬告容闳,清政府听信谗言,于 1881 年 7 月下令撤回留学生,致使其学业中断,幼童留美教育横遭夭折。尽管如此,大批幼童出洋留学,"属中华创始之举,抑亦古来未有之事"[①]。这些未完成学业的留学生,后来仍然在我国科技、实业和管理等领域发挥了重要作用。如铁路工程师詹天佑、开滦煤矿矿冶工程师吴仰曾、北洋大学校长蔡绍基、清华学校校长唐国安、第一位美国华裔律师张广仁、清末交通总长梁敦彦、民国总理唐绍仪、1884 年中法战争中英勇殉国的薛友福等,都在中国近代史上留下光辉的一页。

2. 派遣留欧

1873 年船政大臣沈葆桢上书总理衙门,建议遣人游学欧洲各国,并提出了选派福建船政学堂学生留学的具体办法。奏议得到总理衙门支持,但因事被搁置。至 1875 年才派出第一批 5 人到英、法等国学习。1877 年李鸿章奏请派遣留学生赴英国学水师兵法,赴法国学造船技术。同年 3 月,清政府派监督李凤苞、日意格及随员马建忠等带领福建船政学堂 30 名留欧学生,分赴法、英、西班牙等国学习。以后又陆续多次派遣学生留欧。据统计,到 1897 年,共派遣留欧学生 6 批约 130 名赴英法等国学习,其中绝大部分是福建船政学堂学生。

留欧学生从 1879 年起陆续回国,为中国近代海军发展和工业化做出了重大贡献:第一,留欧学生提高了我国近代军舰制造技术的水平。如留欧学生魏瀚等人回国后,自行设计制造了一批军舰和轮船,留欧学生陈兆翱归国后任船政局蒸汽机制造总工程师。第二,留欧学生也成为近代海军重要将领的人选。如北洋舰队最大的巡洋舰镇远号和定远号管带林泰曾和刘步蟾、靖远号管带叶祖珪、超远号管带黄建勋、济远号管带方伯谦都是留欧学生。1909

---

① 中华史学会.洋务运动(二)[M].上海:上海人民出版社,1961:157.

年清政府筹办海军处和长江舰队,留欧学生萨镇冰为筹办海军副大臣,沈寿堃为长江舰队统领。刘冠雄、萨镇冰、李鼎新还先后出任民国海军总长。第三,为近代海军教育事业做出了贡献。如严复担任北洋水师学堂总教习和总办 20 余年,蒋超英、魏瀚也分别担任江南水师学堂和广东黄埔水师学堂总办,担任各水师教习者更多,而且留欧学生在其他领域也有重要影响。如留欧学生陈季同,后任驻法使馆翻译、参赞,成为一位出色的外交官;严复通过翻译世界名著宣传进化论等启蒙思想,对近代思想解放做出了重大贡献。

四、"中体西用"思想与张之洞的教育思想

(一)"中体西用"思想的形成和发展

中国近代"中体西用"思想,首先以冯桂芬"中主西辅"的形式表述。他在 1861 年写的《校邠庐抗议·采西学议》里主张"如以中国之伦常名教为原本,辅之以诸国富强之术,不更善之善者哉?[①]这被认为是"中体西用"思想的雏形。与此类似的表述还有 1892 年郑观应在《西学》篇中说"中学其本也,西学其末也。主以中学,辅以西学[②]。1895 年 4 月沈康寿在《万国公报》第 75 期发表《匡时策》一文说:"夫中西学问,本自互有得失,为华人计,宜以中学为体,西学为用。"1896 年 8 月,时任清朝工部尚书的孙家鼐在《遵义开办京师大学堂》折中说:"今中国京师创立大学堂,自应以中学为主,西学为辅,中学为体,西学为用。中学有未备者,以西学补之;中学有失传者,以西学还之。以中学包罗西学,不能以西学凌驾中学,此是立学宗旨。"[③]直到洋务派代表人物张之洞,在其代表作《劝学篇》中,围绕"旧学为体,新学为用"集中地进行了阐述,"中体西用"才形成了一个比较系统完整的思想体系。

(二)张之洞在《劝学篇》中对"中体西用"思想的阐述

张之洞(1837—1909),字孝达,直隶南皮(今属河北)人。他出身于封建官僚家庭,自幼受传统礼教熏陶,16 岁中举人,27 岁中进士,授翰林院编修。先是做过浙江乡试副考官,湖北、四川学政等教育行政官,后又历任山西巡抚、两广总督、湖广(两湖)总督等地方最高官职,晚年调到京师,任军机大臣,主管学部事务。

张之洞在各地主持地方政务时都致力于兴办教育事业。其中既有传统式的书院,如四川经心书院、山西令德堂、广州广雅书院、湖北两湖书院等;更有许多新型学堂,如广东水陆师学堂、湖北武备学堂、商务学堂、自强学堂、江南铁路专门学堂以及湖北师范学堂、南京三江师范学堂等,并大力倡导留学教育。后又将一些书院改造成新式学堂,开创了使旧教育向新教育转轨的历程。他还主持制定了第一个近代学制系统——"癸卯学制",又与他人一起,促成了科举制度的最终废除。他有大量关于教育的论著和奏折,以1898 年发表的《劝学篇》影响最大。《劝学篇》分内、外两篇,内篇主要谈"中学为体",宗旨是"正人心";外篇主要谈"西学为用",宗旨是"开风气",系统论述了"中学为体,西学为用"的观

图 7-1 张之洞

① 陈学恂.中国近代教育文选[M].北京:人民教育出版社,2001:19.
② 陈学恂.中国近代教育文选[M].北京:人民教育出版社,2001:54.
③ 陈学恂.中国近代教育史教学参考资料(上)[M].北京:人民教育出版社,1986:431.

点,奠定了近代中国半封建半殖民地社会文教政策的基础。

张之洞所言的中学,是"'四书''五经'中国史事、政书、地图",即传统的经史之学、典章制度和伦理道德等。这是中华文明的根基,是绝对不能放弃和削弱的。特别是作为封建伦理道德核心的"三纲",更是"五伦之要,百行之源,相传数千年更无异议。圣人之所以为圣人,中国之所以为中国,实在于此"①。坚决反对西方资产阶级推崇民权和男女平等之说。由此可见,张之洞强调中学为体,目的就是要维护封建统治的根本制度框架。

张之洞所言的西学,包括"西政"和"西艺"两部分(有时他还另列"西史",即西方各国历史)。"西政"有"学校、地理、度支、赋税、武备、律历、劝工、通商"等,即西方各类具体制度和行政管理措施。"西艺"有"算、绘、矿、医、声、光、化、电"等,即西方各类科学技术。他认为这些新学确有实用之效,"此教养富强之实政也",②反对守旧派一概将其贬斥为奇巧淫技、异端邪行。张之洞明确指出"西艺非要,西政为要",这与早期洋务派只重"夷之长技"的立场相比又有所进步,他甚至赞扬西方的立法和司法制度,认为"西政之刑狱、立法最善"③。但是,引进西学有一个明确的原则界限,就是"果其有益于中国,无损于圣教者"④,即不能触犯封建王朝的根本利益。如推崇自由、平等、博爱的"泰西哲学",则必须坚决抵制。

(三)"中体西用"的历史作用和局限

在当时中国封建主义儒学占绝对统治地位的时代,"中体西用"思想的提出是一个不小的进步,是中西文化在当时的一种特殊的结合方式,虽然其根基仍为中学,但毕竟给僵化的封建传统文化打开了一个缺口,推动了近代教育的改革和新式教育的产生,清末学制就是中体西用的产物。

但"中体西用"的根本是维护中学,在这种宗旨支配下,清末的学校仍然要尊孔、读经,固守传统的封建教育,从这个意义上来说,它又阻碍了中国教育近代化的进程。

第二节 近代教育体系的建立

一、早期改良派的教育主张

中国近代的早期改良派著书立说,揭露时弊,批评洋务运动,他们对八股取士和现行的教育制度极为不满,极力主张改革教育,兴办学校,把办好学校教育作为"治天下之大本"。

(一)全面学习西学

早期的改良派认为西学内容非常丰富,反对洋务派把西学的内容局限于西方诸国语言和某些技艺。马建忠在1884年指出,洋务运动热衷讲求的"制造、军旅、水师诸大端,皆其末也"⑤。郑观应在《盛世危言·西学》中认为西学包括西方的自然、工艺和社会科学诸多学

① 罗炳良.张之洞《劝学篇·明纲》[M].北京:华夏出版社,2002:34.
② 罗炳良.张之洞《劝学篇·益智》[M].北京:华夏出版社,2002:82.
③ 罗炳良.张之洞《劝学篇·设学》[M].北京:华夏出版社,2002:94.
④ 罗炳良.张之洞《劝学篇·会通》[M].北京:华夏出版社,2002:147.
⑤ 马建忠.适可斋记言·上李伯相言出洋工课书[M].上海:中华书局,1960:31.

科。到甲午战争前夕,陈炽更直截了当地批评洋务派的学习外语是"弃其精英而取其糟粕,遗其大体而袭其皮毛"①。

(二) 改革科举制度

随着新式学堂的产生和发展,科举制度阻碍中国教育发展的弊端越来越明显,科举制度开始受到早期改良派的批判。王韬认为,"时文不废,人才不生,必去时文尚实学,乃见天下之真才",主张"以学时文之精神才力,专注于器艺学术"②。郑观应也于 1884 年提出最好能"选材于学校",如不能做到,也应改革科举,在经史、时事、例案等传统学问之外另立一科,"挂牌招考西学"③。

(三) 建立近代学制

在早期改良派中,勾画出中国近代学制轮廓的是郑观应。郑观应认为,中国传统教育不可能培养出适应近代工商业发展的人才。他通过比较,认为中国传统教育是"只知教学举业",不屑讲求商贾农工之学;西方教育是"士有格致之学,工有制造之学,农有种植之学,商有商务之学。无事不学,无人不学"。④ 指出了近代教育多样化、职业化、普及化的特征。在此认识基础上,郑观应提出仿照西方学制设立小学、中学、大学三级学制系统。

(四) 倡导女子教育

在近代西方男女平权观念的影响下,早期改良派普遍发出重视女子教育的呼声。陈虬提出中国应仿照西方"设女学以拔取其材,分等录用"的主张,并认为占人口半数的妇女不读书,不能服务于社会,是"无故自弃其半于无用,欲求争雄于泰西,其可得乎"⑤? 当时还出现了如郑观应的《盛世危言·女教》等集中讨论女子教育问题、倡导女子教育的专篇文章。

二、维新派的教育实践

中日甲午战争后,民族危机加深,资产阶级领导的维新运动蓬勃兴起,他们认为改革教育,培养新式人才,是实现变法维新的基础。因此,维新教育实践活动便成为维新运动的基本内容。

(一) 兴办学堂

维新性质的学堂包括以下两类:第一类是维新运动的代表人物为培养维新骨干,传播维新思想而设立的学堂,著名的有广州万木草堂和湖南时务学堂。

1891 年春康有为在广州长兴里(今广州市中山四路)邱氏书屋设立讲堂,称"长兴学舍"。1893 年冬,又选定仰高祠(今广州市文明路)为正式讲舍,定名为"万木草堂"。1898 年戊戌政变后自行解散,并被清政府查抄。万木草堂的教学内容虽沿用了义理、考据、经世和文字之学等传统提法,但包括了西方哲学、万国史学、地理学、数学、格致、外国文字、政治原理学、中国政治沿革得失、政治应用学、群学等学科内容,成为酝酿、研究、宣传维新变法理论的场所,也造就了一大批维新人才,梁启超即是典型代表。

1897 年 11 月,在谭嗣同的推动下,时务学堂在湖南长沙正式开学。聘请梁启超为中文

---

① 赵树贵,曾丽雅.陈炽集·庸书内外篇·自序[M].上海:中华书局,1997:52.
② 璩鑫圭,童富勇.中国近代教育史资料汇编·教育思想[M].上海:上海教育出版社,2007:49.
③ 璩鑫圭,童富勇.中国近代教育史资料汇编·教育思想[M].上海:上海教育出版社,2007:75.
④ 郑观应.盛世危言·商战[M].北京:华夏出版社,2002:344.
⑤ 中国史学会.戊戌变法·治平通议(第 1 册)[M].上海:神州国光社,1953:228.

总教习,李维格为西文总教习。梁启超以万木草堂学规为蓝本,制订《湖南时务学堂学约》,并在此讲学数月,着重宣传维新变法思想,倡导民权学说,推动了维新运动在湖南的开展。

第二类学堂是在办学类型与模式、招生对象、教学内容等方面对洋务学堂办学观念有所突破,领风气之先。著名的有北洋西学堂、南洋公学和经正女学等。

北洋西学堂和南洋公学都是盛宣怀所创办。1895 年津海关道盛宣怀奏请在天津开办中西学堂,称为北洋西学堂,后发展为北洋大学。1896 年又奏请在上海设立南洋公学,民国后发展为交通大学。这两所学校最早采取西方近代学校体系的形式,分初、中、高等级相互衔接,并按年级逐年递升,具有近代三级学制的雏形。

经正女学又称"中国女学堂",是梁启超、经元善等人于 1898 年在上海城南桂墅里设立。经正女学教师和管理人员皆聘中外女士担任。课程分中西两大类:中文课程授中国传统女性读物,如《女孝经》《女论语》《女诫》《内则衍义》,及女红、绘画、医学等;西学课程有英文、算术、地理、体操等。于 1900 年停办,是我国第一所国人自办的正规女子学校,开启了中国女子教育的先声。

(二)兴办学会与发行报刊

维新派还通过创办各种学会和发行报刊来宣传维新思想。1895 年 8 月,康有为与陈炽在北京创办《万国公报》,后更名为《中外纪闻》。同年 11 月、12 月,北京强学会和上海强学会相继成立,又在上海创办《强学报》作为两会的机关报。上述两会和两报在 1896 年 1 月被清政府查禁,但各地维新人士发起成立的学会和出版的报刊犹如雨后春笋般不断涌现,如 1896 年梁启超在上海创办的《时务报》,1897 年严复在天津创办的《国闻报》,湖南的南学会和《湘报》,上海的蒙学会和《蒙学报》等。

三、"百日维新"中的教育改革

1898 年 6 月 11 日至 9 月 21 日的"百日维新"中,资产阶级维新派积极推行新政,通过光绪皇帝颁布了大批维新变法诏令,有关文化教育的改革如下:

(一)创办京师大学堂

京师大学堂的创办,首倡于 1896 年 6 月李端棻的《请推广学校折》。他主张仿照欧美学制设立三级学堂,其中京师大学堂"选举贡监年三十以下者入学……以三年为期"[①]。此议因守旧派以经费困难为由主张"缓办"而搁置。1898 年初康有为、王鹏运又先后重申此议,但直至"百日维新"中在光绪的严令下,总理衙门才委托梁启超代拟出《京师大学堂章程》。光绪批准了此章程,并派孙家鼐为管学大臣,负责筹办和管理大学堂事物并节制各省学堂。以后又任用原同文馆总教习丁韪良为总教习。1898 年 11 月京师大学堂正式开学,1900 年受到八国联军战火的严重破坏而停办,1902 年复学。民国初年,京师大学堂改为北京大学。

(二)废除八股考试,改革科举制度

1898 年 6 月 23 日,光绪皇帝谕自下科为始,乡会试及童岁科各试向用四书文者,一律改试策论。乡会试仍定为三场:第一场试中国史事、国朝政治论五道;第二场试时务策五道,专问五洲各国之政、专门之艺;第三场试"四书"义各一篇。规定以后一切考试,取士要以讲

---

① 朱有瓛. 中国近代学制史料(第一辑下)[M]. 上海:华东师范大学出版社,1986:485.

求实学、实政为主,不以楷法好坏为标准。7 月 23 日,光绪皇帝又下诏开设经济特科(法律、财政、外交、物理等),以选拔维新人才。

(三)讲求西学,建立新式学堂

百日维新期间,各地旧有的大小书院,一律改为兼习中学和西学的学堂,省会的书院改为高等学堂,府城的书院改为中等学堂,州县的书院改为小学堂。地方捐办的义学、社学也中西兼学。此外,鼓励绅民捐资兴学,民间祠堂不再祀典者,也改为学堂。中小学所用课本由官设书局统一编译出版。还筹备设立铁路、矿务、农务、茶务、蚕桑、医学等专门学堂。

四、康有为的教育思想

(一)生平与教育活动

康有为(1858—1927),广东南海区人。原名祖诒,字广厦,号长素,人称南海先生。他出生在世代官僚家庭,从小受过严格的封建传统教育。1879 年出游香港,开始接触西方文化。1884 年中法战争失败,刺激他进一步向西方寻求真理,形成资产阶级改良主义思想。1888 年康有为参加顺天乡试,上书光绪帝请求变法,受阻未上达。1891 年在广州长兴里设立万木草堂,宣传维新变法思想。1895 年初康有为与梁启超入京会试,得知《马关条约》签订,联合 1 300 多名举人上书请愿,要求拒和、迁都、练兵、变法,受阻未达,此即"公车上书"。后中进士,授工部主事。1898

图 7-2 康有为

年 6 月—9 月"百日维新"期间受光绪皇帝召见并主持维新变法工作,变法失败后逃亡日本,坚持改良道路。在后来的资产阶级革命时期堕落为保皇派。

(二)维新运动中的教育改革主张

1. 变科举、废八股的主张

他指责科举取士是愚民政策,只能使人脱离实际,闭目塞听,选拔的人才,无真才实学。而要培养人才,就必须变科举、废八股。他说:"今变法之道万千,而莫急于得人才,得人才之道多端,而莫先于改科举。"[①]

2. 兴办学校,建立资产阶级性质的教育制度

康有为认为:兴建学校,是宣传变法、培育维新人才的根本。要求对儿童实行强制初等义务教育。他说:"今乡皆立小学,限举国之民,自七岁以上必入之……八年而肄业。其不入者,罚其父母。"[②]

(三)《大同书》中的教育理想

《大同书》是康有为一部重要著作,写于 1884 年,当时称为《人类公理》,发表于变法之后。《大同书》教育思想主要体现在建立理想的资产阶级教育制度。其学制体系如下。

人本院:已怀孕的妇女进入人本院。康有为继承了中国古代的胎教思想,认为胎儿时期

---

① 璩鑫圭,童富勇.中国近代教育史资料汇编·教育思想[M].上海:上海教育出版社,2007:136.
② 璩鑫圭,童富勇.中国近代教育史资料汇编·教育思想[M].上海:上海教育出版社,2007:141.

是人生的关键时期:"生人之本,皆在胚胎,人道之始,万物之原也。"①因此,对人的教育在其未成形之前就应该开始。

育婴院:育婴院和慈幼院是承担幼儿教育的机构。婴儿断乳之后,即送入育婴院由公家抚养,3岁后入慈幼院,对儿童实施学前教育,教育重点是保证儿童身体健康,此外还有语言、歌曲、手工等保育内容。

小学院:儿童6岁入学,接受初等教育至10岁,教育重点是"养体为主,而开智次之"②。因此校园环境要环境优美,多设秋千、跳木供学生游戏,满足儿童好动的天性。

中学院:11—15岁青少年接受中等教育。这一阶段是人生的关键时期,"人生学问之通否,德性之成否,皆视此年龄"③。因此教育重点是"养体开智外,尤以德育为重"④。

大学院:16—20岁接受高等教育。大学院教育是专门之学,教育目标是培养专业人才,德、体并重外,"专以开智为主"⑤。校址的设置要结合专业的实际,如农学设于田野,矿学设于矿山,工学设于工厂等,便于理论联系实际。

《大同书》中教育思想,有许多道德训练等封建教育思想,反映了康有为思想的局限性。但他提出一个具有资产阶级性质的教育制度,还是具有进步意义的。

五、梁启超的教育思想

(一)生平与教育活动

梁启超(1873—1929)字卓如,号任公,广东新会人,中国近代思想家、教育家,维新变法的主要领导者之一。少年接受传统教育,青年时期开始学习西学,并拜康有为为师。1891年,在万木草堂学习并承担部分教学工作。1895年,在北京与康有为组织"公车上书",成立"强学会",在上海创《时务报》。在1898年的"百日维新"中,主持京师大学堂事务。变法失败后,逃亡日本。教育代表作有《变法通议》《湖南时务学堂学约》《教育政策私议》《论教育当定宗旨》等。

(二)论教育作用和目的

梁启超非常重视教育的作用,认为国家富强的根基在于文化教育,应当以育人才,开民智为根本。他说:"今日中国之大患,苦于人才之不足,而人才不足由学校不兴也。"⑥因此他把兴学校、办教育作为关系到国家强弱、民族兴衰的头等大事来看。

图7-3 梁启超

梁启超也非常重视教育目的的确定,认为确定国家教育目的要"洞察五洲各国之趋势","熟考我国民族的特性",批评传统教育以升官发财为目的,无救今日之中国。他提出了培养"新民"的教育目的,这种"新民"的精神是进取的,思想是自由的,行动是自立的,团体生活是

---

① 康有为.大同书[M].沈阳:辽宁人民出版社,1994:228.
② 康有为.大同书[M].沈阳:辽宁人民出版社,1994:249.
③ 康有为.大同书[M].沈阳:辽宁人民出版社,1994:252.
④ 康有为.大同书[M].沈阳:辽宁人民出版社,1994:251.
⑤ 康有为.大同书[M].沈阳:辽宁人民出版社,1994:256.
⑥ 璩鑫圭,童富勇.中国近代教育史资料汇编·教育思想[M].上海:上海教育出版社,2007:188.

有组织的,是重公德的,是爱国家的,是有毅力尽义务的,是勇敢尚武的。

（三）维新运动时期的教育改革主张

1. 改革科举、兴办学校

梁启超认为兴学校是开民智、提高国民素质的最有效手段,但现行的八股取士制度是中国文明禁锢、人才塞听的根源,也是兴学校的最大障碍。他强调:"变法之本,在育人才;人才之兴,在开学校;学校之立,在变科举。"[①]因此,他奏请立即"停止八股试帖,推行经济六科,以育人才,以御外侮"[②]。在《论科举》中,梁启超提出了改革科举制的具体方案,主张以新的学校体系取代科举制度。

2. 论儿童教育

梁启超重视儿童教育,认为:"人生百年,立于幼教。"[③]他揭露中国封建儿童教育是对儿童的摧残,不遵循儿童成长的年龄特征和兴趣特点,只注重体罚和强制,这对儿童成长不利。他认为这样下去不仅可以亡国,还足以灭种。

他赞赏西方儿童教育,主张为儿童办新式学校,研究新的儿童教育方法,还十分强调编辑蒙学书籍以及教材教法的研究。他是我国近代最早提倡系统研究各科教材教法的教育家。他写了一本关于儿童教育的著作《论幼学》,阐述了他的儿童教育思想。

3. 论女子教育

梁启超重视女子教育,认为中国女子不受教育是国弱的一个重要原因。他说:"吾推及天下积弱之本,则必自妇人不学始。"对女子进行教育具有:"上可相夫,下可教子。近可宜家,远可善种"的作用[④]。他反对封建的女子伦理观,批评"女子无才便是德"的陈腐观念。认为这种思想是"祸天下之大道",是使女子愚昧无知的根源。他主张学习西方,创办女子学校,写了《提倡女学堂启》,并与他人一起创办了我国第一所女子学校——经正女学。

4. 论师范教育

梁启超是中国近代教育史上较早提出设立师范教育的教育家。1896年,他在《论师范》中专门论述了师范教育的问题。他从日本明治维新后的教育发展中认识到了师范教育的重要性,提出师范教育是"群学之基",师范教育是整个教育质量提高的基础与保证。因此,他力倡师范教育,在设计教育体制的时候,增加了师范教育。梁启超关于师范教育的思想是他整个维新思想的重要组成部分。

六、严复的教育思想

（一）生平与教育活动

严复(1853—1921)字又陵,又字几道,福建侯官人。1867年考入福州船政学堂学习轮船驾驶。1877年到英国留学,接触到

图7-4 严复

① 璩鑫圭,童富勇.中国近代教育史资料汇编·教育思想[M].上海:上海教育出版社,2007:196.
② 璩鑫圭,童富勇.中国近代教育史资料汇编·教育思想[M].上海:上海教育出版社,2007:237.
③ 陈学恂.中国近代教育文选[M].北京:人民教育出版社,1983:148.
④ 朱有瓛.中国近代学制史料(第一辑下)[M].上海:华东师范大学出版社,1986:869.

了西方先进的资产阶级思想与文化。1879 年回国从事教育工作,在北洋水师学堂任总办。1897 年与人合办《国闻报》,宣传"教育救国"和"科学教育"。1905 年协助马相伯创办复旦大学。1912 年京师大学堂改为北京大学后,任北京大学首任校长。

严复是中国近代第一个比较系统地介绍和传播西方资产阶级自然科学和社会科学的启蒙思想家,是近代著名理论家和教育家。他翻译了《天演论》《原富》《群学肄言》《法意》等西方资产阶级名著。变法失败后,走上保守道路。

(二) 对八股考试的批判

在《救亡决论》中,严复详细地分析了八股式教育的三大弊端:一是"锢智慧"。八股式教育违反了由浅入深、由简到繁、循序渐进的学习规律,导致士人拒绝接受其他知识,故步自封,孤陋寡闻。二是"坏心术"。科举之士平时诵读陈章,到考场后因袭成文,长期"习为剽窃诡随之事",导致丧失"羞恶是非之心",科场作弊之风盛行。三是"滋游手"。八股教育目标单一,与生产严重脱离,导致士人与农工商壁垒分明,积累了一支庞大的官僚后备军,成为衣食仰赖于社会的游民。因此,他大声疾呼:"痛除八股而大讲西学。"

(三) 德、智、体兼备的"三育论"

严复是中国最早论述三育并重的教育家。他说:"讲教育者,其事常分三宗:曰体育,曰智育,曰德育,三者并重。"[1]其中体育是国民素质的基础,近世中国民力衰弱,被外人讥为"病夫",因此必须加强体格训练,以"鼓民力"。国民才智是国家"富强之源",智育包括学问和事功两个方面,不能只在书斋里做学问,要"观物察变",运用于实际,以"开民智"。德育在三育中最重要,但不能再因袭封建的人伦纲常,要树立国家观念和社会公德,以"新民德"。

(四) "体用一致"的文化教育观

严复提倡西学,反对洋务派"中体西用"的观点。他曾多次将中学与西学做比较:"中国最重三纲,而西人首言平等;中国亲亲,而西人尚贤;中国以孝治天下,而西人以公治天下;中国尊主,而西人隆民……其于为学也,中国夸多识,而西人恃人力。"[2]所以他认为就是尧、舜、孔子生在今天的话,也要向西方学习的。要救中国必须全面学习西方的自然科学与社会政治学说。他认为洋务派讲的西学,不过是抄袭西方资本主义的皮毛,真正的西学,要包括西方的"民主""政体""科学"。他不同意"中体西用"的提法,认为体和用不可分。"中学有中学之体用,西学有西学之体用,分之则两立,合之则两止。"[3]他认为应做到"体用一致",从政治制度上进行改革,提出了"以自由为体,以民主为用"的资产阶级教育方针。

七、清末新政时期的教育改革

(一)"壬寅学制"和"癸卯学制"的颁布

中国近代教育史上最先制定的学校教育制度,是 1902 年制定的《钦定学堂章程》。此章程将普通教育划分为:初等教育、中等教育、高等教育三段七级。因 1902 年为农历壬寅年,故称"壬寅学制"。

---

① 璩鑫圭,童富勇.中国近代教育史资料汇编·教育思想[M].上海:上海教育出版社,2007:307.
② 璩鑫圭,童富勇.中国近代教育史资料汇编·教育思想[M].上海:上海教育出版社,2007:287.
③ 璩鑫圭,童富勇.中国近代教育史资料汇编·教育思想[M].上海:上海教育出版社,2007:307.

"壬寅学制"虽然正式公布,但并未实行。1903 年,张百熙、张之洞、荣庆等在"壬寅学制"的基础上,拟定了《奏定学堂章程》,于 1904 年 1 月颁布实施。这个章程制定了各级各类学校章程和学校管理法、教授法等,因农历的 1903 年是癸卯年,故称"癸卯学制"。

"癸卯学制"是中国第一个正式颁布并在全国范围内实际推行的学制,其学制情况如下:

1. 直系教育

从蒙养院至通儒院,共三段七级,互相连接。

蒙养院:为幼儿教育机构。收 3 至 7 岁儿童,教育内容有游戏、歌谣和手技。将其纳入学制系统,标志我国学前幼儿教育已进入国家规划发展的新阶段。

初等小学堂:为强迫教育阶段。儿童 7 岁入学,修业 5 年。教育内容有修身、读经讲经、中国文字、算术、历史、地理、格致、体操。教育宗旨是"以启其人生应有之知识,立其明伦理、爱国家之根基,并调护儿童身体,令其发育"。[①]

高等小学堂:收 15 岁以下儿童,修业 4 年。教育内容有修身、读经讲经、中国文学、算术、中国历史、地理、格致、图画、体操。教育宗旨是"培养国民之善性,扩充国民之知识,强壮国民之气质"[②]。

中学堂:收高小毕业生,修业 5 年。教育内容有修身、读经讲经、中国文学、外国语、历史、地理、算学、博物、物理及化学、法制及理财、图画、体操。教育宗旨是"施较深之普通教育,俾毕业后不仕者从事于各项实业,进取者升入高等专门学堂均有根柢"[③]。

高等学堂或大学预科:收中学堂毕业生,修业 3 年,学科分为三类。教育内容是分科设学。在三类学科中,外语都占重要位置。宗旨为:使学生掌握大学预备科的教学内容。

大学堂:收高等学堂或大学预科毕业生,修业 3—4 年。分设八科:经学、政治、文学、医学、格致、农科、工科、商科。京师大学堂须八科全设,外省的大学堂至少须设三科。宗旨是使"各项学术艺能之人才足供任用"[④]。

通儒院:最高学府,收分科大学毕业生,修业 5 年。以"造就通才"为目的。"能发明新理以著成书,能制造新器以利民用。"[⑤]

2. 师范教育

分初级师范学堂、优级师范学堂两级。

初级师范学堂:收高等小学堂毕业生,培养高等小学堂、初等小学堂教员。学习普通学科和教授管理法。兴办之初在各个省城各设一所,逐渐达到各县一所。

优级师范学堂:收初级师范毕业生及普通中学毕业生,培养初级师范学堂及中学堂的师资。京师及各省各设一所。

两级师范学校都要有附属小学、中学,以供师范生实习所用。

3. 实业教育

分实业学堂、补习实业学堂、实业师范学堂三类。

---

① 舒新城. 中国近代教育史资料(中)[M]. 北京:人民教育出版社,1961:411.
② 舒新城. 中国近代教育史资料(中)[M]. 北京:人民教育出版社,1961:427.
③ 舒新城. 中国近代教育史资料(中)[M]. 北京:人民教育出版社,1961:501.
④ 舒新城. 中国近代教育史资料(中)[M]. 北京:人民教育出版社,1961:572.
⑤ 舒新城. 中国近代教育史资料(中)[M]. 北京:人民教育出版社,1961:572.

实业学堂分初、中、高三级。初等实业学堂分四种：农业、商业、工业、商船，都相当于高小程度。中等和高等实业学堂也各分四种，只是程度上递次升高的差别。

补习实业学堂：包括实业补习普通学堂和艺徒学堂两类。

实业师范学堂：培养各实业学堂教员。

癸卯学制一直沿用到清政权灭亡为止。在这期间，虽然有一些更改，但"癸卯学制"的性质却没有变化，始终反映着半殖民地半封建社会的教育特点。

（二）废科举，兴学堂

传统教育的空疏无用，科举取士的腐朽、没落，不断受到改良派、洋务派、维新派的批评和指责。在这种形势下，科举取士制度的改革和废除势在必行。

科举制度从改革到废除共分三个阶段：

第一阶段，改革科举取士的内容。

在维新变法以前，科举内容就在八股、诗赋、小楷及策论等方面进行多次改革，也出现过多次反复。到了1901年，在"新政"推动下，明令废八股、废试诗赋，改试策论。

第二阶段：递减科举中选名额。

在兴学校，改科举的呼声中，1903年，清政府采纳了大臣张百熙、荣庆、张之洞等奏请的"递减科举，注重学堂折"的建议，逐渐递减科举中选名额。

第三阶段：科举制度完全废止。

科举制度的存在，是兴建新学校，培育新人才的严重障碍。一些大臣认为："欲补救时艰，必自推广学校始，而欲推广学校，必自先停科举始"。[①] 在他们的奏请和批评下，清政府被大势所挟，于1905年下令"立停科举以广学校"。从此，延续1300年的科举制终告废除。科举制度的废除，在中国教育史上是一件大事，它标志着封建旧教育在形式上宣告结束。

（三）改革教育行政体制，厘定教育宗旨

废科举后，为适应教育形势的新变化，加强教育管理，清政府进一步对教育行政体制进行了改革。1905年12月，清政府批准成立学部，作为统辖全国教育的中央教育行政机关，并将原来的国子监并入。学部的最高长官为尚书，其次为左、右侍郎等，并聘请咨议官作为学部的顾问人员。学部内分为5司12科，设视学官专任巡视京外学务。学部附设有编译图书局、京师督学局、学制调查局、高等教育会议所、教育研究所等机构。

地方教育行政也做了相应的改革。清朝官制在各省设立提督学政管理教育，1904年后部分省根据《学务纲要》规定设立学务处。1906年4月，各省设提学使司作为各省专管教育的行政机构，各省提督学政和新设学务处撤销。同时在府、州、县设立劝学所为各级教育行政机关，形成了一套新的从中央到地方的教育行政系统。

维新运动以后，关于教育宗旨的议论逐渐多起来。1906年3月，学部针对民权思想的流行和资产阶级革命派的活动，拟订"忠君、尊孔、尚公、尚武、尚实"的五项教育宗旨，经奏请朝廷认定，宣示天下。这五项教育宗旨虽未脱"中体西用"的窠臼，但较以前仅一般说明中西学的关系要进一步，其中对后三项的解释注意到国民公众心、国家观念、身体素质和基本生活技能的培养，教学方法上学用结合等。这是中国近代第一次正式宣布的教育宗旨。

---

① 舒新城. 中国近代史资料（上）[M]. 北京：人民教育出版社，1962：64.

八、清末的留学教育

在清末新政的激励下,近代留学教育在进入 20 世纪后骤然勃兴,首先是在 1906 年前后形成了规模盛大的留日高潮,其次是在 1908 年美国实行的"退款兴学"政策后留美潮流逐渐兴起。

(一)留日教育

1896 年,中国驻日公使裕庚因使馆缺乏熟练的日文翻译,征得总理衙门同意,派唐宝锷等 13 人前往日本学校附读,学习日本语言文字、外交知识和历史、地理、数学、物理等科目,但仅有 7 人完成了预定 3 年的学业,其余 6 人中途回国。这是中国最早具有官派性质的留日学生。

同时由于甲午战争的失败,使进步的知识分子看到了中国的出路只有向西方学习。很多人认为日本路近费省,西书已由日本择要翻译,日本的风俗习惯近似于中国,所以学习日本是最便捷的途径,开始通过各种途径向日本派遣留学生。到 1901 年 1 月清廷议行新政前,到日本留学的学生已有 200 人左右。[①]

1901 年新政后,清政府更加重视留日人员的派遣,颁布了有关的奖励章程,留日学生逐年增多。1905 年清政府宣布废除科举制度后,士人为寻求新的出路,纷纷涌向日本,一时间出现留日高峰,到 1906 年,留日人数达 8 000 人以上。[②]

清末留日学生虽然在输入近代西方科技方面整体层次不高,但他们充实了新式学堂的师资,壮大了实业技术人才的队伍,翻译了大量日文西学书籍,较广泛地传播了资本主义思想观念。特别是以留日学生为骨干,形成了资产阶级革命派群体,促成了辛亥革命的爆发,对中国近代社会的变革产生了重大的影响。

(二)"庚款兴学"与留美教育

1901 年《辛丑条约》规定,清政府支付各国战争赔款共计白银 4.5 亿两,从 1902 年到 1940 年,分 39 年还清,本息合计达 9 亿多两。因事出中国庚子年,史称"庚子赔款"。1905 年前后,针对美国 19 世纪末以来的排斥华工政策,中国沿海各地掀起了广泛的抵制美货运动,使美国的在华经济利益受到损失。同时由于留日高峰的形成,也引起美国朝野的注目,认为这将不利于美国在华的长远利益。1908 年美国国会通过议案,决定从 1909 年起,将美国所得庚子赔款的一部分以"先赔后退"的方式退还给中国,用于中国派遣留学生教育的经费。美国的这一举动后来被其他相关国家仿效,这就是所谓的"庚款兴学"。

为了实施庚款留美计划,清政府专门拟定了《遣派留美学生办法大纲》,规定在华盛顿设立"游美学生监督处"作为管理中国留学生的机构,在北京设立"游美学务处",负责留美学生的考选派遣事宜,计划从 1909 年起前四年每年派遣 100 名学生留美,自第五年起每年至少续派 50 名学生。第一批庚款生 47 人于 1909 年 10 月赴美。游美学务处在直接选派留美生的同时,又着手筹建留美预备学校——清华学堂。清华学堂于 1911 年 4 月 29 日正式开学,民国后改称清华学校,即清华大学的前身。

通过"庚款兴学",美国确实达到了"把中国留学潮流引向美国"的目的,1909 年以后,留美人数逐年增加,中国留学生的流向结构从此发生了重大的变化。

---

① 实藤惠秀.中国人留学日本史[M].北京:三联书社,1983:1.
② 实藤惠秀.中国人留学日本史[M].北京:三联书社,1983:32 - 39.

第三节 近代教育体制的变革

一、民国初年的教育改革

（一）制定教育方针

蔡元培在 1912 年 4 月，发表了《对于教育方针之意见》和《对于新教育之意见》，批判了清末的五项教育宗旨，首次提出了军国民教育、实利主义教育、公民道德教育、世界观教育和美感教育"五育"并举的教育宗旨。1912 年 7 月召开的全国临时教育会议在蔡元培的上述思想的基础上，讨论并通过了民国新的教育方针："注重道德教育，以实利主义教育、军国民教育辅之，更以美感教育完成其道德"，于 9 月 2 日正式公布实行。这个教育方针初步体现了资产阶级教育关于人的德、智、体、美和谐发展的思想。它的实施不但推动了民国初年普通教育的改革与发展，也为我国以后制订教育宗旨、教育方针提供了理论框架。

（二）壬子—癸丑学制的颁布

1912 年 7 月，在教育总长蔡元培的主持下，全国临时教育会议讨论了学制改革问题。当年 9 月教育部颁布了《学校系统令》。1913 年又陆续颁布了各级各类学校令，逐步成为一个更加完备的新学制系统。这就是"壬子—癸丑学制"。

这个学制规定整个学校教育期限为 17—18 年，横向包括普通教育、师范教育和实业教育三个系统；纵向包括三段四级。初等教育阶段分为两级，小学 6 岁入学，学制 7 年。初小 4 年为义务教育，男女同校；高小 3 年，男女分校；中等教育阶段一级，学制 4 年，男女分校；高等教育阶段一级，学制 6—7 年，包括大学预科、本科和大学院。师范教育分师范学校和高等师范学校二级，相当于中等和高等教育阶段，每级均包括预科和本科两个层次。实业教育分为乙种实业学校、甲种实业学校、专门学校三级，分别相当于高小、中学和大学教育阶段。小学之前有蒙养院，不限年限。

（三）颁布课程标准

民国成立后，为适应改革旧教育的迫切需要，1912 年 1 月 19 日由临时政府教育部颁布了《普通教育暂行课程之标准》，规定了初小、高小、中学、师范等各类学校的具体课程，还制定了各级学校各学年的科目以及每周各科目的教学时数，颁行了各级学校的暂行课程表，保证了教育改革的措施能具体地落实到课程设置和日常教学中去。

二、蔡元培的教育思想与实践

（一）生平与教育活动

蔡元培（1868—1940），浙江绍兴府山阴县人，字鹤卿，号子民，出身于世代经商的家庭。早年入私塾读书，25 岁考取进士，点翰林院庶吉士。中日《马关条约》签订后，蔡元培深受震动，开始学习西学。戊戌变法失败后，开始倾向于革命，于 1989 年秋辞

图 7-5 蔡元培

去翰林院编修之职南下从事教育活动。1900 年,任绍兴中西学堂监督。1901 年任南洋公学特班教授。1902 年 4 月上海成立"中国教育会",蔡元培被选为会长。1904 年光复会在上海成立,他被推为会长。1905 年同盟会成立,孙中山委任蔡元培为同盟会上海分会负责人。1907 年 5 月去德国留学。1912 年 1 月,南京临时政府成立,他被任命为教育总长,对于南京临时政府的教育改革起了决定性作用。1916 年 12 月,蔡元培被任命为北京大学校长,至1923 年 1 月辞职。任职期间,对北大进行全面改革。1940 年 3 月 5 日病逝后,毛泽东曾发唁电,称"孑民先生,学界泰斗,人世楷模"。

(二)"五育并举"的教育方针

蔡元培认为,"教育不外乎五种主义,即军国民教育、实利主义、公民道德、世界观、美育是也"。在人的发展和培养上,"五育"都很重要,是"今日之教育所不可偏废者也"。[①]

1. 军国民教育

即体育,这种教育的目的一方面是举国强兵之需要,另一方面体育又是养成健全人格的重要环节。他说:"健全的精神,必须在健全的身体",如果一个人的身体不健康,精神上也会感到痛苦。他要求学生"各就所好,多多运动"。

2. 实利主义教育

即智育,这种教育的目的是提高人民的富裕程度,增强国家的财力,这样才能在世界竞争中立于不败之地。他指出,实利主义教育应包括文化科学知识和科学技术教育。教育不仅可以传授知识,更应训练学生的思维,达到"臻于细密"。

3. 公民道德教育

即德育,这种教育的目的是健全人格的根本,德育内容应为西方资产阶级道德观,即自由、平等、博爱。他提倡这种道德观,试图通过公民道德教育,把人从封建伦理的束缚下解脱出来。

4. 世界观教育

他认为世界观教育是"超轶乎政治的",通过世界观教育,人将达到最高的精神境界,人生也就变得更有价值。蔡元培在中国近代教育史上首提世界观教育,并认为世界观教育是教育的终极目的,这一点是值得重视的。

5. 美感教育

即美育,把美育列为教育方针的组成部分,是我国教育史上的首创。他认为"美育者,应用美学之理论于教育,以陶养感情为目的者也"[②]。指出美育的任务是,陶冶人的感情,纯洁人的习惯,消除人的私心。

德、智、体、美和谐发展的教育方针,和封建教育针锋相对,提出了重视人的全面发展与进步的资产阶级教育观,在中国教育思想史上具有重大的意义。

(三)改革北京大学的教育实践

民国成立后,京师大学堂改称北京大学。虽然经过初步的民主改革,但校内封建文化依然泛滥。1916 年 12 月蔡元培被任命为北大校长,在孙中山等人的支持下,他以"循思想自由原则,取兼容并包主义"为方针,对北大进行了全面的改革。

①　陈学恂.中国近代教育史教学参考资料(中)[M].北京:人民教育出版社,1987:178.
②　陈学恂.中国近代教育史教学参考资料(中)[M].北京:人民教育出版社,1987:179.

1. 整顿校风，改变学生观念

1917年1月9日，北大举行开学典礼，蔡元培发表就职演说，他对学生提出了三点要求：一是"抱定宗旨"，他明确指出：大学是研究高深学问的场所，而非升官发财的阶梯。要求学生改变求学动机。二是"砥砺德行"，要求学生约束自身德行，严格要求自己。三是"敬爱师友"，要求学生对教师以诚相待，礼敬有加；同学之间，要互相亲爱，共同切磋学业。蔡元培的这一要求，对于改变北大学生的观念，从而养成良好的学风，起了积极的作用。

2. 整顿教师队伍，广招人才

蔡元培主张学术自由、言论自由、思想自由，故他在延聘新教员时，只问学识，不问派别、资格、年龄、国籍。他认为学术上的派别是相对的，每一种派别，只要言之有理、持之有故，就应让他们并存。因此，教师中既有马克思主义者陈独秀、李大钊，也有实用主义者胡适；既有主张文学革命、提倡白话文的钱玄同、刘半农、鲁迅，也有反对革新的复古主义者黄侃、刘师培、辜鸿铭等。这使学生能够广泛接触教员中不同学派的观点，令其有自由选择的余地。当然也不是无所不包，比如宗教，他就不允许教员在课堂上宣讲。他主张网罗众家、兼容各派人物，但绝不容不称职的教员，对于学术水平低者，不论中外教员，一律裁减。

3. 改革管理体制，提倡教授治校

北大改革前，体制比较混乱，各学科各自为政。蔡元培主张学习德国大学的管理方法，组成健全的教授会，使学校绝不因校长一人去留而引起动荡。他认为，第一步应是组织评议会，每5名教授选举评议员一人，校长是评议长。评议会为全校最高的权力机构，凡学校的兴废皆需经评议会审核通过。第二步组织教授会，由各学科的教授公举教授会主任，任期3年。其职责是：分管各学科的教务和教学工作。后由各学科教授会主任组成统一的教务处，教务长由这些主任推选，任期一年。这些改革，实现了蔡元培民主办学、教授治校的思想，目的是要让真正懂得学术的人来管理学校。

4. 改革教学体制

在学科设置上，他将文、理、法、商、工等多科改为文、理、法三科。商科归入法科，工科并入北洋大学。后又相继成立研究所。1919年，废科设系，共11个系，要求学生文理兼习。同时，他还在北大实行选科制，明确规定各门必修科目和选修科目，规定每周1课时，学完1年为1个单位，本科生应学80个单位，必修、选修课各半，修满即可毕业，不拘年限。预科为40个单位，3/4必修，1/4选修。选修科可兼选其他系课程。

经过蔡元培的整顿，北大改变了以前沉闷腐败的风气，开始形成了一定的制度和自由研究学术的风气，学校规模也有了很大的发展，从而使北大逐渐地走上了现代大学的轨道，开始了一个新的发展阶段。

（四）教育独立思想

1922年3月，蔡元培发表《教育独立议》一文，阐明了教育独立的基本观点和方法。他认为教育是发展人的能力，完成其人格，不是将人造成一种特别器具，给抱有别种目的的人去应用。而且教育与政党、教会在目标、性质上也存在着严重对立，因此教育要完成自己的使命，就应该完全交给教育家去办，保持其独立地位，不受政党或教会的影响。为实现教育的真正独立，蔡元培还设计了教育经费独立、教育行政独立、教育独立于宗教的具体措施，这些设想后来成为南京国民政府初期实施"大学区制"的框架基础。

蔡元培的教育思想和实践,充满了爱国主义的激情与民主、科学的思想,在近代反对帝国主义文化教育侵略、反对封建专制主义教育的斗争中起了重大的作用。在他的教育思想中,从教育方针、学校教育制度到教学体制和措施,特别是他的高等教育思想,有许多积极和合理的因素。从他开始,并通过他的努力,逐步形成了较为完整的资产阶级民主教育制度,使中国教育进入了一个新的历史时期。

三、新文化运动推动下的教育改革与教育思潮

20世纪初兴起的新文化运动猛烈抨击中国封建传统文化与教育,倡导教育的个性化、平民化、实用化、科学化,对我国的教育领域产生了深刻的影响。

(一) 新文化运动推动下的教育改革

受"五四"新文化运动思想解放潮流的激荡和实用主义教育、科学教育等教育思想的影响,在学制和课程与教材改革的推动下,一场教育教学改革的运动在20世纪20年代逐渐形成高潮。主要体现在:

1. 废除尊孔读经,改革民国初年的教育宗旨

袁世凯复辟帝制失败后,在全国进步人士的强烈要求下,1916年9月,国务院命令撤销袁世凯的《教育要旨》,恢复民国初年的教育宗旨。1919年4月,教育部组织的教育调查会在北京召开第一次会议,讨论教育宗旨问题。沈恩孚、蒋梦麟向会议提交了《教育宗旨研究案》,建议以"养成健全人格,发展共和精神"为新的教育宗旨。1919年10月在太原召开的全国教育会联合会第五届年会,又提出以"养成健全人格,发展共和精神"为教育本义,废除教育宗旨。当时教育部虽未同意这个意见,但在1922年制定新学制时,没有明定教育宗旨,只提出七项标准,在教育界产生了积极影响。

2. 教育普及有所发展

在民主思想的推动下,平民教育呼声强烈,义务教育得到提倡。1917年10月,第三届全国教育会联合会通过《请促进义务教育案》,次年10月又提出《推行义务教育案》,要求政府切实实施义务教育,各地也纷纷落实推进。1920年,教育部通令全国各省,要求从1921年至1928年分期完成义务教育计划。中等教育的规模也有所发展。1915年全国中等学校数为444所,学生数为69 770人,到1922年,学校达547所,学生103 385人。[①]

3. 女子受教育权的确立

1917年10月,全国教育会联合会第三次会议向教育部提出推广女子教育议案,要求增设女子高等小学、女子中学。1918年6月,教育部通知各省区酌办"请推广女子教育案"。同年10月,教育部召开全国中等学校校长会议,提出扩充女子小学,设立女子高等师范及女子大学。1920年2月,北京大学招收9名女生入学,开创了中国大学男女同校的首例。此后南京高等师范也于6月招收女生。不久,全国所有大学都开始招收女生。这样,从小学、中学到大学,都开始实行男女同校。

4. 学校教学内容和方法的改革与实验

首先,是采用国语和白话文。1919年10月,全国教育会联合会提出改中小学国文科为

---

① 孙培青.中国教育史[M].上海:华东师范大学出版社,2009:385.

国语科。1920年,教育部通令规定,凡国民学校都废止所用文言文教材,代之以现代语体文;至1922年止,停止使用一切文言文教科书。

其次,是中等教育开始重视科学教育和职业训练。1917年10月教育部召集全国实业学校校长会议,通过了《实业学校体察各地方状况及应时势需要之点案》《振兴实业学校办法案》等32个提案。1919年4月,教育部通令中学可以根据地方情形增减部定各种科目和教学时间。

再次,五四前后小学教学方法的研究和改革形成高潮。具有代表性的教学组织形式和教学方法的改革有设计教学法、道尔顿制、文纳特卡制、自学辅导法等。如俞子夷在南京高师附小将设计教学法、道尔顿制综合运用,打破年级编制,注重儿童个性发展,进行小学教学改革的有益探索,影响较大。

(二)新文化运动影响下的教育思潮

在五四新文化运动的推动下,中国教育思想界异常活跃,各种教育思潮层出不穷,纷纷登台亮相,呈现出一派百花齐放的繁荣景象。其中较有影响的教育思潮有:

1. 平民教育思潮

1915年,陈独秀在《今日之教育方针》一文中,提出要"以人民为主人,以执政为公仆",[1]要求一切学校教育机关向全民开放。俄国十月革命后,李大钊提出了无产阶级的平民主义,要求无论什么人,都应无条件地享受平等受教育的权利。1919年3月,邓中夏发起组织北京大学"平民教育讲演团",该团"以增进平民知识,唤起平民之自觉心为宗旨","以教育普及与平等为目的"[2]。

1919年10月,北京高师的部分教职员和学生,在杜威来华讲演的影响下,组织了"平民教育社",并创办《平民教育》杂志,明确提出平民教育就是要"教国民人人都有独立人格与平等思想的教育"[3]。

1923年8月,晏阳初、朱其慧、陶行知等在北京成立"中华平民教育促进总会"。随后在全国开办了大量"平民学校""平民读书处""平民问字处",形成了声势浩大的平民教育运动。1925年以后,随着运动的深入,平民教育运动开始演变为乡村教育运动。

2. 工读主义教育思潮

工读主义思想最早可追溯到辛亥革命前后李石曾等人在巴黎试办"以工兼学"的华工教育。1915年蔡元培、李石曾等人又在法国成立"勤工俭学会",宗旨是提倡"勤以工作,俭以求学,以进劳动者之智识"[4]。五四运动时期工读主义思潮正式产生,它的基本内涵是:勤工俭学、半工半读、工学结合、工学并进、工学兼营、工读互助、手脑并用等。

1919年2月,北京高师部分学生发起组织"工学会",倡导"工学主义",主张"要把工和学并立,作工的人一定要读书,读书的人一定要作工"。[5]

1919年底,王光祈在北京发起组织"工读互助团",试图实现一个"人人做工,人人读书,

---

① 田正平,肖朗.中国教育经典解读[M].上海:上海教育出版社,2005:520.
② 邓中夏.平民教育讲演团征集团员[N].北京大学日刊,1919-3-7.
③ 宏图.平民教育谈[J].平民教育,1919(2).
④ 清华大学中共党史教研室.赴法勤工俭学运动史料[M].北京:北京出版社,1979.
⑤ 孙培青.中国教育史[M].上海:华东师范大学出版社,2000:34.

各尽所能,各取所需"的理想社会。工读互助团试行了"共产"的"新生活"。不久,武昌、上海、南京、天津、广州、扬州等地也陆续发起成立工读互助团或类似的组织。

3. 职业教育思潮

1915 年起,全国教育会联合会多次提出推行职业教育的议案,职业教育思潮逐渐形成。1915 年,陈独秀在《今日之教育方针》一文中,将"职业主义"列为四大新教育方针之一。1916 年 9 月,江苏省教育会率先提出了《实施职业教育方法案》,并成立全国第一个省级"职业教育研究会"。1917 年 5 月,黄炎培联合教育界、实业界人士 40 多人发起成立"中华职业教育社",并发表《中华职业教育社宣言书》。在此全国性机构的推动下,职业教育思潮迅速蔓延至东南、华北、华东和华中地区,其影响波及全国各地。至 20 世纪 30 年代中期,职业教育思潮逐斯趋于沉寂。

4. 实用主义教育思潮

1919 年 4 月 30 日,杜威来华讲学,他的实用主义教育思想在全国范围内广泛流传。实用主义教育思潮强化了广为流传的"教育救国论",促进了中国教育界教育观念的很大转变,使中国教育逐渐摆脱封闭僵化和形式主义的传统模式,成为注重儿童的发展,面向社会生活,以造就现代人为目标的新教育。在教育制度层面,使得中国近代学制由最初以日本、德国学制为蓝本,转向移植美国的学制系统。此外,实用主义教育思潮,对中国 20 世纪 20 年代的课程、教材和教学方法的改革起了很大的推动作用,西方进步主义教育中以儿童活动为中心的各种教学新方法,如设计教学法、道尔顿制、文纳特卡制、葛雷制等,先后在我国中小学试验推广。

5. 科学教育思潮

倡导科学教育的主要流派有:以任鸿隽为代表的中国科学社,倡导将科学内容尤其是科学方法、科学精神渗透到学校教育之中;以陈独秀为代表的激进民主主义者,以科学为思想解放的武器,通过文化反思倡导科学启蒙;以胡适为代表的实证主义,倡导"大胆的假设,小心地求证",以此作为解决一切学术问题和社会问题的有效方法。继杜威之后,美国的孟禄、推士等人也应邀来华进行教育调查和考察,对改进中小学的科学教育提出了许多建设性意见,为中国科学教育思潮注入新流。

6. 国家主义教育思潮

国家主义教育思潮以曾琦、左舜生、李璜、陈启天、余家菊等人为代表,大力倡导国家主义教育,主张以国家为中心改革当时教育的流弊,以养成健全人格,发展共和精神,提倡教育机会均等,倡导普及义务教育,将教育完全统一于国家集权控制之下,反对任何党派、私人、地方、教会的教育和外国殖民教育。这些观点在当时国内军阀专权、战乱频繁、外国列强侵略加深、民族危机严重的社会背景下,颇合教育界人士之心。这一思潮于 1924—1925 年间臻于极盛,在一定程度上促成了 20 世纪 20 年代的收回教育权运动,促成学校中军国民教育和爱国教育的加强。1927 年南京国民政府成立后,国民党明令禁止国家主义,国家主义教育思潮由此消沉。

四、1922 年"新学制"

1922 年"新学制"原名《学校系统改革案》,因颁布时为农历壬戌年,又称"壬戌学制"。它是"五四"新文化运动影响下教育改革的一个成果,也是集国内外教育理论和教育经验于一体的产物。

（一）"新学制"的产生过程

1915年,在全国教育会联合会第一届年会上,湖南省教育会提出改革学制系统的议案。在以后的几届年会上,陆续有学制改革的议案提出。经过较长时间的酝酿准备之后,1921年10月,在广州召开的第七届年会以广东的提案为基础,参照其他提案进行了认真讨论修改,最后通过了"学制系统草案",并决定在1922年第八届年会上最后讨论决定。

迫于形势的压力,北洋政府教育部于1922年9月抢在全国教育会联合会第八届年会(计划于10月11日在济南召开)之前,召开了专门的学制会议,对全国教育会联合会通过的"学制系统草案"提出了修改意见,交第八届年会讨论。经过激烈争论,全国教育会联合会第八届年会通过了《学校系统改革案》,当年11月1日以大总统的名义颁布施行,这就是1922年的"新学制",或叫"壬戌学制"。由于采用的是美国的六三三分段法,因此又被称为"六三三学制"。

（二）"新学制"的标准和体系

为使新学制的讨论有明确的方向,1921年的《学制系统草案》即提出新学制的6条制定标准,1922年通过《学制系统改革案》时又增加"注意生活教育"一条共7条,作为新学制制定和实施的指导原则,具体为:① 适应社会进化之需要;② 发扬平民教育精神;③ 谋个性之发展;④ 注意国民经济力;⑤ 注意生活教育;⑥ 使教育易于普及;⑦ 多留各地方伸缩余地。

新学制系统规定:儿童满6周岁入小学,小学教育6年,其中初小4年,为义务教育,可以单独设立;高小2年,可以根据地方的具体情况,增加职业准备的课程。

中学教育的年限也是6年,分初中和高中两级,一般情况下初中3年,高中3年。初级中学属于普通教育,可以单独设立。高级中学实行分科制,设普通科、农、工、商、师范、家事等科,普通科又分为文科和理科,主要目标是升学,倡导"综合中学"模式,方便学生根据个性和家庭情况选择升学或职业预备。

高等教育分专门学校和大学两种,专门学校的最低修业年限是3年,取消"壬子—癸丑学制"的大学预科制。大学的修业年限是4—6年,其中规定医科和法科大学至少5年。

（三）"新学制"的课程标准

在学制改革的同时,全国教育会联合会还组织了新学制的课程标准起草委员会,于1923年公布了《中小学课程标准纲要》。

《中小学课程标准纲要》规定小学设立国语、算术、卫生、公民、地理、历史(后四科合称"社会")、自然、园艺、工用艺术、形象艺术、音乐、体育。

初中课程分成两类,一类是必修课,一类是选修课。必修课程有:社会(公民、历史、地理)国语、外语、算学、自然、艺术(图画、手工、音乐)、体育(生理、体育)。从初中开始实行学分制,初中三年修满180学分毕业,其中必修课占164学分,其余为选修课。

高中分设普通科和职业科,课程分为三类:公共必修课、分科专修课(其中也包含必修和选修)和纯选修课。公共必修课程包括:国语、外国语、人生哲学、社会问题、文化史、科学概论、体育;分科专修课反映不同的科目特色;纯选修课反映各人不同的兴趣爱好。高中修满150个学分可以毕业,其中公共必修课67学分,纯选修课一般不超过30学分。

（四）"新学制"的特点

与"壬子——癸丑学制"相比,"新学制"具有明显的特点,主要体现在:

第一,"新学制"采用"六三三四"制,明确了以儿童身心发展规律作为划分学校教育阶段的依据,这在中国现代学制史上是第一次,从而理顺了普通教育在整体上的衔接关系。

第二,"新学制"缩短了小学的年限,改7年为6年,有利于初等教育的普及。另外还将幼儿教育纳入初等教育的范围,使幼儿教育与小学教育得以衔接,确立了幼儿教育的地位。

第三,"新学制"对中等教育阶段做了比较大的改革:中学修业年限从4年改为6年,有利于提高中等教育的水平;将中等教育分成初、高两级,并且规定初级中学可以单独设立,增强了地方办学的灵活性;在中学阶段实行选课制和分科制,有利于学生个性的发展。

第四,"新学制"取消了大学预科,使大学不再负担普通教育的任务,有利于大学集中精力进行专业教育和科学研究。"新学制"的高级中学程度相当于"壬子—癸丑学制"的大学预科,原来大学预科必须附设于大学,现在高级中学可以由地方办理,有利于教育的普及和平民化发展。

第五,"新学制"兼顾了升学和就业两者之间的关系。它用职业教育取代了清末民初的实业教育,设置了从初级到高级的职业教育系统,确立了职业教育的地位。

(五)"新学制"的评价

1922年的"新学制"是中国近代学制改革由取法日本转向取法美国的标志,虽然带有模仿和抄袭的痕迹,但从学制的制定过程来看,经过了长期酝酿和广泛讨论,在一定程度上集中了教育界的智慧和经验,考虑到了我国民族工业的发展对教育的要求,也考虑到了学龄儿童的身心发展特点和年龄分期问题。由于比较符合当时中国的情况,这个学制后来经过几次修改后,成为我国现代最主要的学制模式,一直沿用到全国解放。

五、教会教育的扩张与收回教育权运动

(一)教会教育的扩张

1840年鸦片战争后,帝国主义国家的教会团体纷纷在华传教、兴办学校和各类文化教育事业。为了协调各教会学校的关系和对整个在华基督教教育进行指导,1890年5月在上海召开的第二次"在华基督教传教士大会"将1877年成立的"学校与教科书委员会"改组为"中华教育会",实际上成为中国基督教教会教育的最高领导机构。

进入20世纪以后,教会学校在数量和办学层次上都有所发展。1926年全国基督教小学5 000余所,中学200所,大学16所,学生30万人;天主教小学和神学约9 000所,中学200余所,大学3所,学生50万人。[①] 教会学校逐步形成一个完整独立的办学体系。许多教会学校精心发展附属学校和预备学校,自我吸收和提供生源,形成了封闭式的学制系统。

由于教会学校不在中国政府立案,不接受中国教育行政当局的管辖,所以中国政府没有办法对教会学校的办学方针、课程进行监督,这就严重侵犯了中国的教育主权。

(二)收回教育权运动

1923年9月,余家菊在《少年中国》月刊上发表《教会教育问题》,指出"于中华民族之前途有至大的危险的,当首推教会教育,教会在中国取得了传教权与教育权,实为中国历史上千古痛心事"[②],率先提出了"收回教育权"的口号,要求对教会学校"施行学校注册法"。

1924年4月,广州圣三一学校(英国圣公会办)当局阻挠学生的爱国行动,激起了学生们罢课、退学进行斗争抗议。这次抗议得到了广州其他教会学校的支持。6月份,"广州学

---

① 顾长生.传教士与近代中国[M].上海:上海人民出版社,1981:336.
② 舒新城.收回教育权运动[M].北京:中华书局,1927:58.

生收回教育权运动委员会"宣告成立。

"收回教育权"运动很快波及全国。在爱国群众的压力下,北洋政府教育部于1925年11月16日公布了《外人捐资设立学校请求认可办法》,规定:凡外人捐资设立各等学校,遵照教育部所颁布之各等学校法令规程办理者,得依照教育部所颁关于请求认可之各项规则,向教育行政官厅请求认可;学校名称应冠以"私立"字样;校长须为中国人,如校长原系外国人,必须以中国人充任副校长,即为请求认可时之代表人;学校设董事会者,中国人应占学校董事会董事名额之半数;学校不得以传布宗教为宗旨;学校课程须遵照部定标准,不得以宗教科目列入必修科。①

1926年后,外国在华所办各级教会学校,多数由中国人担任校长,向中国政府立案注册,同时把宗教课和宗教活动做灵活改动,并尽量参照中国政府的教育体制做适当调整。至1931年,在华教会大学除圣约翰大学外,全部向中国政府立案,构成近代私立大学的一部分。

六、新民主主义教育的发端

(一)早期马克思主义教育思想在中国的传播

俄国"十月革命"后,马克思主义作为一种改造社会的指导思想传入中国,李大钊、毛泽东、邓中夏等早期的马克思主义者开始用马克思主义观点重新考虑中国的教育问题。

首先,是教育与政治、经济的关系。李大钊认为社会有"基础与上层",教育是决定于经济基础的上层建筑之一,要建立新教育制度,必须首先改造社会经济结构。毛泽东在1920年给留法的新民学会会员的信中指出,无产阶级不夺得政权,"安能握得其教育权",以教育为工具的温和的改良主义"事实上做不到"②。

其次,是新民主主义教育的性质与任务。李大钊针对当时资产阶级宣扬的"平民教育",指出工人之所以没有受教育的机会,是资本剥削的结果。他指出不同的阶级所要求的民主平等是不同的,"一个是想管治他人,一个是想把自己的生活由穷苦中释放出来,两种阶级的利害,根本不同;两种阶级的要求,全然相异"③。因此,工人阶级劳动群众在教育上要求的民主主义是和他们在政治上、经济上的斗争联系在一起的,其任务是为了提高觉悟和能力去打破那有产阶级专断的社会。

再次,是关于知识分子与工农大众的关系。李大钊指出:"要想把现代的新文明,从根底输到社会里面,非把知识阶级与劳工阶级打成一气不可。"④李大钊、毛泽东、蔡和森和邓中夏都提倡"工读",积极组织和参加留法勤工俭学和到劳苦大众中去的活动,走知识分子与工农相结合的道路。

(二)新民主主义教育纲领的提出

1921年7月,中国共产党"一大"召开,确定了建党原则。在教育方面明确提出"党应向工人灌输阶级斗争精神"⑤,要求设立"劳工补习学校""劳动组织讲习所"等进行教育和宣传。

---

① 朱有瓛,高时良.中国近代学制史料(第四辑)[M].上海:华东师范大学出版社,1993:784.
② 魏宏运.中国现代史资料选编[M].哈尔滨:黑龙江人民出版社,1981:242.
③ 李大钊.李大钊选集[M].北京:人民出版社,1959:144.
④ 李大钊.李大钊选集[M].北京:人民出版社,1959:146.
⑤ 《党史资料》丛刊编辑部.党史资料丛刊(第一辑)[M].上海:上海人民出版社,1980:8.

1922 年 5 月社会主义青年团第一次全国代表大会通过了青年团教育工作的行动纲领《关于教育运动的决议案》,要求开展青年工人和农民的教育运动,启发工农群众的斗争觉悟,使之成为无产阶级革命的组成部分。

1922 年 7 月,中共"二大"通过的《大会宣言》明确提出了两条教育纲领:废除一切束缚女子的法律,女子在政治上、经济上、社会上、教育上一律享受平等权利;改良教育制度,实行教育普及。[①]

这个教育纲领体现了党的奋斗目标,立足于为工农大众和广大妇女争取教育平等的权利,是新民主主义革命纲领的重要组成部分,与青年团"一大"通过的《决议案》相互配合,《决议案》可看作是它的行动纲领和具体说明。它为以后中国共产党领导的工农革命教育奠定了思想基础。

(三) 中国共产党领导下的工农教育与干部学校

1. 工农教育

中国共产党成立后,就积极在工人中开展宣传教育活动。在北方,邓中夏于 1920 年成立长辛店劳动补习学校,向工人讲解"劳工神圣"的道理及马克思主义阶级观念等,为早期北方工人运动培养了第一批骨干。在南方,刘少奇于 1921 年在沪西小沙渡开办了劳动补习学校。此后,武汉、济南、广东等地也相继兴办了工人补习学校。

1922 年 11 月,毛泽东等人发起成立了湖南工团联合会,先后在安源、粤汉铁路、水口山和长沙等地兴办工人学校。从 1923 年到 1925 年,仅安源一地就有 7 所工人补习学校,学生近 2 000 人,培养了不少共产主义者。

与此同时,党把农民教育也作为一项重要任务。1922 年到 1923 年间,彭湃领导广东海丰农民运动,成立了海丰农民总会,创办了"农民学校",还争取城市的学生和有觉悟的知识分子,用定期讲演、巡回宣传的方式,协助农会对农民进行宣传教育工作。

1922 年长沙农村教育补习社成立,附近农村也办有 17 所补习学校。1924 年毛泽东在韶山 20 多个乡办起了农民夜校。国共合作后,湖南农民运动迅猛发展,到 1926 年底,湖南全省的农民夜校有 6 000 多个。

1926 年 5 月,广东召开第二次农民代表大会,通过了《农村教育决议案》,这次大会有湖南、广西、湖北、浙江等 11 省的代表参加。农民教育运动的发展,大大提高了广大农民的文化程度,并培养了大批农民运动的骨干,也为后来中国共产党领导的农村革命根据地的教育事业奠定了良好的基础。

2. 革命干部学校

为了学习和传播马克思主义,更有效地开展工农革命运动,早期共产主义者十分注重革命干部的培养。这一时期,中国共产党创办的干部学校主要有湖南自修大学、上海大学和农民运动讲习所等。

湖南自修大学是毛泽东、何叔衡等于 1921 年 8 月在长沙创办,其办学宗旨是要办成一所"平民主义的大学"。在招生对象上实行平民化的方针。在管理上,湖南自修大学提倡变被动的求学为自动的求学,强调学生自学、思考。在学校组织上,分设文、法两科,并采用选

---

① 魏宏运.中国现代史资料选编[M].哈尔滨:黑龙江人民出版社,1981:394.

科制。在所授课程中,始终贯穿着马克思主义的思想教育。1923 年 11 月,湖南自修大学被军阀赵恒惕查封。作为中国无产阶级的第一所革命大学,湖南自修大学对于马克思主义的传播,培养革命干部起了重要作用。

上海大学原名"东南高等师范专科学校",创立于 1922 年春,同年 10 月,改名为上海大学,于右任为校长,陈望道为教务长,邓中夏为总务长,瞿秋白、恽代英、萧楚女、张太雷、杨贤江、任弼时、蔡和森、沈雁冰、郑振铎等共产党人都曾在该校任教。上海大学创办的目的在于培养社会科学及新文艺两方面的人才。在教学中,采取教师讲授与学生自学结合的方法。上海大学在当时具有广泛的革命影响,为中共和革命事业培养了许多优秀干部。

农民运动讲习所创办于 1924 年 7 月,初为广州农民运动讲习所,从 1924 年到 1926 年共在广州举办了 6 届。国民政府迁到武汉后,1927 年 3 月又在武昌办了第 7 届,称为"中央农民运动讲习所"。教师大多是共产党员和著名的理论家,如毛泽东、周恩来、萧楚女、李立三、彭湃、恽代英、张太雷、邓中夏、吴玉章等。在 3 年多的时间里,农民运动讲习所总共培养了近 1 600 名毕业生,为中国农民运动做出了卓越贡献。

(四)国共合作时期的黄埔军校

黄埔军校是国共合作时期培养革命军事干部的学校。其正式名称是中国国民党陆军军官学校,创立于 1924 年 5 月,1926 年更名为中国国民党中央军事政治学校,因校址设于广州南部的黄埔岛上,所以称之为"黄埔军校"。孙中山亲任军校总理,蒋介石任校长,党代表为廖仲恺。共产党员周恩来、熊雄先后担任军校政治部主任,叶剑英、恽代英、萧楚女、聂荣臻等都担任了军事政治教官和其他负责工作。军校的课程设置分军事和政治两类。军事课有战术、兵器、地形、炮台、工兵、通信等。政治课有三民主义浅说、中国国民运动、中国政治经济状况、帝国主义侵略中国史、世界革命运动简史、社会主义原理、政治经济学、中国农民运动、中国职工运动等。国共合作期间,黄埔军校共办 5 期,毕业生近 7 000 人,为中国革命培养了一大批军事、政治人才。黄埔军校也为中国共产党培养出了许多高级将领,如徐向前、陈赓、左权、林彪、刘志丹、陶铸等,还有罗瑞卿、赵一曼、臧克家也是武汉分校 6 期毕业的学生。1927 年蒋介石叛变革命后,黄埔军校蜕变成培养蒋介石嫡系军官的场所。

思考与拓展

1. 试析清末传统教育衰落的原因及改革派的教育主张。
2. 如何看待近代的洋务教育。
3. 评述张之洞的"中体西用"思想。
4. 概述维新教育的基本内容及对中国教育近代化发展的意义。
5. 如何认识清末学制的性质和特点。
6. 试评述蔡元培"五育并举"的教育思想。
7. 新文化运动影响下的教育思潮有哪些?
8. 评述"新学制"的特点及其意义。
9. 中国共产党早期创办的干部学校有哪几所?各有什么特点?

第八章　现代教育的发展

本章概要:国民政府建立后,随着时局的变化,教育方针几经调整,从最初的"党化教育",到"三民主义"教育,再到"战时须作平时看"的方针,并通过立法和加强制度建设,幼儿教育、初等教育、中等教育和高等教育都取得了进展。即使在抗日战争的艰难时期,也努力保护了民族的文化命脉。同时,共产党领导的革命根据地,提出并实施了新民主主义教育方针政策,并在不同的历史阶段做出有针对性的调整,在干部和民众教育方面取得了不少成绩和经验,并开始了中小学校正规化和高等教育建设的转变,为即将到来的新中国教育做了准备。这一时期,杨贤江、晏阳初、陈鹤琴、陶行知等教育家以改造中国社会为最终目的,分别在新民主主义教育理论、平民教育模式、传统学校教育的改革等方面做出了重要贡献,共同促成了中国教育现代化的探索潮流。

第一节　南京国民政府时期的教育

一、南京国民政府的教育宗旨与教育方针的变迁

(一) 党化教育

1924 年 1 月国民党第一次全国代表大会召开,孙中山提出仿效苏俄"以党治国"模式,强调政治上一切举措都以党纲为依据,教育也不例外。"党化教育"的概念由此推演而出。[①]

1926 年广东国民政府教育行政委员会在广州召开的中央教育行政大会上,首次提出了"党化教育"的口号。1927 年蒋介石在南京召开的五四运动纪念大会上也提出要实行"党化教育",要求各省成立"党化教育委员会",拟定"党化教育大纲"。同年 7 月,国民政府教育行政委员会通过《国民政府教育方针草案》,阐述了"党化教育"的含义:所谓"党化教育",就是在国民党指导之下,求得教育的"革命化""民众化""科学化""社会化"。即把教育方针建立在国民党的根本政策之上,按国民党的"党义"和政策的精神重新改组学校课程,不仅造就各种专门人才,尤其要使学生走出学校后都能做党的工作。[②]

---

① 舒新城. 近代中国教育思想史[M]. 福州:福建教育出版社,2007:262.
② 国民政府教育行政委员会. 民国政府教育方针草案[J]. 教育杂志,1929(19).

（二）"三民主义"教育宗旨

由于国民党所提倡的"党化教育"过于露骨,出台后立即受到进步人士的抨击,国民党内部对"党化教育"的解释也存在着分歧。1928年5月,中华民国大学院在南京召开第一次全国教育会议,决定取消"党化教育"一词,以"三民主义教育"代之,并通过了《三民主义教育宗旨说明书》,解释三民主义教育"就是以实现三民主义为目的的教育,就是各级教育行政机关的设施,各种教育机关的设备和各种教学科目,都是以实现三民主义为目的的教育"[①]。但当时这一宗旨和说明并未获得国民党政府的通过。

1929年3月,国民党第三次全国代表大会通过了国民党中央宣传部提出的《教育方针及实施原则案》,提出"中华民国今后之教育,应为三民主义之国民教育"[②]。并由南京国民政府正式以《中华民国教育宗旨及其实施方针》通令颁行:"中华民国之教育,根据三民主义,以充实人民生活,扶植社会生存,发展国民生计,延续民族生命为目的。务期民族独立,民权普遍,民生发展,以促进世界大同。"[③]至此,三民主义教育宗旨正式确立。

（三）"战时须作平时看"的教育方针

抗日战争爆发后,在1937年8月,南京国民政府提出了"战时须作平时看"的教育方针,颁布《总动员时督导教育工作办法纲领》,规定了抗战时期办理各级教育的基本政策。1938年4月国民党召开临时全国代表大会,制定了《中国国民党抗战建国纲领》和《战时各级教育实施方案纲要》,对战时的教育方针和教育工作的开展做了具体的规定和要求。1939年3月,国民政府教育部在重庆召开了第三次全国教育会议,蒋介石做了《今后教育的基本方针》的讲话,认为国家的生命力由教育、经济、军事三因素组成,教育是基本,是经济和军事的总枢纽,在进行抗日战争的同时,要致力于民族的改造和国家的复兴,战后国家的建设需要无数专家学者、技工技师。因此,"切不可忘记战时应作平时看,切勿为应急之故,而丢却了基本",要"以非常时期的方法来达成教育本来的目的,运用非常的精神来扩大教育的效果"[④]。这一讲话更为明确地表达了国民政府战时教育的指导思想。

二、南京国民政府教育制度改革

（一）大学院和大学区制的试行与终结

1927年6月,南京国民政府决定在全国试行大学院制,取代以往的教育部管理全国的教育事业。随后南京国民政府任命蔡元培为大学院长,并于7月4日公布了《中华民国大学院组织法》。《组织法》规定:以大学院为全国最高的学术和教育管理机构,隶属国民政府。大学院设大学委员会、秘书处、教育行政处、中央研究院、国立学术机关和各种专门委员会。大学委员会为最高评议机构,有权推荐大学院院长及审议全国教育、学术一切重大方案。同时通过的《大学区组织条例》把全国分为若干大学区,每区设大学一所,大学校长兼管区内教育行政及学术事业。

大学院的设置,旨在改变以往教育行政之腐败,克服教育行政徒为文簿案牍形式的缺

---

① 中华民国大学院. 全国教育会报告[J]. 大学院公报,1928(7).

② 教育部教育年鉴编纂委员会. 第一次中国教育年鉴(上)[M]. 上海:开明书店,1934:8.

③ 教育部教育年鉴编纂委员会. 第一次中国教育年鉴(上)[M]. 上海:开明书店,1934:16.

④ 教育部教育年鉴编纂委员会. 第二次中国教育年鉴[M]. 上海:商务印书馆,1948:53-54.

陷,并加强学术研究与教育实施的联系。但行政管理与教学研究的运作毕竟有较大的区别,本想使行政机关学术化,反而使学术机关衙门化了,结果与初衷相反。另外,这个体制是以中心大学为核心,也容易忽视其他高校特别是其他类别教育的利益和需求,造成诸多矛盾。在反对声浪不断高涨的压力下,1928 年 11 月大学院又恢复为教育部,试行大学区制的江苏、浙江、河北三省也于 1929 年恢复了教育厅制度,大学院制度正式废止。

(二)"戊辰学制"的颁行

在学制方面,南京国民政府基本沿用了 1922 年新学制。但出于推行"三民主义"教育的需要,又在新学制的基础上,于 1928 年 5 月第一次全国教育会议上通过了《整理中华民国学校系统案》,即"戊辰学制"。

相对于 1922 年"新学制","戊辰学制"的主要变化是:在师范教育方面,改六年制师范为六年或三年,取消师范专修科及师范讲习所等名目,增设乡村师范学校;在职业教育方面,除在高级中学设职业科外,可单设初级职业学校及高级职业学校,与初级中学和高级中学相对应,并在小学增设职业科;大学采用多院制取消单科大学(称为学院)。

"戊辰学制"反映了南京国民政府统治时期政治、经济发展的需求。如为了扫除"训政"和建国的障碍,较为重视义务教育和成人补习教育;为提高民族文化程度,中等教育和高等教育的工作重心定为整理充实,求质量的提高,不求数量的增加;为适应 30 年代经济的增长,教育决策明显向职业教育倾斜,促进了职业教育的发展等。此后经过了多次局部的修改和调整,成为南京国民政府初期的学制,一直沿用到 1937 年抗日战争爆发。

三、南京国民政府各级学校教育的发展

南京国民政府各级教育行政机构依据教育宗旨和相关教育法令,对各级学校教育进行改革,使学校教育工作趋于法制化、规范化,各级学校在改革中不断发展,取得了比较明显的教育成就。

(一)幼儿教育

学龄前儿童教育在 1922 年颁布的新学制中已正式列入学制系统。1932 年教育部公布《幼稚园课程标准》(1936 年又加以修订),规定的教育目标是:增进幼稚儿童身心健康;谋幼稚儿童应有之快乐和幸福;培养人生基本的优良习惯;协助家庭教养幼儿及谋家庭教育的改进。[①] 这时期幼稚园教育多采用设计教学法的单元活动方式,办园形式以半日为主,充分考虑幼儿的自由活动、兴趣爱好、游戏、劳动等。同年公布的《师范学校法》中规定师范学校需附设幼稚师范科,以保证幼教师资的来源。1939 年 12 月 24 日教育部公布《幼稚园规程》,1943 年教育部又加以修改,经行政院批准,改为《幼稚园设置办法》,于 12 月 20 日公布实施,作为设置幼稚园之准则。这些法规的颁布实施,使得各级政府管理幼稚园有章可循,保证了幼稚园的健康发展。

(二)初等教育

按 1922 年新学制,初等教育分初小(4 年)、高小(2 年)两级,实行义务教育制度,但当时中国军阀混战,义务教育实际上无法实施。1928 年 5 月大学院召开的第一次全国教育会议

---

① 教育部.幼稚园小学课程标准[M].上海:中华书局,1932:15.

决定"厉行义务教育",并要求在中央、地方都建立义务教育委员会,协助教育行政机关计划和组织义务教育。1929 年国民政府要求各地限于 1934 年底实现普及四年义务教育。1932 年 12 月至 1933 年 3 月,国民政府又先后公布《小学法》和《小学规程》明确"小学为施行国民义务教育之场所",为了便于推行义务教育,将小学调整为完全小学、初级小学、简易小学与短期小学,学制 2—6 年不等。课程包括:公民训练、国语、社会、自然、算术、劳作、美术、体育、音乐等。1940 年 4 月,教育部制定《国民教育实施纲领》,推行义务教育和失学民众补习教育合一的新国民教育制度,并将小学改为国民学校和中心国民学校。1944 年 7 月,国民政府又公布《强迫入学条例》,规定地方政权成立相应组织,实施强迫入学的任务。至 1946年底,受教育儿童约占学龄儿童总数 76%,历年共扫除文盲人数约占文盲总数 57%。[①]

(三)中等教育

1928 年 3 月,国民政府颁布《中学暂行条例》规定中学采用普通、师范、职业综合为一的体制。1932 年 12 月教育部废除综合中学制,采用欧式单科中学制,并相继公布《中学法》《师范学校法》和《职业学校法》,确立了三类学校分设的办学模式。

1932 年公布的《中学法》和 1933 年公布的《中学规程》规定,中学"是严格训练青年身心,培养健全国民之场所"。分初级中学和高级中学两种,修业年限各为 3 年,形式有省立、市立、县立、联立或私立多种。1936 年教育部颁布《修正中学课程标准》,规定初中课程为:公民、国文、英语、历史、地理、算学、物理、化学、动物、植物、生理卫生、图画、音乐、体育、劳作,初三酌情开设职业课。高中课程为:公民、国文、外国文、数学、本国历史、外国历史、本国地理、外国地理、物理、化学、生物、军事训练、体育,高三可酌情开设简易职业课。

1932 年,南京国民政府颁布《师范学校法》,次年又公布《师范学校规程》,规定各级师范均由政府办理,包括师范学校、乡村师范学校、简易师范学校等,招收初中毕业生,学制 3 年,培养小学教师。课程包括:公民、国文、历史、地理、算学、物理、化学、生物、体育、卫生、军事训练(女生学习军事看护)、劳作、音乐、美术、伦理学、教育概论、教育心理、教育测验与统计、小学教材教法及小学行政实习等。1940 年,教育部公布《特别师范科、简易师范科暂行办法》,规定在师范学校附设特别师范科及简易师范科。1941 年国民党五届八中全会议决在全国推进"师范教育之运动"。此外,在师范学校新生保送和毕业服务制度、师范学校教师和学生的待遇等方面,都有所规定和改进。

1931 年 8 月,教育部通令各地发展职业教育,要求自该年起,各省、市、县酌情添办高初级农工科职业学校或职业科。1932 年和 1933 年教育部先后公布《职业学校法》和《职业学校规程》,规定职业学校分初、高二级,初级职校招收小学毕业生,修业年限 1 至 3 年。高级职校招收初中毕业生,修业 3 年至 5 年。为培养职校学生的实习能力,1936 年教育部颁发《职业学校与建设机关协作大纲》,规定各职业学校应与实习机关商定学生实习详细计划及工作程序。1938 年颁布《创办县市初级实用职业学校实施办法》要求四川、西康、陕西等西部九省试办县市初级实用职业学校,后又制定《川、康、陕、甘、宁、青、滇、黔、桂九省农工职业教育计划》,令此九省推广职业教育。

（四）高等教育

1929 年公布的《大学组织法》《大学规程》规定,高等教育的层次结构分为大学、独立学院和专科学校三类,大学是研究高深学术,养成专门人才,强调研究和学术性;大专是教授应用科学,养成技术人才,侧重应用性。办学形式有国立、省立、市立和私立(其中师范教育不得私立)多种。大学分文、理、法、教育、农、工、商、医八学院,合三学院(其中须设有理学院或农、工、医学院之一)以上者方可称大学。不满三学院的称独立学院。修业年限均为 4 年(其中医学院 5 年)。专科学校分工、农、商、医、艺术、音乐、体育等类,学习期限是 2 至 3 年。

在大学行政管理上,除了设立校长或院长外还设立校务委员会,由全体教授、副教授所选的代表及校长、各学院院长、各学系主任组成。校务会议主要负责审议大学预算、院系的设废、课程、规章制度、校长交议事项等。由此可以看出民国时期大学实行的是校长负责制,以教授治校为原则。

在课程方面,1928 年起开始酝酿制定大学课程统一标准,确立共同必修课程、主辅修制学分制。1929 年的《大学规程》规定大学共同必修科目包括党义、国文、体育、军训及外国语。1938 年制定《文理法三学院各学系课程整理办法草案》,提出规定统一标准、注重基本训练、突出精要科目三条课程整理原则。1938 年 9 月教育部召开第一次课程会议,先后公布文、理、法和农、工、商学院的共同必修科目表。1944 年 8 月第二次大学课程会议又修订并公布了文、理、法、师范学院的必修科目表。

（五）抗日战争时期的学校西迁

抗战时期,国民党正面战场频频失利,侵华日军进展迅速,因此将一批即将沦为敌占区的高等学校迁入后方,也是一项迫切的任务。在这方面,国民党政府主要采取的措施是:将北京大学、清华大学、南开大学迁往昆明,成立西南联合大学;将北平师范大学、北洋工学院、河北省立女师一部迁往陕西汉中,成立西北联合大学。南京中央大学迁往重庆,东北大学迁往四川三台,浙江大学迁往江西吉安,后又迁至遵义。将这些大学迁往内地的工作,有效地保护了我国高等教育的宝贵资源和财产,在抗战时期十分艰苦困难的环境下,这些大学得以继续维持教学科研、培养人才,无疑是抗战时期实施的一项成功的教育措施。除此之外,国民党政府还在后方安全地区设立国立中等学校,以收容、救济流亡的中等学校师生。这些学校与其他内迁学校一起,共同促进了原来文化教育比较落后的西南、西北地区教育水平的提高。

第二节　中国共产党领导下的革命根据地教育

一、新民主主义教育方针的形成

（一）苏维埃文化教育总方针

1931 年 11 月,中华苏维埃第一次全苏区工农兵代表大会通过的《中华苏维埃共和国宪法大纲》第十三条规定:"中华苏维埃政权以保证工农劳苦民众有受教育的权利为目的。在进行国内革命战争所能做到的范围内,应开始施行完全免费的普及教育,首先应在青年劳动群众中施行并保障青年劳动群众的一切权利,积极地引导他们参加政治和文化的革命生活,以发展新的社会力量。"①这就从法律上肯定了革命时期苏区教育的总任务和发展方向。

1934年1月第二次全苏区工农兵代表大会上，毛泽东在工作报告中更明确而具体地指出文化教育的总方针就是"以共产主义精神来教育广大的劳苦民众，在于使文化教育为革命战争与阶级斗争服务，在于使教育与劳动联系起来，在于使广大中国民众都成为享受文明幸福的人"。苏维埃文化建设的中心任务"是厉行全部的义务教育，是发展广泛的社会教育，是努力扫除文盲，是创造大批领导斗争的高级干部"②。

(二)抗日战争时期中国共产党的教育方针政策

抗日战争时期，根据时局变化和现实斗争的需要，中国共产党的教育政策也有所调整，这时期根据地的教育政策，都是以"一切为着前线，一切为着打倒日本侵略者和解放中国人民"这一总方针为依据的。

抗战爆发后，毛泽东就在1937年7月23日提出"根本改革过去的教育方针和教育制度，不急之务和不合理的办法一概废弃"③。1937年8月，中国共产党洛川会议上通过的《抗日救国十大纲领》第八条"抗日的教育政策"提出："改变教育的旧制度、旧课程，实行以抗日救国为目标的新制度、新课程。实行普及的、义务的、免费的教育方案，提高人民民族觉悟的程度。"④次年11月，在中国共产党六届六中全会上，毛泽东又在《论新阶段》中提出："在一切为着战争的原则下，一切文化教育事业均应使之适合战争的需要。"⑤根据这个提议，这次会议还做出了《实行国防教育政策，使教育为民族自卫战争服务》的决议。

(三)新民主主义教育方针的确立

1940年1月，毛泽东发表《新民主主义论》，阐明新民主主义文化教育是："无产阶级领导的人民大众的反帝反封建的文化"⑥，也就是民族的、科学的、大众的文化，这是文化的方针，也是教育的方针。所谓"民族的"，指新民主主义教育反对帝国主义压迫，主张中华民族的独立和尊严，带有民族特性的教育。所谓"科学的"，指新民主主义教育反对一切封建和迷信思想，主张实事求是，主张客观真理，主张理论与实践统一。所谓"大众的"，指新民主主义教育是为全民族90%以上的工农劳苦民众服务的，并逐渐成为他们的教育，因而是民主的。

新民主主义教育方针的提出，对抗日民主根据地和此后新民主主义革命时期的教育产生了很大影响。解放战争时期解放区的文化教育，基本上仍是以上述方针和政策为依据的。

二、革命根据地的干部教育

政治路线确定之后，干部就是决定的因素。培养革命干部的目的，是通过他们去引导、教育和发动人民大众起来从事现实的社会改造直至军事斗争，所以大众教育与干部教育又是相辅相成、互为依存的两个重要方面。

① 江西省教育学会.苏区教育资料选编[M].南昌:江西人民出版社,1981:1.
② 陈元晖,璩鑫圭,邹光威.老解放区教育资料(一)[M].北京:教育科学出版社,1981:20.
③ 毛泽东.毛泽东选集(第2卷)[M].北京:人民出版社,1991:348.
④ 毛泽东.毛泽东选集(第2卷)[M].北京:人民出版社,1991:356.
⑤ 毛泽东.毛泽东同志论教育工作[M].北京:人民教育出版社,1958:33.
⑥ 毛泽东.毛泽东选集(第2卷)[M].北京:人民出版社,1991:709.

（一）苏区革命根据地的干部教育

土地革命战争时期，苏维埃政权就非常重视干部教育，当时成立的红军大学、苏维埃大学、马克思共产主义大学，都是在此背景下设立的。

1. 红军大学

1933年11月在瑞金创立的红军大学是由创建于1931年的红军学校与苏维埃大学军事政治部合并而成，为苏区最高军事学府。何长工担任校长兼政委。分设指挥科、政治科、参谋科，培养营团级以上军事政治干部。还有高级班培养军以上干部。附设教导队、高射队、测绘队，学习期限一般为8个月。刘伯承、王稼祥、邓小平等曾任教员。1934年10月，红军大学随红军长征，改名"干部团"。1936年6月，红军到达陕北后，改名为中国抗日红军大学，抗战时期发展为抗日军政大学。

2. 苏维埃大学

1933年8月，中央人民委员会决定在中央苏区创办综合性的苏维埃大学。会议指定由毛泽东、沙可夫、林伯渠、博古和潘汉年任大学委员会委员，校长毛泽东，副校长沙可夫。开设特别工作班和普通班。前者属本科，包括土地、国民经济、财政、工农检察、教育、内务、劳动、司法8个专业班，次年又增外交、粮食两专业班，学习期限是半年。后者属预科，主要为文化水平不高的学员补习文化知识，学习期限不定。1934年7月，并入马克思共产主义大学。

3. 马克思共产主义大学

马克思共产主义大学1933年3月创设于瑞金沙洲坝，为苏维埃党校，首任校长任弼时，后由董必武继任，副校长杨尚昆。主要任务是培养能领导前方和后方革命政治工作的干部。内设新区工作人员训练班、党团干部训练班和高级训练班三类，分别培训新苏区和白区的工作干部、党团苏维埃和工会的工作者、各省省委委员和省苏维埃及省工会派送的高级干部，学习期限3—9个月不等。课程包括：马列主义原理、党的建设、工人运动、世界革命史、中国革命基本问题、游击战争等。

这一时期中央苏区的干部学校还有：红色通讯学校（1931）、中央农业大学（1932）、中央列宁师范学校（1932）、军医学校（1932）、看护学校（1932）、高尔基戏剧学校（1934）等。地方苏区也办了不少干部学校。

（二）抗日根据地的干部教育

抗日战争开始后，随着根据地的扩大，对干部的需求尤为急迫，1940年底，毛泽东强调："每个根据地都要尽可能地开办大规模的干部学校，越大越多越好。"[①]照此指示，根据地的各类干部学校不断涌现。

1. 中国人民抗日军政大学

1936年6月，中国人民抗日军事政治大学在陕北瓦窑堡成立，初名中国人民抗日红军大学，1937年1月改名并迁至延安。校长林彪，毛泽东兼任教育委员会主任，并为抗大制定办学方针："坚定正确的政治方向，艰苦朴素的工作作风，灵活机动的战略战术。"不久又亲笔为抗大题词："团结、紧张、严肃、活泼"。第一期学员以选调军队干部为主，第二期起兼招来

① 毛泽东. 毛泽东选集（第2卷）[M]. 北京：人民出版社，1991：342.

自全国各地的知识青年。学员在学校实行军事编制,过严格的军事生活。课程内容一般分政治和军事两类,前者包括马列主义概论、中国问题、哲学、政治经济学、统一战线、民运工作、日本问题、时事政策等;后者包括战略学、游击战术、步兵战术、军事地形学、战术动作、战斗指挥以及队列、射击、投弹、刺杀、爆破等技术训练。

抗大总校还先后在晋东南、晋察冀、山东、延安、淮北、苏北、晋绥、淮中、苏中、鄂豫等抗日根据地建立 12 所分校、5 所陆军学校和 1 所附设中学。抗战期间共培养军政干部 20 多万名。1945 年 10 月,总校教职工由何长工副校长率领挺进东北,筹办东北军政大学;其他各分校则先后改办为华中、华北、华东等地的军政大学,迎接全国解放。

2. 陕北公学

抗战爆发后,到延安的知识青年日益增多,为了解决这些知识青年的求学要求,中共中央于 1937 年 11 月在延安创办了陕北公学,校长成仿吾,教务长邵式平。其教育方针是:"坚持抗战,坚持持久战,坚持统一战线,实现国防教育,培养抗战干部"。[①] 主要培养行政干部、民运干部和文化工作干部,学习期限 2—3 个月。课程是三分军事七分政治,科目有社会科学概论、抗日民族统一战线与民众工作、游击战与军事常识、时事讲演等。1941 年与中国女子大学并入延安大学。四年时间为抗日前线培养了一万多名干部。

3. 鲁迅艺术学院

鲁迅艺术学院于 1938 年 4 月在延安成立,简称"鲁艺",负责人为沙可夫。办学目的是"培养抗战艺术干部,研究正确的艺术理论,整理中国艺术遗产,建立中国新的艺术"[②]。设有戏剧、音乐、美术、文学等系。课程分必修、专修和选修。学制初为 9 个月,后延长为 3 年。1943 年 4 月,鲁艺并入延安大学,作为该校下设的鲁迅文艺学院。

4. 华北联合大学

华北联合大学于 1939 年夏成立于延安,由陕北公学、鲁迅文艺学院、延安工人学校和战时青年训练班合并而成。主要任务是适应坚持敌后抗战的需要,为华北敌后根据地培养干部。成立后随即开赴晋察冀抗日民主根据地,10 月中旬在阜平县城南庄开学,校长成仿吾。抗日战争时期,华北联大在艰苦的敌后战场坚持教学和战斗,在近六年的时间,培养学员 80 多个队(班),8 000 余人。1945 年恢复三院,1948 年 8 月与北方大学合并为华北大学。

5. 延安大学

1941 年 9 月,中共中央决定将陕北公学、中国女子大学、泽东青年干部学校合并组成延安大学,校长吴玉章。1943 年 4 月,鲁迅艺术学院、延安自然科学院、民族学院等并入,次年行政学院并入,校长周扬。1945 年《延安大学教育方针暨暂行方案》规定延安大学的教育方针为:"以适应抗战与边区建设需要培养与提高新民主主义即革命三民主义的政治、经济、文化建设的实际工作干部为目的。"[③]这是抗日民主革命根据地第一所综合性的高等学校。

此外,在延安还有中共中央党校(前身是马克思共产主义大学)、朝鲜革命军事政治学校

---

① 高景春. 邵式平文论[M]. 南昌:江西人民出版社,1991:70.
② 邓初民. 鲁迅艺术学院访问记[N]. 新华日报,1938 - 4 - 19.
③ 陕甘宁边区政府. 陕甘宁边区教育方针[N]. 解放日报,1944 - 5 - 31.

等干部学校。在其他抗日民主根据地还有白求恩卫生学校、抗战建国学院、华中医学院、江淮大学等。

三、革命根据地的普通学校教育

（一）苏区革命根据地的普通教育

苏区的普通教育以小学为主，中学教育则多与干部教育结合。在根据地建立之初，就开始办小学，对儿童实行免费的、义务的和普及的教育政策。教育方针是："训练参加苏维埃革命斗争的新后代，并在苏维埃革命斗争中训练将来共产主义的建设者。"①

苏区的小学称劳动小学、列宁小学、红色小学等，1934年2月后一律改称列宁小学。学制实行三二分段，前三年为初小，后两年为高小，在苏区大部分小学是初小。采用全日制和半日制两种办法，以便让年龄大的能参加生产劳动的儿童编入半日班学习。

1934年10月中央教育部发布《小学课程教则大纲》，规定初小课程为：国语、算术、游艺。高小课程为：国语、社会常识、算术、自然常识、游艺。劳作及社会工作列入教学计划。

在教学方法上，《大纲》还提出了小学教授法三原则：小学教育与政治斗争的联系；小学教育和生产劳动的联系；小学教育要发展儿童的创造性。② 因此，苏区列宁小学的教育教学都非常重视政治教育和生产劳动教育。

在考试方法上，苏区小学不用背书、默书的老方法，而是将学生平时学习成绩和考试结果与课外活动、劳作实习、儿童团和学生会的评语结合起来，评定学生的学业成绩。

（二）抗日根据地的普通教育

抗日根据地的普通学校教育也主要是小学，中等学校实际上以培养干部为主。小学学制1938年陕甘宁边区教育厅规定为五年，前期三年为初小，后期二年为高小。为使贫苦农民子女能够入学，1941年边区政府颁布"小学贫寒儿童随学办法"，1942年又颁布"贫苦学生补助课本的决定"，实行随学班、巡回教学和补助贫寒儿童入学的办法。1944年4月陕甘宁边区政府发出《关于提倡研究范例及试行民办小学的指示信》，提出"把大多数的甚至全部的小学交给地方群众自己办"③。接着各个抗日根据地都做了同样的指示，根据地的小学教育在民办公助的形式下有了较快的发展。

在抗战救国的背景下，抗日根据地小学的教育内容十分注意适应战争的需要。1939年8月公布的《陕甘宁边区小学规程》规定小学课程：初小为国语、算术、常识、美术、音乐、劳作、体育。高小增加政治、自然、历史、地理。劳作以生产劳动为主，体育以军事训练为主。

抗战初期，各根据地大多编写了战时小学教材。1937—1944年陕甘宁边区共编写了三套初小教材，晋察冀边区、晋冀鲁豫、山东根据地也编有小学课本。这些课本的共同特点是：一是注意将抗日救国的思想渗透于教材编写中；二是贯彻教育与生产劳动结合原则，联系边区的生产劳动实际，反映农村的生产劳动内容。

① 江西省教育学会.苏区教育资料选编［M］.南昌：江西人民出版社，1981：97.
② 江西省教育学会.苏区教育资料选编［M］.南昌：江西人民出版社，1981：101.
③ 陕甘宁边区政府.关于提倡研究范例及试行民办小学的指示信［N］.解放日报，1944-4-23.

四、解放区新民主主义教育建设

（一）解放战争时期的教育方针与政策

1946年12月，陕甘宁边区颁布《战时教育法案》，针对当时不同类型的解放区提出了不同的任务，比如老解放区的任务是"以现状加以改革，充实新内容，加强社教活动"为原则；新解放区是"以争取原有教育干部，利用原有教育组织，逐渐加以改造"为原则。随着新解放区的不断扩大，对旧学校的接管成为一项重要任务。1947年2月晋察冀行政公署发布《关于新收复区教育工作的指示》指出："总的方针是在旧有的教育基础上逐步加以改造，积极摧毁顽伪法西斯奴化教育，树立新民主主义教育，对旧有教职员采取团结改造的方针。"[①]1948年7月，中共中央宣传部指示东北局："我们自己办教育的力量还不够，与其采取急躁而冒进的政策，不如采取稳扎稳打的政策，先维持，然后再慢慢改良。"[②]"先维持，后改良"就成了中共中央对新解放区教育所采取的一项方针政策。

（二）解放区中小学教育的正规化

抗战胜利后，全国曾经一度出现和平建国的希望，为了适应建设需要，解放区曾经酝酿过学校教育的正规化问题。1946年春，陕甘宁边区召开中等教育会议，讨论研究了学校逐渐注意正规化，提出了加强文化教育。苏皖解放区也召开宣教会议，研究了教育工作方案，拟定了各级学校的教育方针、学制、课程、教法等。山东解放区召开第二次全省教育会议，讨论了教育实施"新型正规化"问题。但当时解放区的战争形势还很紧迫，教育正规化难以真正进行。

1947年7月，解放军进行全面反攻，新中国已经前景在望，和平建设环境即将来到，学校正规化问题再次提到教育工作的日程上来。1948年8月12日至30日，东北行政委员会召开第三次教育会议；8月20日至9月5日，华北解放区召开中等教育会议；9月3日至21日，山东召开了第三次全省教育会议，都重点讨论了中等学校教育的正规化问题。会议决定改变中学干部训练的性质，确定中学为普通教育，学制仍用三三制，要求建立入学和毕业考试制度，加强文化课学习，因材施教，提倡尊师爱生，重视课堂教学等。

与此同时，小学教育正规化的问题也提上了日程。1949年5月20日至6月3日，华北人民政府在北平召开了华北小学教育会议，专门研究了小学教育的改革问题，拟定了《小学教育暂行实施办法》和《小学教师暂行服务规程》等文件。1949年6月15日，《人民日报》发表社论《贯彻华北小学会议精神，把小学教育从现在的基础上提高一步》，肯定华北小学教育会议的方向。

（三）解放区高等教育的整顿与建设

解放战争后期，新政权的建立需要大批能够管理军事、政治、经济、党务、文化教育等工作的干部，即将开始的大规模经济建设也需要大量的高级人才，高等教育的整顿与建设就这样成为解放区教育事业的重要方面。

第一，办抗大式训练班。1948年7月，中共中央提出办抗大式训练班，逐批对新接管学校的师生进行短期政治教育，在此情况下，各解放区陆续举办了一些培训班，训练知识青年，

---

① 王谦. 晋察冀边区教育资料选编（教育方针政策下）[M]. 石家庄：河北教育出版社，1990：256.
② 皇甫束玉，宋荐戈，龚守静，等. 中国革命根据地教育纪事[M]. 北京：教育科学出版社，1989：365.

以适应解放战争的需要。

　　第二，解放区原有的大学进一步正规化。如 1946 年 1 月，华北联合大学恢复原来的教育学院、法政学院、文艺学院，后又设外语学院。1948 年 8 月又与北方大学合并为华北大学。1949 年 1 月迁入北京，后组成中国人民大学，成为解放区自己办的正规大学的杰出代表。

　　第三，创办新大学。高等教育的大规模整顿和创办新大学，最先从东北开始。1949 年 8 月，中共中央东北局、东北行政委员会做出了第一个《关于整顿高等教育的决定》，明确决定在对一些旧大学整顿的基础上，创办新的大学。如培养经济建设人才的哈尔滨工业大学；培养中学师资的东北大学；培养行政干部的东北行政学院；培养文艺人才的东北鲁迅文艺学院；培养俄语翻译人才的哈尔滨外国语专科；培养朝鲜族干部的延边大学等。山东解放区成立了山东大学，晋冀鲁豫解放区成立了新华大学（后改名北方大学），苏皖边区成立了华中建设大学等。

第三节　现代教育家的教育活动与理论

一、杨贤江的教育活动与思想

（一）生平与教育活动

　　杨贤江（1895—1931）笔名李浩吾，浙江余姚县人。1917 年浙江第一师范毕业，然后到南京高等师范学校任职员。1920 年同李大钊、恽代英等被选为"少年中国学会"评议员，1921 年至1926 年，担任《学生杂志》编辑，1922 年加入中国共产党，1931 年病逝，年仅 36 岁。他的著作有《教育史 ABC》和《新教育大纲》，这是中国最早以马克思主义观点编写的教育著作。

图 8-1　杨贤江

（二）论教育本质

　　杨贤江在《新教育大纲》中，根据唯物主义基本原理，指出：

　　1. 教育具有历史性

　　他认为教育是由于人类社会生活和社会生产的需要而产生的，是在劳动过程中发生和发展的。在原始社会中，教育是获得生活资料的"实用教育"，是安慰精神的宗教教育。而教育发生质的变化，是人类进入了阶级社会的事。

　　2. 教育具有阶级性

　　他认为在阶级社会中，教育具有阶级性。他概括了阶级社会中教育的五大特征："教育和劳动分家""教育权跟着所有权走""专为支配阶级利益服务""两种教育权对立""男女教育权不平等"。他说："教育是阶级的，是阶级斗争的武器。从文明开始以来，只有阶级的教育，没有人类的教育；只有对立的教育，没有统一的教育"。[1]

---

① 李浩吾. 新教育大纲［M］. 福州：福建教育出版社，2007：25-30.

3. 教育的本质是上层建筑

他认为教育是社会上层建筑之一,是观念形态的劳动领域之一,是以社会的经济阶段为基础的。[①] 同时,他还根据唯物主义观点,批判当时教育界存在的超阶级、超政治的错误教育思潮。批判"教育神圣说""教育清高说""教育中正说""教育独立说",指出教育具有历史性和阶级性,不能脱离政治影响。

(三)论"教育功能"

杨贤江首先抨击"教育救国论"和"教育万能论"。他指出在中国社会未得改造,帝国主义和军阀不打倒,中国的殖民地位不摆脱,以道德教育、爱国教育和职业教育来救国"简直是笑话"。[②] 只有推翻阶级统治,才能真正救中国。

他指责"先教育后革命说",指出:在统治阶级的学校里,培养革命人才,是不能的。这种观点不仅是"后革命",而且是"不要革命""放弃革命"。[③] 因此,他认为不能用教育代替革命,教育应该是革命武器之一。

(四)"全人生指导"与青年教育

杨贤江一向关怀青年,他以高度的革命责任感对青年们的各种问题进行全面的指导,即"全人生指导"。

1. 人生观的指导

杨贤江教导青年应树立正确的人生目的。他向青年指出,树立正确的人生观是青年的头等大事,他说做人"第一要做的就是关于人生问题总该有个确定的概念,因为人的生活要有意义,有价值,必得先定个人生观。"[④]他分析了当时社会上普遍存在着三种错误的人生观:享乐主义人生观、虚无主义人生观、悲观主义人生观,这些错误人生观的共同点是自私,对他们而言,什么国家利益,别人祸福,都是和自己没有关系的。因此,杨贤江要求青年要树立为全人类谋幸福,为全人类的利益而奋斗的人生目标。

2. 对学习的指导

杨贤江对青年的学习有详细具体的指导。他指导青年要拥有正确的求学目的。他批评了当时一部分青年学生的错误观点,即求学的目的"在做官""在得名"和"在读书",并指出这些都是片面的见解。他认为,求学的目的"在于学习做人的基本条件,好叫我们做个有用的人"[⑤]。"做今后救国的准备。"[⑥]

杨贤江还强调自学。他列举了许多名家自学成才的事例,以此向青年们指出,有了自学的能力,失学也可以学,也可以成才。他还指出,不仅失学的青年需要自学能力,在校的学生也要有自学的能力。有了自学能力,才能成为学习的主人,而且会受益终生。

3. 对生活的指导

杨贤江对青年的生活也提出了指导性意见。他认为完美的青年生活主要包括健康生

---

① 李浩吾. 新教育大纲[M]. 福州:福建教育出版社,2007:12-13.
② 李浩吾. 新教育大纲[M]. 福州:福建教育出版社,2007:39-67.
③ 李浩吾. 新教育大纲[M]. 福州:福建教育出版社,2007:70.
④ 任钟印. 杨贤江全集(第1卷)[M]. 郑州:河南教育出版社,1995:199.
⑤ 任钟印. 杨贤江全集(第2卷)[M]. 郑州:河南教育出版社,1995:260.
⑥ 杨贤江. 求学与救国[J]. 学生杂志,1924(11).

活、劳动生活、公民生活和文化生活等,其宗旨是"要有强健的体魄和精神,要有工作的知识和技能,要有服务人群的理想和才干,要有丰富的风尚和习惯。"[1]青年们应该"努力求生活内容的健全,努力求生活内容的多趣,努力求生活内容的适应需要,努力求生活形式的有规律计划"[2]。

杨贤江是中国近现代教育史上第一个比较系统地运用马克思主义基本原理阐述教育问题的教育家,是中国马克思主义教育理论的奠基人,他对教育本质的论述和"全人生指导"的青年教育思想,对我国现当代的教育依然有着重要的意义。

二、晏阳初的教育活动与思想

(一) 生平与教育活动

晏阳初(1890—1990),四川巴中县人,原名兴复,字阳初,著名的教育家、世界平民教育运动与乡村改造运动的倡导者。13岁入阆中县西学堂求学,17岁入省城成都教会学校,23岁赴香港圣保罗书院读书,1916年赴美耶鲁大学,1918年毕业后赴法国从事华工教育,1923年与陶行知、朱其慧等人共同创立中华平民促进会总会,1929年到定县从事乡村建设实验,取得了卓越的成就,也获得了世人的肯定。1943年5月,在纽约举行的"哥白尼逝世400周年纪念会"上被推选为"现代世界最具革命性贡献的十大伟人"之一,成为获此殊荣的唯一的东方人。1950年定居美国后,晏阳初开始从事国际平民教育运动,曾任国际平民教育委

图8-2 晏阳初

员会主席、联合国教科文组织特别顾问。1967年获得菲律宾政府授予的最高平民奖章——金心勋章。1987年10月获美国政府颁发的"终止饥饿终生成就奖"。1990年1月在纽约逝世。其著作先后被编为《晏阳初文集》《晏阳初全集》。

(二)"四大教育"与"三大方式"

晏阳初在定县进行乡村教育的实验的基础上,把中国农村存在的社会问题归纳总结为四大社会弊病,即"愚、贫、弱、私"。所谓"愚",就是指当时中国社会文盲率高达80%,全国人口总体受教育程度极低;所谓"贫",就是指大多数人民极端贫困,无法维持生计;所谓"弱",就是指中国绝大多数人口缺乏营养、身体素质低下;所谓"私",就是指大多数人民缺乏高尚的道德情操和公民意识,"不能团结,不能合作"[3]。他认为这四大问题是困扰中国农村的根本问题。

为医治这四大病症,必须对农村进行"四大教育":"以文艺教育攻愚,培养知识力",即通过文字和艺术教育,帮助人民认识基本文字,增长知识,培养智力。"以生计教育攻贫,培养生产力",即向农民传授农业生产知识,帮助农民建立互助合作组织,促进农村经济健康发展。"以卫生教育攻弱,培养强健力",即通过创建农村医药卫生保健制度,使农民在他们现

① 杨贤江. 现在中国青年的生活态度[J]. 学生杂志,1924(11).
② 中央教科所,厦门大学. 杨贤江教育文集[M]. 北京:教育科学出版社,1982:257.
③ 晏阳初. 晏阳初全集(第1卷)[M]. 长沙:湖南教育出版社,1989:247.

有的经济状况下,能得到科学治疗的机会,以保证他们最低程度的健康。"以公民教育攻私,培养团结力",即通过公民道德的训练,使每一个公民都了解个人与社会的关系,以发扬他们公共心的观念。

为有效解决中国"愚、贫、弱、私"四个基本的社会问题,晏阳初在"四大教育"的基础上提出了教育的运用方式,即:学校式、家庭式和社会式。学校式教育是以学校为教育基本途径,主要以青少年为教育对象,是推进乡村平民教育集中而有效的组织形式,是实施"四大教育"的总枢纽。家庭式教育是把家庭地位相同的成员组织起来,进行与其家庭角色相一致的教育,教育内容是家庭中的实际问题和改良家庭生活的方法;社会式教育主要是青年农民在平民学校毕业后继续接受的教育。由平民学校同学会负责开展各项活动,教育内容来自"四大教育"。

(三)"化农民"与"农民化"

"化农民"与"农民化"是晏阳初平民教育思想的重要组成部分,是他推进乡村教育的目标和途径。对于如何办乡村教育,晏阳初曾经说过"我们欲'化农民',我们必须'农民化'"[①]。可见"化农民"是晏阳初平民教育的目标和方向之一,即改造农民,教化农民。他讲"我们从事平民教育运动,起初是发动于城市,普遍到各省,但这样还不够,我们认为中国的基本,不在城市而在农村"[②]。因此晏阳初将农民当成中国未来的希望,希望通过"化农民"达成"民族再造"、振兴中华的目的。"农民化"则是推进乡村教育的方法和策略。晏阳初认为,要想改造农民,就要先被农民改造。他说:"我们不愿安居太师椅上,空作误民的计划,才到农民生活里去找问题,去解决问题,抛下东洋眼镜、西洋眼镜、都市眼镜,换上一副农夫眼镜。"[③]

在晏阳初的倡导下,中华平民教育促进会在北京成立,吸引了众多知识分子投身到平民教育中去。1929年,晏阳初和平教会的同仁们为了推进乡村建设,更是放弃了城市的生活,举家搬到河北定县,来到农民之中,探索农村建设、民族自强自救的道路,真正做到了走向农民,走进农村。

三、陈鹤琴的教育活动与思想

(一)生平与教育活动

陈鹤琴(1892—1982),中国现代教育家,儿童教育家。浙江上虞县人。1914年清华大学毕业后留美学习,1917年毕业于美国约翰·霍普金斯大学。同年进哥伦比亚大学师范学院,专心研究教育和心理学。1919年回国后任南京高等师范学校教授,东南大学教务长。1923年创办南京鼓楼幼稚园兼任园长。1940年创办江西省立实验幼稚师范学校,并附设小学和幼稚园,开展"活教育"实践。1941年1月创办《活教育》杂志。其主要教育论著有《儿童心理之研究》《儿童心理学》《家庭教育》《活教育的教学原则》等。

图 8-3 陈鹤琴

---

① 晏阳初. 晏阳初全集(第1卷)[M]. 长沙:湖南教育出版社,1989:221.
② 晏阳初. 晏阳初全集(第1卷)[M]. 长沙:湖南教育出版社,1989:531.
③ 晏阳初. 晏阳初全集(第1卷)[M]. 长沙:湖南教育出版社,1989:221.

(二)"活教育"思想体系

陈鹤琴在教育实践中,提出了"活教育"的思想,逐步形成了"活教育"思想体系。

1."活教育"的目的

陈鹤琴说:"活教育的目的就是做人、做中国人、做现代中国人。"他认为教育是培养人的活动,这是活教育的第一层目的;同时作为一个社会的人,总是归属于一定的民族、历史文化之中,做中国人,就是要热爱自己的民族和文化,这是活教育的第二层目的;20世纪是科学与民主的时代,活教育也必须体现时代特征,培养具有科学和民主精神的现代人,这是活教育的第三层目的。这个"活教育"的目的,体现了热爱祖国、民族自强的精神,是一种进步的教育思想。

2."活教育"的课程

陈鹤琴批评旧教育是"死教育",课程固定、教材呆板,认为这种教育只能培养"书呆子"。而"活教育"的课程,应该向大自然、大社会学习。他说:"大自然、大社会都是活教材","活教育的课程是把大自然、大社会做出发点,让学生直接去学习"。①

"活教育"课程有两条原则:一条是按照国家教育统一颁布的课程安排;一条是根据儿童与环境实际情况灵活安排。他还提出了"活教育"的五类课程,即他说的"五指活动":儿童健康活动;儿童社会活动;儿童自然活动;儿童艺术活动;儿童文学活动。②

3."活教育"的方法

"活教育"的教学方法就是"做中教、做中学、做中求进步"。"做"是教育的核心,是学生学习的基础。它强调儿童在学习过程中的主体地位和在活动中直接经验的获取。陈鹤琴说:"凡是儿童自己能够做的,应当让他自己去做"。"凡是儿童自己能够想的,应当让他自己去想","你要儿童怎样做,就应当教儿童怎样学"。③

陈鹤琴把"活教育"的教学分为四个步骤:实验观察、阅读参考、创作发表、批评研讨。教师的责任是:引发、供给、指导、评价。

总之,陈鹤琴的"活教育"思想体系是针对旧中国旧教育传统的弊病提出的。他认为旧中国旧教育制度及教育思想是理论与实际脱节,书本至上,不求进步。他的"活教育"思想在当时有积极进步意义。他的幼儿教育思想,在中国教育思想史上是有一定地位的。但由于受西方实用主义教育影响,忽视了系统科学知识的传授和学习,过分强调直接经验,降低了教师主导作用。

四、陶行知的教育活动与思想

(一)生平与教育活动

陶行知(1891—1946),原名文濬,后改名知行、行知,安徽歙县人。中国现代著名的教育家,坚定的民主战士和大众诗人。1906年入教会学堂,开始接受西方教育。1914年南京金陵大学毕业后赴美留学。从伊利诺伊大学获政治学硕士学位后,入哥伦比亚大学师范学院

---

① 吕静,周谷平.陈鹤琴教育论著选[M].北京:人民教育出版社,1994:347.
② 吕静,周谷平.陈鹤琴教育论著选[M].北京:人民教育出版社,1994:143.
③ 吕静,周谷平.陈鹤琴教育论著选[M].北京:人民教育出版社,1994:461.

攻读教育,师从杜威等人。1917 年毕业回国担任南京高等师范学校的教务长。1923 年,与朱其慧、晏阳初等人发起组织中华平民教育促进会,推行平民教育。1927 年,在南京晓庄创办了试验乡村师范学校,即"晓庄学校",提出生活教育理论。1944 年后,陶行知积极参加民主运动、开展民主教育。1946 年 7 月 25 日在上海病逝。陶行知一生著作很多,主要有《中国教育改造》《普及教育》《中国大众教育问题》等。

图 8-4 陶行知

(二)"生活教育"理论

"生活教育"是陶行知教育思想的核心,它是杜威的实用主义教育思想与中国国情和时代需要相结合的产物。主要内容有:

1."生活即教育"

"生活即教育"是陶行知生活教育理论的核心,包含以下几层含义:第一,"生活即教育"是人类原来就有的,生活含有教育的意义。"生活教育是生活所原有、生活所需自营、生活所必需的教育。"① 第二,"生活即教育"就是在生活中受教育,教育在种种生活中进行,生活与教育是同一过程。"过什么生活便受什么教育,过好的生活,便是好的教育,过坏的生活,便是坏的教育。"② 第三,"生活即教育"是一种终生教育,与人生共始共终。"生活教育与生俱来,与生同去,出世便是破蒙,进棺材才是毕业。"③ 第四,在生活与教育的关系上,生活决定教育,教育改造生活。一方面,教育的目的、原则、内容、方法都为生活所决定,是为了"生活所必须"④。另一方面,教育改造生活,推动生活进步。"教育是民族解放、大众解放、人类解放之武器。"⑤

2."社会即学校"

"社会即学校"是"生活即教育"思想在学校与社会关系问题上的具体化。首先,"社会即学校"是指"社会含有学校的意味"。"整个的社会是生活的场所,亦即教育之场所。"⑥ 其次,"社会即学校"是指"学校含有社会的意味"。也就是说,学校通过与社会生活结合,一方面"运用社会的力量使学校进步",另一方面"动员学校的力量,帮助社会进步"⑦,使学校真正成为社会生活必不可少的组成部分。

3."教学做合一"

"教学做合一"是"生活教育"理论的教学论,是"生活即教育"在教学方法问题上的具体化。首先,教与学都必须以"做"为中心。"教的方法根据学的方法,学的方法根据做的方法。事怎样做便怎样学,怎样学便怎样教,教与学都以做为中心。"⑧ 其次,要求学生"手脑并用",在"在劳力上劳心"。陶行知认为在传统教育之下"劳力者"与"劳心者"是分离对立的,因而

---

① 华中师范学院教科所.陶行知全集(第 2 卷)[M].长沙:湖南教育出版社,1985:633.
② 华中师范学院教科所.陶行知全集(第 2 卷)[M].长沙:湖南教育出版社,1985:634.
③ 华中师范学院教科所.陶行知全集(第 2 卷)[M].长沙:湖南教育出版社,1985:634.
④ 华中师范学院教科所.陶行知全集(第 2 卷)[M].长沙:湖南教育出版社,1985:570.
⑤ 华中师范学院教科所.陶行知全集(第 5 卷)[M].长沙:湖南教育出版社,1985:477.
⑥ 华中师范学院教科所.陶行知全集(第 2 卷)[M].长沙:湖南教育出版社,1985:633.
⑦ 华中师范学院教科所.陶行知全集(第 3 卷)[M].长沙:湖南教育出版社,1985:545.
⑧ 华中师范学院教科所.陶行知全集(第 2 卷)[M].长沙:湖南教育出版社,1985:289.

造成了"田呆子"和"书呆子"。为了补偏救弊,目前的教育必须做到"教劳心者劳力——教读书的人做工;教劳力者劳心——教做工的人读书"[1]。第三,"行是知之始,知是行之成"。陶行知批评传统教育把读书学习当成"知之始",认为"行"才是知识的来源,也是创造的基础,手脑并用,才有真知,才有创造。他形象地比喻说:"行动是老子,知识是儿子,创造是孙子。"[2]

陶行知的生活教育理论,无论是强调学校教育与社会生活、生产劳动相结合,还是要求手脑并用、在劳力上劳心,都是对学校与社会割裂、书本与生活脱节、劳心与劳力分离的传统教育的抨击,至今都富有意义。但其"生活教育理论"夸大了社会生活教育的作用,从而忽视了学校教育的作用,忽视了教育的主导作用,忽视了学校教育传授系统文化知识的功能等,在当下存在值得商榷的地方。

思考与拓展

1. 评述国民政府时期教育宗旨与教育方针的变迁。
2. 评述新民主主义文化教育方针。
3. 评述杨贤江的"全人生指导"教育思想。
4. 评述晏阳初的教育思想。
5. 评述陈鹤琴的"活教育"思想。
6. 评述陶行知的"生活教育"理论。

---

[1] 华中师范学院教科所.陶行知全集(第2卷)[M].长沙:湖南教育出版社,1985:598.
[2] 华中师范学院教科所.陶行知全集(第4卷)[M].长沙:湖南教育出版社,1985:160.

第九章　东方文明古国的教育

本章概要:古代巴比伦、古代埃及、古代印度和古代希伯来四个文明是位于亚洲和非洲的东方文明古国。这里最早进入了人类文明,产生了最早的科学、文字和学校等,是人类文明和教育的发源地。本章主要介绍各文明古国文化教育的发展概况,分析这些东方文明古国各自教育发展的特点及其他们之间的异同。楔形文字、星座划分、泥板书舍、宫廷学校、文士学校、古儒学校、巴比伦之囚、拉比等将引领我们领略东方文明古国文化与教育之风采。

古代东方通常是对古代亚洲和非洲东北部各奴隶制国家的总称,其中巴比伦、埃及、印度和中国被称为四大文明古国,是最早进入文明时代的地区,产生了最早的文字、科学知识及学校,在奴隶制基础上创造了灿烂的古代文明,堪称世界文化的摇篮,并为后来世界文化的发展奠定了基础。故有"光明来自东方"之说。

第一节　古代巴比伦的教育

一、两河流域概述

亚洲西部的幼发拉底河和底格里斯河史称两河流域,这里是人类早期文明诞生地之一,这里孕育了历史悠久的人类文明古国——巴比伦。伊甸园、楔形文字、《汉谟拉比法典》、空中花园、巴比伦之囚等都是两河文明的重要标志。以巴比伦文明为代表的两河文明对人类的历史发展产生了重要影响:"稍后的尼罗河文明和印度河文明在发展过程中都受到了她的影响。希腊人从那里学到了数学、物理学和哲学;犹太人从那里学到了神学并将它传播于世;阿拉伯人从那里学到了建筑学,并因此影响了整个中世纪时期欧洲建筑的构造和风格。"[1]

两河流域的历史是各民族相互影响、相互融合的历史,两河流域中下游的巴比伦与北部的亚述是古代两河流域的两个主要王国,二者都曾统一过两河流域。巴比伦文化最为发达,是古代两河流域的文化中心,所以两河流域的文化又称为巴比伦文化。古代两河流域文明史经历了以下几个阶段:

大约公元前 9000 年,两河流域开始种植大麦和小麦,驯养山羊和绵羊,开启农业文明。

---

① 刘白玉,牛建军. 神奇的巴比伦[M]. 郑州:中州古籍出版社,2014:1-2.

公元前 7 世纪中期,两河流域进入哈苏纳文化时期,公元前 7 世纪末期,开始了萨麦拉文化(公元前 6000—公元前 5500),公元前 5500 年至公元前 5000 年在两河流域北部又形成哈拉夫文化,哈拉夫文化的中后期,两河流域南部的欧贝德文化(约公元前 5000—约公元前 4000)开启。

约公元前 4000 年两河流域进入乌鲁克时代。公元前 4500 年左右,苏美尔人来到两河流域冲积平原。其间,苏美尔人发明了楔形文字。

约公元前 2900 年开始苏美尔城邦时代,这一时代持续到大约公元前 2035 年。约公元前 2296 年至约公元前 2112 年为阿卡德王国时期,公元前 2112 至公元前 2004 年为乌尔王朝时期。

约公元前 1894 年至前 1595 年为古巴比伦王国时期。汉谟拉比统治时期,古巴比伦王国是两河流域最强大和领土面积最大的国家,基本拥有阿卡德和乌尔第三王朝的所有版图,著名的《汉谟拉比法典》颁布于这一时期。公元前 1595 年,赫梯人攻陷巴比伦城,古巴比伦王国终结。由此进入加喜特人建立的加喜特王朝时期(约公元前 1595—公元前 1155),史称中巴比伦时期。

约公元前 2000 年在两河流域的北部阿淑尔城邦国家与亚述王朝相继兴起,公元前 18 世纪中叶,古亚述王国被古巴比伦王哈穆拉比所灭。约公元前 1400 年至公元前 1050 年为中亚述王国,公元前 934 年至公元前 612 年为亚述帝国时期。

公元前 626 年迦勒底人那布帕拉沙尔光复巴比伦城,新巴比伦王国开始,公元前 539 年新巴比伦王国被波斯人灭亡。公元前 330 年,亚历山大大帝征服了美索不达米亚,公元前 4 世纪末逐渐衰落,巴比伦文明被淹没在黄沙之中。直到 19 世纪,经过考古发掘与研究,人们才得以了解古代巴比伦在人类文明史上的重要地位。"文化教育方面是很早的,甚至可以说,它早于埃及,至少是与埃及约在同时而有了学校。这是人类最初的学校教育的摇篮,也是人类正式教育的起点。"[①]

二、古代巴比伦的文化与科学

(一) 楔形文字

公元前 4000 年,苏美尔人创造出了"楔形文字",苏美尔语是两河流域最早的书面语言,是苏美尔城邦时代共同使用的语言。楔形文字发展成两河流域最主要的文字书写方式,它表达多种不同语系、语族的语言,包括苏美尔语、阿卡德语、赫梯语、乌加里特语、埃兰语、胡里语、古波斯语、阿拉米亚语等。[②]

"楔形文字"之称谓源于其文字之"形"。在古代两河流域的冲积平原上有取之不尽的黏土和大量的芦苇,这成为苏美尔人的"纸"和"笔"。他们把黏土制成大小不等的泥板,这就成为苏美人的"纸";把芦苇秆削成三角尖头,这就成了苏美人的"笔"。这种笔在这种纸上书写文字,自然形成落笔处印痕深宽而提笔处较为细小之"木楔"形状,所以以其笔迹之"形"称为"楔形文字"。

---

① 滕大春.外国教育史和外国教育[M].石家庄:河北大学出版社,1998:16.
② 朱寰.世界古代史[M].北京:高等教育出版社,2016:85.

　　苏美尔人再把刻写了文字的泥板一个个晒干或烧干,按不同内容放置或保存,就形成了"泥板书"(tablet writing)。最早的泥板书出现在约公元前3000年。这种书通常由几块或几十块泥板组成,很显然其缺点是笨重,虽然笨重,泥板书也广泛应用,连书信都用泥板书。

　　最初的楔形文字由图形符号组成。书吏用简化的图形把牛、羊、谷物、鱼类等所要录写的事物画下来。不久图形符号就固定成统一的格式,而不再取决于每个书吏的艺术想象力,从而保证了书写和阅读的一致。但是还有一个基本问题尚未得到解决:图形符号不能被用来表达抽象的概念。苏美尔的书吏们解决这个难题的办法是,在图形符号旁边加上别的符号以表示新的抽象意义,而尤为重要的是,他们还选择了表示声音而不是表示物体或抽象观念的音符。这是在以后若干世纪中逐渐发展起来的语音字母的精髓,不过苏美尔人当时还不能全面系统的应用语音原则。到公元前2900年时,他们把图形符号从早期的2 000个左右减少到大约600个。这已经是一个巨大的改进,但它比起后来由腓尼基人和希腊人创造的字母文字仍然显得累赘。在这种情况下书吏也就不可或缺,因为只有书吏掌握了繁复的书写规则,因此他们在当时享有很高的地位和特权。①

表9-1　几个楔形文字的起源和发展

最初的文字	后来的楔形文字	早期的巴比伦文字	亚述文字	初始的或引申的意思
				鸟
				鱼
				驴
				牛
				白天
				谷物
				果园
				耕作
				投掷
				站立/走

---

　　① [美]斯塔夫里阿诺斯. 全球通史:从史前史到21世纪(上)(第7版)[M]. 吴象婴,梁赤民,董书慧,等译. 北京:北京大学出版社,2005:60.

（二）天文和数学

公元前 2000 年初，巴比伦人已经把五大行星和恒星区分开来，并以星座划分星辰。他们制定了历法——太阴历，根据月之盈亏，把每月定为 29 日或 30 日，还知道置闰等。

古巴比伦的数学包括现代意义的代数、几何和部分物理知识。数学方面最为人称道的是 60 进位制和直角三角形定理（早于毕达哥拉斯出生之前）。他们还掌握了对角线、平方根、立方根和初级三角知识等。

三、古代巴比伦的学校教育

（一）学校的产生

巴比伦的学校主要是为了满足培养文士的需要。古代两河流域认为知识是神赐予的，起初为祭祀所用，传习这些知识也是僧侣的特权。文字也是发明于祭祀，并为祭祀首先使用。因管理寺庙财产和政府等方面都需要有识字的人。那时知文识字的被称为文士，文士必须为僧侣，直到公元前 2000 年末，才淡化这一要求。随着社会的发展，文士的需求量越来越大，不但寺庙中需要文士，政府工作也需要文士。文士又分为高级文士和低级文士。高级文士被委任为官员，撰拟帝王圣旨，制定军政法令，修订外交文书，编写政府报告，充当宫廷顾问。多数文士则充当公证人、掌印员、土地测丈及登记员、军情记录员、石碑及牌坊题字及雕刻员，此外还有受私人雇用或服务于商业的文士，称缮写员、计算员、秘书之类。一般向往仕进而出人头地的人，其中包括权贵子弟，都竭力学习以谋取其位。由此也就促进了学校产生和发展，而学校的任务就是培养文士。由于僧侣大多有较高的学问，寺庙又有图书馆等，有培养文士的条件，所以巴比伦的学校很可能就产生于寺庙，所以又称当时的学校为寺庙学校。

"泥板"与"泥板书"是当时巴比伦学校的主要标志，所以这类学校称为"泥板书舍"（tablet house），"泥板"和"泥板书"也是现在考古挖掘判定古代两河流域学校的重要依据。在泥板学校中，学校负责人称为"校父"，教师称为"专家"，助手称为"大兄长"，学生则称为"校子"。

（二）教育内容和教育方法

新巴比伦时期的寺庙学校包括初级教育和高等教育两级。初级教育相当于现在的小学教育，主要教授读写训练和阅读、翻译、计算等内容。高级教育是培养准文士的教育，在初级教育的基础上除进一步学习读写外，还要学习文法、苏美尔文、祈祷文、数学、天文学、占星术、医学、炼金术等。

学校纪律要求严格，教师常用体罚管教学生。教学方法主要是练习法，学生临摹教师书写在泥板上的文字，抄写和背诵单词、词组、数学和文书等。

（三）考古发掘的最早学校

法国考古学家帕拉（Andre Parrot）于 20 世纪 30 年代在两河上游的马里城，发掘出一所被人估计为公元前 2100 年左右的学校。它包括一条甬路和两间房屋，大间房屋长四十四米，宽二十五米；小间面积为大间的三分之一。大房排列着四条石凳，每条凳子可坐一人、二人或四人，共可容四十五人；小房排着三条石凳，可容二十三人；颇似学校的课室。两房四壁无窗，从房顶射入光线。房中没有教课的讲台或讲桌，却放着许多学生作业泥板。墙壁四周的底部安放着装有泥土的浅浅水槽,好似是准备制作书写用的泥板的。附近还摆着一个椭圆形陶盆,可能是储放清水以便和泥制造泥板的,或者是放置书写用具的。在地板上装点很多亮壳,好像是教授计算的教具。而且,这所房舍靠近皇宫,不靠近寺庙;刚好别处发掘到的泥板书的位置也如此。有人推断这就是那个时期的学校。但也有人推断马里学校是公元前3500年的建筑,是人类最先出现的学校,比埃及于公元前2500年最先产生的宫廷学校早一千年。①

第二节　古代埃及的教育

古埃及是世界四大文明古国之一,世界最长的河——尼罗河孕育了这一历史悠久的文明古国,金字塔、狮身人面像、法老、木乃伊是古代埃及的重要符号。古代埃及属于奴隶制国家,王国的皇帝称为"法老",法老自称是太阳神之子,本身就是神。因此法老集君权与神权于一身,具有至高无上的权力与尊严。贵族和僧侣执行法老的意志,是古埃及社会统治的重要的组成部分。

古代埃及的历史可划分为两个阶段:第一阶段包括前王朝时期(约公元前5300—约公元前3000)、早王朝时期(约公元前3000—约公元前2686)、古王国时期(公元前2686—公元前2125)、第一中间期(公元前2160—公元前2055)、中王国时期(公元前2009—公元前1650)、第二中间期(公元前1650—公元前1550)、新王国时期(公元前1550—公元前1069)、第三中间时期(公元前1069—公元前664)、后王朝时期(公元前664—公元前525)②;第二阶段包括公元前552年波斯人征服埃及、公元前332年马其顿国王亚历山大大帝占领埃及并开启希腊—马其顿人统治的托勒密王朝(公元前305—公元前30),以及公元前30年托勒密王朝被罗马帝国灭亡、公元4世纪至7世纪并入东罗马帝国。古代埃及在文学、科学、艺术等方面都取得突出成就,这些成就也促进了文化和教育的发展,尤其是文字与科学技术方面。

一、学校类型

古代埃及教育较为发达,学校教育大致包括四种类型:宫廷学校、职官学校、寺庙学校和文士学校。

(一)宫廷学校

在古王国末期的文献中就曾偶然提到宫廷学校(court school)。比较可靠的资料证明宫廷学校存在于中王国时期。考古发掘的结果是在中王国时期,埃及已有组织良好的学校。在发掘所得的新王国的公文中,已提及中王国的学校比较重视受教育者的个性尊严和论辩才能,而且利用文学作品,培养未来文士追求良好生活的素质。

奴隶主贵族及大臣的五六岁以上子弟可以出入宫廷和法老的子孙同活动同学习,有时法老也与他们一起活动,并派官员进行教育。这种宫廷学校以后便逐渐完善起来。在法老

---

① 滕大春.外国教育通史(第1卷)[M].济南:山东教育出版社,2005:29.
② 朱寰.世界古代史[M].北京:高等教育出版社,2016:94.

宫廷中,人才荟萃,有图书馆,有档案室,除培育青年一代,还利用学识优良之人充做参谋或咨询,实际就是智囊团或思想库。他们得参加讨论军国大事和学术问题,还可能对宫廷学校的成年学生进行程度较高的知识传授。宫廷学校除皇族子孙和权贵儿童青少年外,还在一般奴隶主子弟中选优入学,因与皇子同窗,称为"皇亲",有的借此便与王女成婚而扶摇直上了。

（二）职官学校

职官学校(department school)又称"书吏学校"或"政府机关学校",是政府各机关为训练培养合格职官逐渐形成的学校。如管理皇家马匹的机构,起初就在司马工作之中培养继起的工作者,以后有了类似学校的组织。文献记载贝肯康(Bekenchons)从五岁到十五岁被派在御马管理机构接受训练,十六岁任御马人员训练所的主持人,以后更成为有名的僧侣。还有皇亲何礼(Hori)职司御马训练,自己吹嘘是皇家马匹管理机构附设的书写学校的教师。再如,皇家银库需要大批文士承担工作,文献曾提及银库的登记员就以在附设学校教学为首要职责之一。同样,皇家档案图书需大量文士掌管,也由档案机构设立学校予以培训。

（三）寺庙学校

寺庙学校(temple school)又称"僧侣学校",是设在寺庙中,训练僧侣的学校。因为埃及古代的宗教活动、文字书写和专业知识操于寺庙,僧侣为培养继承人必须传授所需的知识,由此产生了寺庙学校。

寺庙学校中初学者仅学习读、写、算等基本知识和宗教知识;对水平较高的青年则进行层次较高的教学。随着科学文化的积累,到新王国时期,便出现了研究高深学术和培养高深专业人才的寺庙。海立欧普立斯(Heliopolis)大寺,也称日神大寺,就是教育水平极高的学府。该寺高僧是皇家的天文官,天文学的研究水平在当时是优异的;应用数学和物理学是该寺僧侣所专精的。寺庙有收罗丰富的图书馆,便于钻研参考,僧侣们长时就学术问题进行讨论,随而培植了接班人。因之这座寺庙既是古代埃及人的骄傲,也是国际学术的传播中心。犹太的摩西,和希腊的泰勒斯(Thales)、梭伦和柏拉图,都曾游学于此。直到马其顿王亚历山大侵占埃及,该大寺的图书馆及讲学工作迁到新兴的亚历山大城,这所古老的寺庙学校才衰落。

（四）文士学校

古代埃及公私事务都注重书写,各级官吏又系由文士充任,很多文士遂私人招生授课,有志的青少年前往学习。这种私立学校习称文士学校(scribe school)。当时文士范畴极为广泛,从日常事务性的抄写誊录员起,到高级僧侣和达官显宦止,几乎都由文士充当,为满足水平不齐的文士要求,文士学校的培养水平也高低不同。就最低者言,一般只练习读、写、算,并熟记政府规章和簿记之类。高级者就在此基础上研习数学、医学、天文学,并须娴于政府法令及公文函牍。由于学习内容不同,修业年限也不一致。从学习文字的困难推测,修业年数不会很少。文士修业结束,技术熟习,就按其专长委以职务,在岗位上再各就所司而精益求精,遇有机会则被正式委任为书吏,其后可以逐步晋升,成为高级书吏。

上述这几类学校属于不同类型,课程不同,水平也不一致,充分反映了当时统治阶级的要求,反映了社会经济、文化发展的需要,但都为统治阶级子弟所独占,一般平民不可问津,奴隶则更被剥夺了接受学校教育的权利。现在保存的一块当时的高级僧侣的铭文写道:"我遵照法老的命令,创办兼管理学校,学校里的全部学生均来自显贵人家,而不是来自穷苦人家。"①这充分反映了当时学校只是特权阶级的专利品。一张纸草上有这样的记载:"再没有比书本更高尚的东西了。"②"除了书吏的职业以外,再没有一种职业是没有主管的,因为书吏自己即是主管。"③这充分反映了古埃及教育的阶级性。

二、教学内容与教学方法

(一) 教学内容

古代埃及教育,就其学习内容而论,约可分为初、高两个等级。家庭教育和学校教育都含有两级的内容。

初级阶段,儿童学习书写、阅读和简易计算,而以练习书写为主。书写在教育中特别重要,一是因埃及极为重视文字,而文字却繁杂难学。据说世界上很少别种文字比埃及古文还复杂和还易发生书写错误的。二是因埃及是依靠书写来传授知识的,青少年不从阅读和听讲学习知识,而在书写过程中习得知识,教师则凭批改作业而传授知识。三是因为书写要求的标准高,即正确、纯熟和美观,学生不付出极多时间和精力是无法胜任的。

就学习书写的内容而言,在最初阶段主要是关于道德的训诫,接下来写《尼罗河的赞歌》《道福的教诲》《阿门尼拜的教诲》等长文。其中最著名的作品应推在公元前 2000 年撰写的《农夫的善辩》和在公元前 1300 年撰写的《文士的辩谈》。学生在仿效文体之中,可以受到道德和文学的熏陶。

计数的教学是实用性质而非学术性质的,主要是对具体数量的测算,内容粗浅,不曾超过一次方程的水平。一般是计算个人财产,尼罗河泛滥后的土地测丈,征税的税率,金字塔的面积、体积,谷物的储存量,等等。英国博物馆所藏的《林德数学篇》计两册,各宽十英寸,长十七英寸,是希克索斯族入侵埃及时期的古物。就其内容看,乃是千余年来长期积累的知识,反映出其成就不高。不过,按其文献所谈,文士而不懂计算,是引以为耻的。

高级阶段为专业教育。古代埃及的专业教育包括建筑、天文、医学、律师等专业,其中,最受重视的是建筑业教育,当时主要建筑物有宫廷、寺庙、陵墓,尤其是金字塔从古王国时期就开始修建起来了。

(二) 教学方法

古埃及的教学方法比较落后。在古代埃及的学校中,教师惯用灌输和体罚,教师施行体罚被认为是正当、合理的。古埃及谚语说:"男孩的耳朵是长在背上的,只有打他才听。"④"学神把教鞭送给人间。"⑤即使皇子也不能幸免。当时一般人甚至把教育比作驯兽,把教鞭当作教育的同义语,其方法之简单粗暴可想而知。

---

① [苏联]司徒卢威. 古代的东方[M]. 叶文雄,译. 北京:人民教育出版社,1955:103.
② [苏联]司徒卢威. 古代的东方[M]. 叶文雄,译. 北京:人民教育出版社,1955:97.
③ [苏联]司徒卢威. 古代的东方[M]. 叶文雄,译. 北京:人民教育出版社,1955:99.
④ [苏联]司徒卢威. 古代的东方[M]. 叶文雄,译. 北京:人民教育出版社,1955:20.
⑤ 曹孚. 外国古代教育史[M]. 北京:人民教育出版社,1981:21.

第三节 古代印度的教育

古代印度包括今天的印度、巴基斯坦、孟加拉国、不丹、尼泊尔等南亚次大陆上的所有国家，印度河流域和恒河流域是古代印度文明发展的核心区域。公元前 2500 年至公元前 1750 年，是印度河流域的达罗毗荼人创造的"哈拉巴"（Harappa）文化时期，这一时期产生了文字，建立奴隶制城邦国家。不过，公元前 1750 年，哈拉巴文化突然消失，直到 20 世纪 20 年代才被重新发现。公元前 1500 年至公元前 500 年雅利安人创造了"吠陀时代"。其间，形成了婆罗门教和等级森严的种姓制度，从高到低依次为：婆罗门（即僧侣）、刹帝利（即武士）、吠舍和首陀罗，前三种是再生人，首陀罗是非再生人。不同种姓的人通婚所生的孩子称为贱民，被排斥在种姓之外。由此形成了维持种姓制度和培养宗教信仰婆罗门教育。公元前 6 至公元前 5 世纪，婆罗门教难以维系人心，佛教由此兴起。佛教由释迦牟尼所创，佛教反对种姓制度、主张各种姓平等的观点受到广大底层民众的欢迎，佛教因此得到广泛发展，到摩揭陀国孔雀王朝阿育王在位时还一度被定为国教，相应地佛教教育也发展起来了。

一、婆罗门教育

"婆罗门教育"指公元前 6 世纪以前的印度教育。之所以称其为婆罗门教育，主要原因有三：一是婆罗门掌握着当时的教育权，当时的印度，僧侣掌握着祭祀和学问，人们视之如神，形成古代印度的至高种姓。二是能接受教育的只有婆罗门等可再生种姓，而婆罗门接受的教育又是最高级和最完备的，其他再生种姓只能接受程度较低、内容简单的教育，首陀罗和贱民如果读书、识字甚至会构成死罪，这是维持等级森严的种姓社会的婆罗门教育目的使然；三是教育的主要任务是学习和贯彻婆罗门教义——《吠陀》，培养宗教意识。婆罗门教源于公元前 2000 年的吠陀教，《吠陀》是雅利安人的圣书和印度人最早的宗教典籍，该书包括《梨俱吠陀》《沙摩吠陀》《耶柔吠陀》《阿达婆吠陀》，第一部成书于约公元前 12 世纪至公元前 9 世纪，后三部约成书于公元前 7 世纪至公元前 6 世纪。这三种原因也是公元前 6 世纪以前印度教育的重要特点。

婆罗门教育包括家庭教育和学校教育两种类型，公元前 9 世纪前以家庭教育为主，公元前 8 世纪后出现了在家中举办的婆罗门学校。

家庭教育是在婆罗门家庭里以教授自家子弟为主，有时也招收刹帝利和吠舍的子弟，父母是教师。儿童 3—5 岁时通过剃度礼，开始接受家庭教育。学习内容是《吠陀》，教学方法是教师口授，学生则跟着老师一句一句、一遍一遍地记诵。学完一部《吠陀》需要十年左右的时间。儿童练习写字的方式是：先在沙地上练习，熟练后再用铁笔写在棕榈树叶上。不过，古代印度重视记诵，不重视书写，原因是他们视《吠陀》为神灵的意旨，写下来有亵渎神之嫌。

在家中举办的婆罗门学校统称"古儒学校"，"古儒"（guru）是当对这类学校教师的称谓，教师都是婆罗门种姓。学校不收学费，古儒的生活来源靠家长的捐赠和学生代耕田地等。儿童入学须经老师考验，入学后住在古儒家中，一般学习 12 年，学习内容主要是《吠陀》经。还要学习语音学、韵律学、文法学、字源学、天文学和祭礼六门基础学科，以便更好地学习和领会《吠陀》经典。教学方法以口授、背诵为主,辅以讨论和其他方法。教师还常常让年长儿童协助教师把知识传给其他儿童。体罚是教师常用的管教手段。

二、佛教教育

由于佛教众生平等得到广大民众的欢迎,加之其一度成为印度的国教等原因,佛教当时吸引了不少青少年,上流社会也以学僧为尚,致使家长争相送子女学习佛教,佛教教育得到迅速发展和传播。

佛教教育是纯粹的神学教育,是一种宗教训练,其教育目的是在于让人们不要贪恋人间的享乐,倡导通过修行达到大彻大悟,以追求涅槃和来世。

与婆罗门以家庭和学校为教育场所不同,佛教教育的场所是寺院。学习内容主要为佛教经典。佛教教育采用地方语言解说经文,较之婆罗门使用繁难的梵文而言信徒更容易接受。教学时还经常采用争辩和讨论等教学方法。

佛教教育主张"四姓平等"、男女平等,所以在招生不存在等级和性别的差异,年满 8 岁以上男女儿童都准许入寺(女童入尼庵)修行,学满 12 年以后,男的考核合格叫作"比丘",女的考核合格叫作"比丘尼"。考核之后他们中的少数人会继续留在寺院,再修习 10 年后,担任僧侣职务。

那兰陀寺是古代印度水平最高、规模最大的寺院,已相当于高等教育机构,除教育功能外,还兼具学术研究功能。著名寺院不但吸引本国青年,还吸引着中国、朝鲜等国的大批外国青年和学者前来学习和研究,玄奘就是其中之一。

婆罗门教育与佛教教育有相同之处也有不同之处。相同之处主要是:二者都是实实在在的培养宗教信仰的宗教教育,重视道德陶冶和心灵教化,轻视实学教育,阻碍了古代印度的社会变革和科学技术发展。不同之处主要有:婆罗门教育的教育场所以家庭为主,佛教教育的教育机构是寺院或尼庵。婆罗门教育的教师为婆罗门,佛教教育的教师均为僧侣。婆罗门教育的教学语言是艰深的梵文,佛教教育的教学用语是易懂的地方语言。婆罗门教育的教育对象为再生种姓,具有森严的等级性和不平等性,佛教教育的对象"四姓平等",带有平等性。历史影响上,佛教与佛教教育远远超过婆罗教与婆罗门教育,佛教和佛教教育对印度和包括我国在内的东方各国宗教和教育的发展都产生过重要影响。

第四节 古代希伯来的教育

希伯来人是现代犹太人的祖先。希伯来人是闪族的一支,公元前 20 世纪中叶从原游牧地幼发拉底河流域侵入迦南,即现在西亚的巴勒斯坦的地区,"希伯来人"是原住民迦南人对入侵者的称谓,其意是"从河(指幼发拉底河)那边来的人"。随后,希伯来人开始定居于迦南,创造了希伯来文字,开创了希伯来文明。希伯来人曾经为逃避饥荒进入埃及,在埃及居住 400 多年,之后,在首领摩西的带领下,经过 40 多年的长途跋涉,历经艰险终于返回到迦南。约公元前 11 世纪,希伯来人先后建立了两个强大的部落联盟,北方为"以色列",南方为"犹太"。公元前 722 年,以色列王国亡于亚述帝国,公元前 586 年犹太王国亡于巴比伦帝国,犹太国民沦为"巴比伦之囚"。公元前 538 年,波斯征服新巴比伦王国,希伯来人得以重返家园。公元 1 世纪,希伯来被罗马帝国吞并。古代希伯来的教育分为前后两个时期:第一时期从离开埃及到沦为"巴比伦之囚"之前;第二时期从脱离巴比伦到亡于罗马帝国。前期以家庭教为主,后期以学校教育为主。以下主要介绍古代希伯来的家庭教育和学校教育。

一、家庭教育

家庭教育是古代希伯来第一时期主要的教育形式。希伯来人定居迦南后,其生产方式从游牧逐渐转向农业,游牧文化逐渐褪去,农业文化逐渐形成,教育方面也形成了颇具特色的家庭教育。

希伯来人视信神为天经地义,所以教育内容以宗教经典《圣经·旧约》为主,用以熏陶、培养儿童的宗教信仰,这是希伯来家庭教育的重要特色,一直到现代,他们的后人——现代犹太人仍然保留着这一传统。除《圣经·旧约》之外,教育内容还有民族传说、祖先训诫、简单的文化知识和职业技能的传授与训练等。

二、学校教育

公元前 538 年,希伯来人返回故土之后,受巴比伦文化教育的启示,开始发展自己的学校教育。

为囚巴比伦时,希伯来人仍恪守本民族宗教传统,每逢安息日及重要宗教节日都要举行宗教活动。特殊的环境让他们逐渐由个人祈祷转向集体祈祷,由此建立了犹太会堂,后来逐渐发展成为兼具讲授《圣经》和法律的教育场所。希伯来人重建家园时,同时建立和发展了犹太会堂。犹太人在会堂之外创建了最早的初级学校。公元前 2 世纪前后,希伯来的学校与会堂分设,到公元前 1 世纪,学校教育得到迅速发展,希伯来人的每个村落均设有学校,25 名儿童设 1 名教师教学,满 40 名儿童增加 1 名助教,满 50 名儿童则设 2 名教师。但是,只有男子可以接受学校教育,女子无此权利。

希伯来男童一般 6 岁入初级学校,开始学习《圣经》与简单的读、写、算。10—15 岁主要学习《密西拿》(《密西拿》与《革马拉》合称《塔木德》)。15 岁之后主要学习《革马拉》,这已相当于中等教育。

教学方法,主要是口授和指导学生诵读,教学时鼓励学生提出问题。还有类似"导生制"的教学方法:教师指派年长的学生辅导学业有困难的学生,或让年幼而颖慧者给年长而迟钝者解决学业难题。这"恰似一块小木可以燃烧一块大木,幼儿也可使年长儿童学得聪明;恰似一块铁可以磨砺另一块铁,一个儿童也可使另一儿童变得敏慧"[1]。

希伯来人非常重视教育,希伯来人对教育的解释是:人人必须受教,才能成为上帝的真正信仰者。只有人人成为诚笃的信仰者,才能使民族不受衰亡的威胁[2]。西伯来人非常尊重教师,希伯来人称教师为拉比(rabby),类似埃及的文士,立志成为拉比是当时许多青年的理想追求。

以宗教教育为核心的希伯来教育对本民族文化与教育的传承与发展起到了极其重要的作用,对欧洲宗教与宗教教育的发展也产生了重要的影响。

总之,古代东方文明古国产生了世界上最早的科学知识、文字和学校,形成了最早的教

---

① 曹孚.外国古代教育史[M].北京:人民教育出版社,1981:37.
② 吴式颖,李明德.外国教育史教程(第三版)[M].北京:人民出版社,2015:23.

育制度和教育思想,是人类文明的第一道曙光、世界文化和教育发展之源。应该指出的是:东方各文明古国由于异族入侵和自然灾难等原因都导致本土文化的失传或断层。世界各文明古国唯一源远流长而不断流的国家只有古老长青的中国,只有历久弥新的中国文化。

思考与拓展

1. 简述东方文明古国教育的主要特点。
2. 试析亚非文明古国在世界教育史上的地位。你如何理解"光明来自东方"这一说法。

第十章　古希腊与古罗马的教育

本章概要:古希腊是西方文化与教育之源,古罗马是继古希腊后西方第二个典型的奴隶制国家,其文化与教育在继承古希腊文明的同时又有所发展和创造。古希腊教育包括荷马时期、古风时期、古典时期和希腊化时期四个主要阶段。古罗马教育发展的主要阶段是共和时期和帝国时期,家庭教育、雄辩术与法制教育成为古罗马教育的重要特点。智者派为古希腊的教育发展做出了重大贡献,苏格拉底、柏拉图、亚里士多德和西塞罗、昆体良等人的教育思想对古希腊、古罗马及其后世西方教育的发展产生了重大而持久的历史影响。

第一节　古希腊的教育

一、古希腊概况

古希腊的地理范围以希腊半岛为中心,包括爱琴海、爱奥尼亚海的岛屿、土耳其西南沿岸地区以及意大利南部和西西里岛东部沿岸地区。古希腊的地理范围在不同时期有所不同,如古典时代,古希腊包括东到叙利亚、西及西班牙,北至南俄草原、南到埃及和北非的广大地区。但是,古希腊人的活动中心一直在巴尔干半岛南部,居住在海外的希腊人一般视巴尔干为其故乡。

希腊拥有发达、悠久的新石器时代文化,那里曾经拥有发达的城市和相当数量的人口。已发掘的新石器时代文化遗址可以追溯到公元前 6100 年以前。爱琴海南段的克里特岛,公元前 70 世纪就有人居住,公元前 30 世纪克里特就进入了文明时代,约公元前 20 世纪,这里就产生了国家。公元前 20 世纪,居住在多瑙河下游草原地带的希腊民族开始向南迁徙,逐渐征服了原居民,成为希腊大陆的主流民族,他们创造了迈锡尼文化。公元前 1450 年,大陆上的希腊人攻占了克里特岛,摧毁了那里的城市,毁灭性的战争与一连串的毁灭性的地震,致使克里特文明遭受灭顶之灾,到公元前 1150 年已实际灭绝。[①] 公元前 1200 年前后多利安人用精良的铁制武器攻占了迈锡尼的一个个城堡和城市,摧毁了迈锡尼文明,希腊重新进入黑暗时代。

---

① [美]斯塔夫里阿诺斯. 全球通史:从史前史到 21 世纪(上)(第 7 版)[M]. 吴象婴,梁赤民,董书慧,等译. 北京:北京大学出版社,2005:78.

公元前 1100 年至公元前 800 年是古希腊的荷马时代。"荷马时代"之称谓主要源于《荷马史诗》。《荷马史诗》是反映这一时代的主要文献,其作者相传是生活在公元前 9 世纪的盲人诗人荷马,该书包括《伊利亚特》和《奥德修记》两部分,主要叙述了英雄的古希腊人攻打小亚细亚的特洛伊城的前后经过,歌颂了阿喀琉斯(Achilles)、奥德修斯(Odysseus)等古希腊英雄的丰功伟绩。因此,荷马时期又被称为"英雄时代"。荷马时代的古希腊是从氏族公社向奴隶制度的过渡时期,国王、议事会、人民大会是该时代的主要政治架构,古典时代城邦政治制度的基本轮廓已开始显露。《荷马史诗》显示,当时女子既不能参与公民大会和公共事务,也无权管理家庭事务,只是作为奴隶的总管,其地位甚至不如家奴。①

公元前 800 年至公元前 500 年为古风时期,古风时期的古希腊形成了大大小小的"城邦"②国家。其中,雅典和斯巴达是古希腊城邦国家的典型代表,他们先后称雄古希腊,在古希腊历史上占据中心地位。从 8 世纪开始,希腊人开了大范围的海外殖民活动。有些殖民城邦也进一步对外殖民,形成了规模宏大的殖民运动。到公元前 6 世纪,西到直布罗陀海峡、东至叙利亚、南到埃及、北至南俄草原都广布希腊人的城邦。殖民运动促进了古希腊的发展,对其历史发展产生了重大影响。

公元前 500 至公元前 330 年为古典时期。古典时期希腊的奴隶制经济得到重大发展,奴隶民主政治制度最终确立,古希腊经济、文化和教育达到了空前繁荣阶段。古希腊"三哲"——苏格拉底(公元前 469—前 399)、柏拉图(公元前 427—前 347)、亚里士多德(公元前 384—前 322)也主要生活在这一时期。古典时期的希腊经历了两次重大战争,对古希腊的发展产生了重大影响:一是希腊与波斯帝国之间的希波战争。希波战争之后,雅典成为"海上帝国""雅典帝国",其民主制度达到极盛时期。其中公元前 5 世纪 50 至 30 年代被称为雅典民主的"黄金时代"。二是雅典和斯巴达两大城邦之间的伯罗奔尼撒战争。伯罗奔尼撒战争的结局是斯巴达取代了雅典的霸主地位,雅典的奴隶民主制度也逐渐走向衰落。

公元前 330 年至公元前 30 年为希腊化时期。公元前 334 年,希腊北部的马其顿逐渐崛起,国王亚历山大迅猛东侵,征服了古希腊和小亚细亚、叙利亚、古埃及和古印度等地区,一方小国壮大为横跨欧、亚、非三大洲的大帝国。公元前 323 年亚历山大病死于巴比伦,公元前 301 年伊普苏斯战役之后帝国一分为三,并继续分裂。公元前 30 年,托勒密王朝被古罗马灭亡,希腊化世界告终。

古希腊教育的发展相应地主要分为荷马时期、古风时期、古典时期、希腊化时期四个发展阶段,接下来分别介绍这四个时期的教育。

二、荷马时期的教育

教育史学者多通过《荷马史诗》了解、推测、分析荷马时期教育发展的大致状况。

荷马时期尚未出现学校这种专门的教育机构。对儿童和少年的教育主要是在生活和生产的过程中进行的。儿童和青少年通过参与成年人的各种活动,获得社会所需要的各种知识和技能。荷马时代是个崇尚英雄的时代,培养造就英雄无疑成为这一时代的最重要的教

---

① 吴式颖,李明德.外国教育史教程(第三版)[M].北京:人民出版社,2015:28.
② 城邦,指以一个城市为中心、包括周围乡村地区的主权国家。

育目标。

荷马时期的教育内容主要包括与军事直接有关的知识、技能，以及道德教育和演说家能力的培养等。阿喀琉斯是《荷马史诗》中歌颂的英雄，他是海洋女神忒提斯（Thetis）和英雄帕琉斯的儿子、宙斯的曾孙。他有两位老师，喀戎（Chiron）和富尼克斯（Phoenix），喀戎是神的儿子，一个半人半马的怪物，他教过阿喀琉斯、涅斯托尔（Nestor）等21位英雄。喀戎教授的内容是骑马、标枪、打猪、弹奏七弦琴、棋艺和医术等方面的知识、技能，这些多是与军事相关的知识与技能。通过富尼克斯的话语，可以进一步了解当时贵族子弟对军事和演讲能力的重视。

> 我就全心全意用来做成你这样一个人了。你总还记得，除了我一个人之外，你无论外出或是在家里都不肯跟任何人一起吃饭的；总还记得，我一直都抱你在膝盖上疼着你，从我吃的肉上切下小片来喂你，拿我的酒杯凑上你嘴唇。……是的，我一生的大部分都花在你的身上，为你辛勤劳苦。……当初那老战车将士帕琉斯（阿喀琉斯的父亲——引注）送你从佛提亚来帮助阿伽门农的时候，不是要我做你的监护人的吗？你还是一个小伙子呢，在可以大显身手的战场上和辩论会上都是没有经验的。他所以要我和你一同来，就是来教你这些事，你做一个演说家和行动者。[①]

荷马时期重视道德教育，《荷马史诗》中所歌的英雄都是品行高尚、人格健全的道德典范。他们身上集中了各种为当时社会所肯定的美德：智慧、勇敢、节制、正义、忠诚、大公无私、热爱集体、智慧等。其中"智慧、勇敢、节制和正义"是荷马时期古希腊人最为重视的道德品质，之后发展成为古希腊思想家所概括的"四大德"。

概括地说，荷马时期的教育是一种非制度化的教育，一种培养英雄的教育。荷马时代的教育对古希腊的教育发展产生了重要影响。尤其是在荷马时期形成的能言善行、品格高尚的理想人格，成为古希腊教育发展的重要价值元素。

三、古风时期的教育

斯巴达和雅典是古风时期希腊城邦国家的典型代表，也是希腊教育发展的典型代表，以下主要介绍这两个城邦国家的教育发展。

（一）斯巴达的教育

斯巴达位于伯罗奔尼撒半岛东南端狭长的拉科尼亚平原上，平原呈南北走向，东、北、南三面都有高山环绕，欧洛达河（Eurotas River）由北向南贯穿了整个平原，[②]土地肥沃、易于耕作，加之斯巴达城邦三面环山，比较封闭，与外界交往不便，便形成其以农业为主的经济发展模式。

斯巴达国家制度是带有浓厚的寡头色彩，兼有君主制、民主制因素的混合体。到古典时

---

①　[古希腊]荷马.伊利亚特[M].傅东华,译.北京:人民文学出版社,1958:166-167.
②　陈超,刘衍钢.地图上的古希腊史[M].上海:东方出版中心,2016:25.

代，它成为与雅典民主政治对立的一种制度。[①]

斯巴达城邦国家的居民划分为三个等级。第一等级是斯巴达人，他们是征服者多里安人(Dorians)，他们是城邦的公民，不从事任何生产劳动，主要职业就是当兵打仗。他们仅有9 000户，3—4万人。第二等级是庇里阿西人(Perioeci)，"Perioeci"的意思是边民，他们居住在拉哥尼亚周边，是斯巴达的依附居民(也成为"半自由民")，他们从事农业和工商业，也有一定的自治权，但是没有政治权。他们需要服兵役，古典时代成为斯巴达军队的重要组成部分。第三个等级是希洛人(Helots)，也有一批学者把"Helots"翻译为"黑劳士"。"黑劳士"据说是因为斯巴达征服拉哥尼亚南部的黑劳斯城时，将当地的居民变成黑劳士而得名的。[②]斯巴达征服美塞尼亚后，把黑劳士制度扩大到整个美塞尼亚，成为斯巴达国家的基本制度。希洛人多是土著居民，为被征服的奴隶，不具有任何政治、经济权利，约有30万人。希洛人耕种斯巴达公民的份地，一半收入交给斯巴达人，并交纳一定数量的金钱和其他收成。约七户希洛人供养一户斯巴达公民。希洛人拥有财产权、婚姻权，有自己的家庭。他们的生命没有法律保障，如有反叛迹象，可能不经审判就被斯巴达人暗杀。战时，随军负责运输粮草等简单任务。虽然他们的生活非常艰苦，但其中不少人也聚集了相当多的财富，并在古典时代后期多次得到机会用财产赎买人身自由。他们的地位比较接近中世纪西欧的农奴。[③]

公元前8世纪至公元前7世纪，斯巴达人在镇压了声势浩大的希洛人起义之后，为保持政权稳定，采取了一系列具有军事色彩的统治方式，使整个国家成了一座戒备森严的大兵营，形成了以培养战士为目的的斯巴达教育。

在斯巴达，教育被当作一项极为重要的国家事业，完全由国家掌控。不但重视男子的教育，也重视女子的教育。在斯巴达，女子通常和男子一样进行军事训练和体育训练，以造就体格强壮的母亲生儿育女、防守国土。

斯巴达人实行严酷的体检制度，以保证族群体质上的优越性。在斯巴达，长老代表国家检查新生儿的体质情况，身体孱弱或有残疾的婴儿被弃之荒野，身体健康的婴儿才被允许抚养。

7岁以前是家庭教育阶段，由于斯巴达男子成年后以当兵为职业，所以7岁前的孩子由母亲教育。

7岁至18岁，儿童开始进入国家教育机构，开始军营生活。教育目的是养成儿童健康的体魄、顽强的意志以及勇敢、坚忍、顺从、爱国等品质。教育内容主要是赛跑、跳跃、摔跤、掷铁饼和投标枪"五项竞技"以及神话传说，还有祭神、竞技和各种仪式等。其中，五项竞技也是古代奥运会的主要竞赛项目。教育方式主要是严格的军事训练、道德训练和极其艰苦的生活磨砺，其目的是铸就儿童坚毅、刚强、机警等品质。他们经常吃不饱，还常常被教唆去偷窃，而且偷窃被发现还会被归结为反应迟钝而遭受鞭打。"(他们)头蓄短发，并习惯于赤足行走和几乎不穿衣裳的游戏。当他们12岁时就不再穿内衣了，一年只领到一件外衣……他们成队成伙地一起睡在草垫上，这种草垫是他们用自己的双手(用刀是不允许的)沿着攸

① 朱寰. 世界古代史[M]. 北京：高等教育出版社，2016：203.
② 朱寰. 世界古代史[M]. 北京：高等教育出版社，2016：202.
③ 朱寰. 世界古代史[M]. 北京：高等教育出版社，2016：203-204.

洛它河折来芦苇编织起来的。在冬季里,他们就在芦苇垫子的材料里加上所谓的'来克风',就是蓟毛。"①在国家教育机构中有监督者、教官和小队长等不同角色,儿童按年龄分成若干小队,选拔勇敢机警的儿童做队长。教官被称为"埃伦",由 20 岁左右的青年担任。监督者被称为"派度诺米",其职位在教官之上,由"最高尚、最优秀"的公民担任,负责对儿童的教育。另外,"老人们也紧紧地监视着他们(即儿童——引注),常常来到他们的锻炼场,观察他们的体力和智力竞赛。这不是走马观花的观察,而是带着他们自己就是所有孩子的父亲、导师和管理者的意识来观察的。因此,在任何适当的时间和任何地方,对犯了错误的孩子都是有人警告和责罚的"②。

18 岁开始,作为青年的斯巴达人开始进入埃弗比(ephebia),一种更高级的国家军事教育机构,进行正规的军事训练。入团前他们要在神庙前经历鞭打,考验其是否合格,能忍受鞭打者为合格,其中忍受鞭打次数最多者为优胜,会得到奖励,忍不住鞭打求饶者为不合格,剥夺入团资格。他们在青年军事训练团还有一个重要科目——"秘密服役",即在夜间对有反叛迹象的希洛人进行突然袭击。

20 岁,青年们开始接受实战训练。

30 岁,他们会正式获得公民资格。

总之,国家掌控、严苛训练、培养战士、重视女子教育是斯巴达教育的显著特征。也许就是这个原因使其在后来的伯罗奔尼撒战争中战胜了雅典,成为那一时期的盟主。

(二)雅典教育

雅典位于希腊中部的阿提卡半岛,雅典三面临海,有良好的海运条件,易于航海和商业贸易。但是,雅典气候干燥,降雨量小,土地贫瘠,平原面积小,不利于农业生产。与斯巴达相比,雅典商业发达。公元前 683 年,雅典逐渐形成了奴隶制城邦国家。公元前 7 世纪雅典实行的是典型的贵族政治,政治架构为一年一任的 9 名执政官、人民大会和战神山议事会。经过公元前 6 世纪初的梭伦(Solon)改革和公元前 6 世纪后期克利斯提尼(Cleisthenes)执政,逐渐打破并削弱了贵族对政权的垄断,提高了平民的地位,逐渐形成了以贵族和平民为主体的奴隶制民主政治。雅典的地理环境和政治制度对雅典的文化与教育的发展产生了重要影响。

雅典城邦与斯巴达一样都高度重视教育。公元前 6 世纪雅典法律就明确规定,父亲有让其子女接受适当教育的责任,否则,子女成年后有权不赡养父亲。比中国传统的"养不教,父之过"更具体。相对斯巴达的教育全部由国家负责而言,雅典采用的是国家与私人相结合的管理模式。国家规定公民应该具有的品质、负责 16—20 岁青年的教育,其他诸如如何安排个人的闲暇时间以及勇敢、强壮等品质的培养和其他阶段的教育就不全靠国家了。正是如此,雅典的私人办学特别盛行。

雅典公民的初生婴儿也要进行体检,负责体检的是婴儿的父亲,而后就是不同阶段和不同方式的养护与教育了。

7 岁前是家庭教育,由父母养护和教育儿童。

7 岁后,女孩继续接受家庭教育,由母亲负责教育,学习纺织、缝纫等技能;男孩则开始

① 周一良.世界通史资料选辑(上古部分)[M].北京:商务印书馆,1985:278.
② 周一良.世界通史资料选辑(上古部分)[M].北京:商务印书馆,1985:278.

进入文法学校、弦琴学校接受教育,这两类是收费的私立学校。文法学校的教学内容主要是读、写、算等知识,弦琴学校的教学内容主要是音乐、唱歌、朗诵等。这两类学校的教师一般是有政治权利的自由民,也有一些是赎身的奴隶。儿童上学、放学均有"教仆"陪同,避免儿童受到街头的不良影响,教仆大多是有一定知识的奴隶。

13岁左右,男孩继续接受文法学校或弦琴学校教育之外,还需要进入体操学校(也称"角力学校")接受体育训练,目的是培养公民子弟健全的体魄和顽强、坚忍的品质。训练科目有游泳、舞蹈、赛跑、跳跃、摔跤、掷铁饼、投标枪,这既是运动项目,也是军事基础训练。

十五六岁时,大多数公民子弟不再继续上学,开始职业生活。少数显贵子弟则进入国立体育馆,接受体育、智育和审美教育,这类小众教育由国家负责。

18—20岁的教育由国家掌控,该年龄段的青年进入青年军事训练团,接受军事教育。

20岁,通过举行仪式,授予公民称号。

古风时期,雅典形成了国家教育、私人办学与家庭教育相结合的教育模式,与斯巴达的教育具有明显不同的特征,比斯巴达具有更高的制度化水平。

古风时期还产生了古希腊较早的教育家,其中最著名的教育家是毕达哥拉斯(Pythagoras,约公元前582—公元前493),他在古希腊教育发展中具有重要地位。黑格尔称他为古希腊"第一个民众教师",亚里士多德说他是第一个试图讲授道德的人。毕达哥拉斯重视灵魂陶冶、无功利教育与和谐发展等教育思想,对后来古希腊教育思想产生了极其深刻的影响。如毕达哥拉斯倡导为知识而求知识、为人的精神和灵魂的净化接受教育、不带有任何功利性的教育价值观就成为亚里士多德自由教育理论的重要基础。

四、古典时期的教育

希波战争和伯罗奔尼撒战争均发生在古典时期。希波战争结束后,古希腊经济高速发展,文化空前繁荣,雅典社会进入了一个思想启蒙、个性解放的时代。与此同时,古希腊人的理论兴趣逐渐从对自然现象的关注转向对社会、道德和人自身的探究。这一时期产生了一批著名的喜剧作家和哲学家,出现了"智者",有力推动了古希腊教育的发展。伯罗奔尼撒战争之后,古希腊尤其是雅典社会发生巨变,民主政治衰落、道德沦丧,促使人们探讨如何走出社会危机,进行道德标准和国家制度的再造,促进了政治学和伦理学的发展。

智者(sophistes)又称"诡辩家",荷马时代指某种精神方面的能力和技巧以及拥有这些能力和技巧的人。到公元前5世纪后期,"sophists"具有特殊含义,指那些以收费授徒为业的巡回教师。他们四处巡回收徒讲学,还积极参加政治生活,逐渐形成了一种派别——智者派。

智者是西方最早的职业教师,他们在教育实践和教育思想上对古希腊教育发展都产生了重要影响。智者以巡回收徒讲学为职业,"有教无类",扩大了受教育的范围,推动了文化的传播。智者的教育内容适应了当时的社会与政治要求,确立了文法、辞学和辩证法三门重要学习内容,成为对西方教育发展史影响深远的"七艺"的前三艺。

智者作为职业教师对教育问题、社会问题有了较为全面的观察和思考,他们已经较为明确地意识到教育活动的特殊性,以及教育和政治、道德现象的区别与联系。如智者派的重要代表人物普罗塔哥拉认为:"一个合理的国家的所有公民,包括坏的公民在内比起一个既无文化,也无正义,也无法律,更无使公民养成公正习惯的强制力的国家的公民来,都要更好、更正直。他们的这种优越性要归功于他们国家中的法律、教育、文化。"①

古典时期学校教育发生了重要变化,如,文字教师与音乐教师的分工、文法学校和弦琴学校的分设、著名学者创办高等教育机构等。其中,著名学者创办的影响较大的高等教育机构有:伊索克拉底(Isocrates,公元前436—公元前338)创办的修辞学校,柏拉图创办的阿加德米学园和亚里士多德创办的吕克昂学园等。

五、希腊化时期的教育

希腊化时期是一个各民族文化融合和交流的时期,也是古希腊文化教育对外传播的时期,以雅典为代表的古希腊学校教育制度在希腊化地区广泛传播,有力促进了他们的教育发展,文化中心也由雅典逐渐转移到亚历山大城,这是希腊化时期与上述各阶段教育发展的最大不同。另外,希腊化时期的初级教育到高等教育都发生了重要变化,主要表现如下:

希腊化时期初级教育和中等教育整体落后于古典时期,古典时期注重德智体美和谐、全面发展的教育传统受到破坏,初级阶段的教学内容主要是读写算等基本知识,中等教育的体育馆被文法学校取代,学习内容和初级教育一样日益偏重知识教学,忽视体育和美育。

希腊化时期高等教育得到明显发展。其一,公元前200年前,古希腊的高等教育机构——哲学学校得到发展,除了柏拉图、亚里士多德、伊索克拉底等知名学者创办的学园到希腊化时期依然存在,又有新的高等教育机构出现:芝诺(Zenon,公元前336—公元前264)开办的斯多葛学派的哲学学校(公元前308)和伊壁鸠鲁(Epicurus,公元前341—公元前270)开办的伊壁鸠鲁学派的哲学学校(公元前306)。其二,公元前200年前后,上述几所学校被合并建立了雅典大学,高等教育得到进一步发展。及至公元2—3世纪,雅典大学成为当时非常著名的学术研究中心和高等教育中心。

六、苏格拉底的教育思想

苏格拉底、柏拉图(公元前427—公元前347)、亚里士多德(公元前384—公元前322)是古希腊著名的哲学家、教育家,被称为希腊"三哲",他们终生从事教育工作,其教育思想深刻地影响了其后两千多年西方世界教育的发展。

苏格拉底(公元前469—公元前399)出身于雅典一个手工业者家庭,父亲是雕刻匠,母亲是产婆。苏格拉底好学,且"学无常师","被公认为是一个有全面教养的人,受过当时所需要的一切教育"②。苏格拉底终生从事伦理哲学探讨和公众教育事业,而且他的教育是免费的,有教无类:"我不仅不索取报酬,而且有人愿意听我讲,我还愿意倒付钱。"③"我愿同样回答富人和穷人提出的问题,任何人只要愿意

图10-1　苏格拉底

---

①　赵祥麟.外国教育家评传(第一卷)[M].上海:上海教育出版社,1992:23.
②　[德]黑格尔.哲学史讲演录(第二卷)[M].贺麟,王太庆,译.北京:商务印书馆,1996:45.
③　[古希腊]柏拉图.苏格拉底的最后日子——柏拉图对话集[M].余灵灵,罗林平,译.上海:三联书店,1988:4-5.

听我谈话和回答我的问题,我都乐于奉陪。"①苏格拉底一生都生活在雅典,对雅典的民主政治的优缺点有着深刻的认识。经常与人探讨和伦理有关问题,而且苏格拉底秉性耿直、恪守道德、坚持真理,得罪不少人。公元前 399 年,70 岁的苏格拉底以引进新神、毒害青年的罪名被处死。苏格拉底的思想主要通过弟子柏拉图及色诺芬(Xenophon)等的著述及记录保存、流传,主要有以下几个方面。

(一)教育目的论

苏格拉底认为教育能使人得到改进。不论是天资比较聪明的人还是天资比较鲁钝的人,都必须勤学苦练。越是禀赋好的人,越需要受教育,否则,优良的禀赋就会使人变得难以驾驭。仅凭财富不能使人有才德,以为富有就不需要受教育的人是愚人。对于治国者来说,受教育更为必要,"最大的骗子乃是那些本来没有资格、却用欺骗的方法使人相信他们有治国才能的人"②。

苏格拉底认为教育的目的是培养治国人才。苏格拉底是专家治国论者,他认为治国者必须有德有才、深明事理,具有各种实际知识。

(二)德育论

苏格拉底是希腊第一个集中力量探讨道德伦理的哲学家。③ 道德伦理成为其思想体系的中心,在道德实践哲学的倡导与建构、伦理学研究和道德教育等方面都有重要建树。

中年时期的苏格拉底面对雅典由盛转衰、社会问题成堆的现实,一改以往古希腊哲学家研究自然的传统,把哲学从天上拉到了人间,开始研究人类自身的伦理、政治等问题。他认为:"自然哲学家的研究不能解决现实问题。哲学应从天上回到地上,从自然回到人间,从研究自然转向研究人类自身的问题,伦理、政治、哲学的研究应当是能够实践的。"④

苏格拉底不满意智者的怀疑论和相对主义,他倡导真理和道德问题应寻求本质,探求普遍有效的"一般",研究伦理概念的一般定义。

苏格拉底认为,教育的首要任务是培养人的道德,教人"怎样做人"。"把精力用在高尚和善良的事上……努力成为有德行的人。……禀赋最优良的、精力最旺盛的、最可能有所成就的人,如果经过教育而学会了他们应当怎样做人的话,就能成为最优良最有用的人。"⑤

"知识即道德"或"智慧即德行"是苏格拉底关于道德教育的重要命题,"智慧就是最大的善……正义和其他一切德行都是智慧,因为正义的事和一切道德行为都是美而好的;凡认识这些事的人决不会愿意选择别的事情;凡不认识这些事的人也绝不可能把它们付诸实践……正义的事和其他一切道德的行为,就都是智慧。"⑥所以,他认为所以教人道德就是教人智慧,教人辨别是非、善恶,正确地行事,智慧就是道德。

苏格拉底认为自制是"一切德行的基础"。他认为一个人要明智地认识和约束自己的行为,抑制自己的欲望,要"把自制看得比什么都重要",应将情欲控制在最必要的范围内。而

---

① [古希腊]柏拉图. 苏格拉底的最后日子——柏拉图对话集[M]. 余灵灵,罗林平,译. 上海:三联书店 1988:66-67.
② [古希腊]色诺芬. 回忆苏格拉底[M]. 吴永泉,译. 北京:商务印书馆,1986:139.
③ 朱寰. 世界古代史[M]. 北京:高等教育出版社,2016:224.
④ 吴式颖,李明德. 外国教育史教程(第三版)[M]. 北京:人民出版社,2015:44.
⑤ [古希腊]色诺芬. 回忆苏格拉底[M]. 吴永泉,译. 北京:商务印书馆,1986:139.
⑥ [古希腊]色诺芬. 回忆苏格拉底[M]. 吴永泉,译. 北京:商务印书馆,1986:117.

苏格拉底本人也是自制的典范。

苏格拉底还认为"守法就是正义，"正义的行为和其他一切道德都是智慧。正义的本质含义就是遵守城邦的法律。苏格拉底本人遵守雅典法律，被冤入狱后拒绝他人营救，以生命模范地坚守法律，坚持了正义。

苏格拉底在道德方面以身示范，成为公认的道德典范。"苏格拉底是各种美德的典型：智慧、谦逊、俭约、有节制、公正、勇敢、坚毅、坚持正义……不贪财，不追逐权力。苏格拉底是具有这些美德的一个人——一个恬静的、虔诚的道德形象。"[①]"苏格拉底在所有伟大的品性方面都堪称是一个完美的典型。"[②]"苏格拉底之言行臻现了至善至美与大难大劫的极限，远非人工所及。"[③]

（三）智育论

与苏格拉底的教育目的论和专家治国论一致，他认为，治国者必须具有广博的知识，而他也诲人不倦，教人政治、伦理、雄辩术、几何、天文、算术和各种实用知识。"在所有的事上，凡受到尊敬和赞扬的人都是那些知识最广博的人，而那些受人谴责和轻视的人都是些最无知的人。"[④]色诺芬说："凡是一个善良和高尚的人所应该知道的事，只要苏格拉底知道，他总是非常乐意地教导他们，如果他自己不熟悉，他就把他们带到那些知道的人那里去。他还教导他们，一个受了良好教育的人对于各种实际学问应该熟悉到什么程度"。[⑤]

（四）体育论

苏格拉底认为身体健康对人具有重要作用。他认为，身体健康在平时是有用的，战时身体健康就更重要。即使在思维活动中，健康的身体也是必要的，许多人"由于身体不好，健忘、忧郁、易怒和疯狂，就会影响他们的神志，以致他们把已获得的知识全部丧失尽"[⑥]。他"竭力劝勉他的门人，要注意身体健康。一方面要尽量向那些知道怎样保持健康的人学习，另一方面自己也要一生一世注意：什么食物、什么饮料和什么样的运动对自己有益处"[⑦]。

苏格拉底认为健康不是天生的，锻炼可以使人身体强壮。那些天生体质孱弱的人，只要锻炼身体，就会强壮起来，比那些忽略锻炼的人更能够轻而易举地经受住疲劳。他还建议每个人的身体要能经受严寒、酷热、饥渴、疲劳困顿，以便能适应各种环境。苏格拉底自己经常锻炼身体，准备应付可能面临的任何考验。他每天早上都到广场进行体育锻炼，从而培养了自己忍受饥渴、寒热、疲劳的惊人能力。

（五）苏格拉底方法

苏格拉底在教育他人的过程中，形成了自己的教学方法，被称为"苏格拉底方法"或"产婆术"。苏格拉底方法由讥讽、助产术、归纳和定义四个步骤组成，讥讽是就对方的发言不断提出追问，迫使对方自陷矛盾，无词以对，终于承认自己的无知。助产术即帮助对方自己得到问题的答案。归纳即从各种具体事物中找到事物的共性、本质，通过对具体事物的比较寻

① ［德］黑格尔.哲学史讲演录（第二卷）[M].贺麟，王太庆，译.北京：商务印书馆 1997：49-50.
② ［法］蒙田.人生笔记[M].陈晓燕，译.杭州：浙江人民出版社，1987：57.
③ ［法］蒙田.人生笔记[M].陈晓燕，译.杭州：浙江人民出版社，1987：94.
④ ［古希腊］色诺芬.回忆苏格拉底[M].吴永泉，译.北京：商务印书馆，1986：109.
⑤ ［古希腊］色诺芬.回忆苏格拉底[M].吴永泉，译.北京：商务印书馆，1986：183.
⑥ ［古希腊］色诺芬.回忆苏格拉底[M].吴永泉，译.北京：商务印书馆，1986：132.
⑦ ［古希腊］色诺芬.回忆苏格拉底[M].吴永泉，译.北京：商务印书馆，1986：184.

求"一般"。定义是把个别事物归入一般概念,得到关于事物的普遍概念。苏格拉底教学法与我国古代孔子的启发式教学有相似之处,对西方教育产生了重要影响。亚里士多德说:"有两样东西完全可以归功于苏格拉底,这就是归纳法和一般定义。这两样东西都是科学的出发点。"①

七、柏拉图的教育思想

柏拉图(PIato,公元前 427—公元前 347)是苏格拉底的学生,古代西方哲学史上的客观唯心主义代表。他的《理想国》与卢梭的《爱弥儿》、杜威的《民主主义与教育》被称为西方教育史上的三座里程碑。

柏拉图出身于名门望族,母亲是民主政治改革家梭伦的后裔。柏拉图 7 岁进入狄奥尼索学校学习,12 岁到巴斯特拉体操学校学习,18 岁体操学校结业后服兵役 2 年,20 岁开始师从苏格拉底,学习长达 8 年,苏格拉底被无辜审判、处死之后,柏拉图漫游各国达 12 年。公元前 387 年,柏拉图在雅典创建学园,讲授哲学和科学。他主持学园 40 年,直到去世。其名著《理想国》就是在他主持学园时期写成的。

图 10-2　柏拉图

教育对国家和个体都具有重要作用。柏拉图认为,理想国的建立和保持,始赖于教育,一个人得到的培养如果不合适,那么最好的天赋所得到的结果甚至会比差的天赋还要坏。执政者要重视教育,把教育作为国家的责任,对儿童实行公养公育。

柏拉图认为促使"灵魂转向"是教育的最终目的,教育要使人最终认识最高的理念——善,他还通过"洞穴隐喻"形象地阐释了这一观点。柏拉图理想的培养目标是"哲学王",《理想国》中柏拉图设计了以培养"哲学王"为最终目的的教育体系。

0—6 岁是幼儿教育阶段,公民的男女儿童的教育从音乐和讲故事开始,歌词、曲调和故事内容都要经过严格审查,禁止不健康的东西。3 岁前在国立养育院进行养育,幼儿接受摇篮曲、儿歌的熏陶;3—6 岁集中到神庙里的国家儿童场里,采用音乐和讲故事等形式对儿童进行教育。柏拉图重视早期教育。"在幼小柔嫩的阶段,最容易接受陶冶,你要把他塑成什么型式,就能塑成什么型式"。②"先入为主,早年接受的见解总是根深蒂固不容易更改的。"③"从小到老一生连续模仿,最后成为习惯,习惯会成为第二天性"④;"我们挑选战士并给以音乐和体操的教育,这也是在尽力做同样的事情。我们竭力要达到的目标不是别的,而是要他们……最完全地相信并接受我们的法律,使他们的关于可怕的事情和另外一些事情的信念都能因为有良好的天性和得到教育培养而牢牢地生根","正如白色的羊毛一经染上颜色就不会褪掉一样"⑤。《理想国》中建议不要逼迫孩子学习,早期的教育要像娱乐休闲

---

① 北京大学哲学系.西方哲学原著选读(上卷)[M].北京:商务印书馆,1985:58.
② [古希腊]柏拉图.理想国[M].郭斌和、张竹明,译.北京:商务印书馆,1995:71.
③ [古希腊]柏拉图.理想国[M].郭斌和、张竹明,译.北京:商务印书馆,1995:73.
④ [古希腊]柏拉图.理想国[M].郭斌和、张竹明,译.北京:商务印书馆,1995:98.
⑤ [古希腊]柏拉图.理想国[M].郭斌和、张竹明,译.北京:商务印书馆,1995:148-149.

一样。

接下来，儿童要接受两年或三年有关劳动、学习和危险等方面的训练，练就儿童吃苦、耐劳、勇敢等品格。在这两三年里与训练无关的事情都不能做。

10岁，所有男女孩子都被送到乡下去受教育，改变他们从自己父母那里习得的生活方式，教育他们具有与完美城邦相适应的公民素养。这一阶段，除识字、阅读、道德教育外，学习算术、几何、天文和音乐理论。

20岁，进行第一次筛选，要求被挑选者把过去学习的各种课程综合起来，研究他们之间，以及和事物本质的关系。用这种"试金石"检验他们有无辩证法的天赋。

30岁，进行第二次筛选，这次用辩证法考察被挑选者。被选出者用五年时间学习辩证法。

35岁再到实际工作中通过军事或其他适合他们的工作方式进行锻炼，尝试做不同的事情，丰富其人生经验。

50岁，经过了十五年的锻炼，"当他们过了五十岁，让那些优秀者和在各方面都表现突出的人接受自己人生中最后的考验"[1]。通过考验者，必须尽心尽力从事哲学研究和政治事务、公共事务的管理工作。

柏拉图是"寓学习于游戏"的最早提倡者和"七艺"后四艺（算术、几何、天文、音乐）的构建者。他提倡男女平等的教育，还提出以理性指导欲望作为道德教育的中心任务等，对西方教育思想和实践的发展产生了重要影响。

八、亚里士多德的教育思想

亚里士多德（Aristotle，公元前384—公元前322），古希腊著名的哲学家、科学家、教育家，希腊哲学的集大成者。他是柏拉图的学生，亚历山大的老师。他是"古代最伟大的思想家"[2]，古希腊"最博学的人"、具有"百科全书式的科学兴趣"。

亚里士多德出生于古希腊殖民地色雷斯，父亲是马其顿王国的御医，亚里士多德也因此学习了医学、解剖学等方面的基础知识，并进行了医学方面的训练。17岁时，亚里士多德到达雅典，进入柏拉图的阿卡米德学园学习。公元前347年，亚里士多德离开雅典，结束了20年的学园生活，开始12年的各地漫游。公元

图10-3 亚里士多德

前343年，亚里士多德开始成为亚历山大的私人教师，他把亚历山大培养成了一代雄才伟略的君主。他们师生友谊深厚，亚历山大远征期间为亚里士多德提供了大量的研究素材，包括新发现的动植物、各城邦法律和政治制度等，有力支持了亚里士多德在诸多学科领域重大成就的取得。公元前336年，亚历山大攻占雅典，亚里士多德再次来到雅典。公元前335年，创办了吕克昂学校，在此研究、讲学、著述13年，成果博大精深。亚里士多德一生著作达146部，涉及哲学、伦理、文法、修辞、逻辑、天文、物理、生物、解剖、心理等领域。亚里士多德

---

① ［古希腊］柏拉图.理想国［M］.郭斌和，张竹明，译.北京：商务印书馆，1995：227.
② ［德］马克思.资本论（第1卷）［M］.北京：人民出版社，1972：436.

的教育思想包括灵魂论与教育、教育作用论、自然教育论、道德教育论等方面。

1. 灵魂论与教育

亚里士多德把人的灵魂区分为理性和非理性两个部分,非理性部分包括营养的灵魂和感觉的灵魂两部分。营养的灵魂对应植物的灵魂,感觉的灵魂对应动物的灵魂,理性的灵魂对应人的生命。这三种灵魂形式有高低之分,最低级的是营养的灵魂,较高级的是感觉的灵魂,最高级的是理性的灵魂,较高级的灵魂包含较低级灵魂的作用。亚里士多德认为人是有理性的动物,人的三部分灵魂只有在理性的领导下和谐共存,人才能成为人。

根据亚里士多德的灵魂论可以从理论认识到:人既然具有动物性,教育就不能违反人所具有的与生俱来的本性。人既然是理性的人,教育要发展人的理性,使其超越动物性成为真正的人。人的灵魂既然包括植物的灵魂、动物的灵魂和理性的灵魂三部分,相应地,教育也应该包括体育、德育、智育等相应内容。

2. 教育作用论

亚里士多德认为教育对人具有特殊而重要的作用,他说:"首先,一个人生来就是人,而不是其他动物,并且其身心必定有某种特性。但在初生时有些品质虽具有而无用,因为它们可以为习惯所改变,还有些禀赋天然地有待于习惯使之变好或变坏。……只有人类除天性与习惯外,尚有理性。由于天性、习惯和理性不能经常统一,要使它们互相协调并服从于理性,除了通过立法者的力量而外,就寄托于教育。"[1]同时,亚里士多德还认为教育不是万能的,教育并不能使那些天性卑劣而又在不良环境中养成了坏习惯的人服从理性的领导。对于拒不服从理性领导的不可救药的人强制和惩罚是必要的。[2]

3. 自然教育论与教育分期

亚里士多德最早提出了教育要顺应人本身的自然发展原则,他提出教育应根据儿童的自然发展顺序划分教育阶段,他说:"教育的目的及其作用,有如一般的艺术,原来就在效法自然,并对自然的任何缺漏加以殷勤的补缀而已。"[3]亚里士多德依据儿童的自然年龄,以 7 年为一期,把教育划分为幼儿、少年儿童和青年三个时期。

幼儿教育(出生—7 岁)。其中儿童出生前为胎教阶段,亚里士多德对此非常重视,他尤其重视孕妇的保健问题,建议孕妇要进行经常性的锻炼、注意饮食、保持情绪安静等。出生至 5 岁为婴幼儿教育阶段,该阶段亚里士多德反对儿童进行课业学习,反对进行强迫性的劳动。他认为游戏是有益幼儿发展的,但要避免鄙俗的游戏。5—7 岁是儿童教育阶段,该阶段,亚里士多德认为要重视儿童良好习惯的养成,重视环境的优劣对儿童习惯养成的作用。

少年儿童教育(7—14 岁)。这一时期是儿童德智体全面发展的重要时期,主要任务是让少年儿童掌握读、写、算的实用知识和技能,进行体操训练和音乐教育。这一时期的主要课程是阅读、书写、体育锻炼、音乐和绘画等。

青年教育(14—21 岁)。这一时期亚里士多德要求把哲学的学习放在首位,并且开设一些数学、物理等基础性学科,还应学习一些"实用之学"等。[4]

---

① [古希腊]亚里士多德. 政治学(第七卷)[M]. 吴寿彭,译. 北京:商务印书馆,1997:13.
② 吴式颖,李明德. 外国教育史教程(第三版)[M]. 北京:人民出版社,2015:56.
③ [古希腊]亚里士多德. 政治学(第七卷)[M]. 吴寿彭,译. 北京:商务印书馆,1997:405.
④ 张斌贤,方晓东. 外国教育思想史:第三卷[M]. 北京:北京师范大学出版社,2017:278.

4. 道德教育论

亚里士多德重视道德教育,他在这方面有诸多见解和建议,如他对美德与中道的研究。

亚里士多德对美德有较多的研究,认为美德(virtue)一词包含道德、长处、特点、效能等意义。他把美德分为理性美德和伦理美德两类,认为后者才是伦理学研究的对象。而美德就是中道,亚里士多德说:"若是在应该的时间、按应该的情况、对应该的人、为应该的目的、以应该的方式来感受这种情感,那就是中道,是最好的……所以德行就是中道,是对中间的命中。"①

亚里士多德重视道德实践,批评那些空谈德行而不实践德行的人:"有些人什么合于德行的事都不做,而是躲避到有关德行的道理言谈之中,认为这就是哲学思考……像这样的哲学也不能改善灵魂。"②他强调道德实践的动机与效果、知与行、主观与客观的统一性。他说"合乎德行的行为,本身具有某种品质还不行,只有当行为者在行动时也处于某种心灵状态,才能说它们是公正的节制的。第一,他必须是有知、自觉的;第二,他必须是有意识地选择行为的,而且是为了行为自身而选择的;第三,他必须在行动中勉力地坚持到底。"③

第二节　古罗马的教育

一、古罗马概况

斗兽场、恺撒大帝、凯旋门、十二铜表法、拉丁文……这些都让人不由自主想起罗马、古罗马、罗马帝国、罗马文明。

古罗马是在公元前 8 世纪从亚平宁半岛(即意大利半岛)中部逐渐兴起的,罗马城就坐落在意大利半岛中南部的台伯河岸边的拉丁平原上。古罗马经历了王政时期(公元前753—公元前 510)、共和时期(公元前 510—公元前 27)、帝国时期(公元前 27—1453,西罗马灭亡于 476 年,东罗马灭亡于 1453 年)三个阶段。帝国时期,古罗马建立了以地中海为中心、地跨欧亚非三大洲的大帝国。

罗马王政时期从公元前 753 年罗马建城开始,到公元前 510 年王政被推翻,历经七个国王的统治。王政时期罗马的管理机构由王、元老院和库里亚大会组成。王政时代后期经过第六个国王塞尔维乌斯的改革,完成了罗马氏族向国家的转变。恩格斯指出:"这样,在罗马也是在所谓王政被废除之前,以个人血缘关系为基础的古代社会制度就已经被炸毁了,代之而起的是一个新的、以地区划分和财产差别为基础的真正的国家制度。"④

古罗马共和国开始于公元前 510 年,结束于公元前 27 年,古罗马共和国的政治架构主要由两名一年一任的执政官、元老院和森都里亚会议组成。平民和贵族都是古罗马公民,享有同样的政治权利。这一时期古罗马共和国颁布了著名的《十二铜表法》。

---

① [古希腊]亚里士多德. 尼各马可伦理学[M]. 苗力田,译. 北京:中国社会科学出版社,1990:31.
② [古希腊]亚里士多德. 尼各马可伦理学[M]. 苗力田,译. 北京:中国社会科学出版社,1990:31.
③ [古希腊]亚里士多德. 尼各马可伦理学[M]. 苗力田,译. 北京:中国社会科学出版社,1990:30.
④ 中共中央马克思恩格斯列宁斯大林著作编译局. 马克思恩格斯文集(第四卷)[M]. 北京:人民出版社,2009:147.

罗马帝国始于公元前27年,395年罗马帝国分裂为西罗马和东罗马两个独立国家,西罗马灭亡于476年,东罗马(即拜占庭帝国)灭亡于1453年。罗马帝国在安敦尼王朝图拉真统治期间(98—117),国家版图扩大到极点:以地中海(成为罗马的内海)为中心,东到幼发拉底河上游,西起西班牙、高卢和不列颠,南到北非,北到莱茵河和多瑙河,成为地跨欧亚非三大洲、世界古代史上国土面积最大的君主专制国家之一。

古罗马教育传播了古希腊文化教育,创造了自己的文化教育,在教育史上具有重要地位。罗马王政时期是氏族社会向奴隶社会的过渡时期,教育信史缺乏,所以本书只介绍古罗马共和时期、帝国时期的教育发展,以及西塞罗和昆体良等教育家的教育思想。其中,共和时期分为早期和后期两个阶段:公元前6世纪至公元前3世纪前为古罗马共和国早期,公元前3世纪开始进入罗马共和国后期。

二、共和时期的教育

(一)古罗马共和国早期的教育

古罗马共和国早期的教育以培养"农民—军人"为教育目标。在古罗马共和国早期小农经济是罗马人的主要生产形式,此时奴隶的数量和在生产部门所占的比重还不大,罗马人是从事农业、畜牧业、手工业生产的主体,也就是说,罗马人基本上是农民。另外,由于城邦之间经常发生战争,罗马人随时又要以军人的身份出现在战场上,所以就形成了其培养"农民—军人"的教育目标。

共和早期的教育形式主要是家庭教育。古罗马的家庭既是经济和生产单位,也是教育单位。其"家长制"由国家法律保障,家长对子女有教育之权和教育之责,家长(父亲)对其子女有生杀予夺大权,《十二铜表法》中规定了父亲的这一特权。当时的家庭教育大致分为两个阶段:7岁前为第一阶段,无论男女都在家里由母亲抚养和教育。从7岁至16岁为第二阶段,该阶段男女教育有别,女童仍在家庭中接受母亲的教育,为将来做主妇与母亲做准备;男童由父亲负责教育,在该阶段则与父亲形影不离,接受父亲的言传身教,目的是做合格的农民和军人。教育内容主要是培养农民和军人基本素养和基本技能方面的教育,包括:记诵《十二铜表法》,养成敬畏神明、孝敬父母、忠爱邦国、遵守法律等素养的教育,勤劳、节俭、朴实等农民品质的教育,农业技术、骑马、角力、游泳和各种武器使用等农民和军人基本技能教育。

总之,共和早期的教育主要是培养农民兼军人的教育,学校教育制度尚未建立,教育形式以家庭教育为主,教育内容主要是农民和军人之道德、技能教育。

(二)共和后期的教育

共和后期教育发生了很大的变化,最为显著的变化是学校教育制度开始建立和对古希腊文化成就的吸收。古希腊被古罗马征服后,古希腊大批教师来到罗马办学校,以谋生为目的,以希腊语和希腊文学为主要教学内容。加之罗马人自己办的学校,到共和后期形成了两种基本平行的学校系统:希腊语学校和拉丁语学校。

1. 初等教育

7—12岁的男女儿童入小学(ludus),小学是收费的私立学校,小学教师的收入很低、社会地位低下。古罗马小学不重视音乐和体育,教学内容主要是读、写、算,包括学习道德格言和《十二铜表法》。古罗马共和后期的初等教育采用学校教育与家庭教育相结合的形式。它的形成主要原因有二：一是古罗马有家庭教育的传统，共和时期的小学(ludus)很少，只是当时占主导形式的家庭教育的补充；二是共和后期学校虽然得到普遍发展，但是由于当时的小学"收费"使得一些经济困难的平民子女不能全部入小学或辍学的现象难免发生，而"教师社会地位低下"和"不重视音乐和体育"等原因可能会影响到教学质量和儿童的发展，贵族家庭又不屑于把子女送入小学，而是雇佣家庭教师教育子女，所以家庭依然是重要的组成部分。这也形成了西方社会贵族采用家庭教育的传统，近代英国绅士仍热衷于家庭教育，鲜明地体现在英国近代教育家洛克的《教育漫话》之中。

2. 中等教育

共和后期中等教育的教育机构是文法学校，教育对象是贵族和富家的孩子。学生12—15岁入学，学习内容以文法为主，教学方法是讲解、听写和背诵。起初全是希腊文法学校，希腊文法学校的教学内容主要是《荷马史诗》和其他古希腊作家的作品。公元前100年前后才出现第一所拉丁文法学校，从西塞罗起，拉丁文学和拉丁文法学校迅速发展起来，拉丁文法学校的教学内容主要是西塞罗等人的著作。这两类文法学校还开设地理、历史、数学、自然科学等课程。

3. 高等教育

修辞学校或雄辩术学校是共和后期的高等教育机构，高等教育和中等教育一样，也是先有希腊语式的学校，再出现拉丁语式的学校。他们的目标是培养将来从事公职的演说家或雄辩家。希腊语雄辩学校的教学内容主要是希腊作家的作品，拉丁语雄辩术学校的教学内容来自拉丁作家的作品。雄辩术学校除了文学、修辞学外，还开设辩证法、历史、法律、数学、天文学、几何、伦理学和音乐等课程。

三、帝国时期的教育

古罗马进入帝国时期，为适应帝国统治需要在政治与教育方面进行了一系列改革，教育方面的改革主要有三个方面：一是改变了教育目的，把培养演说家改为培养效忠于帝国的顺民和官吏；二是对当时一般都是私立的初等学校实行国家监督，把部分私立文法学校和修辞学校改为国立，以便于国家对教育的严格控制；三是提高教师的地位和待遇，一改教师的私人选聘为国家委派。有的皇帝还规定教师任免办法，明令各地遵照执行，同时保留教师在任免上的最后决定权。但罗马帝国绝大部分学校，特别是初等学校仍属私立性质，绝大多数教师的薪金也不由政府支付。帝国所关注的只是中等教育学校和高等教育学校，小学教育则不在奖励之列。[①] 帝国时期各级教育发展情况如下。

(一) 初等教育

帝国时期的小学仍以平民子女为主要对象，贵族子弟多是聘请家庭教师实施家庭教育。教育内容主要是读、写、算和道德教育。教材是以诗歌为主的文学作品，教学重点由文学的学习转移到文法分析上。抄写和记诵成为主要学习方法，教师要求学生把文法的定义和规则抄录下来并加以记诵，书写方面教师也要求学生抄写一些古今名人的道德格言。

---

① 曹孚.外国古代教育史[M].北京：人民教育出版社，1981：76.

（二）中等教育

帝国时期的文法学校里拉丁文法与罗马文学的地位压倒了希腊文法与希腊文学,西罗马帝国时期希腊文法与希腊文学在文法学校里几乎绝迹。这表明罗马帝国时期的文化和教育已经走向成熟,希腊文化与教育逐渐淡出了古罗马的历史舞台。但是从公元3世纪开始,文法学校实用学科减少,教学脱离实际,逐渐趋向形式主义。比如,这一时期文法学校中形成了一套较完整的文学分析教学法,它包括下列一些步骤:教师朗读课文,学生随读;教师逐段讲解课文,就课本做版本注疏;最后,高年级学生就作家与作品进行文学分析与评论。这种形式主义的分析教学法对文艺复兴以后欧美的中学语文教学影响很大。[①]

（三）高等教育

罗马帝国教育改革的重要内容之一就是改变了教育目的,把培养演说家改为培养效忠于帝国的顺民和官吏。因此,高等教育在人才培养上也随之发生了变化:从培养演说家变为培养官吏。传统教学内容文法、修辞仍然被保留下来,但是和文法学校一样也逐渐走向了形式主义:教师与学生致力于文字上的咬文嚼字,辞藻上的争奇斗巧。[②] 另外,罗马帝国时期还出现了法律学校、医护学校和哲学学校。

四、西塞罗的教育思想

西塞罗(M. T. Cicero,公元前106—公元前43),古罗马共和后期最杰出的演说家、教育家,他还是一位政治家,公元前64年当选为执政官。他更是一位古罗马文学黄金时代的天才作家,他的文学作品成为拉丁语写作的范文,有力推动了拉丁语和拉丁语文化的发展。西塞罗的教育论著《论雄辩家》讨论了演说家和雄辩家品格及其培养问题。

西塞罗认为一个雄辩家应该具有即兴演讲的能力、令人钦羡的高贵风度、广博的知识,既能清楚表达自己的思想,还能影响听众。为培养雄家的这些品质,西塞罗认为要注意以下培养内容与培养方法。

雄辩家要具有修辞学方面的特殊素养。西塞罗认为语言修养达到一定标准才能成为高明的雄辩家,这些标准是:表达正确、通俗易懂、优美生动以及语言应与主题相称。

雄辩家要具有优美的举止与文雅的风度。雄辩家还要具有丰富的生活阅历,才能让自己的演讲符合听众的文化心理,从而更好地打动人心。

西塞罗认为"练习法"是培养雄辩家不可或缺的教学方法,最主要的练习法是模拟演讲和写作练习。

总之,西塞罗比较重视雄辩家的知识学习、规则掌握和技巧技能练习,对雄辩家教育理论和教育实践产生了重要影响。但是,西塞罗忽视雄辩家的道德教育,这是其"雄辩家教育理论"的最大缺憾。接下来的另一位古罗马教育家昆体良(M. F. Quintilianus,约35—约95)弥补了该缺憾,推动了雄辩术理论和实践的进一步发展。

五、昆体良的教育思想

昆体良是公元1世纪古罗马最有成就的教育家,他的出生地是西班牙,父亲是古罗马颇

---

① 吴式颖,李明德. 外国教育史教程(第三版)[M].北京:人民出版社,2015:66.
② 曹孚. 外国古代教育史[M].北京:人民教育出版社,1981:77.

有声望的雄辩术老师。因此,少年时代的昆体良就从其父亲那里接受了系统的雄辩术教育。70年,昆体良成为一所拉丁语修辞学校的主持人。78年,他成为国家支付薪金的首个雄辩术讲座教师。昆体良的代表作是《雄辩术原理》,该书以培养雄辩家为宗旨,汇集了昆体良本人以及古希腊、古罗马的教育经验。昆体良的教育思想对1—5世纪罗马帝国和文艺复兴时期人文主义教育都产生了深刻的影响,也是夸美纽斯教育理论构建的重要源泉。

昆体良论述了教育与天赋对人成长的作用以及教育应该注意的相关问题。首先,昆体良认为教育对人的发展具有重要作用,一般人都是可以通过教育培养成人的。他说:"大多数人既能敏捷地思考,又能灵敏地学习,因为此种灵敏是与生俱来的。……天生的畸形和生来有缺陷的人才是天生愚鲁而不可教的人,这样的人肯定会有,然而很少。"[①]其次,昆体良认为教育和教学要遵循儿童的天性。教育和教学要研究儿童的天性,并根据儿童天性进行教育教学。教育要遵循儿童的年龄阶段特征,教学内容不要超越儿童年龄的接受能力。

不同于西塞罗忽视雄辩家的道德教育,昆体良认为善良的道德是第一位的,高明的雄辩术技能技巧是第二位的,教育的目的是培养具有善良品性和精于雄辩术的人。他坚持把良好道德的培养放在教育任务的首要位置,品德邪恶的人无论演讲技巧多么高明也不配"雄辩家"的称号。他说:"因为如果以雄辩的才能去支持罪恶,那么无论从私人的还是从公众的角度看,没有什么东西比雄辩术更有害的了。"[②]昆体良认为德育原理应该成为学生的主要课程,以培养雄辩家的善德,使他们具有正义、善良、节制、刚毅、明智等品质,成为宣扬正义和德行、为正义和真理辩护的真正的雄辩家。

古罗马有家庭教育的传统,有人认为学校教育的群体活动容易让儿童染上恶习,由此产生家庭教育与学校教育孰优孰劣的争论。对于这个问题,昆体良分析了学生共同学习生活的优点,认为学校教育优于家庭教育,雄辩家必须在学校中培养。

关于学前教育,昆体良认为不但要对7岁前的幼儿进行道德教育,还应该在他们能说话前后开始进行语言类教学,不过,七岁前儿童每次要进行少量的学习,要让他们一开始就喜欢上学习,而不是讨厌学习。昆体良说:"最要紧的是要特别当心不要让儿童在还不能热爱学习的时候就厌恶学习","要使最初的教育成为种娱乐"[③]。昆体良认为儿童的学习内容主要是认识字母、书写和阅读。他希望儿童先学希腊语,再学拉丁语,最后同时学习两种语言。由此,昆体良也成为教育史上最早论述双语教育问题的教育家。

在教学理论方面,昆体良有颇多见解:在教学组织形式上,他首次提出了分班教学的见解;在教学内容上,他提出要在广博的知识的基础上实施专业教育;在教学方法上,他提出教师善于使用问答法,教师不仅要善于回答学生的问题,还需善于向学生提问题,尤其提问那些不爱提问题的学生。

昆体良对老师要求很高,他认为教师应该德才兼备,对学生要有耐心,做到严慈相济、因材施教等。

总体而言,古罗马早期以家庭教育为主,共和后期在吸收希腊文化教育的基础上才建立

---

① 任钟印.昆体良教育论著选[M].北京:人民教育出版社,2001:9.
② 任钟印.昆体良教育论著选[M].北京:人民教育出版社,2001:54.
③ 任钟印.昆体良教育论著选[M].北京:人民教育出版社,2001:14.

起自己的制度化的教育体系,帝国时期,教育制度有了巨大变化。

西塞罗和昆体良是古罗马重要的教育家,二人的教育思想不仅指导着古罗马当时的学校教育实践,对后世也产生了深远的影响。不过他们在雄辩家的培养上存在不少差异,如昆体良比西塞罗更加重视道德教育、更重视基础知识的学习和教学方法的探讨等。

另外,在帝国时期,古罗马社会和思想文化、教育领域中发生了一件影响世界历史的大事,那就是基督教作为世俗文化和教育的对立面而出现,并逐渐由弱变强,以致产生了基督教文化教育系统,最后在罗马帝国的更大范围内取代了世俗文化和教育。与此同时也产生了诸如奥古斯丁(A. Augustinus,354—430)等著名的神学家和哲学家,他们的教育思想对古罗马及其后的基督教教育都产生了重要影响。

思考与拓展

1. 分析斯巴达与雅典教育的异同。
2. 分析智者在古希腊教育发展中的贡献。
3. 比较苏格拉底、柏拉图和亚里士多德的教育思想。
4. 分析评价西塞罗和昆体良的教育思想及二者的异同。
5. 课外阅读柏拉图的《理想国》,评价其中的教育观点。

第十一章　西欧中世纪、拜占庭
与阿拉伯的教育

本章概要：西欧中世纪教育的显著特点是基督教教育盛行与世俗教育式微。修道院学校、主教学校、堂区学校是基督教学校的三种主要类型。宫廷教育、骑士教育成为期间典型的封建主贵族的世俗教育,中世纪大学的产生和发展成为西方近现代大学的基础,以满足市民阶层教育诉求的城市学校的产生和发展使学校教育真正走向了与社会生产的结合,是近现代西方中学发展的基础。拜占庭,也就是395年罗马帝国分裂而成的东罗马,世俗教育比较发达,保存和发展了古希腊和古罗马文明,对东、西欧文化的发展以及对西欧文艺复兴运动的兴起都产生了一定的影响。阿拉伯在吸收拜占庭、波斯和印度文明成就的基础上形成了自己独具特色的文化和教育,对西欧重新认识古希腊文化和中世纪大学的教育也发挥了一定的作用。

第一节　西欧中世纪的教育

476年西罗马帝国被日耳曼等"蛮族"所灭,西欧进入了中世纪(5世纪末至14世纪文艺复兴之前)。西欧中世纪早期,古希腊、古罗马文化遭到破坏与遗弃,西欧中世纪的文化教育水平较古罗马时期大大降低。西欧中世纪基督教教育盛行,世俗教育式微,但也产生了不同的教育形式,成为近现代欧洲教育发展的重要基础。

一、基督教教育

1世纪基督教教育在罗马帝国统治的巴勒斯坦地区萌芽,由犹太教的一个分支逐渐发展成罗马帝国的国教,是西欧中世纪古代文明的重要载体。基督教广置学校,成为西欧中世纪教育发展的主体,其教育机构主要有修道院、主教学校和堂区学校,其中修道院是最为典型的基督教教育机构。

修道院产生于罗马帝国时期,最初是一种教徒集体修行的场所,进入中世纪逐渐发展成修道院学校,并且是西欧中世纪最主要的基督教教育机构。

修道院学校一般招收10岁左右的儿童入学,学习年限约为8年。学生分为"内学"和"外学"两种:"内学"毕业后终生充当神职人员。这是修道院进行教育活动的初衷,最初修道院只招收这类致力于神职的儿童。后来,随着招生范围逐渐扩大,不以神职为学习目的的儿童也被招进修道院学校,这类学生就被称为"外学",他们入校以学习知识为主要目的,有少部分人成为知名学者,这两类学生毕业后很多人从事教育活动。

修道院学校教师都由教士担任,学习"七艺"等课程。教学组织形式类似我国古代的私塾,采用个别教学法,入学时间、学习进度等因人而异。教学方法以教师口授,学生抄写、背诵为主。修道院学校纪律严明,体罚盛行,这一点像我国古代的私塾。

主教学校设在主教堂(大教堂)所在地,一般教学条件较好,学科设置完备,教学水平较高,但数量不多,是较为高级的教会学校。其主要目的也是培养教士。

堂区学校设在堂区教士所在村落,是面向一般民众的普通学校。12世纪中期教皇要求所有堂区都兴办学校,堂区学校迅速发展成欧洲中世纪最普遍的教育机构。堂区学校主要招收7—20岁的儿童和青年入学。

就教学内容而言,早期的修道院学校主要强调宗教信仰的培养,知识学习的内容不过是简单的读、写、算,以后课程逐渐加多加深,"七艺"成为主要课程体系。堂区学校的课堂以灌输宗教知识为主,也同时进行读、写、算以及简单世俗知识的教学。与修道院学校和主教学校相比,堂区学校的教育范围更大,培养目标更为宽泛,但学校的条件和水平较低。[①]

二、封建主贵族的世俗教育

在宗教笼罩下的西欧中世纪,以国王为代表的世俗封建主为了自身的利益与教权之间的斗争一直不停,到了公元8世纪,随着王权的巩固,世俗封建主贵族开始创建符合本阶层利益需要的世俗教育机构和教育形式,最为典型的就是宫廷学校和骑士教育。

宫廷学校是一种设在国王或贵族宫中,以王室和贵族子弟为主要教育对象、以培养封建王国所需要的官吏为目的的教育机构。宫廷学校的教育内容主要是七艺,教学方法以问答法为主。较早开办宫廷学校的是法兰克王国,查理·马特(Charles Martel)在位期间就设立了宫廷教育学校,教育对象是王室和贵族子弟。查理曼大帝(Charlemagne,742—814)在位期间大力发展文化教育,推动了西欧中世纪教育的发展,宫廷学校也成为欧洲重要的世俗教育机构。

查理曼大帝延聘欧洲知名学者做顾问和教师,有不少知名学者执教于宫廷学校,其中最著名的就是英格兰教士、学者阿尔琴(Alcuin,735—804)。从782年开始阿尔琴任法兰克王宫宫廷学校校长14年,使这所学校成为欧洲最著名的宫廷堂校。阿尔琴编写了很多问答体教材,学生通过记诵教材内容,掌握有关宗教、自然和社会的各种知识。在进入法兰克王宫之前,阿尔琴是著名的约克郡主教学校的校长,结束王国宫廷学校主持之后,他又转到图尔的圣马丁修道院学校工作。

骑士教育是西欧封建社会贵族阶层的一种特殊家庭教育形式,其教育目的是培养忠君敬主、勇猛豪侠的骑士精神和骑士技能,成为效命国王或大贵族的战士。骑士教育最盛行的时期是十字军东征的11—13世纪。骑士教育主要分为以下三个阶段。

七八岁之前是自家教育阶段,儿童在自己的家中接受母亲的养护和教育,教育内容主要是身体的养护与锻炼、宗教教育和道德教育。七八岁之后,就离开自己的家庭,到其他家庭继续接受教育。

---

① 吴式颖,李明德.外国教育史教程(第三版)[M].北京:人民出版社,2015:80.

7—8 岁到 14 岁是礼文教育阶段,贵族之家按其等级将儿子送入高一级贵族的家中充当侍童,侍奉主人和贵妇,在与主人的朝夕相处中学习上流社会的礼节和行为规范,其间伴随着吟诗、弈棋、唱歌、奏乐等技艺教育和识字教育。当然最主要是开始学习赛跑、角力、骑马、游泳和击剑等骑士技能,以培养能征惯战的武士。

14 岁至 21 岁是侍从教育阶段,这一阶段儿童在侍奉领主和贵妇的过程中成长为青年,而且他们在满 21 岁时要通过仪式,正式获得骑士称号,修成正果。侍从的主要学习内容是骑马、游泳、投枪、击剑、打猎、弈棋和吟诗,统称为"骑士七技",侍奉领主和贵妇,遇到战争或危险,侍从要以生命保护主人和主妇。

骑士教育对此后欧洲绅士教育的形成产生了重要影响,但是骑士教育重视作战本领的训练和忠君敬主等封建思想的灌输,轻视文化知识,致使一些骑士甚至连自己的名字都不会写,就其本质而言,骑士教育是一种武夫教育。

三、中世纪大学

中世纪大学的产生和发展在外国教育史中具有重要地位。10 世纪至 11 世纪,西欧封建制度进入巩固和发展的顶峰时期,王权逐渐加强,社会日益稳定,农业生产稳步上升。手工业从农业中分化出来成为专门的行业。手工业者也逐渐成为社会中的新阶层,他们所定居的城市逐渐形成。工商业者对经济、政治、文化的新追求成为中世纪大学产生的一个重要因素,十字军战役对东西方经济文化交流的促进也是中世纪大学产生的另一重要因素。中世纪大学就在这样的历史背景下应运而生。

中世纪大学开始于知识交易团体("universitas",拉丁语,本意为"组合""行会""团体"等),14 世纪后,"universitas"的含义才发展为专指由教师和学生结合成的团体——大学。最早的中世纪大学产生于意大利。11 世纪中期,意大利南部的萨莱诺在原来医学校的基础上成立了萨莱诺大学,成为欧洲很有影响的医学教学研究中心,1231 年萨莱诺大学获得政府的正式承认,成为一所以医学见长的中世纪大学。12 世纪初意大利原来的波隆那法律学校改为波隆那大学,1158 年波隆那大学正式为政府承认,成为一所比较注重法律的综合性大学。

法国也是欧洲中世纪大学形成较早的区域,其中知名的巴黎大学是在巴黎圣母院大教堂的附属学校等学校的基础上建立起来的,该大学于 1180 年得到法国国王的认可,1200 年法国国王把大学交给教区主教管理,成为欧洲正统神学理论的研究中心。

这一时期,欧洲其他国家也开始兴办大学,其中不乏知名大学。如英国 1186 年建立的牛津大学和 1209 年建立的剑桥大学,德国 1358 年建立的海德堡大学和 1388 年建成的科隆大学。到 1800 年,欧洲境内建成大学 105 所。

中世纪大学在组织形式上有"同乡会"和"教授会":"同乡会"是校内学生按籍贯组成的学生组织,同乡会有自己的首领,其职责是代表本团体,维护本团体权利,约束本团体成员的行为;"教授会"是大学教师按照学科组成的教师组织,用以交流学术和维护自身利益。

按领导体质划分,中世纪大学包括"学生"大学和"先生"大学两种:"学生"大学的领导者是学生,学生决定教授的选聘、学费的数额、学期的时限和授课时数等学校事务,巴黎大学之外的南欧其他大学多是"学生"大学;"先生"大学的领导者是教师,由教师管理校务,北欧的大学多属于这一类，如苏格兰、瑞典、丹麦等地的大学。

中世纪大学一般包括文学院、法学院、神学院和医学院四个学院，学生入学年龄一般在十三四岁，先进入具有大学预科性质的文学院学习，一般学习六年，学习内容是"七艺"和亚里士多德的著作，学完全部课程后，经考试合格，可获得"学士"或"硕士"学位。之后，可以进入法学院、神学院或医学院进行专业课程学习，学习结束后，则可获得"博士"学位。中世纪大学的教学方法主要是讲读和辩论。

"内部自治"是中世纪大学的一个重要特点，大学在社会上享有特权，如大学拥有设立特别法庭处理大学师生与外人之间发生诉讼的特权，师生免纳捐税、免服兵役，大学有集体迁徙的自由等。中世纪大学内部自治和学位授予等方面的发展为文艺复兴和欧美近代大学的发展奠定了基础。

四、城市学校

11 世纪欧洲逐渐形成了以工商业为主的新城市，这些新城市和新市民不但催生了中世纪大学，也催生了城市学校。

城市学校是为新兴市民阶层子弟开办的具有职业训练性质的各类初等教育学校的总称，主要有两种类型：一类是由手工业行会开办的"行会学校"；另一类是由商人联合会开办的"吉尔特学校"。城市学校与传统学校相比有其共同特点：一是学校的领导权逐渐由行会或商会转移到市政当局，由市政府决定学费金额、选聘教师、支付工资、确定儿童入学资格等；二是学校性质上基本属于世俗学校，虽然学校课程不乏宗教知识，不少教师还是僧侣；三是城市学校强调世俗知识的学习，特别是读、写、算，以及与商业、手工业活动有关的各科知识等；城市学校一般都使用本民族语进行教学，不同于教会学校完全用拉丁语讲授；四是城市学校主要培养手工业和商业所需要的实用人才，具有职业训练性质。

总之，城市学校是适应生产发展和市民阶层的利益需要而出现的新型学校。它具有很强的生命力，在教会的多方反对和阻挠中成长起来。到 15 世纪几乎西欧所有大城市都办起了城市学校。城市学校的兴起和发展对处于萌芽阶段的资本主义生产方式的成长起到了促进作用。[①]

第二节　拜占庭的教育

公元 395 年古罗马帝国分裂而成的东罗马帝国，其都城君士坦丁堡是在古希腊移民城市拜占庭旧址建立的，所以历史上称东罗马帝国为拜占庭帝国。拜占庭帝国极盛时期包括巴尔干半岛、小亚细亚、叙利亚、巴勒斯坦、埃及以及美索不达米亚和南高加索部分地区，1453 年拜占庭被奥斯曼帝国灭亡。拜占庭在保存和发展古希腊、古罗马文化，以及沟通东西方文化等方面都做出了重大贡献，也形成了其颇具特色的教育。

① 吴式颖,李明德.外国教育史教程(第三版)[M].北京:人民出版社,2015:90.

一、世俗教育

拜占庭世俗教育与教会教育长期并存，但是，与中世纪的西欧相比其世俗教育比较发达，究其原因：一是拜占庭始终拥有强大统一的中央世俗政权；二是拥有从古代承继下来的比较繁荣的城市和比较发达的工商业；三是不但较好地继承了古希腊古典文化遗产，还吸收了波斯、印度和中国的文化。

拜占庭通用的教学语言是希腊语，古希腊哲学、文学，古罗马的法学是重要的学习内容。其世俗教育包括初等教育、中等教育、高等教育和宫廷教育。

拜占庭私人讲学盛行，初等教育也主要由私立学校承担，招收 6—12 岁儿童，学习正字法、文法初步知识、算术，以及《荷马史诗》《圣诗集》等。

拜占庭中等教育机构主要是文法学校，基本学习内容是文法和古典作品。由于拜占庭与其周边国家时有战争，政府还为战士遗孤专建学校，要求"给这些孤儿以良好的教育"[①]。公立学校的教师必须持有国家认可的资格证书，且信奉基督教。

拜占庭的高等教育比较发达。拜占庭帝国初期君士坦丁堡和其他一些城市中的高等学校仍继续存在，如雅典大学、亚历山大里亚的医学和哲学学校、贝鲁特的法律学校和各地的修辞学校等。其中，最有影响的高等学校是创办于 425 年的君士坦丁堡大学。君士坦丁堡大学建在宫廷附近，其任务是为帝国培养高水平官吏。学制一般为 5 年，"七艺"是基础课程。教师是著名学者，领取国家薪俸并免税。公元 5 世纪时，该校有教授 30 多名，主持 31 个讲座：10 个希腊文、10 个拉丁文、3 个罗马演说术、5 个智者派学说、2 个法律和 1 个哲学。[②] 公元 7 世纪，君士坦丁堡大学的教学活动一度中断，863 年君士坦丁堡大学重建。1045 年君士坦丁九世（ConstantinusⅨ，1042—1055 年在位）振兴法律教育，将君士坦丁堡大学分为法律和哲学两个学院，后来哲学院被关闭。法学院学生必须经过基础教育，实行免费教育，毕业后必须从事法律方面的工作，教授薪俸由国家支付，教材是拉丁语版的《查士丁尼法典》。

拜占庭医学教育也较发达。如奥雷巴西（326—403）的《医学大全》70 卷、保罗（约 625—690）的《医学概要》，以及 13 世纪的尼古拉·米列柏卓斯编写的《药物学指南》，对阿拉伯世界和西欧都产生了重要影响，其中《药物学指南》一书直到 17 世纪仍被巴黎大学用作教材。

宫廷教育在拜占庭占有重要地位，教育目的是培养未来的皇帝。教学内容包括"七艺"、柏拉图和亚里士多德的著作、军事和宫廷礼仪等，一般聘请宫廷教师负责教学。拜占庭上层人士还常常邀请学者到家讨论文学、历史、哲学、医学、政治、地理、数学和声学等丰富多样的学问。

二、教会教育

拜占庭拥有强大的世俗中央政权，教会受皇帝控制，皇帝也给予教会各种特权。皇帝有权颁布神学理论、解释教义、发布教规、任命高级神职人员。拜占庭教会中除主教外，所有教士都可以结婚，拜占庭的教会学校主要有两种：隐修院（修道院）和座堂学校。

① James Bowen. *A History of Western Education*[M]. New York: St Martins Press, 1972:311.
② 吴式颖,李明德.外国教育史教程(第三版)[M].北京:人民出版社,2015:94.

拜占庭隐修院的创始者是安东尼(Anthony),他在 4 世纪初创建了隐修院。在隐修院以祈祷、读经、行善和生产劳动为主要活动。每个修士在单独的小室里进行学习,主要学习神学知识。隐修院广泛收集经卷、书籍,并组织抄写作为教材之用。隐修院还附设孤儿院,有的隐修院还附设养老院。

座堂学校是附设于主教教堂里的一种培养神职人员的学校。教学内容主要是神学。公元 6 世纪至 11 世纪,座堂学校获得较大地发展。其中,君士坦丁堡大座堂学校是拜占庭最高级的教会学校。该校神学权威云集,有权解释教义。教师必须通过严格的考试,学校有五个教授,分别担任一个宗教学科的教学。除神学知识外,学校教学内容还有七艺、哲学、古典文学、演讲术和其他科学知识等,学生从君士坦丁堡大座堂学校毕业后一般会成为高级神职人员。

综上所述,拜占庭的皇权高于神权,存在着比较发达的世俗教育体系,世俗教育与教会教育长期并存,较好地继承、保存和传播了古希腊、古罗马的文化和教育遗产,对欧洲和阿拉伯文化和教育发展也产生了重要影响。

第三节　阿拉伯的教育

公元 6 世纪至公元 7 世纪阿拉伯地区氏族社会开始瓦解,农牧业兴起。当时的阿拉伯处在拜占庭和波斯两大帝国之间,经常遭受两大帝国的侵略,加之阿拉伯地区内部游牧民的起义,强大的统一政权成为这一地区发展的需要。7 世纪初穆罕默德(Mohammed,570—632)以天神"安拉"之名口授《古兰经》,创立伊斯兰教,成为凝聚阿拉伯人重要的精神力量。穆罕默德过世后,他的后继者占领了波斯和拜占庭。到 8 世纪中叶建成地跨亚、非、欧三大洲的萨拉森帝国。10 世纪初,帝国分裂为三:东方以巴格达为首都的黑衣大食;以西班牙的以科尔多瓦为首都的白衣大食;南方以开罗为首都的绿衣大食。11 世纪初,各大食国相继衰落。1055 年,塞尔柱突厥酋长塞尔柱(Seljuk)之孙托格卢尔·伯克(Toghril Beg)推翻黑衣大食,建立塞尔柱帝国。1258 年,蒙古人攻克巴格达,开始统治这一区域。1453 年,土耳其人建立的奥斯曼帝国攻下君士坦丁堡,成为阿拉伯地区新的统治者。本节主要介绍萨拉森帝国、各大食国、塞尔柱帝国和奥斯曼帝国各阶段阿拉伯的教育发展。

一、萨拉森帝国和各大食国的教育

萨拉森帝国和大食国时期的教育机构和教育形式主要是昆它布、宫廷教育与府邸教育、学馆、清真寺、图书馆与大学等。

昆它布类似我国古代的实施初级教育的私塾,教师在家招收少量学生进行简单的读写教学,教师决定是否收取学费。早在伊斯兰政权建立之前,昆它布就已经存在于叙利亚、小亚细亚、君士坦丁堡和北非等地区,是基督教徒和犹太教徒举办的一种学校。伊斯兰教兴起以后,昆它布成为传播伊斯兰教的场所,仍由私人设置。倭马亚王朝时,远征军司令部里设有随军教师,负责传教和教学,后来附设在清真寺边,使得昆它布遍及城乡。昆它布的教学内容主要是《古兰经》、先知的故事、语法、书法、诗歌、算术等,也有的教骑马、游泳等,教学方法重视背诵。

宫廷学校和府邸教育起初是为哈里发设立的教育机构,到阿布杜勒·马立克时代(Abdul Malik,685—705 年在位)才逐渐形成宫廷学校,成为对王室子女进行教育的重要教育机构,教师由统治者聘任,在宫廷府邸授课。除传授《古兰经》《圣训》、历史、诗歌、语法和辩论术外,还讨论治国之道。后来,贵族、朝臣和富有人家仿效宫廷教育,请教师到家中教育后代。8 世纪起,多数穆斯林领袖都雇教师来教育他们的孩子,[①]形成了府邸教育。另外,在阿拔斯王朝时期,宫廷沙龙还非常盛行,哈里发为主持人,邀请各类学者论诗歌、宗教、文法、文学等问题。各大食国也举办宫廷沙龙,如绿衣大食,在伊什德的宫廷,每天晚上都举办历史沙龙。[②]

学馆。学馆是学者居家讲学场所,教学内容介于昆它布和宫廷学校之间,相当于中等程度的教育。没有固定的教学内容,教学内容和水平均因人而异。从教学程度来看,它是中等教育。学馆在清真寺建立之前就已经存在,清真寺建立后仍然普遍存在,是私人讲学的一种重要形式。学馆招生"有教无类",不分贫富,如艾布·阿塔西叶原是一个陶器商,在学馆学习,后来成为大诗人。[③]

清真寺,也称"礼拜寺",它是融伊斯兰宗教活动与教育活动与一体的综合性场所。清真寺招生上男女兼收,教学内容或教学层次上兼有初等、中等和高等程度的教育。清真寺还附设昆它布,对儿童进行初等教育。而许多清真寺实际上相当于高等教育机构,每个较大的清真寺都有学校(Madrasah),这些学校教授神学、法律、哲学、历史和科学。教学以记诵为主。[④]

穆罕默德最早提倡清真寺教育,他说:"进入清真寺教学或接受教育的人,犹如为真主而战的勇士。"[⑤]国家和教会也持续倡导、要求和支持,如公元 638 年,哈里发欧麦尔派遣《古经》通读者到各地去,并命令各地人民每星期五到清真寺去见他们。[⑥] 这样清真寺就得到迅速发展、普及。回历 3 世纪时,巴格达的清真寺已有 3 000 所。回历 614 年(1232),历山大里亚的清真寺达到 12 万所,可谓无处不在了。在白衣大食,也建有许多清真寺。[⑦] 巴格达最有名的清真寺是曼色(Man),建于回历 145 年,知名学者在此讲学吸引了大批学生,一些学者编写的语言学名著《雅古特》(Al Yagut)曾流行一时。691 年建于耶路撒冷的清真寺是伊斯兰世界最宏伟的建筑之一。建于 705 年的大马士革的清真寺是当地教育重地,学生众多。开罗的阿穆尔(Amr)清真寺建于回历 21 年,发展成当地的教育中心和法庭。其"教学环"[⑧]在最盛时有 40 个,还有 8 个学会,有的学会只吸收有名望的神学家和学者参加,爱资哈尔清真寺一直是伊斯兰教的著名学府,后来法蒂玛王朝的哈里发阿齐兹(976—996)将其

---

① [美]西·内·费希尔. 中东史(上)[M]. 姚梓良,译. 北京:商务印书馆,1979:164.
② 吴式颖,李明德. 外国教育史教程(第三版)[M]. 北京:人民出版社,2015:98.
③ 郭应德. 阿拉伯史纲[M]. 北京:中国社会科学出版社,1991:223.
④ [美]西·内·费希尔. 中东史(上)[M]. 姚梓良,译. 北京:商务印书馆,1979:165.
⑤ 纳忠. 传承与交融:阿拉伯文化[M]. 杭州:浙江人民出版社,1993:203.
⑥ 回历即伊斯兰教历,以公元 622 年 7 月 16 日为元年元旦,每年 354 日或 355 日。回历 403 年相当于公元 1025年。
⑦ 吴式颖,李明德. 外国教育史教程(第三版)[M]. 北京:人民出版社,2015:99.
⑧ "教学环"指清真寺的教学组织形式,教学时学生依次席地而坐,形成环状。

变成一个学院。图兰清真寺(Jami Tulwn)在研究《古兰经》注释学、医学、圣训、法学和天文学方面享有盛誉。① 白衣大食的教育更是一度由清真寺独揽,曾在清真寺执教伊斯兰学者曼格里(Al-maggari)说:"安德鲁西(Andalus)的人民,没有学校帮助他们求学,因此,他们交纳学费在清真寺里学习各科知识。"②

图书馆与大学。阿拉伯国家重视图书馆建设,阿拉伯国家的图书馆不但数量多、规模大、藏书丰富,而且大多数图书馆还具有教育教学功能,成为一种特殊形式的高等教育机构。因此,在阿拉伯,各国家的图书馆和大学往往是一起的,各大食国均是如此。

黑衣大食巴格达的拜伊特·勒·赫克迈(Bait Al-hikmah)图书馆后来发展成著名学府,有的历史学家称它为赫克迈大学,该馆规模仅次于亚历山大图书馆,还设有天文台。历任馆长均为学者,如天文学家、数学家波斯人花喇子密、翻译家侯奈因、数学家萨拉姆等③。

绿衣大食的达赖·勒·伊勒姆(Dar Al-IM)图书馆藏书也极为丰富,并重视天文学和医学的教育,被称为伊姆大学。

白衣大食的科尔多瓦有图书馆17个,其中有一个图书馆的藏书达40万册。④ 阿卜杜勒·拉赫曼三世(Abdul RahmanⅢ,929—961年在位)在主要的清真寺创办了科尔多瓦大学,哈康二世(HakamⅡ,961—976年在位)又扩建了清真寺里的校舍。用铅管引来泉水,请拜占庭细木工装修学校,花费达261 537第纳尔。他从东方聘请许多教授,并捐赠大量基金,作为教授的薪俸。⑤ 由于执政者的大力支持,科尔多瓦大学发展成当时世界最有名的学府。

二、塞尔柱帝国和奥斯曼帝国的教育

1055年,塞尔柱取代黑衣大食,塞尔柱帝国的领土又被蒙古人和奥斯曼帝国先后征服。蒙古人统治时期的资料缺乏,不再介绍。

(一)塞尔柱帝国时期的教育

塞尔柱帝国时期,政府管理学校,提供教育经费,建立学校制度,并由宰相尼采姆主持,使新学校发展成当时教育的主干。

塞尔柱帝国时期重视高等教育,政府在各地兴办大学。1065年至1067年,宰相尼采姆在巴格达等城创建专科学校,取名尼采米亚(Nizamiyyia),美国普林斯顿大学的阿拉伯专家希提认为,它才是伊斯兰教的第一所真正的高等学校。⑥ 尼采米亚分宗教科和军政科,其办学目的主要是宣传逊尼派教义、训练官吏。政府负责提供经费、委任教师、选录学生,学生毕业后职业有保障,且待遇优厚。后来,尼采米亚与1234年建立的穆斯台绥里亚大学合并。为了统治者的需要,尼采米亚在塞尔柱帝国时期被广泛设置。

初等教育也颇受重视,国家广泛设置初等学校。伊斯法汗尼说"尼采姆每在镇上遇见有学识的人,立即为他设立学校,作为教学之用,并给他以资助,还送以大量书籍",撒伯其说:

---

① 滕大春. 外国教育通史(第二卷)[M]. 济南:山东教育出版社,1989:65-66.
② 滕大春. 外国教育通史(第二卷)[M]. 济南:山东教育出版社,1989:66.
③ 郭应德. 阿拉伯史[M]. 北京:中国社会科学出版社,1991:222-223.
④ 吴式颖,李明德. 外国教育史教程(第三版)[M]. 北京:人民出版社,2015:100.
⑤ [美]希提. 阿拉伯通史[M]. 马坚,译. 北京:商务印书馆,1979:631.
⑥ 吴式颖,李明德. 外国教育史教程(第三版)[M]. 北京:人民出版社,2015:101.

"据说尼采姆在伊拉克和库兰桑境内的每个城镇都设有学校。"①

（二）奥斯曼帝国时期的教育

奥斯曼帝国仿照尼采米亚建立了制度化的类似中国古代太学的新宫廷学校。

穆拉德二世（Murad,1421—1451 年在位）聘用了国内最开明和最卓越的学者来任教。教师中许多人兼有军政要职。在宫廷学校里,王子的同学有战俘和显要的藩属之子,穆拉德要求教师们尽职教王子,并把其他青年锻炼成遵守纪律、为人正直和有道德的人。②

学生由地方选送,并且要通过严格的体格和智力考验。帝国规定,地方官员应选送 12—14 岁的儿童到都城伊斯坦布尔（原来的君士坦丁堡）学习。学校制度严格,规定学生必须穿制服,与家人隔离,不结婚,尊师守法,恪守规章等。入学的头几年,学生间的交往也受限制。③

16 世纪,宫廷学校分初高两级,初级为基本训练,高级为分科训练。修业年限均为 6—8 年。学习内容分学科、体育、战术和专业训练,学时各占 25%。学科有土耳其语、阿拉伯语、波斯语、土耳其和波斯文学、《古兰经》和注释、神学、法学、历史、数学、音乐,称为"学艺十科"。语言的学习在低年级,其他各科在不同年级。体育和战术则每天学练。其中举重、角力、击剑、骑马等为较高难度的课程。各科学习通过考试者升级,否则重学。于是,优者可迅速升到最高级,而完不成学业的劣者则做下级官吏。高级毕业者通常是 25%—32%而已。④

宫廷学校的教师必须是伊斯兰教徒,也有学者或诗人。教师的待遇丰厚,学生的费用也由政府提供。学生毕业后为帝国文武官员,终身任职,报酬极丰且免税役。

阿拉伯国家拥有比较开明、积极的文化教育政策,使阿拉伯人在历史上比较短的时间里建立起"一种融合了犹太文化、希腊—罗马文化和波斯—美索不达米亚文化传统的混合文明",使自己在文化科学的成就上达到了引人注目的高峰。⑤ 阿拉伯在吸收拜占庭、波斯和印度文明成就的基础上形成了自己独具特色的文化和教育,具体表现为尊师重教、机会比较均等、神学与世俗课程并存、教学组织形式多样和教育资金筹集多元化等特点。同时,对西欧重新认识古希腊文化和中世纪大学的教育也发挥了一定的作用。

思考与拓展

1. 西欧中世纪教育的基本性质和主要特征是什么?
2. 简述西欧中世纪世俗封建主教育的主要形式。
3. 简述中世纪大学的产生及在教育史上的地位与作用。
4. 试评拜占庭和阿拉伯的教育及其影响。
5. 查找相关文献,了解古代中国与拜占庭、阿拉伯的交往。

① 滕大春.外国教育通史(第二卷)[M].济南:山东教育出版社,1989:71-72.
② [美]西·内·费希尔.中东史(上)[M].姚梓良,译.北京:商务印书馆,1979:244.
③ 吴式颖,李明德.外国教育史教程(第三版)[M].北京:人民出版社,2015:102.
④ 滕大春.外国教育通史(第二卷)[M].济南:山东教育出版社,1989:74.
⑤ [美]斯塔夫里阿诺斯.全球通史:1500 年以前的世界[M].吴象婴,译.上海:上海社会科学院出版社,1988:360-361.

第十二章　文艺复兴与宗教改革时期的教育

本章概要:本章重点阐述了走出中世纪后,西欧新文化与宗教运动下的教育革新。文艺复兴运动引发了人文主义教育,宗教改革运动催生了新教教育,反宗教改革运动又促使了天主教教育的改革和涅槃重生。人文主义教育具有人本性、古典型、世俗性、宗教性、贵族性等特征。新教教育与天主教教育都是宗教教育,较人文主义具有更强的宗教色彩。新教教育具有较强的群众性和普及型,而天主教教育具有更强的贵族性。三种教育都重视古典人文学科。这一时期,三种教育势力交织在一起,既相互冲突,也相互融合,产生了错综复杂的关系,对当时和后来的西方教育与社会的发展产生了各自不同的影响,在一定程度上,奠定了近代西方教育的基本格局。

第一节　文艺复兴与人文主义教育

一、文艺复兴概况与人文主义

从 14 世纪开始,伴随着工厂手工业的发展,商品经济的初步繁荣,在意大利北部和欧洲其他地方先后涌现出一大批新兴城市。在这些城市中,资本主义萌芽开始显现,市民社会和人民的实际生活发生了剧烈的变化,旧的封建制度逐渐解体,新的资产阶级开始形成。文艺复兴就是正在形成中的资产阶级在思想和文化领域为了反对宗教及封建势力对意识形态的控制,以复兴希腊罗马古典文化的名义发起的一次弘扬资产阶级思想和文化的运动。文艺复兴肇始于 14 世纪的意大利,逐渐蔓延至西欧和北欧诸国,14—15 世纪是早期文艺复兴时期,16 世纪达到极盛时期,16 世纪末走向衰落。

文艺复兴的核心价值观和世界观是"人文主义"(Humanism)。人文主义文化具有以下几种典型特征:第一,歌颂和赞扬人的价值和尊严。这是对中世纪以来人生而有原罪,需要被上帝恩惠而得救的宿命论的反叛。第二,宣扬人的思想解放和个性自由。人文主义要求破除中世纪神学对教会教义与教规的绝对迷信和盲从,把人从教会的教义、教规、教条的绝对权威的束缚中解放出来,肯定人性、自由、平等与博爱,宣扬人的思想解放和个性自由。第三,肯定现实生活的价值和享乐。人文主义背离中世纪神学的来世说、禁欲主义和修行,肯定现实生活的价值和尘世的享乐,号召人们追求现实的幸福和快乐。第四,尊崇理性、提倡学术。中世纪,一切知识都服从于、服务于神学,是神学的婢女,理性受到压抑。人文主义提倡复兴学术,尊崇理性。

　　为了倡导和实践人文主义精神,许多人文主义者重视教育对人的发展和社会变革的作用,将理性寄托于教育的变革,主张实施以"人"为中心的教育,并付诸实践。

二、人文主义教育思想与实践

　　意大利是文艺复兴的策源地,人文主义教育也首先在意大利兴起。意大利的人文主义学者们从古希腊罗马的经典著作中发现了一个美丽新世界,主张通过接触古希腊罗马的文献来丰富和陶冶人们的心灵,强调个人,主张世俗教育,重视智力培养,发展健全的体魄,向往人的全面发展。15 世纪末 16 世纪初,伴随着新航路的开辟,国际贸易中心的转移,文艺复兴的重镇逐渐转移到大西洋沿岸的一些北欧国家。与意大利相比,北欧的人文主义者们更关注公益和贫民,极力追求道德宗教的进步。[①]　与意大利人文主义教育注重古典学科的教育不同,北欧人文主义更加重视道德和宗教教育。在这样的人文主义大潮中,一些世俗的学者开始教授人文学科,一种不同于中世纪教会学校的世俗学校应运而生,教会对教育领导权的垄断开始被打破。与此同时,一些开明的神职人员,也开始宣扬和教授人文学科。人文主义教育成为当时的一些世俗和宗教人士实现人文主义理想的试验田。以下是一些具有代表性的人文主义教育思想家及其实践。

(一) 弗吉里奥

　　意大利人文主义者弗吉里奥(Pietro Paolo Vergerio,1349—1420)是第一个系统阐述人文主义教育思想的教育家。[②]　弗吉里奥对人文主义教育的突出贡献表现在两个方面:第一,他为古罗马教育家昆体良的教育名著《雄辩术原理》做注解,使之风靡意大利内外,引发人们挖掘和整理古典教育思想的兴趣。第二,他发表了一篇名为《论绅士风度与自由教育》的专题论文,全面概括了人文主义教育的目的和方法。他认为人文主义教育的目标就是通过自由教育培养身心全面发展的人。他认为必须使所学的科目适合学生的个人爱好和年龄。历史、伦理学(道德哲学)和雄辩术三科最能体现人文主义精神,应该成为自由教育的基础。他特别重视道德品质的培养,认为德行重于学问。此外,他还对"七艺"做了重大修改,提升了"四艺"的学科地位。

(二) 维多利诺与"快乐之家"

　　意大利人文主义者维多利诺(Vittrino da Feltre,1378—1446)继承了弗吉里奥的教育思想并将其付诸实践,创建了被视为体现人文主义学校发源地的"快乐之家",推动了意大利人文主义的教育实践,被誉为"第一个新式学校的教师"[③]。

　　"快乐之家"是一所新式寄宿宫廷学校,这里的教育实践体现了维多利诺的人文主义教育思想。这所学校环境优雅,自然和谐,校风朴素自然。学校招收主要招收 6—7 岁的贵族儿童,学制为 15 年(含初、中、高级教育),以培养身心和谐发展,有社会责任感、能管理国家、主持教会和兴办产业的全人为目标。学校采取寄宿制、学生自治。在教学内容上,学校受维多利诺通才教育思想影响,将古典学科作为教学的中心,兼施体育、音乐和自然学科,此外还

---

①　[美]格莱夫斯. 中世教育史[M]. 吴康,译. 上海:华东师范大学出版社,2005:188.
②　[英]威廉・博伊德,埃德蒙・金. 西方教育史[M]. 任宝祥,吴元训,译. 北京:人民教育出版社,1985:162.
③　张斌贤. 外国教育史[M]. 北京:教育科学出版社,2015:143.

特别重视学生基督教信仰的养成。在教学方法上,取消了体罚,尊重学生的兴趣,重视启发诱导、情感教育,注重练习和游戏的作用。师生关系融洽,学生的生活与学习过程充满着欢乐。

(三) 格里诺与"费拉拉宫廷学校"

意大利另一位著名的人文主义教育家格里诺(Guarino da Verona,1374—1460)虽然是维多利诺的朋友,但他却是古典学科的坚决捍卫者和崇拜者。1429 年,他应邀开办了"费拉拉宫廷学校",实施一种极端的古典主义教育。他认为古典文化教育本身就是目的,而不是促进人充分发展的手段,主张一个受过教育的人必须学习特定的学科而不论其内容如何,并且在学习方法上主张先学习语法规则然后再学习古典作品。在古典作品中,他给予西塞罗文体以极高的评价,将其视为作文的唯一正确典范。这种倾向对 15 世纪末意大利"西塞罗主义"(该主义主张单纯模仿西塞罗,反对使用在西塞罗著作中没有出现过的词汇和习语)起了推波助澜的作用,也使意大利人文主义教育走上了形式主义,背离了人文主义思想的宗旨。

(四) 伊拉斯谟

伊拉斯谟(Desiderius Erasmus,1467—1536)是尼德兰共和国(相当于今天的荷兰、比利时、卢森堡和法国东北部的一部分)的一位基督教人文主义教育家,在希腊文和古典文学研究方面具有深厚造诣。他的代表作是《愚人颂》(1511),教育领域的代表作主要有《论基督君主的教育》(1516)、《儿童最初的自由教育》(1511)等。

伊拉斯谟对古典文化推崇备至,认为古典文化有助于净化基督教、改良教会、改造社会,有助于培养人虔敬、德行和智慧的品质。但他并不拘泥于古典文化,而是主张基督教与人文主义结合起来,人文主义基督教化和基督教人文主义化。同时,他还强调文以载道,学文重要,学道更重要,学古人之道的最根本目的在于改造现实社会。

他认为教育的首先任务是在青年的头脑中播下虔诚的种子;其次是使青年能够热爱并透彻地学习自由学科;再次是使青年人能为生活的义务做好准备;最后是使青年很早就习惯于基本的礼仪。[①] 他还认为教育儿童不仅是父母的责任,而且是国家和教会的责任。国家和教会应提供足够数量的、能够胜任教学工作的合格教师来促进教育事业的发展。在教学中,伊拉斯谟主张要了解学生的性情,因材施教;主张对学生严慈相济,反对体罚和羞辱。[②]

(五) 莫尔

英国著名的人文主义教育家莫尔(Thomas More,1478—1536)与伊拉斯谟为莫逆之交,代表作是《乌托邦》。莫尔主张废除私有制,实行公共教育制度,所有儿童不分性别、年龄,均享有平等的受教育权利;教育目标是培养德智体等全面发展的人;教学内容极其广泛,智育方面除了教授读写算之外,还教授数学、几何、天文、地理、音乐、自然科学等知识,同时重视学习希腊古典文学和采用本民族语言进行教学,体育方面重视对儿童进行身体锻炼,培养儿童健美强壮的体格,德育方面,强调美德比学问更重要,重视培养儿童仁慈、公正、勇敢、诚实、仁爱、合作等优秀品质以及对上帝虔敬的精神;此外,他还最早论述了劳动教育,注重劳动实践与理论的并进,是第一个试图消灭体力劳动和脑力劳动对立的教育家。[③]

① [英]威廉·博伊德,埃德蒙·金.西方教育史[M].任宝祥,吴元训,译.北京:人民教育出版社,1985:175.
② 张斌贤.外国教育史[M].北京:教育科学出版社,2015:143.
③ 杨捷.外国教育史[M].开封:河南大学出版社,2010:100.

(六) 拉伯雷

拉伯雷(Francois Rabelais,1493—1553)是文艺复兴时期法国著名的人文主义学者、作家、教育思想家。他的教育思想集中体现在讽刺小说《巨人传》中。

拉伯雷的教育目标在于培养在品行、道德、才智等诸方面都十全十美的"完人"。目标要求认识所有事物,为此提出了一个百科全书式的课程计划,其中古典语言和著作是学习主体,自然也是必不可少的科目;主张身心并行发展,重视多种多样形式的体育活动;主张以本族语进行教学,在教学中反对呆读死记的教学方法,主张采用直观原则,采用观察、谈话、游戏、游学、参观、旅行等多样化的教学方法,发展儿童的独立思考和主动精神。

主张身心同时发展。

(七) 蒙田

蒙田(Michel de Montaigne,1533—1592)是文艺复兴后期法国杰出的具有批判意识的人文主义学者和教育家。他的教育观点集中体现在其代表作《散文集》的章节——《论学究气》(第一卷第 24 章)和《论儿童的教育》(第一卷第 29 章)。

蒙田认为,教育的目标就是培养"完全的绅士"。这种绅士需要具有渊博的实用知识、良好的判断力、优秀的品质(坚韧、勇敢、谦逊、忠君、爱国、服从真理等)、强壮的体魄。因此在教育内容和方法上,他反对身心割裂,提倡身心并进;反对强制压迫,主张自然发展;对权威主义,提倡质疑与思考;抨击学究气息、提倡实践与行动;反对死记硬背,注重对知识的理解;反对空疏无用,崇尚能力与实效。这充分体现了文艺复兴后期人文主义教育的新气象,对后世教育产生了深远的影响。

三、人文主义教育的基本特征与意义

尽管不同时期不同地域的人文主义教育实践特色不同,不同的人文主义者对教育的见解不同,但就根本上而言,人文主义教育具有以下几点基本特征:① 人本主义。人文主义教育在培养目标上注重个性发展,在教育教学方法上反对禁欲主义,尊重儿童天性,坚信通过教育可以重塑个人、改造社会和自然,人的价值、尊严与力量被充分肯定,这些都表现出人本主义的内涵。② 古典主义。人文主义教育以复兴古典文化为开端,以古典学科为主要教育内容,以古典主义对抗教会的经院主义,深刻地体现出了古典主义的特征。③ 世俗性。人文主义教育关注今生而非来世,无论从教育目的还是课程设置等方面看,都充溢着浓厚的世俗精神。④ 宗教性。人文主义教育仍具有宗教性,很多人文主义教育家本身就是教士或虔诚的基督教徒,他们并不反对上帝,只是希望用世俗和人文的精神来改造天主教会的弊端,造就一种更具世俗、更有人性的宗教。⑤ 贵族性。人文主义教育的教育目的主要是培养如君主、绅士等上层人士,教育的对象主要是上层的贵族子弟,教育的形式也多是普通大众无法负担起的宫廷教育和家庭教育。①

综上所述,人文主义教育具有双重性,进步性与落后性并存。总体而言,它的进步意义仍然明显,它打破了教会对教育的垄断,扫荡了中世纪教育的阴霾,展露了新时代教育的曙光,开启了欧洲近代教育的先河,推动了西方文明的发展。

---

① 吴式颖.外国教育史教程(缩编本)[M].北京:人民教育出版社,2002:126 - 127.

第二节　宗教改革与新教教育

一、宗教改革运动与新教

宗教改革运动是文艺复兴运动在宗教领域的继续。这次运动产生于 16 世纪初,矛头直指天主教会,企图用新教取代天主教,使新兴社会阶层代替封建贵族和教会势力,其实质是欧洲新兴资产阶级以宗教改革为旗号发动的一次大规模反封建的社会政治运动。宗教改革者并不要求消灭宗教而是主张改良宗教,建立区别于旧教(天主教)的新教会——"新教"。信奉新教者被称为"新教徒"。新教在不同的国家和地区有不同的派别,主要有路德教派、加尔文教派和英国国教。各派教义、主张不尽相同,但基本观念一致。他们都反对罗马天主教会的无上权威、教皇的绝对权力;反对僧侣们的荒淫无耻、贪婪腐化;反对教廷巧立名目、欺世敛财;反对教会仪式的繁文缛节、陈规陋习等。他们认为在上帝面前每个人都是平等的,信仰是个人的事情,无须外在的权威与中介,人人可以通过《圣经》直接和上帝对话。

由此可见,宗教改革实质上是个人主义的,对大一统的教皇统治具有极大的消极作用,使得罗马教廷控制的统一的欧洲天主教教会分崩离析,沉重地打击了封建制度和天主教教会。它的意义也不仅仅局限于"宗教"的改革,而是触及社会生活的各个主要层面,促进了个人与民族国家意识的觉醒,为后来的资产阶级革命扫清了道路,对西方文明产生了深远的影响。

二、路德派新教与教育

宗教改革始于德国,发起人是马丁·路德(Matin Luther,1483—1546)。面对罗马教廷和德国教会势力的相会勾结,横征暴敛,兜售"赎罪券",路德写就《九十五条论纲》,逐一抨击天主教会的荒淫与腐败,揭开了宗教改革的序幕。随后,更是发表了一系列著作,全面阐述了他的宗教、政治与教育思想。

路德的宗教与政治主张主要表现在四个方面:第一,主张因信称义。信仰是个人的事情,个人通过《圣经》与上帝直接沟通对话,因信得救,而不需要假手第三者(教会或僧侣),也不需要斋戒、施舍、朝圣和购买赎罪券。第二,主张众信徒皆教士。人只要是为了信仰,在上帝面前就享有平等的权利和义务。教士不是特权阶级,只要大家同意,任何信徒都可像教士一样主持圣礼。第三,提倡新的善功与天职观念。路德认为中世纪以来天主教会所推崇的禁欲主义的修道生活是逃避尘世的责任,凡凭信仰从事的各种职业和日常生活皆属善功。上帝所能接受的唯一的生活方式是每个人完成其在尘世的义务。天职与尽世俗义务是一致的,世俗生活与宗教生活是紧密结合于一体的。第四,主张政教分离。教会和世俗政权各自分管精神生活和世俗生活,互不干涉,各得其所,教会不应干涉世俗事务。

为了传播本教派教义,扩大新教影响,争夺更多信徒,路德极其重视教育。路德认为只有人人受教育,才能使人人得救。教育的目的一方面是宗教性的,通过教育能够形成健全虔诚的道德以及与恶魔作战的心灵,使人建立对上帝的信仰,灵魂得救;另一方面是世俗性的,通过教育可以培养德才兼备的国民。教育权由国家而不是教会掌握。为了国家的安全与繁荣,国家应该像重视税收和征兵一样重视教育,推行普及义务教育。大力兴办学校并强迫学生家长送子女入学是国家行政当局和官员们不可推卸的责任;送子女入学是每个父母作为公民对国家和社会应尽的义务;对于个人而言,接受教育既是一种权利也是一种义务,每一个儿童都享有平等的教育权利,不分性别和等级均受到教育。马丁·路德是最早明确提出普及义务教育的教育家。除此之外,马丁·路德提出了建立一个包括小学、中学和大学在内的国民教育学校系统的设想。

马丁·路德的教育主张由其追随者传播和付诸实践,其中最著名的有布根哈根(J. Bugenhagen,1485—1558)、梅兰克顿(P. Melanchthon, 1497—1560)和斯图谟(J. Strum, 1507—1589)等人。布根哈根提出要为所有儿童开办良好的初等学校,对儿童进行宗教教育,且用德语进行教学。他的教育主张对德国初等教育和普及大众教育起到了积极的推动作用。梅兰克顿是继马丁·路德之后路德派新教的主要领导人。他毕生致力于实践马丁·路德的理想,在德国各邦创建新的学校教育体系,其教育贡献集中体现在中等教育和高等教育方面。在中等教育领域,他制定了《萨克森拉丁文法学校计划》等法案,推行学校改革计划,为新教中等教育新体制的确立提供了蓝图,他所创设的拉丁文法学校体制一直延续到19世纪初;在高等教育领域,他按照路德的主张改革了海登堡和威登堡等旧大学,积极参与创办了马尔堡大学(1527)、哥尼斯堡大学(1544)和耶拿大学(1558)等新教大学,为德意志民族教育的发展做出了突出贡献,被誉为"日耳曼人的伟大导师"。[1] 斯图谟则是当时德国教育的领军人物,在创建和完善新教中学方面成就突出。他将斯特拉斯堡市立拉丁学校改造成一所新教中学——"古典文科中学"(Gymnasium),强调教育的宗教性目的,以古典拉丁语、希腊语为主要教学内容,实施分级教学制度。由于组织严密、管理有方,斯图谟所开创的这种文科中学教育模式深受社会好评,为德国其他城市乃至欧洲许多国家所争相效仿,影响深远,成为以后三百多年德国以及一些欧洲国家中等学校的主要办学模式。

借助于布根哈根、梅兰克顿和斯图谟等人的教育实践活动,马丁·路德关于国家兴办教育和管理教育、实施普及义务教育以及新型的学校教育制度等在内的一系列主张得以在德国新教地区实践和具体化,深刻地影响了德国北部地区以及包括瑞典、丹麦、挪威等在内的斯堪的纳维亚诸国。不仅如此,路德派新教的教育思想与实践在教育理论与实践方面的影响远远超出这些国家和地区。他们为其他新教教派的教育活动提供了依据,也对后世教育家的教育思想和实践产生了重要影响。[2]

三、加尔文新教与教育

加尔文派新教发端于瑞士。瑞士苏黎世大教堂的教士慈温利(Huldreich Zwingli, 1484—1531)在当地世俗政权的支持下推行宗教改革,反对罗马天主教,强调《圣经》是最高权威,主张建立民主的教会,认为教会组织的最高监督权属于世俗政权。结果导致了新旧教之间的斗争并引起了瑞士内战,慈温利也在内战中阵亡。从此瑞士分裂为新教诸州和旧教诸州。1534 年,法国新教徒加尔文(Jean Calvin,1509—1569)到瑞士日内瓦宣传新教教义,

---

① ［德]鲍尔生. 德国教育史[M]. 滕大春,译. 北京:人民教育出版社,1986:40.
② 杨捷. 外国教育史[M]. 开封:河南大学出版社,2010:109 - 110.

开启了加尔文派新教运动。新教运动继而在法国、荷兰、英格兰、苏格兰、北美等地广泛开展。

加尔文同路德一样,也主张因信称义,只承认《圣经》为唯一权威,人只需按《圣经》办事,无须教会的指示,也不必向教士忏悔。加尔文更强调个人在宗教生活中的地位。在教会与世俗政府的关系上,加尔文认为,世俗的政府和教会这一代表上帝意志的精神政府都是依上帝的意志建立起来的,服从于世俗政权和服从于教会是一回事。世俗政府的任务在于扶植教会,保护教会不受异端邪说危害。此外,他还极力宣扬一些有利于当时资本主义经济发展、利于培育资本主义精神的新教伦理。如通过节俭、勤劳等个人的努力,可发财致富,并求得上帝的恩眷。

加尔文的教育主张主要表现在《基督教原理》(1536)、《教会管理章程》(1537)、《日内瓦初级学校计划书》(1538)等著述中。

加尔文重视教育的作用。从"预定论"的神学教义出发,加尔文主张人无论身处何种命运,都是上帝的预定,人只要真正信仰上帝,积极从事社会工作,各尽其职,就能证明自己是上帝的选民。要想完成上帝的使命、成为上帝的选民,应当首先成为有知识的人。这是阅读《圣经》、认识上帝、履行社会职责的必要条件。文盲无法成为财富的创造者和守护者。基于这样的认识,加尔文非常重视教育对个人生活、社会生活和宗教生活的意义。他认为:第一,人生而有"原罪",若不加以教化,抑恶扬善,必定走向堕落;第二,信仰的源泉始于《圣经》,为了能直接阅读《圣经》,信仰上帝,人也须受教;第三,人不像上帝那样全知全能,故应不断追求新知,完善自身,也须受教;第四,为具备一个真正的基督徒所具有的勤奋、俭朴、效率、责任感等道德品质,人也须受教。

加尔文进而主张国家要实施义务的、免费的国民初等教育。他认为,普及教育与免费教育,不仅能够推动宗教信仰的传播,而且有利于国家意志、法律和政令的执行,有利于社会制度的稳定和道德的进步。他要求国家开办公立学校,实行免费教育,使所有儿童都有机会受到教育,学习基督教教义和日常生活所必需的知识技能。这种教育的目的具有双重性,首先是为了促进宗教信仰,其次是为了世俗利益。

为了实现自己所提出的教育目标,加尔文还亲自领导了日内瓦共和国的教育实践。在初等教育方面,他亲自领导了日内瓦普及、免费教育的实践,要求用国语教学,教授 4R 课程(读、写、算、宗教);在中等教育方面,他借鉴斯图谟文科中学教学模式,创办了包括法律学习、文科中学在内的一系列"专门学校",要求宗教神学和人文学科相结合,赋予科学知识以重要地位。他创办的"专门学校"成为后来法国中等学校的雏形,对荷兰、英国、美国中等学校的发展也有重要影响。在高等教育领域方面,他创办日内瓦学院(日内瓦大学前身),吸引了欧洲许多国家的学生来此求学,成为培养加尔文新教传教士和教师的摇篮,后来逐渐成为荷兰、英国、美国、法国等国一些著名大学的办学样板。加尔文并非职业教育家,但他的教育思想和实践,随着加尔文新教的广泛传播而影响到法国、荷兰、英国、美国等地,对近代西方教育的变迁产生了许多职业教育家无法比拟的深远影响。[①]

---

① 吴式颖.外国教育史教程(缩编本)[M].北京:人民教育出版社,2002:136.

第三节 反宗教改革与天主教教育

一、反宗教改革运动

天主教会在漫长的中世纪历程中,腐败日增,积弊丛生。对此,天主教会内部的一些有识之士力曾力图革新教会,但最终皆以失败告终。相继发生在德国、瑞士、英国等地的宗教改革成为既是对欧洲天主教会弊端的一种反抗与斗争,又是重新点燃天主教会内部改革的一把烈火。为应对天主教会内部的腐蚀和外部新教势力的侵蚀,罗马教廷于16世纪中叶开始采取多种措施来遏制宗教改革运动,史称"反宗教改革运动"。反宗教改革运动主要采取了以下四项措施。其一,改组宗教裁判所,加强思想控制,以镇压异端。其二,复兴修会,发展耶稣会,以与新教相抗衡。其三,召开特兰托公会议(1545—1563),确认教皇为教会的最高权威,宣布一切新教派都是异端,宣布罗马天主教会的教义和仪式全部正确无误并公布禁书目录,同时还下令开办神学院培养神职人员,并要求对神职人员的道德表现予以更严格的监督。其四,积极推进海外传教。天主教主张"在欧洲失去的,要在海外补回来",通过向美洲和东方大量派遣传教士来扩大天主教的地盘与影响。

二、耶稣会教育

天主教的教育活动主要是由各教会组织或团体承担,其中影响最大的是耶稣会。耶稣会是宗教改革时期天主教为应对新教挑战而成立的主要修会,获得了罗马教廷的许可和支持,其主要任务就是传教与教育。

耶稣会十分重视教育的作用,视教育为实现政治和宗教目的的重要手段。出于培养精英以控制未来的统治阶级的考虑,耶稣会着力于中等和高等教育而不重视初等教育。耶稣会设立的学校统称为学院,分初级和高级两部:初级部相当于文科中学和大学预科,学习年限5—6年,主要学习拉丁语、希腊语、希伯来语、文法、古典文学等人文学科,为进一步学习奠定基础;高级部设哲学部和神学部,相当于大学。哲学部学制一般为三年,教学内容包括逻辑学、形而上学、心理学、伦理学、数学、物理学、天文学等,以亚里士多德的著作为主,以古代经典所涉及的知识为限。神学部是最高一级的教育,学习年限4—5年,研修《圣经》和经院哲学。耶稣会学校重视组织管理,先后发布了《耶稣会章程》和《教学大全》,以权威的形式明确规定了教育管理的责权、教学内容及方法等一切教育细节。耶稣会学校重视宗教道德教育,实施灵性操练(即每天在固定的时间由专人组织负责,集体训练学生摆脱一切放纵的欲望,进而寻求获得使灵魂得救的上帝意志的各种方法),培养学生的宗教信仰、道德情操。耶稣会学校还重视改进教学组织形式和教学方法(免费教育、寄宿制、全日制、按学生能力分班教学、实施包括讲座、教授、辩论、竞赛等在内的多种教学方式),积极吸收人文主义教育和新教教育中一些卓有成效的做法(如良好的师生关系、温和纪律、慎用体罚等),促进教学质量的提高。此外,耶稣会还非常重视师资培养,重视在师资培养过程中的宗教道德训练、专业知识训练和教育教学方法训练,实行严格的教师选拔制度,确保教师的宗教信仰和职业能力。整体而言,耶稣会所采取的教学形式和方法、所实施的教育内容与当时的一些人文主义学校和新教学校相比并无多少新奇之处,但这些方法的综合运用、高效的组织管理、优良的师资为耶稣会学校带来了高质量的教学和良好的学校声誉。

持续近三百年的文艺复兴和宗教改革时期的教育发展史,头绪纷繁、错综复杂。人文主义教育、新教教育、天主教教育三种教育之间既有联系,又有区别。

三者的联系:三者都重视古典人文学科。人文主义教育的核心就是古典人文学科,新教和天主教虽然主要以神学,教育为主,但古典人文学科是神学教育的载体,也是学校的主要课程;三者都比较注重学生的管理,以教育为手段宣传自身的思想和主张。

三者的区别:尽管人文主义运动导致了宗教改革,但大多数人文主义者都主张在教会内部实行不流血的改革,人文主义和天主教都是反对宗教改革的;新教教育和天主教教育都是宗教教育,尽管人文主义教育中也带有一定的宗教成分,尽管所有的人文主义者都是信仰上帝的,但是天主教和新教还是共同反对人文主义教育中的异教成分;人文主义教育和耶稣会教育均具有贵族性,但性质上有所不同,人文主义教育的贵族性是由人文主义运动的性质所决定的,耶稣会教育的目的在于通过教育使社会精英为天主教服务,新教教育则具有较强的群众性和普及性;三者的根本差异主要在于它们所服务的对象不同。新教教育为新教服务,天主教教育为天主教服务。教育在新教和天主教中主要作为一种宗教的工具,渗透于新教教育和天主教教育中的古典人文教育主要是作为一种技术性的语言工具而被利用的,对个人发展的考虑、对世俗利益的考虑一直放在次要位置。

尽管三种教育中的每种教育所服务的对象不同,教育目标也大相径庭,自身都存在很大的局限性,但它们都对西方教育的发展做出了不可忽视的贡献。它们相互冲突、斗争、影响、渗透、融合,奠定了近代西方教育的基本格局。

思考与拓展

1. 分析人文主义教育的特征。
2. 宗教改革对西方教育的发展有何影响?
3. 讨论宗教改革时期新教的教育观和教育改革的措施。
4. 如何理解耶稣会学校的两面性?
5. 比较分析文艺复兴时期人文主义教育、新教教育和天主教教育的联系与区别,及其对西方教育的影响。

第十三章　近代欧美主要国家和日本的教育

本章概要：17 世纪之后，欧美主要资本主义国家和日本，先后开启了近代化的进程。在自然科学革命、启蒙运动、工业革命和其他政治运动的推动下，这些国家在教育上出现了新的变化：政府开始逐渐重视教育，掌控教育，逐渐打破了教会掌控本国教育的局面；教育管理机构和系统逐渐建立，国民教育制度体系开始形成；世俗的、免费的、义务的初等教育开始普及；中等教育削弱了古典文法教育的主导地位，实科学校开始兴起，职业技术学校开始出现，师范教育受到重视；高等教育引入更多的自然学科，新的现代大学开始出现，大学的科学研究功能日益成为核心功能，大学服务社会的功能也开始彰显。这一时期也产生了包括夸美纽斯、洛克、卢梭、裴斯泰洛齐、福禄贝尔、赫尔巴特、乌申斯基、福泽谕吉等在内的一大批教育家。

第一节　近代英国教育

一、近代英国教育发展概况

（一）英国初等教育的发展

17、18 世纪英国初等教育基本沿袭了文艺复兴和宗教改革形成的传统，由英国国教会掌握，发展十分缓慢。17 世纪后期，面对社会贫困状况，英国国教会在所控制的教区内设置一些简陋的教区学校和教义问答学校，接纳贫苦儿童，教他们阅读《圣经》条文，传播宗教知识。受此影响，非国教会的一些个人和团体也创办了一些"慈善学校"（Charity School），如"乞儿学校"（Ragged School）、"贫儿学校"（Charity Day School）、"劳动学校"（Industrial School）、"感化学校"（Reformatory School）等。这些学校不收学费，有的还提供免费的衣服和食宿。教学内容非常简单，仅有简单的读写算知识和基督教教义，用以培养学生对上帝的信仰和勤劳守法的品行。有些慈善学校还进行手工艺教育，教男孩学园艺、航海，教女孩家政、缝纫等技能。这类学校属于社会救济性质，教育对象为贫困儿童，教学规模较小且无定制。教师多由伤残军人、手工艺人、老年人及教堂人员充任，教学水平不高、地位低下，教学方法简单粗暴，教学质量低下，毕业后不能升入文法学校和公学。因此，深为英国上层贵族所不齿。他们多聘请家庭教师在家里对子女实施中学预备教育。

18 世纪末 19 世纪初，英国的慈善教育得到进一步发展，出现了"星期日学校"（Sunday School，又称"主日学校"）和"导生制"学校。星期日学校是仿照学校方式首创的一种在星期日传授宗教知识的班级,主要招收贫苦儿和童工,教这些贫苦儿童阅读《圣经》、唱圣歌。由于星期日学校利用休息日把儿童组织起来进行学习,避免了儿童在大街上游逛、惹是生非,有利于社会的稳定,受到社会广泛的重视。英国很快便到处设立起星期日学校。随着星期日学校突飞猛进的发展,师资短缺问题日益凸显。1791 年,英国国教会牧师贝尔(Dr Andrew Bell,1753—1832)在当时的英国殖民地印度的一所孤儿学校里采取一种选择年长学生帮助教师教其他学生的教学方法,并回国介绍了这种思想和方法。1798 年,英国公益会教士兰卡斯特(Joseph Lancaster,1778—1838)在伦敦的巴勒路创办了一所招收贫苦儿童的学校,因学生人数过多,又因经济限制无力聘任教员,便先教一些年长且学习成绩较好的学生,再由他们去教其他学生。他在 1803 年出版了《教育改进论》,宣传这种教学组成形式——导生制。贝尔和兰卡斯特所采用的这种教学组织形式,由于花费少、省师资,能够有效地扩大教育范围、促进教育的普及,因此被很多慈善学校采用,"导生制"(Monitorial System,也称"贝尔-兰卡斯特制")在英国得到很快的发展。在"导生制"学校中,每 10 人一组,学生被分为不同的小组,每个小组指定一个年纪较大且成绩突出的学生作为"导生"。教师先教这些导生,导生再转教给小组的学生,导生代替老师在小组内行使教师职责。在导生的帮助下,一名教师可以教数百名学生。导生制学校在英国产生了较大影响,风靡全英 30 余年,并传播到法国、意大利、比利时、俄国、瑞士等国。但由于导生制学校教学内容过于简单,教学方法过于机械,教学质量过于低下,19 世纪中期以后为正规初等学校取代。

19 世纪下半叶,英国资本主义经济快速发展,需要更多受过教育的工人,统治阶级开始意识到再也不能把初等教育当成单纯的慈善事业,需要对初等教育进行直接的控制。1833 年,英国颁布并实施《工厂法》,规定:9—13 岁的童工每天劳动时间 8 小时或不超过 9 小时,在这段劳动时间内还应接受 2 小时的义务教育,学习宗教知识和初步的读写算,培养勤奋上进的道德品质;工厂雇佣童工必须持有年龄证明和教师的入学证明书,否则要受到处罚。它的颁布具有进步意义,一定程度上促进了工人阶级子女接受义务教育,也为英国《初等教育法》的正式颁布奠定了一定基础。1870 年,英国政府颁布《初等教育法》(Elementary Education Act-Foster,又称《福斯特法案》)。法案规定:国家对教育有补助权和监督权;全国划分若干学区(School District),设立"学校委员会(School Board)"管理地方教育;对 5—12 岁的儿童实行强迫义务教育……《初等教育法》是英国第一个关于初等教育的法案,将初等教育视为国家的职责,标志着英国初等国民教育制度的正式形成。从此,英国初等教育领域出现了公立、私立学校并存的局面。随后,英国又相继通过了一些法律法规,推动了初等教育的发展。

(二)英国教育领导体制的确立

19 世纪以前,英国教育属于教会的特权,政府对教育很少干预。19 世纪初期,随着英国资本主义经济的发展,工业化进程的加快,需要越来越多受过教育的工人。这一时期包括普鲁士、法国、瑞士、荷兰、丹麦等在内的欧洲大陆国家都已经开始了国家干预教育,普及义务教育的实践,而英国在这方面却进展缓慢。社会中要求国家干预教育、对国民进行教育的呼声越来越高。迫于实际需要和舆论的呼声,英国开始了国家干预教育的实践。1807 年,议员怀特布雷特(Sawuel Whitbriad)提出了由政府在每个郊区设立国家管理的学校的《教区学校议案》。议案虽没有通过,但引起社会的重视。1816 年,英国国会成立了调查伦敦贫困儿童教育情况的特别委员会,该委员会的调查报告在社会上引起了较大反响。1833 年,国会通过了时任财政部部长阿尔索普(Lord Althop)所提的教育补助金法案,议案决定每年从国库中拨出 2 万英镑发展初等教育。这是英国教育从宗教和民间活动到国家化活动的转折点,也是英国建立国民教育制度和国家直接掌控教育领导权的开端。1839 年,英国政府又成立了枢密院教育委员会,直接掌控和监督教育补助金的分配与使用。1856 年,该委员会又改组为教育局,成为政府专门领导全国初等教育的机构。1899 年,为了彻底解决中等教育领导权问题,英国政府又废除教育局,建立了直属议会的教育署,把对初等和中等教育的领导权集中起来,至此初步完成了英国教育领导体制的国家化。

(三) 英国中等教育和高等教育的发展

1. 英国中等教育的发展

在封建社会英国就有中等教育的传统,这一传统在资本主义的英国得到了延续,主要的中等教育机构有文法学校和公学。文法学校最初由天主教教会和传教士创办,面向贵族和僧侣子弟招生,随着资产阶级夺得政权,招生范围也逐渐扩大至大工厂主、商人、乡绅等阶层的子弟。从文法学校毕业的学生一般进入牛津大学与剑桥大学,或成为一般的官吏、医师、法官和教师等。公学是由公众团体集资兴办,专为贵族、教士和资产阶级子女设立的私立、寄宿、以升学为宗旨的中等学校。名为"公学",实质是一种寄宿制的私立文法学校。公学和文法学校一样,学费昂贵,学习年限一般为五年,以升学为宗旨,注重古典语言的学习,同时适应上层社会交往的需要,也注重体育和军事训练,绅士风度的养成。与一般的文法学校相比,公学的学费更为昂贵,教师水平更高,教学环境更好,教学质量也更高,毕业生的出路也更好。英国著名的九所公学(温彻斯特公学、伊顿公学、圣保罗公学、舒兹伯里公学、威斯敏斯特公学、默钱特·泰勒公学、拉格比公学、哈罗公学、查特豪斯公学)的毕业生遍及英国主要的政府部门。由于公学和文法学校收费高、仅面向贵族和上层资产阶级子弟,中层社会的平民子弟无缘接受。从 17 世纪开始,英国出现了由非国教派创办的具有实科性质的中学——学园。学园收费低廉,接近生活实际,重视自然科学、外语课程和实用知识与技能的学习,使用英语教学,鼓励学生阅读、思考和自由辩论,教学成效显著,给正在发展中的英国资本主义开辟了培养实用人才的新路径。由于受到英国保守文化传统的影响,学园在英国的社会地位和重要性始终不及公学和文法学校。到 18 世纪中期以后,学园逐渐消失。

2. 英国高等教育的发展

19 世纪以前,英国只有两所大学——牛津大学和剑桥大学,苏格兰地区虽然也建立了几所大学,但整个英国的高等教育仍然还是以牛津和剑桥为主干。[①] 17、18 世纪,牛津和剑桥大学由于陷入政治宗教的斗争而处于停滞不前的状态,不能反映工业变革时代的国家的新需要,落后于时代。进入 19 世纪以后,工业革命带来了科学技术的发展,迫切要求大学适应新形势的需要,研究和设置新课程。而被国教派教士所控制的牛津大学、剑桥大学依然恪守古典教育传统。为此,许多具有自由主义思想的非国家派教士、重视科学发展的世俗学者和一些开明的工业资本家转而寻求创办新的大学。1828 年,英国著名诗人汤玛斯·凯贝尔(Thomas Campbell,1771—1884)在伦敦创办了体现民主主义和自由主义精神的高等学

---

① 贺国庆,王保星,朱文富. 外国高等教育史[M]. 北京:人民教育出版社,2003:94.

校——"伦敦大学学院"(University College of London),从而揭开了英国新大学运动的序幕。伦敦大学学院为纯世俗的学院,不进行宗教教学,按专业分科、以自然科学为主要教学内容、费用低廉。伦敦大学学院的创立在社会上产生了很大影响,也引起了国教派的妒忌。1829年,国教派在伦敦也成立了一所进行"一般教育"的学院——国王学院。这所学院除开设古典学科与宗教外,也开设自然科学学科。两者形成了并存对峙的局面。它们虽然是竞争对手,但除了宗教之外,两者在教学和课程设置等诸方面存在诸多相同之处。1836年,两者合并为伦敦大学。不久,又有许多医学院和普通学院附属于伦敦大学。19世纪下半期,在伦敦大学的带动下,"新大学运动"获得进一步发展,在一些工业城市城市学院纷纷建立。这些学院由民众办理,注重工业和科学领域;教育面向中产阶级,招收男女生,寄宿和走读两种制度并存。这些学院在1900年以后,相继发展为地方大学。随着新大学运动的推进、城市学院的兴起,从19世纪上半叶开始,牛津和剑桥两所大学也着手进行了些改革:削减宗教影响,废除对师生的宗教审查与限制(神学专业除外);扩展生源,吸收中小资产阶级的优秀子弟;增加近代学科(自然科学、近代史、近代外语等),扩大课程范围,加强科学技术教育……所有这些改革打破了以往传统大学的封闭模式,适应了资本主义发展的需要。19世纪中期,为了适应资本主义经济需要,服务于社会、民众,走向开放的传统大学和新兴的大学与城市学院一起,开设校外课程,巡回讲学,提供各种咨询和信息指导服务,将高等知识推广到民众中去,史称"大学推广运动"。大学推广运动,促使了知识的下移,加强了大学与社会之间的联系,使得大学的功能出现了新的变化,在教学和研究之外开始承担起服务社会的职责。

二、近代英国的教育思想与思潮

(一)培根的教育思想

弗朗西斯·培根(Francis Bacon,1561—1626),英国文艺复兴时期散文家、哲学家。英国唯物主义哲学家,实验科学的创始人,是近代归纳法的创始人,又是给科学研究程序进行逻辑组织化的先驱。[①] 主要著作有《新工具》《论学术的进展》《新大西岛》《培根论说文集》等。

培根并未留下专门的教育论著,但在其诸多的作品中,论及了天性、习惯与教育的关系、功利主义学问、道德教育以及知识的传授等教育问题。培根认为,天性是一种"天然的倾向",是"人的能力以外"的东西,不能随意支配,只能去适应。"习惯是人生的主宰","天性的力量和言语的动人,若无习惯的增援,都是不可靠的"。"教育其实是一种从早年就开始的习惯。"[②]培根是从功利主义的立场出发来看待学问问题的。他指出"读书为学的用途是娱乐、装饰和增长才识。"从娱乐上说,学问的主要用途是幽思养静,在装饰上,学问的用处是辞令;而在长才上,学问的用途是对于事物的判断和处理。培根在《论学术的进展》中对于教育问题做了较为详尽的阐述。培根认为对习惯加以很好的指导和训练,是培养良好德行的一条重要途径。培根将知与德密切联系起来,认为善德来自真理。在培根看来,通过学习掌握真理,这是达到善行的重要途径。培根强调德育的最简明、最有效而又最高尚的方法是使人献

---

① 盛国荣.弗兰西斯·培根的技术哲学思想探微[J].自然辩证法研究.2008(2).
② [英]培根.培根论说文集[M].水同天,译.北京:商务印书馆,1983:141-145.

身于良善的目标。培根重视人的健康,健康包括身体健康和心理健康。获得健康的目的是积极进取地生活。此外培根还重视大学教育,提出"推进学术的工作可以分为三种:一种是建筑学术的处所,一种是印行学术的书籍,一种是提高学者的待遇"培根认为应处理好专业知识和基础知识的关系。他主张重视哲学和基础学科的研究,认为其他职业都要取材于哲学,否则会阻碍学问的进步。培根认为,要想对于各种科学尤其是物理学和医学进行有效果的研究,则不仅需要书籍,还需要实验设备,如浑天仪、观象仪和地图等工具。培根认为,一个国家的学术的进展是靠着大学的条规和制度的,主张对大学的制度和章程进行改良。

(二) 弥尔顿的教育思想

约翰·弥尔顿(John Milton,1608—1674)是英国资产阶级革命时期的杰出诗人、政治家,也是教育革新思潮的热心传播者,创办了学园。其著有《失乐园》《复乐园》《力士参孙》《论出版自由》《论教育》等,他的教育思想集中地体现在《论教育》中。

弥尔顿重视教育的价值和作用,认为不管是为"永恒生活",还是为"普通生活",都非通过教育活动不可。人们只有通过接受教育,认真学习,才可能避免行尸走肉式的生活。教育可推动良好的社会风尚的形成;促进科技发展和科技更新的手段,引导人们开阔视野,引起人们对大自然奥秘探索和研究的兴趣,人的发展离不开教育,必须提倡终身教育。弥尔顿认为教育的真正目的是培养与时俱进的现实生活所需要的有用人才。旧教育达不到这一目的,因此,弥尔顿提出创建新式的学园。弥尔顿学园的课程设置包括人文学科、社会科学、自然科学和神学四个组成部分。教育阶段分为四个阶段:① 第一阶段约为 12 岁至 13 岁。学生在这两年里学习基本文法、道德故事、算术规则、宗教原理与圣经故事。② 第二阶段约为 14 岁到 17 岁。这一阶段为新型人才培养打基础阶段,是学园学习最繁忙、最紧张的时期。在语言上学习拉丁语和希腊语,先学拉丁语;在自然科学方面,要学习农学,掌握地球仪和地图的使用;接着学习自然哲学、物理学、算术、几何学、天文学、地理学原理;后再转入学习数学、三角学、筑城学、建筑学、工程学、航海学;在此之后,还要学习气象学、矿物学、植物学、生物学、解剖学,还有医学。③ 第三阶段约为 18 岁至 19 岁。这一阶段为道德培养阶段,须加强对学生的思想和信念的培养,既注意道德知识灌输,又注意道德情感的引导。④ 第四阶段约为 20 岁至 21 岁,即弥尔顿学园的大学阶段。逻辑学是这个阶段的主要学科,要求学生了如指掌。另外,修辞学、诗学等"高级的艺术"是必修课程,还要求学生掌握谈话和写作的实用技巧。

(三) 洛克绅士教育思想

洛克(John Locke,1632—1704)是 17 世纪英国著名哲学家、政治理论家和重要的教育思想家。他的教育思想可以概括为"绅士教育"思想,集中体现在 1693 年发表的《教育漫话》中。

洛克从他的"白板说"和唯物主义经验论出发,认为教育在形成人的过程中有重要作用。"我们日常所见的人中,他们之所以或好或坏,或有用或无用,十之八九都是他们的教育所决定的。人类之所以千差万别,便是由于教育之故。"[①]教育影

图 13-1　洛克

---

① ［英］洛克.教育漫话[M].杨汉麟,译.北京:人民教育出版社,2005:7.

响着人的幸福、事业和前途,也影响着国家繁荣和富强。洛克提出,在各种教育中,首要的是绅士教育。教育的目的即是培养具有"德行、智慧、礼仪和学问"①四种特征的绅士。要完成绅士教育的目的,只能够由父母或优秀的教师在家里而不是在学校实施系统的家庭教育。系统的绅士教育应当包括体育、德育和智育。① 体育。洛克认为,体育是全部教育的前提。体育最根本、最首要的是加强身体锻炼,养护身体。为此他建议,饮食简单,衣履单薄;多在室外活动,多吸新鲜空气;冷水洗脚,坚持冷水浴;早起早睡,要睡硬板床;少用药物等。这些见解,基本上是切合实际的,也是有效的,对于反对体育锻炼的经院教育是一次有力的冲击。② 德育。在洛克的绅士教育体系中,德育可以说是最重要的内容。他认为,在绅士的各种品行中,德行应占第一位。真正的绅士要善于获得自己的幸福,而又不妨碍他人获得幸福。德育的基本原则是学会用理智克制欲望。贯彻这一德育原则需要:一要坚持早期教育;二要合理要求;三要宽严得当;四要反复练习,养成习惯;五要重视环境与榜样的作用。③ 智育。智育上,洛克强调两点,一是德行重于学问,二是学问的内容必须是实际有用的广泛知识。

总之,洛克的绅士教育思想反映了英国近代科学进步对教育改革的迫切要求,也符合新型的资产阶级的利益和需要,具有鲜明的时代性和实用性,为 19 世纪英国斯宾塞科学教育思想的产生奠定了思想基础。

(四)科学教育思潮

1. 斯宾塞的科学教育思想

斯宾塞(H. Spencer,1820—1903)是 19 世纪英国著名的哲学家、社会学家和教育家,他的教育思想的核心是科学教育,集中体现在 1861 年发表的《教育论》中。

斯宾塞认为教育的目的在于为完满生活做准备。知识的价值在于给人带来幸福的程度,为人完满生活做准备的效果。人类生活存在五种主要活动,以其重要性程度依次是:与自我生存直接有关的活动;与自我生存间接有关的活动;养育子女的活动;维持正当的社会及政治关系的活动;填补休闲生活的零散活动,旨在满足情感及爱好。与此相对应,要进行五种类型的教育:健康教育;职业教育;养育子女的教育;公民教育;休闲教育。斯宾塞根据人类完满生活的需要,按照知识价值的顺序,为每一种教育设计了课程,形成了以科学知识为核心的课程体系。第一类是生理学和解剖学,属于直接保全自己的教育,应当成为科学教育中最重要的部分;第二类是算学、逻辑学、几何学、力学、物理学、化学、天文学、地质学、生物学和社会科学等,与生产活动有直接关系,使人获得谋生技能,属于间接保全自己的知识;第三类是心理学和教育学,是履行父母的职责,更好地教养自己的子女所需要的知识;第四类是历史,是作为一个社会公民调节自己言行和履行社会义务所必需的知识;第五类是文学、艺术等,是为了更好地度过闲暇生活所必需的知识。

斯宾塞设计的课程体系,以自然科学知识为重点,内容广泛,重视知识对生活的实际用途,兼顾个人和社会生活的双重需要,是教育发展史上的一次大变革。斯宾塞及其所倡导的科学教育冲击了英国传统教育中过于追求"装饰"的古典主义传统,代表着教育的发展新方向。

---

① [英]洛克. 教育漫话[M]. 杨汉麟,译. 北京:人民教育出版社,2005:128.

2. 赫胥黎的科学教育思想

赫胥黎(Thomas Henry Huxley,1825—1895),英国著名的博物学家、教育家,是达尔文进化论最忠实的信徒和最杰出的推广者。他的代表作有《人类在自然界的位置》《脊椎动物解剖学手册》《进化论和伦理学》(即《天演论》)等。

1868年,赫胥黎发表《自由教育,到哪里去找》一文,对当时英国学校重视古典主义教育,忽视科学教育的问题提出了严厉的批评。他强调科学知识的价值,呼吁普及和发展科学教育。他认为科学教育是其他教育无法取代的,但并不主张将一切科学知识都交给学生,而是主张通过直接的自然观察和实践活动,使学生掌握和运用科学的方法。他也不主张单纯的自然科学教育,而是主张科学教育与人文教育相互渗透。[①]

第二节　近代法国教育

一、近代法国教育发展概况

近代法国教育以法国资产阶级大革命为界,分为三个时期:17世纪到18世纪中期、18世纪中后期(大革命前后)、19世纪。这三个时期的教育呈现出不同的特点。

(一)17至18世纪中期的法国教育

自中世纪以来,法国一直是欧洲大陆上封建专制势力最强的农业国家。在宗教改革与反宗教改革的斗争中,罗马天主教在法国取得阶段性胜利,保持了强大的势力,而代表资产阶级利益的包括胡格诺派和詹森派在内的新教则被压制、迫害,但他们仍然坚持着自己的信仰,继续进行活动。新旧教派的斗争十分激烈。这种斗争也延续到了教育领域。

1. 天主教会的教育活动

由于90%的法国人民信奉天主教。所以法国17、18世纪的教育基本上是天主教会控制的封建主义的教育。即便如此,天主教会仍然没有放松对教育的控制,在教育领域进行了一系列革新,以对抗新教在教育领域的进攻。初等教育领域,天主教会建立"基督教学校兄弟会"(1684年由天主教神父拉·萨尔创办),开办免费的初等学校,面向下层社会的子弟,以宗教教育为主,辅以简单的读写算,采用班级授课制,用法语教学,纪律温和。为了促进初等教育发展,该组织还于1684年创办了欧洲最早的具有师范性质的学校——教师讲习所,培养初等学校的教师。后来,基督教学校兄弟会成为法国从事初等教育的主要力量,其所开办的学校在当时法国初等教育中占统治地位。中等教育领域,由耶稣会所创办的学院(College,拉丁中学)成为法国中等教育的主要实施机构。耶稣会学院多招收贵族、绅士子弟,教学设施完善,师资强大,学校组织、课堂管理和教学方法上博采各家之长,纪律严明,重视人文学科的学习,教学质量优良,是当时欧洲办得最好的中学。高等教育领域,教会管理和控制着法国的大学,以亚里士多德著作为经典,排斥新思想、新学科,打击新教学生,不授予他们学位,使大学成为一个守旧封闭的堡垒。

① 张斌贤.外国教育史[M].北京:教育科学出版社,2015:289.

2. 新教教会的教育活动

为了传播教义，争夺教育的领导权，一些新教教派和团体也在教育领域不断地耕耘。胡格诺派十分重视教育，教义规定每建立一座教堂就要举办一所初级学校，在许多地区都建立了自己的初级学校。这些初级学校强迫父母送子女入学，传播新教教义，教授简单的读写算的初步知识和唱歌。此外，胡格派还创办了中等学校——学院或基础学校，开设拉丁文、希腊文和法语等课程，主要传授古典语言知识。冉森派创办具有初等教育性质的"小学校"和具有中等教育性质的"大学校"。这些学校注重法语教学、实物教学、温和教学、理智训练、判断力的培养，是法国教育上的一种进步。圣乐会专注于中等教育改革。在其所开办的中学里，重视理性的培养，引进更多具有现代意义的课程，重视发展学生的个性、启发学生的思考，重视鼓励、表扬和威胁等方法的综合运用。在推进法国中等学校近代化方面，圣乐会学校做出了重要贡献。此外，新教还向天主教会管辖下的高等教育发起了猛烈的抨击，促使这些大学开设了一些反映科学和文化教育的进步讲座，具有一定进步意义。

总之，17 至 18 世纪中期的法国教育控制在教会手中，发展缓慢，各级学校中神学占主导地位，崇尚宗教权威，学校与生活脱节，教学内容陈旧，教学方法简单粗暴，忽视学生身心发展等，这些成为 18 世纪中叶启蒙运动思想家和进步人士抨击的目标。

（二）18 世纪中后期（大革命前后）法国的教育

18 世纪中期，在法国资产阶级大革命到来之前，法国知识文化领域爆发了一场声势浩大的思想解放运动——启蒙运动，覆盖了包括自然科学、哲学、伦理学、政治学、经济学、历史学、文学、教育学等在内的整个知识领域。以伏尔泰、孟德斯鸠、卢梭、爱尔维修、狄德罗等为首的启蒙思想家，他们以自由、民主、共和、平等、博爱、科学和理性等为武器，将矛头直接指向封建专制制度和天主教派。启蒙思想家们以"天赋人权"为基本出发点，反对封建专制主义，追求自由平等，强调知识的价值和地位，坚持理性至上。他们认为，知识就是力量和财富，人们有了知识，就能认清自己的本性和使命，就能改正错误、走向真理，从而建立一个自由、平等、博爱的理性王国。据此，启蒙思想家将人的智力看作是国家力量之所在，主张发展教育，使广大民众都能受到教育、获得知识、发展理性。于是，在当时的西欧形成了理性主义（Idealism）、自然主义（Naturalism）和国家主义（Nationalism）三大教育思潮。这些都深刻影响了现代教育思想发展的基调。

启蒙运动为资产阶级取得政权做了充分的理论和思想上的准备。同时，也在一定程度上促使了法国资产阶级大革命的爆发。1789 年，法国爆发资产阶级大革命，终结了法国延续一千多年的封建专制，启蒙思想家所憧憬的"理性王国"终于变成了现实。法国大革命的胜利标志着资本主义制度在法国的确立，在欧洲的生根，不仅决定了法国和欧洲历史发展的方向，也对法国和欧洲教育的发展产生了重要影响。

在法国大革命中先后上台的立宪派、吉伦特派和雅各宾派，在反对封建专制方面一派比一派更为激烈。虽然各党派政治主张不同，但历届政府都致力于建立一个统一的国民教育体系以培养合格的共和国公民。在大革命期间，这些党派先后提出了不少于 25 个的教育法案和教育计划，其中最具代表性的是：《塔列兰教育法案》（Talleyrand's Education Bill，1791）、《孔多塞教育方案》（Condorcet's Report，1792）和《雷佩尔提教育方案》（Lepplletier Plan，1793）等。尽管这些方案内容有别，但从主体来看，却存在着一些共同之处，体现了法国资产阶级对教育改革的基本主张:第一,教育是国家的事务,必须接受政府的管理和监督,学校教育必须与国家的要求保持一致;第二,国家要建立国民教育制度,构建一个相互衔接的学校系统;第三,人人都有受教育的权利与机会,国家应当保护并提供普及和免费的教育;第四,教育要重视公民的权利与义务的训练;第五,在教育内容和教师问题上实现世俗化、科学化。[1]

大革命期间的各种教育方案因各掌权派别的短暂执政而难以付诸实施,但却对法国的教育改革和发展产生了重要影响。

(三) 19 世纪的法国教育

进入 19 世纪以后,法国国内的政治斗争仍然十分激烈,政权更迭频繁。这个时期法国学校教育制度的主要变化就是确立了中央集权式的教育管理体制,建立了完整的学制。

1. 中央集权式教育管理体制的建立

1799 年 11 月,拿破仑上台执政,建立了法兰西第一帝国。为了巩固中央集权的资产阶级统治,他在政治、经济、军事和教育领域进行了一系列改革。在教育领域最重要的改革就是通过一系列措施,确立了中央集权的中央领导体制。这些改革措施包括:① 与天主教和解,承认天主教在法国的合法地位,换取天主教遵守中央政府的各项制度;② 创办帝国大学,实施大学区制。1806 年,拿破仑颁布《关于创办帝国大学的法令》,创立相当于教育部的帝国大学,全面统管全国各级各类教育。1808 年,又颁布《关于帝国大学条例的政令》,规定:帝国大学总监为最高教育行政长官,由皇帝亲自任命,全面负责全国的教育事宜;帝国大学附设评议会,作为审议机构,还设若干名总督学;帝国大学之下,全国划分为 27 个大学区,分管辖区内几个省的教育行政领导工作,大学区设总长和学区评议会,还按省分设大学区督学;帝国大学及其分支机构里的行政人员以及公立学校的教师都属于国家官员,必须忠于皇帝,并致力于法兰西帝国所需人才的培养工作;开办任何学校教育机构都必须得到国家批准。这样,全国各级各类学校的工作都处在国家的严密监督之下,中央集权式的教育管理体制开始确立。此后,法国的教育管理体制也随着时间推移发生了一些变化,但基本框架一直未变,延续至今。

2. 初等教育的发展

19 世纪初,法国初等教育的发展缓慢,初等学校由教会管理,并受国家监督,享受国家津贴。从 19 世纪 30 年代开始,法国的初等教育随着工业革命进程的加快而得到较大发展。

1833 年,时任教育部长的基佐(Guizot,1787—1874)推动七月王朝颁布了《基佐法案》。法案规定:政府与教会联手发展初等教育,扩大初等学校的办学自主权;初等学校的任务是向学生传授生活所必需的基本知识,通过道德和宗教教育,使学生虔信上帝,遵守法规和社会秩序;在每一区设立 1 所初等小学,超过 6 000 人的城市设立一所高级小学,教育经费由当地筹措,学生的费用由家长承担,国家对无力承担教育经费的地方政府以及无力交纳学费的学生予以资助;每郡设师范学校 1 所,培养初等学校所需的师资,初等学校的教师必须接受师范教育的训练,通过国家证书考试后才能任教。《基佐法案》的颁布与实施,推动了法国初等教育的发展。至 1848 年,法国初等学校增加了一倍,学生人数增长了 80%[2]。1848 年

---

① 吴式颖. 外国教育史教程(缩编本)[M]. 北京:人民教育出版社,2002:178.

② 杨捷. 外国教育史[M]. 开封:河南大学出版社,2010:142.

法国爆发了第三次资产阶级革命,推翻了二月王朝,建立了法兰西第二共和国,先后颁布了《卡诺法案》(1848)和《法卢法案》(1850)。《卡诺法案》规定:实施免费的普及义务教育,学校脱离教会的影响,在教学计划中删去神学,增加法国地理、自然、公民知识等近代学科。该法案极大地削弱了教会对初等教育的控制与影响,马克思称颂该法案是"抗议耶稣会教徒所定教育法的具体象征"[①]。1850 年的《法卢法案》规定:教会有视学权,教士免证任教,大学不得自治。实际上又恢复了教会对教育的领导权、监督权,从此教会团体办理的学校日益增多。1879 年以后,执政的资产阶级共和派开始实行一些温和的改革,削弱《法卢法案》赋予教会的教育权力,封闭部分教会开办的学校,肯定国民教育的世俗性原则,实施普及的初等义务教育。其中最为著名的是时任教育部长费里(Jules Francois Camille Ferry,1832—1893)于1881 年和 1882 年的主持制定的两项教育法令,被称为《费里教育法》。《费里教育法》规定:免除公立幼儿园和初等学校的学杂费,对 6—13 岁的儿童实施强迫、义务的初等教育;废除《法卢法案》中关于教会对学校的特权,取消公立学校的宗教课,改设道德和公民教育课。概括起来,就是国民教育的义务、免费和世俗性三条原则,它们的确立,为近百年法国国民教育的进一步发展奠定了基础。

3. 中等和高等教育的发展

19 世纪初,法国重视发展资产阶级的中等教育。停办了大革命期间创办的中心学校(Ecole Central)[②],改为中央政府开办的国立中学(lycée)和地方政府兴办的市立中学(college)两种中等教育机构。国立中学修业 6 年,实行寄宿制,主要目标是为学生升入大学做准备。开设的课程包括法语、文学、古典语文(拉丁语和希腊语)、修辞学、道德、数学、理化、天文、史地等。市立中学的课程稍低于国立中学。当时的法国中学的毕业生可获得学士学位并有资格出任国家官吏。国立中学和市立中学创办以来,一直是法国中等学校的主要类型,这两个名称也一直沿袭下来。除此之外,法国还有许多私立中学。在复辟王朝时期,国立中学曾被易名为"皇家中学",古典主义色彩增强。七月王朝时期,由于经费短缺,法国的中等教育的发展渐缓。第二共和时期,特别是《法卢法案》颁布后,法国的中等教育受到教权主义势力冲击,教会所属的私立学校猛增。第二帝国时期,法国教育部长福尔图尔与其继任者罗兰为了驱逐教会势力在中等教育的影响,提出了中等教育分为两个阶段实施的教育改革计划,即前四年主要学习古典、人文及数学课程;后四年则实行文、理分科,文科侧重古典语文的学习,理科侧重数学及自然科学知识的学习。无论侧重哪种课程的中学毕业生,都可以获得学士学位,都有升学的资格。普法战争后,法国中等教育受到教育现代主义的冲击,古典课程时数减少,加强了现代语言、历史、地理和体育的教育。1865 年至 1866 年,法国创设一种类似德国实科中学的中等教育学校,增设了一些带有明显职业训练性质的课程。这种实科性质的中学于 1891 年改为"现代中学",主要学习现代语及自然科学知识。另外,这一时期国立女子中学与市立女子中学先后创建,主要进行家政、卫生、音乐和图画教育。

法国的高等教育在 19 世纪发生了巨大的变化。一方面,大学发生了根本性的变化。受

---

① 中共中央马克思恩格斯列宁斯大林著作编译局. 马克思恩格斯全集(第 7 卷)[M]. 北京:人民出版社,1959:106.

② 1795 年 10 月,法国大革命前期政府通过《多诺法》(Daunou Law),规定创办中心学校。它是介于中学和大学之间的一种学校形式,以课程而非班级来组织学生,学生完成规定的课程之外,还可以自由选择其他课程。不到一年时间,全法国就建立了 90 所中心学校。

法国资产阶级大革命的冲击,大学适应资产阶级政治经济和社会发展的需要,系科结构发生了巨变,文科从预科上升为一门独立的专业,神学地位大大下降,法学广受青睐。大学日益综合化,巴黎大学已经发展成为拥有众多独立学科,颇具规模的一所综合性大学,成为法国科学文化教育的中心。另一方面,专门学校也发展起来。18世纪末,法国资产阶级关闭了一些大学,将其改造成一系列军事、农业、医学等专门学校。拿破仑时期,又开办了一批新的高等专门学校,包括10所法律学校,3所工艺学校,以及高等数学学校、绘画学校和军事学校各1所。[①] 这些专门学校在为法国培养专门人才方面,发挥了重要作用。在拿破仑之后的半个多世纪里,法国高等教育的发展基本处于停滞状态。

二、近代法国的教育思想与思潮

(一) 唯物主义教育思想

1. 爱尔维修的教育思想

爱尔维修(Claude Adrien Helvius,1715—1771)是18世纪启蒙运动中杰出的唯物主义哲学家、政治理论家和教育思想家。爱尔维修主要的教育著作有《论精神》(1758)和《论人的理智能力和教育》(1772)等。

爱尔维修反对"天赋观念",认为人的智慧是后天"教育的产物",而人获得才智的能力是天生平等的。他反对贵族和教会对学校的垄断,提出世俗教育的主张。爱尔维修是"教育万能论"的倡导者。他认为,人的才智差别是因为人所处的环境和后天的机遇,以及所受的教育不同所造成的,甚至认为教育可以创造天才。爱尔维修所讲的教育是"一切生活条件的总和",即自然环境和社会环境的总和。他一方面认为,人是教育的产物,改造人必须改造环境;另一方面又认为,人们的偏见统治着世界,改造环境又必须改造人的偏见,即通过教育改造社会。这样,就把人民群众看成是消极的,而把少数教育者看成是生而知之的"天才人物"。他不理解人在参与改造社会的革命实践的过程中,同时也改造着自己的主观世界。因而,他在观察社会历史问题时,陷入了"意志支配世界"的唯心史观。爱尔维修重视学校教育。他号召教师要勤勉地工作,要具有教育技巧,要重视培养学生的美德。他也重视早期教育,认为儿童获得运动和生命的时刻,就是获得最初教育的时刻。人的再教育工作较之教育工作要困难得多。他重视道德教育和科学知识的教育,认为知识能使人们获得幸福和自由,无知会使人怠惰和堕落,并号召学校要传授科学知识。他重视学习中的自觉与努力,认为"真理不是恩赐之物,而是对劳动的报酬"等。

爱尔维修的教育思想,特别是关于人是环境和教育产物的思想,影响了后来的空想社会主义者。他的民主、平等和世俗教育的主张,对18世纪法国资产阶级革命时期所制订的一些教育法案有较大的影响。

2. 狄德罗的教育思想

狄德罗(Dennis Diderot,1713—1784)是18世纪法国唯物主义哲学家,美学家,文学家,教育理论家,百科全书派代表人物,第一部法国《百科全书》主编。他在《对爱尔维修〈论人〉一书的反驳》(1773—1775)和《俄罗斯大学计划》(1775)等文本中,阐述了他的教育观点。

---

① 杨捷. 外国教育史[M]. 开封:河南大学出版社,2010:144.

狄德罗认为教育在促进人的个性发展和社会发展中具有重要作用。对个人而言,教育是使人摆脱愚昧,完善自然素质,拥有尊严的重要手段。对于社会而言,教育发展意味着人们识字、写字和计算能力的提高,有助于减少、缓和和消灭罪恶,唤起对秩序、正义和善行的爱,最终对治安和社会稳定产生不可估量的影响。对于国家和民族而言,教育可以促进一个民族文化开化,国家文明、繁荣和富强。狄德罗反对当时法国教育中的古典主义,重视实用科学。他建议学校应该给学生传授公民所必需的一切知识。初等教育设置读写算和公民道德教育;中等教育取消无用的学科,提供数学、物理、天文、化学、自然等科目,建立支持各实用科学的教研室、解剖室、实验室,提供学习所必需的器材;大学由文、法、神、和军事、工程、航海、农业、商业、艺术和政治等高等专业学校构成。数学、物理、化学、天文等实用科学作为大学的主要学习科目。观察、思考、实验是学习科学知识的主要方法。

总之,爱尔维修和狄德罗从唯物主义和无神论的视角,对封建教育制度和教会进行了有力的揭露和抨击,提出了不少具有进步意义的观点。诸如教育由国家管理,普及教育;反对宗教愚昧,倡导理性教育,重视科学知识学习。强调环境和教育在改变人的性格和促进社会发展中的决定作用等,这些思想在当时和后来都产生了积极影响。18 世纪法国唯物主义者的教育思想成为 19 世纪空想社会主义教育学说的重要思想基础。

(二)国家主义教育思潮

国家主义教育思潮形成于 18 世纪法国启蒙运动时期,在 19 世纪的德国得到较快发展并在欧美国家广泛流传。它的主要代表人物是法国唯物主义者拉夏洛泰、孔多塞和德国哲学家费希特等。

启蒙运动是国家主义教育思潮产生的文化基础。启蒙思想家将人的智力看作是国家力量之所在,主张国家发展教育,使广大民众都能受到教育、获得知识、发展理性。经济方面,包括法国在内的欧美各国相继开展了第一次工业革命。工业革命需要教育培养能够满足科学技术变革需要的劳动力,工业革命促进了工业城市的发展,客观上造成诸多社会问题,需要教育来解决。轰轰烈烈的法国大革命,造就了一个前所未有的资产阶级共和国,需要培养合格的共和国公民,国家主义教育也势在必行。

1. 拉夏洛泰的国家主义教育思想

拉夏洛泰(L. La Chalotais,1701—1785)是 18 世纪法国思想家、法学家。他在 1763 年发表的《国民教育论》中系统阐述了他的国家主义教育思想。

拉夏洛泰十分重视教育和知识的作用,认为教育与知识对人和社会发展都是必要的,人类只有通过教育才能达到一定程度的完善。因此,国家主义教育的目标就是培养具有特定能力的、具有某种职业技能的合格的法国国民。国民教育必须依靠政府实施,教师必须纳入国家管理的范畴。从国家根本利益考虑,学校数量宁可少些,但学校教学设备一定要好些,课程设置也要尽可能地完备一些。为保证国民教育事业发展的方向,政府应该委派智德贤达的官员去领导和管理教育部门;对教学用书的选择、教学内容的选编、教学人员的遴选等事宜,都要严格审查和把关,不能把教育托付给教会或那些不具有良好公民意识的人;教师要有坚定的信仰和品格,善于阅读,并在教学过程中注重自我培养。

2. 孔多塞的国家主义教育思想

孔多塞(M. J. A. Condorcet,1743—1794)是法国哲学家和数学家。孔多塞的国家主义教育思想集中体现在他的《国民教育计划纲要》这一教育改革方案中。

孔多塞认为,国民教育的最直接目的就是要"向人类所有个人提供为满足其需求、确保其福利、了解和行使其权利、懂得和履行其职责的手段;保证每个人有条件完善其技艺,使他们能够胜任他有权承担的社会功能,充分地施展大自然赋予他的所有才能,从而在所有公民中建立起事实上的平等,实现法律所承认的政治平等"①。他认为,国民教育遵循以下原则:第一,公平性。国家应实施平等的公共教育,使每一位公民都能依据自己的能力学习文化知识和对于一切职业均有益的知识,而不受其贫富贵贱、社会地位高低及性别上的差异的影响。第二,普及性。教育是一项最重要的社会事业,为了个人和社会的进步,教育必须具有普及性。第三,免费性。实行免费的教育,不仅可以保证贫苦家庭儿童入学,而且也使富裕家庭儿童进入国家开办的各级学校读书,这对于国家利益是至关重要的。第四,相对独立性。国民教育应摆脱政府的束缚,由一个自治的教学团体自主地决定并促使共和观念的传输。第五,开放性。教育不应该在受教育者离开学校便告结束,它应该向所有年龄段的人们开放。既然处于任何年龄的人都可以通过学习提高自己的社会适应能力,那么教育就应该适应这种现实;从某种意义上讲,校外教育更紧迫,针对性更强,教育的实际效用也就发挥得更为直接,这种教育尤其对于生活贫穷的社会下层民众来说,意义尤为深远。为了履行国家对每个公民实施国民教育的职责,应该建立统一的、相互衔接的国民教育体系。他设计的国民教育体系包括五个逐渐递进的教育机构:初级小学、高级小学、中等学校、专门学校以及国立科学艺术研究院(又称"大学")。各级教育机构之间不仅在学制和课程设置上相互衔接,而且上下级教育机构之间还存在行政上的管理关系。

3. 国家主义教育思潮的特征与影响

国家主义教育思潮具有以下几点显著特征:首先,强调教育的社会功能。国家主义教育思想的倡导者都把教育看作是改造社会和国家的主要手段,发展世俗化的教育和建立公共的教育制度,被视为国家的重要职责;教育既要使个人服从于国家,又要利用国家去发展个人的潜力。其次,主张普及教育。国家主义教育思想注重所有人的受教育权,要求国家开办国民学校,为每一个人提供适合其能力的教育机会,而不受其社会地位、性别和贫贱富贵的影响。再次,提倡国家开办和管理教育。无论是基于国家本身利益,抑或为了国民个人的福利,国家必须承担起发展国民教育的责任;国家应成为负责国民教育的最高权力机构,而不是教会,因此必须建立国家教育行政机构,并使它具有统一性和权威性。

国家主义教育思潮的影响表现在:首先,国家主义教育思想批判教会教育制度和教会教育活动,对欧美国家教育的国家化产生了重要影响。其次,国家主义教育思想为国民教育制度的发展提供了理论依据。再次,国家主义教育思想推动了欧美近代教育行政体制的建立。

(三) 卢梭的自然主义教育思想

让雅克·卢梭(Jean Jacques Rousseau,1712—1778)是 18 世纪法国启蒙运动中最激进的思想家,也是著名的文学家和教育家。在教育方面,他的自然主义教育思想,对世界教育思想和实践都产生了深远的影响。卢梭一生写了大量的著作,其中最主要的著作有:《论科学与艺术》《论人类不平等的起源和基础》(Discours Sur L'Origine Et Les Fondements De

---

① 夏之莲.外国教育发展史料选粹(上册)[M].北京:北京师范大学出版社,2001:334.

L'Inegalite Parmi Les Hommes,1755)、《新爱洛伊丝》(Julie ou La Nouvelle Héloïse,1761)、《社会契约论》(Du contrat social,1762)、《爱弥儿》《忏悔录》等。

对于卢梭来说,对自然的崇拜是同他对现存文明的否定相联系的。卢梭全部思想的出发点,就是他的"归于自然"的主张。他的社会政治学说、认识论、伦理学、自然宗教和自然教育的思想都是在此基础上发展起来的。不过,值得注意的是,这种"归于自然"并不是或者不仅仅是回归大自然本身,而是要在社会中回归人的自然天性。卢梭力主人性本善,认为人的恶的表现是后天的社会环境造成的。《爱弥儿》开宗明义的第一句话就是:"出自造

图 13 - 2　卢梭

物主之手的东西,都是好的,一到人手里,就全变坏了。"[1]卢梭认为,人的自然本性主要是由三个方面构成,即良心、自由和理性。在卢梭看来,人的天性首先表现为自然的欲念,它们使人达到保持生存的目的,是人达到自由的工具;这种自然的欲念是有限的,它受到人的良心的节制。在卢梭看来,自爱是人类的第一天性,是人的根本欲念,但良心绝不会止于自爱。因此,良心实际上包括两部分内容:自爱和爱人。如果说良心代表了自然的情感,那么自由就体现了自然的意志。在卢梭看来,人生而自由,这种自由,是一种个体的自由,是自然人凭自己的欲望和意志而行动的能力。不过,卢梭也指出,自由并不是任性妄为和自我放纵,它还需要理性的引导。

在此基础上,卢梭还特别注意到了儿童区别于成年人的特性,他首先意识到了儿童的不成熟性,并特别强调了儿童作为一个个体的独立性,要求尊重儿童,让儿童自由快乐地度过他的童年。同时,他也注意到儿童发展和教育的阶段性和不平衡性,儿童之间的个体差异与性别差异。

在认识论上,卢梭特别强调感觉和感官在人们认识中的作用,认为感觉是知识的源泉,并且对人的各种器官在认识过程中的地位、作用及其相互关系,进行了具体的、全面的分析。

从他的自然哲学、特别是他的人性论和认识论的观点出发,卢梭对教育问题进行了非常深刻的阐述。他认为,教育的一个最重要的原则就是要顺应自然,"如果你想永远按照正确的方向前进,你就要始终遵循大自然的指引"[2]。从这一根本的原理出发,卢梭详细阐述了他的自然教育的目的、阶段、内容、方法等思想。

顺应自然的思想落实到教育目的上,首先就要求教育培养自然人,这种人完全是为他自己而生活的。他不依从于任何固定的社会地位和社会职业,不受传统束缚,能适应各种客观发展变化的需要。他既有哲学家的头脑,又有农夫或运动员的身手。但这种自然人并不是一个孤独的人,而是社会中的一个成员,并能够尽到社会成员的职责,所以,他同时又是社会公民。

根据他自己对人的身心发展特点的研究,卢梭把自然人的培养过程分成了婴儿期(0—2岁)、儿童期(2—12岁)、少年期(12—15岁)、青年期(15岁以后)四个阶段,并且规定了每个

---

① ［法］卢梭. 爱弥儿［M］.李平沤,译. 北京:商务印书馆,1978:5.
② ［法］卢梭. 爱弥儿［M］.李平沤,译. 北京:商务印书馆,1978:536.

阶段的教育重点分别是体育、感觉器官的训练、智育和劳动教育、道德教育。他特别强调对儿童的体育和感官教育,认为这是儿童发展的基础,他要求家长和教师不能任意地干涉儿童的自由活动,不能把自己的意愿强加给儿童。在智育方面,他特别提出了消极教育的思想,认为在儿童理性尚未发展的时候,不要对他进行过多的智育。在教育内容上,他主张让儿童学习实用的知识,强调儿童判断力的培养。他说:"人的智慧是有限的,一个人不仅不能知道所有的一切事物,甚至连别人已知的那一点点事物他也不可能完全都知道…问题不在于他学到的是什么样的知识,而在于他学的知识要有用处。"[①]在教育的方法上,卢梭强调儿童学习兴趣的激发,强调实物和直观教学,主张让儿童在生活中,通过自己的实际行动来获取有用的知识,他主张儿童向自然学习,反对死读书,反对空洞的说教。他说,"真正的教育不在于口训,而在于实行"[②],他还说:"要做到他所知道的东西,不是由于你的告诉而是由于他自己的理解。不要教他这样那样的学问,而要由他自己去发现那些学问"[③]。此外,他还特别谈到了青春期的爱情教育和女子教育问题,在教育史上,卢梭是为数不多的重视这些教育问题的教育家。

卢梭在《爱弥儿》中所提出的自然教育的思想,对欧洲封建教育产生了强烈的冲击。德国的泛爱主义教育运动、瑞士的裴斯泰洛齐的教育实验、美国进步主义教育运动,等等,无不受卢梭自然教育理论的启发。康德、裴斯泰洛齐、福禄贝尔等人的教育思想,也无不受到卢梭思想的影响。

第三节　近代德国教育

从 17 世纪到 19 世纪中期,德国长期处于封建割据状态,国内小邦林立,资本主义发展缓慢,在政治和经济上远远落后于英、法等欧洲国家。在各邦之中,普鲁士地处要塞,交通便利,经济发展较为迅速,信息通畅,最早接受欧洲其他国家的影响,成为势力最强的邦国。因此,教育史上的德国教育一般以普鲁士教育为主,同时兼顾其他邦国的教育。

一、近代德国教育发展概况

(一) 17—18 世纪德国的教育

1. 初等教育普及化

德国最早的学校教育受益于宗教改革的影响。早在宗教改革时期,路德派就已经建立和发展了初等学校——德意志学校的前身,也建立和发展了拉丁和文法中学——文科中学的前身。不仅如此,路德派还控制了德国的高等教育,使大学教育基本上按照新教教义办理。最初,德国的学校完全由教会掌控。16 世纪末 17 世纪初,各封建邦国为了笼络人心培养顺民、挖掘兵源,训练兵士,纷纷颁布普及义务教育的法令。德国成为近代西方国家最早

---

① [法]卢梭. 爱弥儿[M]. 李平沤,译. 北京:商务印书馆,1978:214.
② [法]卢梭. 爱弥儿[M]. 李平沤,译. 北京:商务印书馆,1978:13.
③ [法]卢梭. 爱弥儿[M]. 李平沤,译. 北京:商务印书馆,1978:217.

进行普及义务教育的国家。1559年,威丁堡首次颁布强迫教育法令,每个村庄必须设立初等学校,强制家长送子女上学。1580年,萨克森公国也颁布了强迫教育法令。从17世纪开始大多数的邦国都竞相颁布了强迫教育法令,魏玛在1619年,萨克斯—哥达在1642年,法兰克福在1654年。在各公国中,普鲁士颁布的教育法令最为突出。18世纪,普鲁士的几任国王先后多次颁布教育法令,详细规定了国家办学、强迫义务教育、学校课程、办学经费、教师、家长责任等方面的具体要求和措施。虽然其中许多法令没有很好地执行,但却表明了德国近代教育的世俗化特点。这些法令的颁布与实施,标志着中世纪以来一直由教会把控的教育权正悄悄地向世俗政权转移,国家开始承担起教育国民的使命,国民教育体制逐步确立。

　　2. 泛爱主义教育运动

　　18世纪末,受法国启蒙思想家,特别是卢梭思想的影响,德国在初等教育领域还兴起了泛爱主义教育运动,其代表人物为巴泽多(Johann Bernhad Basedou,1724—1790)。他在巴泽多地区创办了一所泛爱学校,以人类互爱的精神和人文主义世界观教育儿童,教授自然科学、本国语、外语、体育、音乐、舞蹈和劳动等知识,注重户外活动和游戏;采用直观教学法,通过对话、游戏和参观等方式,激发儿童的兴趣,培养儿童的智力。此外,巴泽多还编写了《初级读本》《教育方法手册》等教材和指导手册,对推动泛爱学校的发展起到了重要作用。

　　3. 中等和高等教育发展

　　在很长一段时间内,德国的中等教育和高等教育仍然由教会管控。中等教育主要有文科中学、骑士学院和实科中学。文科中学相当于英国的文法学校和公学,在德国的中等学校体系中占有重要地位。文科中学招收贵族子弟,主要为升学做准备和为政府训练一般的官吏,教学上的古典主义色彩浓厚,形式主义突出,课程几乎全是拉丁文和希腊文,忽视自然科学。骑士学院是各邦国为了培养文武高官,巩固统治,面向上层贵族子弟开设的一种培养新贵族的特殊学校。学习内容以现代外语和自然科学为主,且重视骑士技艺和上流社会举止礼仪的训练。18世纪后期这种学校有的升格为大学或专科学校,有的逐渐消失。实科学校是18世纪初出现的一种既具有普通教育性质又有职业教育性质的新型中学。实科中学招收新兴资产阶级子弟,注重讲授实际生活和国民经济各部门所需的实用知识。它比文科中学更接近实际生活,它的出现是一种历史的进步。但是,在整个18世纪,实科中学的力量比文科中学要弱小得多,其社会地位也比文科中学低得多。宗教改革运动时期,新教与天主教的斗争,使得大学一直处以动荡之中,遭受了毁灭性的打击。经过1618—1648年三十年战争的破坏,大学被看成是过时和逐渐消亡的教育机构。17世纪末多数大学的生源不足,18世纪中期以后形势更加恶化,一些大学甚至被迫关闭。在这种背景下,18世纪德国经历了两次大学革新运动。第一次大学革新运动始于1694年哈勒大学的创办,结束于18世纪中叶,以哈勒和哥廷根大学的发展和改革为标准。这两所大学出现的一些特征,诸如学术自由、注重研究的风气、引进现代课程、政府增强对大学的控制等,对德国高等教育产生了深远的影响。这次改革的精神直接渗透到18世纪后期德国第二次大学革新运动,使得天主教和路德新教也按照新大学的模式对所控制的传统古典大学进行了改革。

　　(二) 19世纪德国的教育

　　19世纪德国政治生活曲折复杂,其教育发展历程也跌宕起伏。

19世纪之后,德国的初等教育发展速度加快:一方面一些邦国进一步颁布和实施强迫义务教育法令,使得适龄儿童入学率提高,初等学校数量大幅度增加;另一方面,19世纪初洪堡的教育改革,规划了德国教育发展的蓝图,初等学校的教学内容不断扩展和丰富。除4R课程外,还增加了地理、博物学、自然等实用知识学科。初等教育的发展大大提高了德国国民的整体素质。随着初等教育的发展,师范教育的发展也被提上日程。1808年,洪堡派遣17名教师到瑞士向裴斯泰洛齐学习,以便在德国发展师范教育,培养小学师资。1809年,创办柏林师范学校,到1831年,普鲁士的每个省都创设了按照裴斯泰洛齐的思想与方法训练教师的师范学校。19世纪50年代,由于反动政府的镇压和阻挠,初等教育和师范教育也趋于倒退,回归到以4R课程为主的教会教育,19世纪70年代以后这种局面有所改观。

19世纪,德国中等教育的主要类型是文科中学和实科中学。在新人文主义运动推动下,尤其是在洪堡担任公共教育部长期间,德国的文科中学的办学方向、课程内容、教学方法以及教师质量,都有较大改进。一方面,课程内容得以调整,削减了古典学科内容,扩展了普通基础学科的教学,从而使古典色彩浓厚的文科中学更加接近实际生活;另一方面,改革教师选拔制度,规定必须通过国家考试,合格者获得中学教师称号,打破了传统上文科中学教师一般由神学家、牧师担任的局面。在19世纪中期,出于同样的原因,文科中学经历了一场较大的反复和倒退。19世纪德国的文科中学得到进一步的发展。1832年,普鲁士率先颁布了《实科中学毕业考试章程》,它标志着实科中学这一学校类型得到政府的正式承认。1859年,普鲁士颁布《实科中学课程编制》,将实科中学分为两种类型:九年制的文实中学和六年制的前期文实中学。19世纪后半期,德国实科中学实际上分化为:实科中学和文实中学。实科中学和文实中学的地位仍远远低于文科中学,直到19世纪末,他们的毕业生还是不能升入大学。

19世纪,德国高等教育的发展具有世界意义。这一影响与洪堡大学的理念和柏林大学的创办紧密相关。洪堡认为,大学是一个进行学术研究和人格完整教育的独立自主的机构,它代表着自由和纯粹,他的真正使命在于提高学术研究水平,为国家长远的发展开拓更广阔的前景,而不应该为国家眼前的政治、经济的、社会需求所左右。大学自治、学术自由、教学与科研相统一是他为大学制定的基本准则。柏林大学的创办,基本上贯彻了洪堡的大学理念。柏林大学具有更多自治权,贯彻了教学与科研相统一原则,提升哲学院的地位。柏林大学成为德国大学新精神的代表,其办学模式为德国其他地区及世界各国所效仿,被誉为"现代大学之母",开创了世界高等教育的新时代。除创办柏林大学外,19世纪德国高等教育的发展还表现为高等工业学校和其他专业性学院的创立。这类机构为德国的经济建设和社会发展培养了大批专门人才。

二、近代德国的教育思想与思潮

(一)福禄贝尔与幼儿园教育思潮

1. 福禄贝尔的教育思想

福禄贝尔(Friedrich Willhelm August Fröbel,1782—1852)是德国著名的学前教育家,他构建了一套幼儿园教育理论体系,创办了世界上第一所幼儿园,积极开展幼儿教师培训,推动幼儿教育的发展,被人们誉为"幼儿教育之父"。他的教育思想集中体现在1861年发表的《幼儿园教育学》中。

福禄贝尔从宗教神秘主义出发来论述人的发展和教育问题。他认为"一切教育、学习和教学的唯一最终目的,是培养人的原有的身形,使他能在自己的生活中……从人性中体现出神性"①。为此教育应该遵循统一的原则、发展的原则、顺应自然的原则和创造的原则。根据儿童身心发展特点,福禄贝尔把受教育者划分为婴儿、幼儿、少年、青年四个时期。特别论述了幼儿期的教育。他认为,幼儿期则是学习和教育的时期,这个时期的教育影响人的一生,大多数父母没有受过专门的教育,不知道如何教育孩子,

图13-3　福禄贝尔

应该建立专门的机构——幼儿园来教育幼儿。他认为幼儿园有四大任务:专司幼儿教育;研究幼儿教育;宣传幼儿教育;培训幼儿园师资。幼儿园教育的主要内容和方法是游戏和作业。游戏是幼儿内部本能的表现,是发展幼儿自动性和创造性的最好活动形式。为此他还开发了一个从简单到复杂、从统一到多样、循序渐进的不可分割的游戏体系,精心设计了玩具的材料——"恩物"。作业是将恩物的知识运用于实践。恩物在先,不改变物体的形态,作用主要在于接受或吸收;作业在后,改变材料的形态,主要在于发表和表现。常用的作业材料包括各种色彩各异的纸和纸板,供绘画、雕塑、编织用的材料,沙、黏土和泥土等。

2. 幼儿园教育思潮的特点和影响

以福禄贝尔为代表的幼儿园教育思潮的特点如下:突出学前教育在整个教育体系中的地位,认为学前教育是人的真正教育的开始,应该纳入整个教育体系;强调游戏在幼儿教育中的作用;教育的任务就是要揭露蕴藏在人的身体内部的"神的本源",具有比较浓厚的宗教色彩。

福禄贝尔对欧美国家幼儿教育思想和实践的影响最为深远。福禄贝尔创立了幼儿园这种教育机构,使幼儿教育成为一个独立的社会职能部门。他所倡导的幼儿园教育的理论和方法逐渐成为19世纪西方教育中一股新鲜而充满朝气的思潮,拓展了西方教育的领域,为世界范围内幼儿园运动的到来奠定了理论基础。

（二）第斯多惠的教育思想

第斯多惠(Friedrich Adolf Wihelm Diesterweg,1790—1866)是德国著名的资产阶级民主主义教育家。他一生主要从事师范教育,致力于提高教师的素质,被誉为"德国师范教育之父"。他的教育思想集中体现在1835年发表的《德国教师培养指南》中。

第斯多惠认为,人的发展取决于天资和激发两个条件。天资为人的发展提供可能性,激发使这种可能性变成现实,教育就是激发,是促使个人天资得以最大限度开发的最佳工具。教育的最高目的就是充分发展人身上固有的自动精神,使之达到真善美的人生最终目的,成为真善美而积极自觉活动的人,即身心和谐发展的人。② 对教育史上绵延不休的关于形式教学与实质教学孰重孰轻的争论,第斯多惠认为,两者是相辅相成的,不能把两者截然分开,形式教育只有在实质教育中才能形成,实质教育只有在形式教育中才能产生。第斯多惠主

---

① 曹孚. 外国教育史[M]. 北京:人民教育出版社,1979:189.
② 杨捷. 外国教育史[M]. 开封:河南大学出版社,2010:159.

张在实际教学中须遵循一定的教学原则：自然原则；文化原则；直观性教学原则；循序渐进原则；连续性原则；巩固性原则。第斯多惠极为重视教师的作用，并对教师提出了一些具体的要求：① 教师要不断对自我进行教育；② 教师要热爱本职工作，有崇高的职业责任感；③ 教师要有良好的教育素养和教学技能；④ 教师要在教学中保持良好的精神状态。

作为 19 世纪德国进步教育家的第斯多惠结合自己的教育实践，强调教育与人的发展之间的关系，创造性地提出了许多行之有效的教学原则，有力地推动了德国教育的发展。

（三）赫尔巴特的教育思想

赫尔巴特（J. F. Herbart，1776—1841）是近代德国著名教育家。1806 年，赫尔巴特出版了《普通教育学》一书，标志着其独立教育理论体系的初步形成。1808 年，赫尔巴特接任了康德在柯尼斯堡大学的哲学与教育学教授教席，1810 年，主持创办了教育研究所及其附属实验学校，其间发表了大量有关教育教学的论著。1833 年，赫尔巴特又回到了哥廷根大学，并于 1835 年出版了《教育学讲授纲要》，该书被视为《普通教育学》的姊妹篇，标志着赫尔巴特教育理论的最终完成。1841 年 8 月 14 日，65 岁的赫尔巴特因病离世。

图 13 - 4　赫尔巴特

赫尔巴特认为，"教育学作为一门科学，是以实践哲学和心理学为基础的。前者说明教育的目的；后者说明教育的途径、手段与障碍"①。在他看来，教育的最高目的，要从根本上回答教育要塑造何种人和何种品质。为此，他提出要让学生养成"五种道德观念"，即内心自由（Inner Freedom）、完善（Perfection）、仁慈（Goodwill）、正义（Justice）、公平（Equity）。其中，"内心自由"是核心，教育最高也是最普遍的目的，就是要塑造"内心自由的人"。不过，为了让儿童更好地适应现实生活，特别是帮助儿童在社会上独立谋生，教育还必须致力于儿童多方面兴趣的培养，即促进儿童"一切能力的和谐发展"。赫尔巴特将之称为教育的可能目的。

为了顺利实现教育的目的，就必须研究教育的对象——儿童及其学习，赫尔巴特坚信"学生是具有可塑性的"，并且要求把儿童的个性作为教育的出发点。

赫尔巴特把儿童教育的整个过程分为儿童的管理、教学和训育（道德教育）三个部分或阶段。

管理的主要任务是身体发展和形成"一种守秩序的精神"，从而为教学和道德教育创造必要的条件。管理的基础，在于让儿童主动多样地活动。通过游戏、手工劳动、讲故事、作业等活动，满足儿童身体活动的各种需要，可以避免儿童"因为懒惰导致捣乱和不可约束"②。赫尔巴特强调，"权威与爱比任何严厉手段更能保证管理"③，但是，在迫不得已时，监督、命令、威胁、惩罚都是可以采用的管理手段。

但管理不是教育，真正教育的开始是教学。在西方教育史上，赫尔巴特首次明确提出了

① ［德］赫尔巴特. 赫尔巴特文集·教育学卷一[M]. 李其龙，译. 杭州：浙江教育出版社，2002：187.
② ［德］赫尔巴特. 赫尔巴特文集·教育学卷一[M]. 李其龙，译. 杭州：浙江教育出版社，2002：237.
③ ［德］赫尔巴特. 赫尔巴特文集·教育学卷一[M]. 李其龙，译. 杭州：浙江教育出版社，2002：212.

"教育性教学"这一概念。所谓教育性教学,就是指只有通过教学进行的教育,和只有通过教育而进行的教学,才可能是有效的教育和有效的教学。赫尔巴特说:"不存在'无教学的教育'这个概念,正如反过来,我不承认有任何'无教育的教学'一样。"①为此,他要求,对学生情感和意志进行陶冶和训练的过程,必须与对学生进行知识传授和智慧启发的过程统一起来。

为了培养儿童的多方面兴趣,赫尔巴特主张学校开设全面而丰富的课程,涵盖人类所有的兴趣类型:要发展儿童经验的兴趣,学校就应该开设自然、物理、化学和地理等课程;要发展思辨的兴趣,就应该开设数学、逻辑和文法等课程;培养审美的兴趣,可以开设文学、绘画等课程;培养同情的兴趣,可以开设外国语和本国语等课程;培养社会的兴趣,就应该开设历史、政治和法律等课程;最后,为了宗教的兴趣,还应该开设神学等课程。同时,赫尔巴特还强调知识的系统性和课程的关联性,强调课程及其内容的设计与编排必须遵循相关(Correlation)和集中(Concentration)原则,既强调各类课程之间的相互关联,又要突出某些学科的核心地位。可以说,赫尔巴特把文艺复兴以来培养"全面和谐发展的人"的课程计划推向了一个新高度。

赫尔巴特认为,观念是意识的最小单位,是心理活动最基本的要素,而心理学,就是研究观念的科学。不过,虽然人的意识中存在着众多的观念,但这些观念之间并不是毫无联系的,而是会构成一个个的观念体系,赫尔巴特称之为统觉团。任何新观念要想进入人的意识中,就必须与已有的观念发生碰撞,被吸收、融合或同化到已有的统觉团中,这个过程,赫尔巴特称之为统觉。教学的目的,就是让学生尽可能通过有效的统觉过程,改组和完善自己的统觉团,形成立体而完整的知识体系。而统觉的发生,依赖于人的兴趣,即观念的积极活跃的状态。正是这种状态,赋予了统觉活动以主动性和选择性。在赫尔巴特看来,兴趣处于单纯的观望和行动进行之间,它大致可以分为四个阶段,即:注意、期望、要求和行动。与之相对应,为了引发学生的兴趣,教学也可以分为四个阶段:明了(Clearness)、联合(Associatioin)、系统(System)、方法(Method)。在明了阶段,教学的主要任务是提供新教材,引起学生的注意,引导儿童获得关于新材料的清晰表象,以便为随后的统觉过程,即学习新知识做好充分的准备。当新材料引起学生的注意时,学生已有的观念就产生了联合的期待,希望了解新旧观念之间的关系及联合的结果。联合完成后,学生的新观念与旧观念、新知识与旧知识已经发生了联系,但还比较简单、肤浅,需要学生经过自己的审思,在教师的指导下,深入去思考和理解新旧观念之间的内在联系,形成新的概念体系。当学生完成了对新旧观念的系统整合,形成了新的统觉团和概念体系时,要引导学生把已经体系化的新知识在实际中加以应用,以检验其是否有效,并通过反复练习以巩固新习得的知识。为了实现预定的教学任务,教师应该在不同的教学阶段,采取不同的教学方法,这就形成了不同的教学类型,即单纯提示(展示)的教学、分析教学、综合教学、应用教学。这就是赫尔巴特的教学形式阶段理论。

在赫尔巴特的教育理论中,教育的最终目的和最高阶段,是道德教育,他称之为"训育"。所谓训育,就是依照特定的道德标准,对学生的精神或性格进行教诲。赫尔巴特还认为,训

---

① [德]赫尔巴特.赫尔巴特文集·教育学卷一[M].李其龙,译.杭州:浙江教育出版社,2002:12.

育本身可以分为四个阶段:道德判断、道德热情、道德决定和道德自制。其中,道德判断是道德的基础和起点,而这个起点,实际上就是通过知识的习得,获得对道德规范的理性掌握和认可,主要应该通过教育性教学来解决。除此之外,还可以通过陶冶、尊重和信任、权威与爱并重等方式实施训育。

管理、教学和训育,既前后联系,又各有特点,共同构成了儿童教育的完整过程。通过管理、教育性教学和训育,儿童完成了从遵守道德行为到获得道德认知进而坚定道德意志的全过程,实现了从他律到自律的德性转变,真正具备了经过理性检验的道德品格。"教育以成人"的最高目的自此可告实现。

(四)马克思主义教育思想

马克思主义教育思想是马克思主义经典作家马克思(Karl Marx,1818—1883)和恩格斯(Friedrich Engels,1820—1895)共同创立的,是以辩证唯物主义与历史唯物主义的世界观为基础的科学的教育思想。

马克思主义教育认为:教育是人类社会特有的社会现象,具有典型的社会性;教育受社会和社会关系的制约,具有历史性和阶级性;教育对社会具有相对的独立性。人的全面发展理论阐明了以实施与生产劳动相结合的智育、德育、体育、美育和综合技术教育为主要内容的一般教育原理,是马克思主义教育思想的重要核心内容。人的全面发展是智力和体力各方面都得到发展,达到体力劳动和脑力劳动相结合。该目标的实现需要从德育、智育、体育、美育、综合技术教育五个方面进行综合培养。教育应与生产劳动相结合。

马克思主义教育思想是无产阶级革命理论的有机组成部分,不仅对社会主义国家的教育实践产生了重要的影响,同时也掀开了世界教育史上新的一页。

第四节　近代俄国教育

俄国是一个幅员辽阔的封建农奴制国家,其经济和社会发展远远落后于西欧各国。1861年,沙皇政府颁布法令,废除农奴制,俄国从封建生产方式逐渐过渡到资本主义生产方式。俄国近代教育就是在这样的社会历史背景下曲折前行。

一、近代俄国教育发展概况

(一)废除农奴制之前的俄国教育

17世纪中期以后,俄国在莫斯科公国的名义下,逐步统一起来,政治趋于稳定,手工业日渐发展,国内形成了统一市场,与西欧的商业贸易业日渐加强,这些都为俄国教育的发展奠定了基础。

最初,俄国的教育由东正教教会组织——兄弟会控制。兄弟会学校面向兄弟会会员子弟并接受会员监督,组织上比较民主,教授广泛的知识,把本族语教学放在首位。1632年,他们将基辅的一所兄弟会学校升级为专科学校(基辅莫吉拉学院),成为俄国第一所高等教育机构。兄弟会学校为俄国培养了大量人才,很多校长和教员都曾在兄弟会学校中接受教育。17世纪末,为改变俄国落后于西欧先进国家的局面,俄国沙皇彼得一世匿名考察欧洲各国,回国后进行了多方面的社会改革。在教育领域,彼得一世的改革包括:创建实科性质的学校,培养俄国军事和科技人才;开办普通学校,改造已有的教会学校和筹建科学院。彼得一世的改革初步奠定了俄国教育近代化的基础。18世纪20年代后,俄国世俗教育机构的等级性日趋明显,更倾向于贵族青年。教会学校也得到较快发展,逐渐形成了具有俄国特色的教会学校系统:这些学校有的设在主教家里,有的设在修道院,办学经费全由教会支付。而彼得一世时期兴办的实施普及教育的俄语学校、计算学校等国立初等教育机构则不断减少。1762年,俄国女皇叶卡捷琳娜二世上台,为了表明要实施开明政策,她于1782年组织了一个国民学校委员会,专门研究国民教育的改革工作。1786年,她颁布了国民学校委员会制定的《国民学校章程》,规定各地设立国民学校,由当地政府领导,聘请校长进行管理,办学经费由当地的政府、贵族、商人共同承担。法令还对国民学校的学制形式、课程内容、师生品德、教学管理乃至日常生活和宗教信仰都提出了严格要求。《国民学校章程》是俄国政府历史上最早的关于国民教育制度的正式法令,它的颁布与实施,对俄国近代教育,特别是国民教育制度的形成起到了积极的促进作用。19世纪前半叶,随着国内外政治、经济的不断变化及意识形态领域的反复较量,俄国在教育方面也相继出现了起伏与曲折。19世纪初,沙皇亚历山大一世受资产阶级民主思想和法国大革命的影响,采取了具有自由主义倾向的教育政策。1802年,俄国成立了教育部,管理除了教会学校之外的、原来分属于各机构的所有学校。1804年,俄国颁布了《大学章程》和《大学附属学校章程》,规定:大学不仅是一个高等学府,一所教学和学术研究的机构,还是一个学区的教育行政领导机构。大学本身由大学委员会管理,大学下属各级学校由大学委员会附设的学校委员会管理。下属学校分堂区学校、县立学校和文科中学。

全俄一共有6所大学,划分为六个学区,大学委员会派遣视察员视察本学区的学校。这样,就构建了俄国历史上第一个各级学校相互衔接、上下沟通的统一学制:郊区学校(一年)——县立学校(两年)——文科中学(四年)——大学。各级学校均不收学费,招收学生不受出身及宗教信仰的限制,教学内容增加自然科学和与地方经济有关的知识,在一定程度上反映了资产阶级经济发展的需要,具有自由主义色彩。然而,随着拿破仑帝国的崩溃和俄国加入"神圣同盟",俄国的教育出现了一定程度的倒退。1817年,俄国作为"神圣同盟"之一,成立了"宗教事务与国民教育部",更加增强宗教、僧侣在教育中的地位和东正教会对学校的控制。1819年教区学校和县立学校改为收费,限制非贵族子弟入学,各级学校之间的衔接也被全部取消了。大学遭到了更为严重的摧残,很多进步教师和学生被开除。俄国沙皇政府的倒行逆施,激起了那些具有进步思想的年轻贵族军官十二月党人的起义。1826年,起义被镇压,沙皇政府更加肆无忌惮地压制俄国国内的各种进步活动,更加露骨地适时翻动教育政策。1828年,沙皇政府重新颁布了《大学所属各级学校规程》,将上述各种变更用法律的形式更加集中地体现出来。此后30年间的俄国教育政策和具体措施,更加趋于倒退和反动。

(二)废除农奴制之后的俄国教育

1861年,俄国进行了自上而下的废除农奴制的改革,完成了从封建生产方式向资本主义生产方式过渡,这是俄国历史上一个转折点,也是俄国教育发展的重要阶段。19世纪60年代,包括尼·伊·皮洛果夫、列夫·托尔斯泰、车尔尼雪夫斯基在内的许多知名人士组织团体、出版书籍、创办各种教育杂志以及发表文章,批判沙皇政府的反动政策,介绍西方教育家思想及著作,提倡教育改革,在俄国掀起了一场公共教育运动。在公共教育运动的冲击下,沙皇亚历山大二世从 1860 年至 1864 年间先后颁布了包括《国民教育部女子学校章程》(1860)、《俄罗斯帝国大学普通章程》(1863)、《初等国民学校章程》(1864)和《文科中学和中学预备学校章程》(1864)等在内的一系列教育法规,推动俄国教育的改革。在它们的推动下,俄国的初等教育,尤其是过去一直被忽视的农村教育得到了加强,中等学校的办学条件得以改善,数量也有所增多,整个高等教育尤其是高等技术教育获得了较大的发展。与 19 世纪 60 年代以前的法令相比,它们的进步性和民主性特征已经比较明显。但好景不长,19 世纪七八十年代,沙皇政府又颁布了一系列复辟的教育法令。通过这些法令:加强对各级学校的控制和监视;维护贵族子弟受教育的权利,保留贵族的等级学校;支持教会学校,加强宗教教育;坚持教学内容的古典主义方向,削弱实科学校的地位。俄国教育发展出现了又一次倒退。

二、乌申斯基的教育思想

乌申斯基(Константн Дмитриевич Ушинский,1823—1870)是 19 世纪俄国著名教育家,俄罗斯国民学校和教育科学的奠基人。他的教育思想集中体现在其于 1862—1868 年间先后完成的《人是教育的对象》两卷本著作中。

乌申斯基认为,教育本质上是一门艺术,而不是一门科学,教育关注的主要问题不应该是学校的教学科目、教学论或体育规则问题,而应该是人的精神和人生问题。教育的目的在于培养全面和谐发展的人。这种全面和谐发展的人除了要在身体、智力、道德等方面得到全面发展外,还应该具有劳动的习惯和爱好,把民族和个人的利益结合起来的爱国主义情感。为此,他还特别着力论述了教育的民族性,并将其作为自己全部教育活动的指导方针。乌申斯基认为,首先要贯彻教育的民族化原则,关键是要建立适合本国、本民族特点的国民教育制度,其次要重视本民族语言的教学,最后要通过教学使学生了解本国的历史和文化,竭力为祖国服务。为了贯彻教育的民主性原则,在课程设置上,乌申斯基重视本民族语言学习的重要性,强调实科课程的作用,主张把古典课程与实科课程结合起来,开设多样化的、反映现代社会生活的课程,如民族语、历史、地理、数学、自然科学和现代外语等。他还提出,在教学中必须遵守一些必要的原则:自觉性与积极性原则、直观性原则、连贯性与系统性原则、巩固性原则。乌申斯基认为,作为教育对象的人,受到家庭、学校、自然以及整个生活等许多因素的影响,其中学校教育起主导作用。在学校的诸多成员中,最重要的是教师。教师在教育学生、转变社会风气的过程中发挥着重要作用。因此,他提出:首先,教师要具有社会的、道德的、科学的信念以及坚定而正确的教育信念;其次,教师应有良好的个性品质;再次,教师应具备教育学和心理学基本理论知识。

乌申斯基大力倡导教育的民族性,将教育心理学运用到教育教学过程中,并提出了教师教育思想,创造性地尝试建立具有俄国特色的师范教育机构,为俄国教育理论的科学化和教育改革做出了重要贡献,对以后的俄国乃至苏联教育有很大影响。

第五节　近代美国教育

　　美国是西方发达资本主义国家中历史最短的一个。1620 年"五月花号"将一批欧洲移民(英国移民)载到新大陆,随后西班牙、荷兰、法国等国的殖民者先后来到美国。大批移民给美洲大陆带来了西方先进的思想文化和本国的教育体制,使得美国的教育起步虽然较晚,但起点很高。1775 年,美国反抗英国的独立战争开始,成功后建立了美利坚合众国。1861年美国爆发南北战争,最终代表资本主义工商业的北方获胜。从此,美国资本主义发展发展进入快车道,到 19 世纪末,美国的经济实力跃居世界首位。与此同时,美国的科学、文化、教育也获得了长足的发展。

一、近代美国教育发展概况

(一)殖民地时期美国的教育

　　整体而言,美国整个殖民地时代的教育完全移植宗主国的教育,不仅具有强烈的殖民主义色彩,而且具有强烈的宗教色彩。宗教是教育的主要出发点和最终归宿。学校隶属于不同的教派,每一教派根据出于培养宗教信仰的需要开设学校。17 世纪,北部的几个殖民地是英国清教徒的聚集地,他们移植和模仿了英国的教育模式,在初等教育领域,颁布了强迫义务教育法令,设立了一些公办的初等读写学校(Writing School),一些私立的妇女学校(Dame School),在中等教育领域,开办拉丁文法学校,在高等教育领域设立了专门培养高级牧师的哈佛学院(1636)。中部殖民地地区移民来自欧洲各国,教派林立,民族众多。人们各自生活在自己的群体中,教育照搬各宗主国的学校模式。堂区学校是这一地区主要教育机构,面向平民子弟,重视宗教教育。中等学校为数甚少,更无高等学校。南方地区的殖民者多来自英国国教会。他们的孩子的初等教育或中等教育多由家庭教师完成,然后送往欧洲中学和大学深造。他们对举办公众教育并不热心。因此,导致南部很少设立普通学校,多是一些临时性的慈善学校,学习初步的读写算知识及宗教问答常识。17 世纪后期,随着北美殖民地经济的发展,移民的增多,简单的读写算和古典气息浓厚的少数文法中学已经不能满足需要了。18 世纪初,北部和中部殖民地城市开始出现了一股私人教学的新风。在这样的背景下,科学家、政治家富兰克林于 1751 年在费城创办了一所文实中学,兼收男女生,用英语作为教学语言,即对学生施以大学预科的教育,又教给学生以实际有用的知识,从而使美国中等教育从完全古典的以升学为目标的文法学校向实际生活迈进,标志着美国中等教育进入了一个新的阶段。18 世纪 40 年代至 60 年代的 30 年间,美国高等教育机构数量迅速增加,新增了包括新泽西学院(1746)、国王学院(1754)、费城学院(1755)、罗德岛学院(1764)、皇后学院(1766)和达特茅斯学院(1769),而在此之前的 100 年间,北美殖民地一直只有哈佛学院(1636)、威廉—玛丽学院(1693)和耶鲁学院(1701)三所高等教育机构。这些学院都是由各种教派势力开办的私立学校,规模小,设备简陋,学术水平普遍较低,教师和学生的质量也相对较差,尽管如此,它们的出现仍然具有明显的进步意义,为后来美国高等教育制度的形成奠定了基础。

（二）建国初期美国的教育

独立战争（1775—1781）是美国历史发展的重大转折点，自然而然地也影响到了美国教育的发展。持续数年的独立战争造成美国财政困难，政局动荡，使教育在一定程度上遭到严重损伤。建国后的最初 10 年间，大多数初等学校（包括公私立与慈善学校）停办，拉丁文法中学和其他私立中学日益减少，大学也因经费短缺而难以为继，文盲数量大增。但随后，伴随着政权的稳定、经济的腾飞，美国各级各类教育事业都有了较快的发展。初等教育领域，由于工业发展急需提高劳动力的素质，致使各种各样的初等学校普遍发展起来，19 世纪 20 年代之前主要是引进英国各种具有慈善性质的初等学校形式：星期日学校、"导生制"学校和欧文的幼儿学校。20 年代以后，则致力于公立初等学校的发展。尤其是贺拉斯•曼在推动公立学校的发展上起到了不可替代的作用，被称为"美国公立学校之父"。中等教育领域，文法中学依然是美国中等教育的主要机构，但富兰克林式的文实中学因兼顾古典教育与世纪教育、升学与就业而获得较快发展，呈现出取代文法中学的趋势。高等教育领域，到 18 世纪末，美国已有 27 所学院或大学，其中 18 所是 1780 年以后建立的，比独立战争前有较大发展。不仅如此，随着独立后美国经济的恢复和新思想的传播，一些大学的教学内容也悄悄发生了变化，更加世俗化和科学化。

（三）南北战争后至 19 世纪末美国的教育

1861 至 1865 年的南北战争，实际上是美国的第二次资产阶级革命，使美国的市场得以统一，经济有了突飞猛进的发展，成为世界上经济实力强大的资本主义强国。在教育领域，各级各类教育也更加迅猛地发展起来，终于形成了具有美国特色的教育制度。

1. 美国教育领导体制的确立

美国的历史发展及其政体形式，决定了美国教育领导权的形式是一种典型的地方分权制，而不是一种国家统一的教育领导体制。从殖民地时代起，美国的教育行政就以各殖民地当局为最高领导单位，由各地方自己管理自身的教育事务。建国以后，1791 年《宪法修正案》第十条规定，"凡是宪法未曾给予联邦而又未曾限制给予各州的权利，都是保留给各州或人民的"，以法律的形式确定了教育是属于各州的权力。州制定州教育法，将全州分为若干学区，成立教育委员会，管理和监督本州内教育的实施。南北战争前，美国根本没有中央一级的教育领导机构，宪法也规定联邦政府无权干涉各州教育。战后，随着教育事业的发展，成立中央教育行政机构的必要性日益凸显。1867 年，众议院议员加菲尔德（A. Garfield）提议设立中央教育部，未获得通过。两年以后，联邦政府开始设立教育总署，隶属于内务部。1870 年改称教育局。总体而言，美国的中央教育行政机构并不具体领导各州的具体教育实施，而只负责调查、统计、传达各州教育情况，分拨联邦教育经费，召开各种教育问题讨论会和举办各种教育展览等。

2. 各级各类学校的发展

19 世纪中期以前，美国没有学前教育。南北战争后，在西欧学前教育发展的影响下，美国开始重视以托儿所（2—4 岁）、幼儿园（4 岁至入小学前）的形式实施幼儿教育。最初的开办幼儿园理念是从德国引进的，后来福禄贝尔的幼儿思想在美国广泛传播。很多地方开始设立私立的幼儿园。1873 年，圣路易斯州首次将幼儿园教育作为公立学校教育系统的一个组成部分，成为美国公立幼儿教育的开始。从此，幼儿教育成为美国教育制度中的第一阶段。

南北战争后,在贺拉斯·曼所领导的公立学校运动的推动下,美国初等教育得到进一步发展。很多州都先后通过义务教育法令,大力普及初等教育。1859 年,仅在马萨诸塞州就有了 400 多所公立学校,成为当地初等教育的主体。不仅如此,联邦政府也积极对教育拨款,资助那些亟待进一步普及初等义务教育的州和地区。1859 年,仅在马萨诸塞州就有了 400 多所公立学校,成为当地初等教育的主体。初等教育在数量发展的同时,教育内容与教学方法也在一定程度上得到了革新。随着卢梭、裴斯泰洛齐、福禄贝尔等人的教育思想在美国的传播,美国本土实用主义哲学的形成,初等教育的内容有了极大的变化,开始着眼于当前的实用价值,在原有的读写算课程之外,增加了自然常识、历史、地理、音乐、图画等实用课程,甚至手工、缝纫、烹饪、园艺等课程也成为一些学校的新课程。教学方法上,直观教学法、"昆西教学法"等新的教学方法开始得到广泛应用。

南北战争以后,初等教育领域的公立学校运动,开始延伸至中等教育领域。中等学校被视为初等教育的延续,受到了越来越多州的重视。公立中学在美国各州遍地生根。1860 年,全美共拥有公立中学 300 多所,到了 1980 年则增加到 2 526 所。[①] 公立中学以为学生做职业准备为主要职责,在课程设置上,切合实际需要,重视英语、数学、自然科学和现代语言的教学。它的出现为更多的人接受中等教育提供了机会。

南北战争以后,美国的高等教育呈现出两种发展倾向:一种倾向是讲求实际的原则,努力契合工商业发展的需要,广泛开设农工学院。1862 年,美国国会通过了《莫雷尔法案》(Morill Act),规定各州凡有国会议员一人,便由联邦政府拨给 3 万英亩土地,各州应将土地的收入用于开办或资助农业和机械工艺学院。这种学院一般修业 4 年,培养发展工农业所需的专业人才,也被称为"赠地学院"。《莫雷尔法案》的颁布,开启了美国联邦政府资助高等学校的先河,此后,许多州创办了赠地学院或在原有大学内附设农工学院。赠地学院的发展确立了高等教育为工农业生产服务的方向,推动了美国科学技术的发展,改变了美国高校重理论轻实际的传统。另一种倾向是,努力发展专注学术的研究型大学。19 世纪中后期,大批美国人赴德留学或考察,这批学者回国后,纷纷尝试将德国大学的理念移植到美国高等教育的土壤中。1876 年,吉尔曼创办美国历史上第一所研究型大学——约翰·霍普金斯大学。该大学以学术研究为主,并在全国首设研究生院,聘用知名学者任教;注重图书馆及专业学术期刊建设;教学上借鉴德国大学的做法,普遍采用习明纳、实验法等方法。至 1901 年,霍普金斯大学已成为享誉世界的知名大学。在霍普金斯大学的带动下,包括哈佛、耶鲁、哥伦比亚等传统的学院也加强了自身的研究型大学改造,加强学术研究与科学实验,改造课程,加强专业教学,创设研究生院。研究型大学的兴起,改造了美国高等教育的面貌,极大地提升了美国高等教育的质量和学术声誉,使美国高等教育以崭新的姿态屹立于世界高等教育之林。

二、贺拉斯·曼的教育思想

贺拉斯·曼(Horace Mann,1796—1859)是 19 世纪美国著名的教育家。1837—1848 年,他担任马萨诸塞州教育委员会秘书。在此期间,他全身心地致力于公立教育的开展,亲

---

① 吴式颖.外国教育史教程(缩编本)[M].北京:人民教育出版社,2002:285.

自撰写州教育委员会年度报告,多次发表讲演、阐述其公共教育思想,推动了美国公立教育运动的发展,被誉为"美国公立学校之父"。他的思想集中体现在任职期间所撰写的12份教育年度报告和《教育演讲集》(1848)之中。

贺拉斯·曼认为教育的目的在于培养社会所需要的各类专门人才。教育是使人摆脱贫穷的重要手段,是维持现存社会安定的重要工具;教育能促进社会改革和促使人类平等,使人们成为一个具有更多学问和更高德行的人,用建立免费学校的办法实施普及教育是共和政府继续存在的必不可少的保证。在贺拉斯·曼看来,完整的教育内容应该包含体育、智育、政治教育、道德教育、宗教教育等诸方面。体育方面,贺拉斯·曼认为,健康和体力是必不可少的组成部分,个人、家庭、社会的幸福都有赖于健康的身体,体育的内容主要是向学生教育人体生理学、健身和卫生知识;智育方面,贺拉斯·曼认为,智育是创造财富的主要条件,公立学校要重视语文、生理学、历史、地理及簿记等实用科目的教学;政治教育方面,贺拉斯·曼认为,共和国的公民应该具有履行共和国公民的职责的政治知识,接受立法、共和国、选举等方面的政治教育;道德教育方面,贺拉斯·曼认为道德教育是社会存在的基本需要,公立学校的道德教育对成人的习惯和品德的早期培养具有决定意义,建议教师要利用最有利的机会对儿童进行道德教育;宗教教育方面,贺拉斯·曼一直反对教会控制学校和狭隘的教派教育,主张对儿童灌输以《圣经》为基础的一切基督教道德。此外,贺拉斯·曼十分重视教师的培养,将之视为提升公立学校教育的重要手段。他认为,教师是学校的主持者和知识的传播者。没有好的教师,就没有好的学校。只有优秀的教师才能进行成功的教学。一个合格的教师应该具有良好的品质、丰富的知识、饱满的教学热情、好的教学方法。为造就合格的教师,应该建立师范学校,专门训练教师如何去教。师范学校既要在未来教师所教的科目和教学方法上进行训练,还要让他们进行教学实习。

贺拉斯·曼的普及教育思想和师范教育思想不仅影响了美国的教育理论与实践,在国际教育界也产生了巨大反响。

第六节　近代日本教育

一、近代日本教育发展概况

近代日本的教育以明治维新(1868)为界,泾渭分明:明治维新之前是封建教育时期;明治维新之后是资本主义教育时期。

(一) 明治维新之前的日本封建教育

17世纪当英国爆发资产阶级革命时,日本仍然处于封建社会,国家由德川家族设在江户的幕府统治,天皇成为傀儡完全被幕府掌控,幕府将土地分封给地方的封建主——大名,由他们设立"藩国",代替幕府管理地方事务。明治维新之前,日本的封建教育带有鲜明的等级性,主要分为幕府、藩国和民众教育三个等级。幕府所开办的教育机构称为讲习所,有的传授儒学,有的传授国学,有的传授西方的自然科学、医学、军事技术和外语。藩国开办的教育机构称为"藩学",主要传授儒学和武艺,后来也有传授国学、日本历史和西方自然科学的。

面向民众开设的民众教育机构种类繁多,有乡学、寺子屋、私塾等。这些机构多面向平民子弟开设,主要用于培养驯服和勤劳的顺民。18 世纪以后,日本的封建教育也出现了一些变化,在一些藩学中增加近代西方科学和外语等学科的教学,民众教育也出现了实学讲习所等。这些变化为明治维新的教育改革,做了良好的准备。

(二)明治维新之后的日本教育

19 世纪中叶,德川幕府的统治危机重重。一方面社会各阶层对德川幕府的统治更加不满,另一方面外国资本主义势力不断入侵,日本被迫签署不平等条约,民族经济遭到严重摧残,国家处于沦为殖民地的边缘。在这样的情况下,"倒幕运动"不断高涨,终于在 1868 年推翻了德川幕府,建立了大地主和大资产阶级联合执政的明治天皇政府。政府一成立,就在政治、经济、军事、文化和教育等诸领域进行了一系列改革,史称"明治维新"。明治维新之后,日本的教育发展主要体现在以下几个方面:

1. 中央集权教育管理体制得以确立

明治维新时期,为了实现"破从来之陋习""求知识于世界"的改革目标,日本政府加强了对教育领导权的控制。1871 年明治政府设立文部省,作为全国教育领导机构,统一管理全国的文化教育事业并监督宗教事务。1872 年,颁布《学制令》,进一步确立了中央集权的教育领导体制:在文部省之下,全国分为 8 个大学区,各设一所大学;每个大学区又分成 32 个中学区,各设一所中学;中学区又分成 210 个小学区,各设一所小学。大学区制的教育管理体制曾在 1879 年政府颁布的《教育令》中有所削弱,但在 1880 年修改的《教育令》中,又得以恢复。这一体制一直延续到第二次世界大战结束。

2. 初等教育得以普及

明治维新之前,日本的初等教育已经有一定的发展,出现了寺子屋、乡学等教育机构。但这些机构教学设施简陋,教学质量不高。明治维新时期,日本政府为了培养忠君、爱国、守法的国民,极为重视初等教育的发展。1872 年,颁布《学制令》,取消先前的寺子屋和乡学,设立小学,规定儿童 6 岁必须入学。1886 年,颁布《小学校令》,规定小学分为寻常小学和高等小学两个阶段,在寻常小学阶段实施 4 年的免费义务教育。据统计,1873 年日本初等教育入学率仅为 28%,1891 年则猛增至 50.3%,1907 年则达到 97.3%。[①]这一成就的取得与日本政府重视通过初等教育来提高国民素质,并适时调整初等教育方针、政策密不可分。

3. 中等教育得以发展

1872 年,日本《学制令》的颁布催生了日本近代中等学校。《学制令》要求设立六年制的中等学校,事实上多由藩校与私塾改建而来,学制年限不一,发展缓慢。为了进一步规范中等教育的发展,1886 年颁布的《中学校令》,明确指出中学的两大任务是:实业教育和为升入高等学校做准备的基础教育。中学分为寻常中学和高等中学,前者修业 5 年,由地方政府设置和管理,每一府县设一所;高等中学属于大学预科性质,修业 2 年,由文部大臣直接管辖,每一学区设一所,全国设五所。在课程设置上,寻常中学主要开设基础和实用课程,服务于学生直接就业;高等中学实施分科教学,开设文、理、法、医、农商五科,为学生升入大学做准

---

① 吴式颖. 外国教育史教程(缩编本)[M]. 北京:人民教育出版社,2002:299.

备。随后,日本政府又先后颁布与实施了《实业补习学校令》(1893)、《实业学校令》(1899)和《高等女子学校令》(1899),使明治维新时期的中等教育结构呈现多样化。到 19 世纪末,日本中等教育的结构已经趋于完整,包括了中学(寻常中学和高等学校)、中等技术学校和女子中学。

4. 新式大学得以创办

明治政府非常重视高等教育的发展,新式大学的创办以东京大学的创办为肇始。1877年,明治政府将文部省所辖的昌平板学校、东京开成学校和东京医学校合并,成立东京大学。新成立的大学分为法学部、理学部、文学部和医学部,以为国家培养管理干部和技术人才为己任,享受政府特殊优惠待遇。每年政府拨出教育经费的 40% 给东京大学,不仅高薪聘请外籍教师来此任教,还选送大批学生出国留学深造。因此,东京大学一开始就保持了很高的学术水平并成为当时日本近代化的中心。19 世纪末 20 世纪初,在帝国大学之外,日本政府又先后成立了京都大学、东北大学、九州大学、北海道大学,同时也鼓励庆应大学、早稻田大学、明治大学等私立大学的创办与发展。这些大学为日本工业化的发展培养了大批科技人才和管理人才。

二、福泽谕吉的教育思想

福泽谕吉(1835—1901)是日本明治维新时期著名的启蒙思想家和教育家。他毕生从事著述和教育活动,形成了富有启蒙意义的教育思想,对日本迈向资本主义发展道路起了推动作用,也为日本近代教育制度的确立奠定了基础,因而被称为"日本近代教育之父"。

福泽谕吉主张以知识富人、教育立国。人生来并无高低贵贱之分,唯有勤于学问、知识丰富的人才能富贵。对于国家而言,实施教育及文明开化政策也是国家独立富强的前提和保障。为此,福泽谕吉主张大力普及学校教育,强迫全国的适龄儿童入学。在教育目标上,福泽谕吉主张"和谐发展",将德、智、体的均衡发展

图 13-4　福泽谕吉

作为教育的根本宗旨,提倡三育并重。他把体育放在首位,认为体育造就健康的国民,主张儿童的教育从体育开始。学校应该把体育课确定为必修课,只要体现体育的本意,任何形式的活动都可以作为体育的内容。在智育方面,他提倡修习学问,唯尚实学。他认为学校不只是传授知识的场所,更是开发人的天资的地方,学校教育应该使人的各项能力得到均衡发展。在道德教育上,他认为,德育的目的在于培养国家观念和独立意识。在学校教育、家庭教育和社会教育三者的关系上,福泽谕吉认为理想的教育在于把这三者协调起来,成为一个相互促进的整体。家庭教育培养习惯,陶冶心灵;学校教育普及文化,培养人才;社会教育增长知识,养成道德。除此之外,他还提倡尊重女性和实施女子教育。

作为新兴资产阶级的代言人,福泽谕吉积极投身文明开化,思想启蒙,并大力发展教育事业,提升日本国民的整体素质。他的教育思想对当时和后来的日本教育改革与发展产生了深远的影响。

第七节　夸美纽斯的教育思想

夸美纽斯(Johann Amos Comenius,1592—1670)是 17 世纪捷克著名的爱国主义者,民主主义教育实践家和理论家。夸美纽斯继承了文艺复兴以来人文主义教育思想的成果,结合自身长期的教育实践活动,提出了一套系统而崭新的教育理论,从而为近代资产阶级教育理论的发展奠定了基础。

一、生平与世界观

1592 年 3 月 28 日,夸美纽斯出生于捷克一个磨坊主的家庭,父亲是"捷克兄弟会"的成员。"捷克兄弟会"是新教在捷克的一个分支,教内推崇平等互助精神。12 岁时,夸美纽斯失去双亲,在捷克兄弟会的资助下接受了中高等教育。1614 年大学毕业后,夸美纽斯就回国为教效劳,担任捷克兄弟会一所拉丁文法学校的校长,两年后,又被推选为兄弟会的牧师。1618 年捷克爆发了反对天主教会和德国贵族的起义,并引发了欧洲的"三十年战争",结果捷克战败,夸美纽斯和其他约三万名捷克兄弟会会员受到残酷迫害,辗转失所,颠沛流离。在极度艰难困苦的流亡生活中,夸美纽斯仍然孜孜不倦地从事教育实践与研究活动,无论是妻儿离世还是书稿被焚,都没有使他停下教育的脚步。17 世纪 40 年代以后,他还应邀参与瑞典、匈牙利等国的教育改革事业,最终于 1670 年客死于荷兰的阿姆斯特丹。

图 13 - 5　夸美纽斯

夸美纽斯一生笔耕不辍,教育研究成果丰硕,其中代表性的著作有:《母育学校》(该书于 1630 年完成,详细论述了幼儿家庭教育,是西方历史上第一部学前教育专著)、《大教学论》(成书于 1632 年,是西方第一部系统论述教育问题的专著,第一部独立形态的教育学著作,是夸美纽斯的教育代表作)、《世界图解》(成书于 1654 年,是世界上第一本依据直观原则编写的有图的教科书和儿童读物)等。

夸美纽斯生活在欧洲由封建制度向资本主义制度过渡的动荡时代,新旧思想和欧洲三十年战争的严酷现实对他的世界观有着强烈的影响。一方面,人文主义的深刻影响使他具有强烈的民主主义观念;另一方面,他作为宗教人士,宗教观念根深蒂固,虽然强调感觉是认识的起点和基础,但又承认"神启"的作用,认为《圣经》是认识的起源。夸美纽斯世界观中的矛盾,不可避免地体现在他的教育理论体系中。

二、论教育的目的和作用

夸美纽斯从宗教世界观出发,认为人生的最终目的是达到"永生","今生只是永生的准备"①因此,教育的目的也就是使人认识和研究世界上的一切事物,培养能力、德行和信仰,

---

① ［捷克］夸美纽斯. 大教学论[M]. 傅任敢,译. 北京:教育科学出版社,1999:7.

以便享受现世的生活,并为永生做好准备。这种教育目的,在宗教色彩的外壳下,洋溢着人文主义的精神内核。

夸美纽斯高度评价教育的作用。首先,他认为教育具有改造社会,建设国家的功用。其次,他认为教育可以发展人的天赋,培养健全的个人。在他看来,每一个人都有一定的天赋,天赋发挥得如何,关键靠教育。只要接受合理的教育,任何人的智力都能够得到发展。

三、泛智论

在《大教学论》中,夸美纽斯用一句话概括了他的泛智论教育思想,那就是"把一切事物教给一切的人"。它包含两个层面的含义:从教育内容来看,泛智论要求人们掌握一切知识,因此应该是一种"周全的教育"。周全的教育,应该在学校里面进行,包括智力、道德和宗教这三方面的教育,尤其要重视德行和虔信的教育。周全的教育帮助我们做到:① 通过科学与艺术的研究来培养我们的才能;② 学会语文;③ 形成诚笃的德行;④ 虔诚地崇拜上帝。①
从教育对象来看,泛智论要求不分男女,不论贵贱,"人人均应受教育"。夸美纽斯认为,一切城镇乡村的男女儿童都是上帝的子民,不论富贵贫贱,都应该进入学校接受泛智的教育。为了实现教育的普及,夸美纽斯积极拥护学校教育,肯定学校教育的必要性和优越性,并强调国家对于教育具有不可推卸的责任。

四、教育教学的原则

1. 教育适应自然原则

教育适应自然的原则是贯穿夸美纽斯整个教育理论体系的一条根本的指导性原则。在夸美纽斯看来,教育适应自然中的"自然"有三重含义:一是指自然界;二是指人类社会;三是指人的本性。自然界就像是一架精密有序的机器,世界上的一切都是按照机械原理安排妥当了的。教育适应自然就是教育要遵循自然的"秩序",遵循事物普遍存在的规律;教育适应自然还要依据儿童的天性,适应儿童的年龄特征和心智特点,使每一个人的才能得到充分发展。

2. 教学的具体原则

夸美纽斯非常重视教与学的实施,为了"节省教与学的时间和精力"②,他在《大教学论》专辟三章(十七章、十八章和十九章)论述了诸多具体的教学原则:① 直观性原则。直观性原则指的是将一切事物尽可能放在感官面前,尽可能让学生用多种感官去感知事物。在教学时,教师要先教事物,然后再教导学生如何用语言去表达事物;先教例证,然后再教规则。除了教师的讲解外,要尽可能地让学生用多种感官去观察实物。② 启发性原则。夸美纽斯认为人天生具有学问、德行和虔信的种子,教育者不必从外部对儿童强加东西,只需要激发出儿童潜在的兴趣,使教学方法符合儿童的特点即可。他建议通过启发学生求知的愿望来调动儿童的积极性和主动性,还指出了包括对话、环境熏陶等具体的方法来激发学生的学习热情。③ 量力性原则。夸美纽斯要求教学要合乎儿童的身心发展水平,适应

---

① [捷克]夸美纽斯. 大教学论[M]. 傅任敢,译. 北京:教育科学出版社,1999:40.
② [捷克]夸美纽斯. 大教学论[M]. 傅任敢,译. 北京:教育科学出版社,1999:139.

他们的年龄特征与接受能力,特别是为初学儿童选择学习材料时一定要适当。④ 循序渐进性原则。夸美纽斯认为所有生物总是按照一定的顺序繁衍生息的,每一项工作总是在前者完成之后才开始新的工作,绝无僭越。因此,教学中也应该合理安排教学科目的顺序,做到由简到繁,由近及远,由已知到未知,由具体到抽象,循序渐进地进行。⑤ 巩固性原则。夸美纽斯认为,学生应在理解的基础上掌握知识,并将所学知识加以练习和应用。⑥ 简明性与迅速性原则。夸美纽斯认为,应当消除教学过程中的阻碍和延误,直接奔向预定的目标。

五、论道德教育与健康教育

夸美纽斯认为,道德教育主要是培养人"谨慎""节制""刚毅""正义"四种德行。进行道德教育的方法主要有:应尽早开始全面教育;应从行动中养成道德行为的习惯;应树立榜样;应形成格言和行为规则做指导;应重视儿童的择友等。

夸美纽斯主张提高生命的质量,以辩证的观点来看寿命的长短。应重视身体的养护和锻炼。

六、论教育管理

(一)国家对教育的管理

夸美纽斯认为教育对于改造社会、建设国家,起着巨大的作用。因此,国家对教育具有不可推卸的责任,国家应该重视教育,普遍设立学校。国家应该设立督学,对全国的教育进行监督,以保证教育的统一发展。

(二)学制

为了使所有儿童都有上学的机会,夸美纽斯根据他的教育适应性原则,提出了建立全国统一学制的主张。他把人从出生到成年分为四个时期:婴儿期(1—6 岁)、儿童期(6—12 岁)、少年期(12—18 岁)以及青年期(18—24 岁)。主张与此相对应,设立四种级别的学校:母育学校、国语学校、拉丁语学校(相当于中学)以及大学,并在此基础上为各级学校规定了教学内容。

(三)学年制与班级授课制

为改变中世纪以来学校组织混乱无序,随时入学的状况,夸美纽斯提出了学年制的构想。他提出,学校的各年级应该在同一时间开学和放假;每年招生一次,学生同时入学;学年结束时,经过考试,同年级学生同时升级。他还强调学校工作要有计划,要详细到每年、每周、每时,按计划有条不紊地进行。

为了实现普及教育、提高教学效率,夸美纽斯在教育史上首次提出并详细论述了班级授课制。班级授课制的具体办法就是根据全校学生的年龄和程度分成不同班级,作为教学的基本单位。每个班规定在一个教室上课,由一名教师同时对全班学生进行教学,每个班级又分为许多小组,每组 10 人,实行"导生制"。

(四)考试与考查制度

配合学年制和班级授课制,夸美纽斯还制定了一套考试、考查制度。夸美纽斯认为,为了保证教学的质量,从学时、学周到学年,都应该进行考试。最基本的是学时考查,最重要的是学年考试。这些考查、考试应由不同的人负责,在不同的时间段内进行。考试形式不仅包括外界的考查,还包括学生对自己学习状况的自我考查。

总之,享有"教育史上的哥白尼"之称的夸美纽斯,在教育理论和教育实践上均做出了划时代的贡献。他那些富有远见的、具有强烈民主性的教育思想是全人类教育事业的宝贵遗产。

第八节　裴斯泰洛齐的教育思想

裴斯泰洛齐(Johann Heinrich Pestalozzi,1746—1827)是瑞士著名的民主主义教育家。他毕生致力于贫民儿童教育和国民教育事业,不仅在教育理论上有很多独到的见解,而且凭借自身对教育事业的执着和奉献,为全世界的教师树立了令人肃然起敬的光辉榜样。

一、生平与教育活动

裴斯泰洛齐出生于瑞士苏黎世的一个医生家庭,5 岁丧父,幸由母亲和女仆精心照料才得以长大成人。他生活的时代正是瑞士社会发生深刻变革的时代。

1768 年,裴斯泰洛齐在苏黎世的比尔村建立示范农场,取名诺伊霍夫(Neuhof)新庄,试图以此来影响和帮助附近农民,但由于经营不善,五年后示范农场宣告破产。然而,这一失败却激发了裴斯泰洛齐谋取通过教育革新来实现社会理想的愿望。它将新庄逐渐改成一所"贫儿之家",先后收留了 50 余名 6—18 岁的孤儿,一面亲自教他们读写算知识和道德,一面让他们学习农耕、纺纱等生产技能,生产劳动,自给自足。可是不久,"贫儿之家"又因经费不足而被迫停办。此后,裴斯泰洛齐将注意力转向对社会

图 13 - 6　裴斯泰洛齐

和教育问题的深入思考和探索,先后发表了《一个隐士的黄昏》《林哈德与葛笃德》和《人类发展的自然历程》等著作。

1798 年,瑞士资产阶级革命初步胜利,新政府委派裴斯泰洛齐在斯坦兹城组织一所孤儿院。孤儿院陆续收容了 80 余名 5—15 岁的战争遗孤,裴斯泰洛齐基于对儿童的"爱",努力将孤儿院办成一个充满亲情的大家庭式的教育机构,对儿童实施"心——手——头的教育",使儿童在智力、身体和道德方面都得到了发展。可惜由于战争,该孤儿院被改作医院,裴斯泰洛齐只得又一次中止了其教育实验。

离开斯坦兹后,裴斯泰洛齐到布格多夫一所小学任教,不久又应邀主持另一所小学的工作。在此期间,他开设了培养初等学校教师的训练班,开展了第三次教育实验。在此期间,他出版了《葛笃德如何教育她的孩子》(1801),提出了一套全新的教学原则和方法。这本书受到了欧洲各地的广泛关注,成为 19 世纪初等教育的经典之作,裴斯泰洛齐也因而蜚声国内外。

1805 年,裴斯泰洛齐带领部分师生迁往伊弗东城,建立了伊弗东学校,开始了第四次教育实践。伊弗东学校设小学、中学和师范部,在建校后的前 10 年成果最为突出,一时成为当

时欧洲的"教育圣地"。① 1825 年,老年的裴斯泰洛齐回到新庄,写下了《天鹅之歌》与《生命归宿》,反思并总结了自己一生的教育思想和实践。

二、论教育的目的和内容

裴斯泰洛齐认为教育目的在于发展人的一切天赋力量,使人尽其才,可以自由地运用他的全部才能,在社会上得到应有的地位。真正的教育,应该使儿童从对母亲的依赖和热爱开始,逐渐扩展到对他人、对身边所有人的积极的爱。这种教育只有通过和谐发展儿童身上的本性和力量才能完成,而这种发展必须是全面、和谐的。儿童的天赋能力包括道德、智力和身体三个方面。因此,和谐教育也主要由德育、智育、体育和劳动教育三个方面组成。

1. 德育

裴斯泰洛齐认为德育是培养"和谐发展"的人的重要方面。他把"爱"作为德育的基础,认为是上帝把自然的和本能的情感移植于人类,作为道德和宗教的永恒起点,信仰上帝是德行的最高要求。裴斯泰洛齐重视家庭式的情感教育,认为家庭教育是儿童发展的外在根源,主张把家庭的自然关系和爱的气氛引进学校。同时,裴斯泰洛齐还把德育与智育紧密联系起来,提出了教学要有教育性的要求。

2. 智育

裴斯泰洛齐认为,智育的主要任务是激发儿童的天赋力量和能力,发展儿童的心智。教育者应该启发儿童天赋的智慧,促使他们形成自己的判断,激发他们的才能。为了使儿童的心智得到发展,裴斯泰洛齐不仅提出了要素教学理论,简化了教学方法,而且还指出了进行智育应该依据两个原则:一是由已知到未知的原则;二是由具体到抽象的原则。

3. 体育和劳动教育

裴斯泰洛齐认为体育和劳动教育是相辅相成的两个方面。体育就是把所有潜藏在人身上的生理力量发挥出来,劳动教育就是以体育为基础,使儿童获得独立的生活能力。儿童在四肢得到活动的同时,大脑也得到了活动和锻炼,而体育的组织也是以智力训练为基础。在体育和劳动教育的过程中还可以对儿童进行道德教育,培养他们坦诚、勇敢、吃苦耐劳等优秀品格。

总之,德育、智育、体育和劳动教育,你中有我,我中有你,相互作用、相互协调,共同构成了裴斯泰洛齐的和谐教育内容。

三、论教育心理学化

在西方教育史上,也可以说是在世界教育史上,裴斯泰洛齐是第一个明确提出"教育心理学化"的教育家。教育心理学化就是把教育提高到科学的水平,将教育科学建立在人的心理活动规律的基础上。裴斯泰洛齐认为,做到教育心理学化:第一,要求将教育的目的和教育的理论指导置于儿童本性发展的自然法则的基础上,做到教育目的心理学化。所有教育者都必须认识到,人生来具有天赋的潜能,这种潜能不但有内在发展的心理动力,而且还有一定的规律,因此,只有认真探索和遵循儿童的心理活动和心理发展的规律,才能达到应有

① 吴式颖. 外国教育史教程(缩编本)[M]. 北京:人民教育出版社,2002:213.

的教育目的。第二,要使教育内容的选择和编制适合儿童的学习心理规律,做到教学内容心理学化。第三,做到教学原则和教学方法的心理学化。教学艺术要遵循自然的规律,要和自然活动的规律相协调,要和学生的认识过程相协调。第四,要让儿童成为他自己的教育者。教育者不仅要让儿童接受教育,而且还要适应儿童的心理时机,尽力调动儿童的能动性和积极性,使他们懂得自我教育。

四、论要素教育

要素教育是裴斯泰洛齐基于教育心理学化理论对初等教育内容和方法的重要论述,是裴斯泰洛齐教学理论体系的中心。

要素主义的基本思想就是认为一切知识都是由最简单的“要素”组成的,人们只要掌握了这些基本要素,就能够不断认识复杂事物与周围世界。初等学校的各种教育都应该从最简单的要素开始,然后逐渐转到日益复杂的要素,以便循序渐进地促进人的和谐发展。

裴斯泰洛齐的要素教育主要包括三个方面的内容:① 德育的要素。儿童对母亲的爱是道德教育最基本的要素。道德的要素便应从家庭中的亲子之爱出发,推己及人。② 智育的要素。智育的要素是整个要素教育的核心,数目、形状和语言是教学的最基本要素。学习这些要素最基本的学科是算术、几何和语文。各门学科的教学也必须从最简单的要素开始,由简到繁,循序渐进。例如,算术教学就可以从简单的数字“1”开始,逐渐发展为四则运算;几何教学可以从简单的点、线开始,逐渐发展到复杂的几何图形。③ 体育的要素。通过某些关节活动使儿童进行从简单到复杂的练习,儿童身体的各种技巧和力量就可以得到增强。

裴斯泰洛齐从要素理论出发,大大改变了初等学校的教学科目和教学内容。他将阅读、书法、算术、初步几何、测量、绘画、体操以及地理、历史、自然等方面的基本知识囊括到教学科目中。这样,初等学校的教学内容便得到了极大的丰富和扩充。

裴斯泰洛齐毕生致力于教育革新实验和教育理论探索,他在有选择地继承前人教育思想的基础上,结合自己的教育实践,形成了自己独特的教育思想体系。他的教育思想具有鲜明的民主性和科学性,反映了时代的要求和教育自身的规律,对后世教育思想和实践产生了深远的影响。

思考与拓展

1. 试分析英国近代双轨制学制形成的原因。
2. 法国中央集权的教育领导体制是如何形成的? 有什么样的特点?
3. 分析德国的泛爱学校运动。
4. 阐述贺拉斯·曼的教育思想与美国公立学校运动。
5. 阐述近代西方的新大学运动。
6. 评述夸美纽斯的教育思想。
7. 评述洛克的教育思想。
8. 评述卢梭的教育思想。
9. 评述裴斯泰洛齐的教育思想。

10. 评述福禄贝尔的教育思想。
11. 评述赫尔巴特的教育思想。
12. 评述乌申斯基的教育思想。
13. 比较分析 17—19 世纪中外教育发展的异同。

第十四章　19 世纪末至 20 世纪前期欧美教育革新运动

本章概要:19 世纪末 20 世纪前期,伴随着科学文化、政治、经济的发展,欧美一些国家开始出现各种新的教育思潮,并逐渐汇集成一场范围广泛的教育革新运动。这场运动所包含的教育思想十分广泛,主要有欧洲的新教育运动与"新教育思潮",美国杜威的教育思想与进步主义教育运动以及建立在批判进步主义弊端基础之上的改造主义与新传统教育思潮。它们以改革传统学校和教育为主要目标,继承和发展了以卢梭为代表的自然主义教育观,强调儿童中心主义,重视革新课程设置和教学新方法的探索,注重教育教学与现实社会生活的联系,重视吸收相关学科最新研究成果,从而为现代教育的科学化奠定了深厚的理论基础。

第一节　新教育运动

19 世纪末 20 世纪前期,随着欧美国家政治、经济、文化等方面发生的深刻变化,在教育领域兴起了一场继启蒙运动以来的又一场教育革新运动——新教育运动。这次运动在批判传统学校和以赫尔巴特及其后形成的赫尔巴特学派为主的传统教育理论的同时,兴办各种新式学校并提出尊重儿童的主体性,强调教育与生活的联系等教育主张。该运动与美国的进步教育运动一起,为欧美教育民主化和现代化奠定了坚实基础,其影响力甚至辐射至整个世界。

一、新教育运动的形成和发展

"新教育运动"(new educational movement)也叫"新学校运动",是指 19 世纪末至 20 世纪初在欧洲兴起的教育革新运动。[①] 初期主要是建立教育宗旨、目的、内容、方法区别于传统学校的新学校,后来随着教育实践的不断深入,新教育运动发展成具有完整教育理论指导的社会运动。

新教育运动开始于英国,后来拓展到欧洲其他国家。其形成和发展过程是:1889 年,英国教育家雷迪在英格兰德比郡罗切斯特创办了一所乡村寄宿学校——阿博茨霍尔姆学校。作为第一所新学校,阿博茨霍尔姆学校的创办也标志着新教育运动的开始。之后,德国教育

---

① 吴式颖,李明德. 外国教育史教程[M]. 北京:人民教育出版社,2015:295.

家利茨和法国教育家德莫林等人开始在欧洲其他国家创办新学校。随着新学校在欧洲各个国家的创办,新教育运动的国际组织和宣传新教育运动的专业期刊也开始出现。1899年,费利耶尔在瑞士成立"国际教育局"作为欧洲新教育运动支持者们的交流中心。1921年,法国的加雷市成立"新教育联谊会",出版《新时期的教育》杂志,宣传新教育理论。1922年该协会正式颁布协会章程,强调儿童应处于教育的中心,并提出七项基本原则,即增进儿童的内在力量;尊重儿童个性发展;使儿童的天赋自由施展;鼓励儿童自治;培养儿童为社会服务的合作精神;发展男女儿童教育间的协作;要求儿童尊重他人,保持个人自尊。1966年,新教育联谊会更名为"世界教育联谊会",标志着长达半个多世纪的新教育运动的终结。

二、新教育运动中的著名实验

新教育运动期间遍布欧洲的新学校作为整个运动的"实验室",不仅直接冲击了传统学校的教育模式,而且也促进新教育运动理论的发展。新教育运动期间的著名实验的包括:英国教育家雷迪创办的阿博茨霍尔姆学校、英国尼尔创办的夏山学校、德国利茨创办的乡村教育之家、法国德莫林创办的罗歇斯学校、英国罗素创办的皮肯希尔学校等。

英国公学一直被视为培养英国民族精英的摇篮,然而,在雷迪看来,传统公学无论在教育目标、内容还是方法上都与现代资产阶级生活格格不入。因此,1899年雷迪在英格兰创办了阿博茨霍尔姆学校,开始了旨在革新英国传统"公学"教育的新教育实验。阿博茨霍尔姆学校是一所建立在风景宜人郊区的寄宿中学,它只招收11—18岁的男孩。雷迪认为,新教育就是提供一种全面的教育。因此,他将学校生活分为三个部分:上午是学术活动,下午是体育锻炼和户外活动,傍晚是娱乐和艺术活动。在课程设置上,他将课程分为五个部分:一是体育和手工劳动;二是有关艺术的课程;三是文学和智力方面的课程;四是社会教育;五是道德和宗教的教育。[①]"合作、和谐和领导"是雷迪领导阿博茨霍尔姆学校时的基本思想。因此,学校强调一种真诚的师生关系,并以小组学习的方式让学生学会合作和领导。正如雷迪所说:"我们特别需要造就一个领导阶级。我们能通过明智的和有生气的教育来造就它。"[②]

在雷迪创办的阿博茨霍尔姆学校的示范效应下,欧洲其他地区也涌现出了极具特色的新教育实验。英国尼尔创办的夏山学校,也叫萨默希尔学校。该学校强调有纪律的自由精神,师生平等,学生可以自由地选择学习的内容和学习方式。法国德莫林创办的罗歇斯学校是法国第一所新学校。该学校一方面强调师生间家庭式的亲密关系,另一方面,除了开设正式课程以外,还重视体力劳动和小组游戏。由于尤其重视体育,又被叫作"运动学校"。英国罗素的皮肯希尔学校是以"爱、自由和个人主义"为指导思想创办的。罗素认为,现代教育具有四大发展趋势:第一,教育制度民主化。第二,教育内容实用化。第三,教育方法自由化。第四,给幼儿期以更多的关注。罗素认为教育目的应该是个人本位的,学生不应成为国家强大的工具,相反地,国家因由"具有活力、勇敢、敏感和理智等特性的男女所组成的社会"而强大。因此,他坚信"教育是开启新世界的钥匙"[③]。

---

① 滕大春.外国教育通史(第5卷)[M].济南:山东教育出版社,2005:230-231.
② 滕大春.外国教育通史(第5卷)[M].济南:山东教育出版社,2005:197.
③ [英]罗素.罗素论教育[M].杨汉麟,译.北京:人民教育出版社,2009:52-53.

欧洲新教育运动中的新学校收费高昂,以中上层阶级的少数学龄儿童为招生对象,规模小,并游离于国家教育体制之外,缺乏群众基础。但是,它们成功引起了世人对新教育的关注和传统教育的反思,新学校之间经常相互交流、学习,因而使新教育运动成为具有国际影响力的教育革新运动。

三、梅伊曼、拉伊的实验教育学

实验教育学(experimental pedagogy)是 19 世纪末 20 世纪初产生于德国,随后在欧美一些国家发展的以教育实验为标志的教育思想流派。[①] 德国教育家和心理学家梅伊曼、拉伊等是主要代表人物。1905 年,梅伊曼和拉伊共同创办了《实验教育学杂志》。最早提出"实验教育学"这一名称的是梅伊曼(E. Meumann),其代表作是他于 1908 年发表的《实验教育学讲义》。

梅伊曼的主要思想如下:第一,批判传统教育学的研究方法,认为传统教育学提出的教育规律都是建立在思辨或直观思维的基础上的,其研究结论不具备一般科学成果所要求的可重复性和可证伪性的特征。他主张通过严格的科学实验来研究教育现象和探索教育规律,反对任何思辨。第二,他认为实验教育学的研究范围并不应该包含全部的教育学领域,应该主要关注智力发展及其相关问题,尤其是心理疲劳和记忆问题。第三,他认为从事实验教育学研究的只能是经过严格训练的专业人员——实验心理学家。另外,研究必须在严格控制无关变量和随机化分组的心理实验室进行,反对课堂教学实验。

拉伊(W. A. Lay)与梅伊曼在一些基本问题上有很多共识:第一,他们都认为以思辨为主要方法的传统教育学缺乏科学性,与实际严重脱节,不能很好地解决教育实践问题。第二,他们都认为实验教育学是以科学实验为基础来研究教育问题的独立学科。第三,他们都认为实验教育学必须借助相关科学,如实验心理学进行严格的心理实验。

但是,梅伊曼和拉伊在一些重要问题上也存在分歧。第一,拉伊反对梅伊曼将实验教育学与"系统的教育学"对立起来的做法,认为教育学应该包含教育史、辅助科学和实验研究这三个相互联系的领域。第二,拉伊认为教育研究不同于自然科学研究。因此,教育实验研究的过程和结果既受科学研究的影响又受文化研究的影响。第三,拉伊强调行动在教育过程中的价值,他的实验教育学又被称为"行动教育学"。总之,拉伊强调实验与教育实际的联系,强调教育实验与心理实验的区别;重视学校、教师在教育实验中的作用,主张教育实验应在教室而不是实验室进行。

梅伊曼和拉伊的实验教育学重视以科学实验的方法进行教育研究,为新教育提供了重要的理论建构手段,促进了教育理论科学化。但是,它们也有很大的局限性,他们把实验方法推崇到极端,忽视社会科学与自然科学之间的差异,存在简单照搬自然科学方法的倾向。

四、凯兴斯泰纳的"公民教育"与"劳作学校"理论

凯兴斯泰纳(G. Kerschensteiner,1854—1932)是德国教育家,19 世纪后期开始在欧美流行的劳作教育思潮的主要代表人物和推动者,主要著作有《德国青年的教育》《公民教育要义》《劳作学校要义》等。

---

① 吴式颖,李明德. 外国教育史教程[M]. 北京:人民教育出版社,2015:295.

(一) 公民教育理论

凯兴斯泰纳的公民教育理论的政治基础是有关国家职能的论述。他认为,国家的任务在于实现国家内在和外在的安全以及公民的身心健康,逐渐建立起"文明法治的国家"。因此,国家的主要职能就应该是"自我保存"和"增进福利"。值得注意的是,凯兴斯泰纳的"文明法治国家"就 19 世纪后期至 20 世纪前期的德国现实而言,实际上是指对内维护资产阶级利益和统治,对外维护军国主义德国的利益。①

凯兴斯泰纳进一步提出,建立理想国家的重要手段就是使每个人都接受最广泛的教育。教育有用的公民不仅是公立学校的目的,而且是一切教育的目的。本着国家本位的教育目的观,他认为个人的完善是为了国家的目的。"有用的公民"应具备三方面的素质:第一,具有有关国家任务的知识(聪明);第二,具有为国家服务的能力(能干);第三,具有热爱国家、愿意效力祖国的品质(爱国)。

(二) 劳作学校理论

在凯兴斯泰纳的教育理论体系中,劳作学校理论既作为公民教育理论的有机组成部分,又是相对独立的一部分。在《小学校改造》的讲演中,凯兴斯泰纳首次使用"劳作学校"这一名称,主张德国的国民学校应该为德国的未来培养有用的公民。因此,"书本的学校"应该被改造成"劳作学校"。在谈到公民教育、职业教育和劳作学校的关系时,凯兴斯泰纳将它们形容成"三位一体",并指出它们是目的、手段和实施机构的关系。

凯兴斯泰纳认为,"劳作学校"中"劳作"的意涵不应该进行一般的、字面上的理解。这里的"劳作"应该有三方面的意思。第一,"劳作"不是机械的体力劳动,它应该是一个身心并用的过程。第二,"劳作"不是身心放松的游戏或者运动,它指向特定的目标,并需要付出艰苦卓绝的努力。第三,"劳作"不是被动行动的"奴役"过程,而是可以唤醒学生兴趣,按照学生自己的计划和方法去完成,并可以检验自己劳动成果的过程。

凯兴斯泰纳还提出了劳作学校的三项任务。① 帮助学生获得一种将来服务于国家组织的能力,即"职业陶冶的预备"。② 帮助学生建立一种有关职业的道德感和神圣感,让学生认为职业不仅关乎个人的生计,更关乎国家的进步,即"职业陶冶伦理化"。③ 帮助学生建立集体的精神,培养其互助互爱、团结工作的精神,即"团体的伦理化"。其教育与教学的基本精神是让学生在自动的创造性的劳动活动中得到性格的陶冶。

凯兴斯泰纳围绕性格陶冶提出应从三个方面进行训育和教学。① "劳作教学"应该成为专门的科目,由专门人员组织教学。② 反对传统教学中对学生进行知识灌输的做法,重视发展学生的逻辑思考能力。③ 以团体工作为原则组织各个学科的教学,重视发展学生的奉献精神,努力把学生的注意力引向社会的利益。

凯兴斯泰纳的公民教育理论具有浓重的国家本位色彩,是资本主义进入帝国主义时代国家主义教育政策的产物。凯兴斯泰纳的公民教育理论产生两方面的影响:一方面,有利于培养学生的爱国精神和对公共事务的关注;另一方面,该理论为维护德国国内资产阶级统治和进行国外殖民扩张提供了精神武器。

---

① 吴式颖,李明德. 外国教育史教程[M]. 北京:人民教育出版社,2015:311 - 312.

五、蒙台梭利的教育思想

蒙台梭利（M. Montessoori,1870—1952）是意大利著名幼儿教育家,也是在西方教育史上与福禄贝尔齐名的两大幼儿教育家之一。她创办了举世闻名的儿童之家,并从事关于幼儿教育的相关著述活动和教育实践活动,推动了西方教育的现代化,开启了"儿童纪元"。因此,"蒙台梭利是20世纪赢得欧洲和世界承认的最伟大、科学的和进步的教育家之一"[1]。

图 14-1　蒙台梭利

（一）论幼儿的发展

在论述儿童心理发展与遗传、环境的关系时,蒙台梭利强调儿童的发展具有一种内在的生命力,旧教育的弊端就在于对儿童这种"积极的精神生命"进行"有意无意地压抑"。因此,她特别推崇内发论,认为"环境无疑在生命的现象中是第二位的因素,它能改变,包括助长和抑制,但它从不能创造"[2]。但是,在另一方面,她又特别重视"有准备的环境"对儿童发展的影响。她认为"有准备的环境"是一种桥梁,它使得成人的世界得以适应儿童的发展。

根据儿童之家的经验,蒙台梭利对"有准备的环境"做了以下要求:① 必须是有纪律、有秩序的生活环境;② 能提供兼具华美和实用的设备以吸引儿童;③ 能丰富儿童的生活印象;④ 能为儿童提供进行感官训练的教材和教具;⑤ 可让儿童自由活动,发现自己的力量;⑥ 可以对儿童进行行为规范的训练。[3]

在论述儿童心理的具体特点时,蒙台梭利认为儿童具有四个有内在联系的特征:第一,具有独特的心理胚胎期,即儿童的心理形成时期。蒙台梭利认为这一时期大致是指3岁之前的幼儿,该阶段是心理活动从无到有的过程,正是在这一阶段,儿童形成了心理所需的感受器官和心理材料。第二,心理具有吸引力。她认为婴幼儿具有一种下意识、不自觉的感觉能力,儿童正是"利用他周围的一切塑造了自己"[4],从而形成了影响一生的行为模式和思维模式。第三,发展具有敏感期。儿童发展有各种关键期,每个阶段都有某种心理的倾向性和可能性显示出来,成人一定要善于识别,努力创造条件,抓住关键期,发挥教育的最大效用。第四,发展具有阶段性。蒙台梭利认为儿童发展具有阶段性,每个阶段都有自己独特的身心特性。它们分别是0—6岁的个性形成阶段、6—12岁的增长学识和艺术才能阶段、12—18岁的青春期阶段。

总之,蒙台梭利强调早期教育。他认为生命力的冲动是儿童发展的原始动力,教育与环境只有顺应儿童心理发展规律才能取得最佳的教育效果。蒙台梭利在把遗传因素放在教育中心地位的同时,又巧妙地将遗传、环境和教育统一了起来。

---

① 滕大春.外国教育通史(第5卷)[M].济南:山东教育出版社,2005:388.
② 吴式颖,李明德.外国教育史教程[M].北京:人民教育出版社,2015:320.
③ 吴式颖,李明德.外国教育史教程[M].北京:人民教育出版社,2015:320.
④ 吴式颖,李明德.外国教育史教程[M].北京:人民教育出版社,2015:321.

（二）论自由、纪律与工作

蒙台梭利认为儿童生命的内在潜能是通过自发的冲动表现出来的，这种冲动的外在表现就是自由活动。[①] 因此，好的教育应该基于"自由"的原则，使儿童个性地表现自己的内在潜能，即"使每个儿童的潜能在一个有准备的环境中得到自我发展的自由"[②]。

那么，如何保证儿童是在一个有准备的环境中自由活动呢？蒙台梭利认为，最好的办法就是让儿童在工作中有秩序地展示自己的内在潜能。为了保证儿童不是随心所欲地自由活动，而是有秩序地展示自己的内在潜能，纪律就成为"儿童之家"进行教育的又一大要素。在论述自由与纪律的关系时，蒙台梭利反对传统的纪律观，她认为，纪律不是机械的命令。它必须建立在儿童主动认同的基础上，并在自由活动中表现出来。

蒙台梭利反对福禄贝尔的游戏能发展儿童的创造性和想象力的理论，她更强调工作。她说："儿童喜欢工作胜于游戏。"儿童喜欢操作教具，并从中得到满足和乐趣，毫无厌恶与疲倦的表情。儿童正是通过这样的自由活动，去创造良好的纪律。因此，在蒙台梭利这里，工作成为自由与纪律有机统一的桥梁，是自由促进了一种主动的纪律。

（三）幼儿教育的内容

在蒙台梭利的教育体系中，幼儿教育的内容主要由四个方面组成：肌肉训练、感官训练、实际生活的练习和初步的知识教育。

蒙台梭利认为，肌肉训练不仅有利于儿童身体的健康与成长，而且具有意志教育的意味，发展儿童的协作精神。因此，蒙台梭利利用自己专业的医学知识，为幼儿进行肌肉训练设计专门的设施和器械。

感官训练在"儿童之家"的课程体系中具有重要地位。蒙台梭利认为，3—6 岁的幼儿正处于生理与心理发展的敏感期。因此，在这个教育的关键期，对身体进行全面系统的训练就显得尤其重要。蒙台梭利指出，感官训练不仅关乎儿童各种生理的和心理的官能的发展，而且更是促进智力成长的手段。她说：感官训练的"目的不在于使儿童认识颜色、形状和物体的不同性质，而在于注意、比较和判断的联系，改善他的感官。这种练习是真正的体操。这种智力体操将通过各种教具的合理指导，有助于智力的形成"[③]。

在蒙台梭利的幼儿教育内容中，实际生活的练习又被称为"肌肉教育"或"动作教育"。它主要包括以下五个部分：日常生活技能的练习、园艺活动、手工作业、体操和节奏动作。在蒙台梭利看来，实际生活的练习不仅可以提高儿童独立生活的能力，而且可以锻炼儿童的各种动作，促进儿童的成长。她说："我们的方法最重要的实际作用之一，就是在儿童的生活中训练肌肉，乃至紧密地联系他们的实际生活。"[④]

蒙台梭利与福禄贝尔不同，她认为 3—6 岁的幼儿已经具备了接受初步知识教育的能力，可以对他们进行读、写、算的练习。在"儿童之家"，蒙台梭利打破传统的教授顺序，将文字的书写练习放在阅读之前。蒙台梭利的识字法大致分为以下三步：第一，练习执笔，用笔的机械动作。第二，掌握字母的形体。第三，练习组词。另外，蒙台梭利还受德弗里"突变理

① 吴式颖,李明德. 外国教育史教程[M]. 北京:人民教育出版社,2015:322.
② 吴式颖,李明德. 外国教育史教程[M]. 北京:人民教育出版社,2015:323.
③ 滕大春. 外国教育通史(第 5 卷)[M]. 济南:山东教育出版社,2005:400.
④ 滕大春. 外国教育通史(第 5 卷)[M]. 济南:山东教育出版社,2005:402.

论"的影响,认为儿童通过感官接触到文字之后,生命的内在冲动就会促进儿童自己进行大量的练习。在掌握文字书写之后,儿童将转入阅读和算术的学习,教学主要采取感官教具和由简单到复杂的程序。蒙台梭利证明了6岁之前的儿童就已经具备了进行知识学习的能力,这是她对幼儿教育史的独特贡献。

蒙台梭利继承并发展了裴斯泰洛齐和福禄贝尔等教育家的思想,应用当时的医学、生理学、实验心理学知识,结合自己的实验,形成了独特的教育理论与方法体系。她的方法强调儿童的自由活动,相信儿童的自我教育和主动的纪律,重视儿童早期的智力发展。这些有力地冲击了当时的传统教育,推动了20世纪初新教育运动的蓬勃发展。

六、新教育运动的影响

新教育运动成功引起了人们对新教育的关注和对传统教育的全面反思,新教育家们建立各种实验学校,并加强相互的交流与学习,对20世纪整个欧美国家的教育产生了广泛而深刻的影响。但是,另一方面,虽然新教育家们把儿童放在教育的中心,但所关注的只是精英阶层的教育,缺乏群众基础。而且一些教育中的基本矛盾并未得到很好的解决,比如教师主导与学生主体性之间的矛盾、经验的学习与系统知识传授之间的矛盾、儿童发展中个性与社会性之间的矛盾等。

第二节　杜威与进步教育运动

进步教育运动(the Progressive Education)是指从19世纪末到20世纪50年代产生于美国的教育革新运动。该运动在性质上虽与欧洲新教育运动相似,但由于国情不同,在教育主张和教育实践中都存在很大的不同。

进步教育运动是旨在通过教育改良来改变美国工业社会政治经济弊病的社会运动。进步教育家及其支持者们通过揭露公立学校存在的各种严重问题,试图改革美国学校教育以适应美国发展的需要。

进步教育运动的理论主要来自卢梭、裴斯泰洛齐和福禄贝尔等教育家的思想,并吸收了大量的现代科学知识。之后,杜威成为进步教育运动的旗手,其教育理论对进步教育运动的发展产生了重要影响。

一、杜威的教育思想

约翰·杜威(John Dewey,1859—1952)是美国著名哲学家、教育家,实用主义哲学的创始人之一,功能心理学和教育哲学的先驱,美国进步教育运动的代表。杜威的主要教育著作有《教育中的道德原理》(*Moral Principles in Education*,1909)、《我们怎样思维》(*How We Think*,1910)、《明日之学校》(*School of Tomorrow*,1915)、《民主主义与教育》(*Democracy and Education*,1916)、《经验与教育》(*Experience Today*,1938)、《今

图14-2　约翰·杜威

日之教育》(*Education Today*,1940)、《人的问题》(*Problems of Men*,1946)等。

(一)杜威教育思想体系的理论基础

杜威教育思想体系的理论基础是经验自然主义、工具主义、社会政治观和机能心理学。

杜威继承和发展了实用主义哲学,吸纳了自然主义等思潮的主张,提出了经验自然主义(或称自然主义的经验主义),并把它们具体应用到社会事务和教育领域。杜威认为,经验是人的有机体与环境相互作用的结果,是人主动尝试的行为与环境的反作用而形成的一种特殊的结合。人的主观经验是客观存在的基本前提。"存在即被经验",一切事物都是作为过程、活动而产生和存在的。经验的过程首先是指希望、畏惧、沮丧、欢愉、信仰等情感意志的过程,因此他主张"从经验中学习""做中学"。

杜威从实用主义经验论出发,认为任何思想、概念都既不可能是独立存在的精神实在,也不可能是对于客观实在的描写,只能看作是应用的假设,而假设是人们按照自己的意愿提出的,因此,思想、概念、理论等不过是人们为了达到某种预期的目的而设计的工具。它们真理性的标准在于能否指引人们的行动取得成功。

杜威被西方思想界称为"民主和自由的哲学家",关于民主和自由的理论是其社会政治理论中最重要的组成部分。杜威指出:"民主主义不仅是一种政府的形式;它首先是一种联合生活的方式,是一种共同交流经验的方式。"[①]民主主义与教育之间存在着内在的有机联系。民主主义是教育活动遵循的原则,教育是实现民主自由的首要工具。必须把民主主义作为教育行动的出发点,作为教育的一个参照点。

杜威认为心理是有机体适应环境的有用工具,有机体就是通过反射弧这个器官的协调来适应环境的;心理学就是研究动作的协调技能,它的真正对象是在环境中发生作用的整个有机体的适应活动。教育必须从心理学上探索儿童的能量、兴趣和习惯开始。它的每个方面,都必须参照这些加以考虑。[②]

(二)教育本质论

教育是什么?杜威的回答是:教育即生活;教育即生长;教育即经验的改造。

杜威认为,教育不是生活的预备,而是儿童现在生活的过程。他强调的生活是现在的、儿童的生活,要求教育重视儿童现在生活的内在价值,使儿童从目前的生活中得到乐趣,而不是仅仅将现在的生活视为为另一种生活做准备的工具与手段。教育本身应该是一种美好的生活,教育应与现实生活相联系,教育应成为促进美好生活的积极手段。"教育即生活"包含两个方面的基本含义:首先学校生活应与儿童自己的生活相契合;其次是学校生活应与校外的社会生活相契合。这两个方面实质上是要改造不合时宜的学校教育和教育生活,使之更有利于儿童发展和社会创造。进而,杜威提出了"学校即社会"的观点,以克服学校和社会生活的分离。

教育即生长也是针对教育时弊而提出的。杜威认为,生长是指有机体与环境相互作用的过程和结果,是一个持续不断的社会化的过程,而教育也是人的一生持续不断的生长、发展过程。教育过程应该成为儿童自身的本能、兴趣和能力的生长过程。"教育即生长"就是

---

① [美]约翰·杜威.民主主义与教育[M].王承绪,译.北京:人民教育出版社,2001:97.

② 赵祥麟,王承绪.杜威教育论著选[M].上海:华东师范大学出版社,1981:3.

要求摒除压抑、阻碍儿童自由发展之物,使一切教育和教学适合儿童的心理发展水平和兴趣需要的要求。杜威要求尊重儿童但不同意放纵儿童,任其率性而为。这是杜威与进步主义教育实践的一个重要区别。同时,教育即生长所体现的儿童发展观也是杜威民主理想的反映。杜威认为,儿童的发展和充分生长有助于社会目标的达成。他并不仅仅把儿童个体的充分生长视为达到社会目的的一个手段和工具,而且认为儿童充分生长本身就是民主主义的要求,蕴含丰富的价值意义。

杜威认为,经验是人的有机体与环境相互作用的过程,有机体不仅受到环境的影响,还主动地对环境加以改造。经验的改造乃是使生活得以继续的手段。"教育就是经验的改造或改组。这种改造或改组,既能增加经验的意义,又能提高指导后来经验的进程的能力。"[①]经验的特性就是这种前后连贯的不断改造。"所有这种持续不断的经验或活动是具有教育作用的,一切教育存在于这种经验之中。"[②]

杜威提出的"教育即经验的改造"为其教学论奠定了理论基础。教育应当紧密联系社会生活,应当尊重儿童的天性和发展潜能。学生应当从经验中、从活动中、从做中学习,这是杜威的教育本质论所揭示的主要内容。

(三)"教育无目的"论

杜威的"教育无目的"论,并不是真的认为教育无目的,而是重点强调教育没有外在的目的。他反对外在的、固定的、终极的教育目的。"教育的过程,在它自身以外没有目的;它就是它自己的目的。"[③]

杜威所希冀的是教育过程内在的目的,这个目的就是"生长"。生长是生活的特征,所以教育就是不断生长。他要求教育尊重儿童的需要和兴趣,使儿童从教育本身、从生长过程中得到乐趣。

生长不是自然发展,生长具有强烈的社会性。杜威认为,使个人得到充分生长、全面发展是民主主义社会对教育的要求和体现,也是民主主义社会得以持续和发展的保证。在他看来,个人发展与民主的社会目标是一致的。由此,基于内在的"生长"目的又衍生出实现民主的社会目的。

(四)课程与教学论

在经验论哲学的基础上,杜威批判了传统课程忽视儿童个体需要的弊端,提出活动课程的概念,并依据人的思维过程提出了五步探究教学法。

1."做中学"的活动课程

在经验论的基础上,杜威要求"从做中学""从经验中学",主张以活动性的、经验性的主动作业来取代传统的书本式教材。这种活动性的、经验性的作业包括园艺、烹饪、缝纫、印刷、纺织、油漆、绘画、游戏、演剧、讲故事、阅读、书写等。在他看来,这些作业既能满足儿童的心理需要,又能满足社会性需要,还能使儿童对事物的认识具有统一性和完整性。

杜威批判以系统知识为表现形式的课程,倡导活动性、经验性的课程,但他并没有因偏

---

① 王承绪,赵祥麟.西方现代教育论著选[M].北京:人民教育出版社,2001:34.
② 赵祥麟,王承绪.杜威教育论著选[M].上海:华东师范大学出版社,1981:161.
③ [美]约翰·杜威.民主主义与教育[M].王承绪,译.北京:人民教育出版社,2001:58.

重直接经验而轻视间接经验。他主张教材心理化,即把逻辑性的、间接经验性的教材直接经验化。因此,"就需要把各门学科的教材或知识各部分恢复到原来的经验。它必须恢复到它被抽象出来的原来的经验,它必须心理化"。[①] 然后,将已经经验到的东西逐步发展成更充实、更丰富、更有组织的形式,即逐渐地接近于提供给熟练的人的那种教材的形式。

杜威提出的以经验为基础的课程理论似乎论证缜密,但从实践层面考量,则存在几个难以解决的问题。首先,系统知识并非都可以还原为直接经验。其次,教材心理化不等于教材直接经验化。再次,怎样将学生获得的直接经验"组织"成系统的知识是一个非常难解决的问题。

2. 五步探究教学法

杜威认为,传统教学方法沿袭甚久,积弊甚深,要使经验、行动更有效能,必须培养人的思维能力,掌握科学的思维方法。

杜威将思维理解为反省思维(reflective thinking),即对某个问题进行反复的、严肃的、持续不断的深思,思维的功能在于将经验到的模糊、疑难、矛盾和某种纷乱的情景,转化为清晰、连贯、确定以及和谐的情景,把困难解决,疑虑解除,问题解答。因此,思维的方法也就是解决问题的方法。解决问题的过程共有五步:感觉到的困难;困难所在和定义;设想可能的解决办法;通过推理选择一个能解决这个疑难的假设;通过观察或试验证实结论是否可信。这就是杜威的"思维五步法"。

杜威根据科学实验主义探究方法和反省思维方式,提出了五步探究教学法。① 创设疑难情境;② 确定疑难所在;③ 提出解决问题的种种假设;④ 推断哪个假设能解决这个困难;⑤ 验证这个假设。这在教育史上被称为"五步教学"。杜威强调,这五个阶段的顺序是不固定的,有时两个阶段可以合并为一,有时需要特别强调某一阶段,"怎么处理,完全依靠个人的理智的机巧和敏感性"[②]。这样,教学方法具有灵活性,使之避免赫尔巴特教学方法呆板机械的程式。

杜威提出的教学方法论不仅是教学方法和教学论的变革,而且是整个教育观的变革。正是这种新的教学方法揭示了他的教育理论与传统教育理论的根本区别,表现为以获取知识为目的还是以培养智慧为目的。杜威要培养的是人的智慧,即明智的行为、行动的能力,解决实际问题的能力。以知识增进智慧,相对于活动而言,知识永远是从属的。相反,传统教育以知识为目的并以知识来扼杀智慧。

但是,杜威的教学方法论也存在进一步讨论的地方。首先,他强调教学方法以培养智慧为目的,也重视系统知识的作用,但如何获得系统知识在他那里仍是一个悬而未决的现实问题。其次,他坚持只有科学的方法才是认识的途径,但在他的著作中,从来没有令人信服地证明过。再次,他将思维过程、经验改造过程、知识获得过程皆与解决问题联系。实际上,情境中的"问题"对边际无限的知识的包容度和涵盖力是很有限度的,将知识的获得,将儿童的充分全面生长只寄托于"解决问题"的过程,是远远不够的。

(五)道德教育论

从民主主义社会建设的目的出发,杜威论述了道德教育,这种道德教育也是建立在杜威

---

① 赵祥麟,王承绪. 杜威教育论著选[M]. 上海:华东师范大学出版社,1981:56.
② [美]约翰·杜威. 我们怎样思维·经验与教育[M]. 姜文闵,译. 北京:人民教育出版社,1991:95.

的经验论和心理学理论之上的。杜威认为,道德教育的主要任务是协调个人与社会的关系。他反对个人至上论和社会至上论,认为个人与社会存在不可分离,个人与社会发展相得益彰,个人充分发展是社会进步的必要条件,社会的进步为个人的发展提供良好的基础。落实到教育上,他要求为新时代培养一种新的个人,这种个人不为追逐个人利益而忽视公益,也不会因头脑僵化、固守陈规而对变动不居的社会熟视无睹,抑或麻木无情;个人自由与社会制约,个人活动与集体行动,都表现出个人智慧和道德的特性,即都充分体现个人理智的创造力、独立的观察力和正确的判断力。总之,杜威希望通过培养个人品质来改良资本主义制度,缓和社会矛盾。

杜威认为教育的道德性和社会性是相通的,道德教育应该在社会性的情境中进行。道德教育除了通过学校生活进行以外,还应通过教材与教学方法进行,这三者相互影响,构成"学校道德的三位一体"(moral trinity of the school)。总之,杜威希望道德教育能够成为调节社会中人与人关系的重要手段,促使社会利益分配更加均衡,缓和甚至消除利益冲突,达到人与人、人与社会之间和谐与友好。

杜威在对前人学说进行系统批判与吸收的基础上,以经验主义哲学、心理学和社会政治观为理论基础,结合美国社会工业化、民主化的现实,建立了一种与传统教育观迥然不同的崭新的教育理论体系,奠定了现代教育理论大厦的基石。杜威的教育理论虽然产生在美国社会并且为完善美国资本主义制度服务,但它是立足于现代社会物质文明和精神文明基础之上的现代教育理论,充满着浓厚的现代气息,是现代教育改革的一个主要学派,其价值是超越国界的。

二、进步主义教育运动

(一) 进步主义教育运动的发展阶段

美国进步教育运动在长达半个多世纪的时间里经历了大致四个发展阶段。

1. 兴起(19世纪末至1918)

19世纪末,帕克(P. W. Parker)先后在马萨诸州昆西市和芝加哥库克师范学校进行教育革新实验,创造了"昆西教学法",被杜威称作"进步教育之父"。[①] 赖斯(J. Rice)通过批判美国学校存在的种种弊端,使人们开始关注教育革新的问题。1896年,在杜威创办的芝加哥实验学校的示范作用之下,许多进步教育的支持者们,开始以各种形式投身于进步教育实验之中,其中的佼佼者有帕克赫斯特的道尔顿制、沃特的葛雷制等。

2. 成型(1918—1929)

"一战"之后到经济大萧条这段历史时期,美国进入了跨越式发展时期。前所未有的民族自信和实现梦想的激情使这块土地成为改革家们施展野心与梦想的乐园。与此同时,美国许多社区和当局表示愿意实验新方法,标志着使进步教育运动成为大众运动的时机已经成熟。1919年,美国进步教育协会成立,并提出了进步教育七项原则。这七项原则的内容包括:① 儿童有自由发展的自由;② 兴趣是全部活动的动机;③ 教师是引导者而不是了不起的监工;④ 开展有关儿童发展的科学研究;⑤ 对所有影响儿童发展的环境因素给予更大

---

① 吴式颖,李明德. 外国教育史教程[M]. 北京:人民教育出版社,2015:301.

的关注;⑥ 适应儿童的生活需要,加强学校与家庭之间的合作;⑦ 在教育活动中进步教育学校是领导者。1924 年,协会创办《进步教育杂志》,宣传欧洲和美国的进步教育实验。这一时期,哥伦比亚师范学院成为进步教育运动的中心,杜威担任协会名誉主席,使进步教育运动日趋专业化。然而,这一时期出现的一些情况也为进步教育运动失败的结局埋下了隐患。第一,进步教育运动的专业化,使运动开始丧失群众基础。第二,进步教育运动内部出现分化,形成了以拉格为代表的"儿童中心"派和以康茨为代表的"社会中心"派。

3. 转折(1929—1943)

1929 年的经济大萧条对进步教育运动的发展进程产生了重要影响。一方面,它使进步教育运动的重心由"儿童中心"向强调学校的社会职能转向。此外,教育的中心从初等教育转向中等教育。另一方面,它还加剧了进步主义的分裂,改造主义正是此时作为进步教育的对立面而存在的。1941 年,美国卷入世界大战,进步教育运动不可避免地走向衰落,失去了感召力。

4. 衰落(1944—1957)

1941 年,美国进步教育协会更名为"美国教育联谊会",成为欧洲新教育联谊会的一个分会。1955 年,协会解散。1957 年,《进步教育》杂志停办,标志着美国进步教育时代的终结。

美国进步教育运动衰落的原因有很多,但主要是以下四个方面:第一,进步教育运动不能与美国社会的发展始终一致,一个不能很好地回应社会发展新要求的教育革新运动必然会失去号召力;第二,理论与实践本身有矛盾,如不能很好地解决儿童发展个性化与社会化的矛盾、活动课程与系统知识传授的矛盾等,这些问题导致了美国教育质量下滑;第三,改造主义与新传统主义等教育流派的批判,直击进步教育运动中的核心问题,加速了进步教育运动的衰落;第四,进步教育运动在理论上的分化,导致严重的内部分化。同时,进步主义教育家对教师提出过高的要求,使得进步教育理论"落地难"的问题始终未得到有效解决。

(二)进步主义教育运动中的重要实验

1. 昆西教学法

昆西教学法的创始人是被杜威誉为"进步教育之父"的帕克,他的主要代表作是《关于教育学的谈话》。昆西教学法的主要特征有四个。第一,强调儿童应处于学校教育的中心。正如帕克所说:"不是任何科目,而是儿童应处于学校教育的中心。"[1]第二,重视学校的社会功能。第三,学校课程应与实际相联系。如学习算术时,帕克强调通过直观教具和实物使学生通过与日常生活相联系来获得数量关系的概念。在地理课上,他强调可以通过远足的形式使儿童实地进行观察。第四,强调培养儿童的自我探索和创造精神。在昆西实验学校中,教师用自己设计的材料、报纸和杂志取代教科书。儿童通过直接观察和亲身活动来培养自己的自我表现能力。昆西教学法不仅是第一例有影响力的进步教育实验,而且它最鲜明地表达了进步教育运动早期的精神理念,即"使儿童发展和谐的个性"[2]。

2. 有机教育学校

约翰逊(M. Johnson)是美国著名的进步教育运动教育家,同时也是进步教育协会的创

---

① 滕大春.外国教育通史(第 5 卷)[M].济南:山东教育出版社,2005:284.
② 滕大春.外国教育通史(第 5 卷)[M].济南:山东教育出版社,2005:285.

始人之一。1907年,她创办了费尔霍普学校,该校以"有机教育学校"而闻名。杜威把约翰逊的有机教育实验称作"教育即自然发展的一个实验",把约翰逊称作"根据卢梭的教育原理去实验"的一个人。①

约翰逊称她的教育方法是"有机的",因为它们顺应儿童的自然发展。学校的目的在于以各种作业和活动来为儿童每个阶段的发展提供良好的环境。因此,她认为教育的目的不该是一个主智主义的命题,获得知识的多少不应该代替儿童的一般发展而成为教育的目标。她根据学生的年龄来分组,称作"生活班"(life class),而不叫年级。

基于有机教育的理念,费尔霍普学校实验具有以下四个特点:

(1)需要。学校的课程应该根据儿童一般发展的规律设计活动和作业,这个规律就是课程设计应根据儿童的需要。而需要又是以兴趣为基础的,因为教育就是要顺应儿童的兴趣。

(2)活动。费尔霍普学校的整个课程计划以活动为主。强迫的作业、指定的课文和通常的考试都被取消,用体育活动、自然研究、音乐和手动劳动代替一般课程。

(3)训练。她反对一味地放纵儿童,她认为一个受过良好教育的儿童,必须是受过训练的儿童。

(4)社会意识。约翰逊重视社会意识的培养。她认为,帮助儿童认识社会的人,发展合适的社会关系应该是学校最重要的任务之一,这就需要学校培养学生无私、坦率、合作等品质。

3. 葛雷制

沃特(W. A. Wirt)是美国著名的进步教育运动教育家,葛雷制的创始人。沃特的葛雷制又被叫作"双校制""二部制"或"分团学制"。主要内容有:

沃特以杜威的教育思想准则为依据("教育即生活""学校即社会""做中学"),将学校的课程分为具有社会性作业的四部分:体育运动场、教室、工厂和商店、礼堂;相应的课程也被分为四个部分,即学术工作、科学、工艺和家政,团体活动以及体育和游戏。沃特把葛雷学校称为"工读游戏学校"。

葛雷制学校还因其独特的教学制度而闻名,它在教学上采用二重编法,即将全校学生一分为二:一部分在教室上课,另一部分在体育运动场、工厂和商店、礼堂等场所活动,上下午对调。葛雷制学校这种独特的教学制度,不仅很好地实践了杜威的教育理论,而且极大地提高了学校教育资源的利用效率。

沃特的葛雷制曾被认为是美国进步教育思想的最卓越案例。他的课程设置不仅顺应儿童的兴趣,促进了儿童的个性发展,而且他还设计出了诸多进步教育实验学校中最经济有效的管理方式。

4. 道尔顿制

帕克赫斯特(H. Parkhurst)是美国著名的进步教育运动教育家,道尔顿制的创始人。道尔顿制是根据班级授课制的弊端而提出的一种个别教学制度,又被称为"道尔顿计划"(Dalton Plan)。

---

① 滕大春. 外国教育通史(第5卷)[M]. 济南:山东教育出版社,2005:339.

帕克赫斯特批判了美国传统学校的一些做法,她认为,那些学校完全是书本学校。这种学校既不能激发学生天然的学习热情,又不能很好地照顾每个学生的学习情况。正是针对这些弊端,她设计了道尔顿制。她说:"道尔顿实验制度不是一种制度或方法,也不是一种课程。……它实际上是一种教育组织的计划,以便使教和学两方面和谐一致起来。"①因此,道尔顿计划确立了三个原则:

(1)自由。儿童在专注于某一学科的学习时,应该给予他充分的自由。因此,儿童应该可以自由地选择自己愿意听讲的课程,自由地根据自己的能力安排自己的学习进度。

(2)合作。帕克赫斯特认为,学校有责任培养学生的社会意识。这种社会意识可以在学生间共同的智力和非智力的活动中完成,学校也进而成了一个社会组织。

(3)时间预算。自由学习的目的不仅基于儿童学习的兴趣,其目的也在于培养学生自我负责的能力。因此,当学生明确了自己的学习计划之后,就应该以契约的形式督促他们完成自己的学习计划。

道尔顿制的具体做法也体现了道尔顿制的三大原则,其特点主要有:第一,学校废除课堂教学、课程表和年级制,代之以"公约"或"合同式"的学习。第二,教室改为作业室或实验室,按学科的性质陈列参考用书和实验仪器,供学生学习之用。各作业室配有教师一人,负责指导学生。第三,用"表格法"来了解学生的学习进度,既可增强学生学习动力,又可使学生管理简单化。

道尔顿制虽然流传较广,其创新之处也具有极大的历史意义。但是,它也存在一些的问题。比如过分强调个体差异,对教师素质要求过高,过于乐观地看待儿童等。

5. 文纳特卡计划

华虚朋(C. W. Washburne)是美国著名的进步教育运动教育家,帕克的学生。华虚朋的文纳特卡计划旨在实现儿童教学个别化,同时力图兼顾儿童的个人发展与社会合作意识。正如他所说的:"我们试图尽可能充分地发展每个儿童的个性,以及发展每个儿童的特殊兴趣和能力。"②

华虚朋的教育实验的特色主要有三个方面:第一,重视使学校的功课适应儿童的个别差异。在他看来"当一个人必须处在前进步伐一致的班级计划之下,那正是学校作用的失败。"③第二,将个别学习和小组学习结合起来,使个性发展和社会意识发展相联系。因此,在文纳特卡学校学生不仅可以根据自己的兴趣和能力进行选科,还可以参加多种多样的团体活动、音乐会和文学创作等活动。第三,将课程分为共同知识和技能(包括读、写、算等工具性学科)和创造性的社会性的作业(如木工、织布、绘画、雕塑等)。前者按学科进行,以学生自学为主,教师适当地进行个别辅导,以考试来检验学习结果;后者分小组开展活动或施教,无确定程序,不需要参加考试。

总之,文纳特卡计划在促进学生个性发展的同时,较好地解决了儿童个性化和社会化发展的矛盾。正如华虚朋所指出的那样:"文纳特卡课程的根本哲学,要求每个普通儿童掌握

---

① 滕大春.外国教育通史(第5卷)[M].济南:山东教育出版社,2005:291.
② 滕大春.外国教育通史(第5卷)[M].济南:山东教育出版社,2005:291.
③ 滕大春.外国教育通史(第5卷)[M].济南:山东教育出版社,2005:295.

在生活中所需的知识和技能;要求每一个儿童有机会像一个儿童快乐而充分的生活;要求每一个儿童有机会充分发展他自己的个性;要求每一个儿童最充分地认识个人的利益与社会的利益是相一致的。"①但是,文纳特卡计划的局限性表现在它影响了学科知识的深入学习,实施比较困难,在20世纪50年代后逐渐衰落。

6. 设计教学法

克伯屈(W. H, Kilpatrick)是美国著名的进步教育运动教育家,被誉为"设计教学法之父"。克伯屈是杜威教育哲学的阐释者,他认为,学习的本质是有机体在与环境的相互作用中习得新行为。设计教学法即是建立在儿童兴趣和需要基础上的系统的有目的的活动。简而言之,设计教学法就是废除班级授课制,打破将人类整体知识割裂的学科,以一系列的活动作为学习单元,并以此组织学校的教育工作。

克伯屈放弃了固定的课程体制,取消分科教学,取消现有的教科书,按照活动的性质、内容和目的不同将设计教学法分为四种方式:① 生产者的设计,它以生产物质或精神产品为目的。② 消费者的设计,它以享受别人的生产成果为目的。例如听故事、欣赏画作和戏剧。③ 问题的设计,它以解决理智方面的问题为目的。例如假如在树林里迷了路应该怎么办等。④ 练习的设计,它以获得某种或某种程度的技能为目的。例如学习阅读和写字。

克伯屈从杜威的反省思维理论出发,把设计教学法分为四个步骤:决定目的、制定计划、实施计划、评判结果。在这个过程中,要以学生为中心,但活动的目的取决于环境和教师的指导。另外,克伯屈指出,设计教学法的四个步骤不是一种固定不变的顺序,它只是一种逻辑的顺序。因此,教师应该根据具体的情境决定从哪一步骤开始。

设计教学法不仅曾经风靡美国,而且到20世纪30年代影响了整个英语世界,并对中国、埃及等亚非国家也产生了很大影响。设计教学法充分调动了儿童学习的能动性,使儿童成为教育过程的中心。注意发展儿童的社会性和实际生活的能力。但是,设计教学法是根据经验组织课程的,这必然削弱了知识的系统传授。

(三) 进步教育运动的影响

进步教育运动发生在美国,可是其影响却是世界性的。进步教育运动对美国的影响:① 促进了美国教育现代化转变,制约了美国教育的发展方向和格局。② 对美国学校的基本特征的产生具有重大影响,从根本上改变了美国学校和教室的气氛。③ 促进了美国教育理论和教育研究的发展和教育理论研究的美国化。进步教育运动对世界的影响:对世界教育都具有深远影响,并且成为中国、苏联、日本、印度等国现代教育历史的重要篇章;进步教育运动和新教育运动一起,共同构成了西方现代教育的重要开端。

虽然进步教育运动因为一些原因走向了衰落,但它却是人类教育史上里程碑式的历史事件。进步教育运动教育家们不仅提出了不同于传统的教育家们的理论,而且还进行了一系列的教育实验。这些活动使教育的中心由"教师、课堂、书本"转向"儿童、活动、经验",而正是这些转变使人类教育的历史进入了崭新的阶段。

---

① 滕大春.外国教育通史(第5卷)[M].济南:山东教育出版社,2005:296.

第三节 改造主义与新传统教育思潮

改造主义和新传统主义教育思想都是在批判进步主义教育的基础上，提出和明确了自身的教育主张，进而形成轰动一时的教育思潮。其中，改造主义源自进步主义内部的自我批判，而新传统教育则是作为进步主义教育的对立面而存在的。

一、改造主义教育思潮

（一）改造主义教育的产生

受 1929 年资本主义世界经济危机的影响，美国经济萧条、社会动荡。当时在美国教育界占据主导地位并产生广泛影响的实用主义教育和进步教育，因过于强调以学生的直接经验为中心的教育而未能妥善处理社会问题而受到了严厉的批判。一些进步主义教育家开始了反思和自我批判，配合政府推行"新政"，开始寻求建立一个没有经济危机的"理想社会"的方法与途径，开始关注学校的社会责任。在 1932 年进步教育协会全国代表大会上，康茨（George Sylvester Counts，1889—1974）就做了题为《学校敢于建立一个新的社会秩序吗?》的著名演讲，向学校教育提出了大胆而明确的挑战，"为改造主义者提供了理论的信条"①。1934 年 10 月，康茨又和拉格（Harold Ordway Rugg，1886—1960）等人组成了名为"拓荒思想家"的团体，对进步教育和实用主义教育的一些具体观点做了修正，主张少强调"儿童中心"，多强调"社会中心"；少关心"个人生长"，多关心"社会改造"。第二次世界大战后，改造主义教育逐渐从进步教育和实用主义教育中分化出来，成为一种独立的现代教育思潮。这一时期的代表人物是布拉梅尔德。不过，改造主义教育一直被看成是进步教育和实用主义教育的一个分支，是进步教育的真正继承者和同盟军。

（二）改造主义的主要观点

（1）教育应当以"改进社会"为目标。改造主义教育家宣称，当今是"改造的时代"，应该根据现代科学知识来重新解释西方文明的价值观点，并对过去的教育理论进行"改造"，以便通过学校教育"改造"社会，为创造一种新的世界文明开辟道路。

（2）教育应当重视培养"社会一致"精神。改造主义教育家不同意实用主义只满足于眼前的生活，也不同意实用主义教育只重视"教育即生长"的个人目的，强调教育应该有一个清楚明确而又切合实际的教育目的，培养一种"社会一致"的精神。

（3）教育工作应当以行为科学为依据。改造主义高度评价行为科学，认为行为科学中正在出现的革命要求教育重新考察它原来的整个结构，确定教育目的和原则，并考虑编排教材的方法，以及组织教学的途径。

（4）课程教学应当以社会问题为中心。基于"社会改造"整个目的，改造主义教育家强调首先应将课程与教学的目标统一于所谓理想社会这一目标，并把社会问题作为中心；主张课程以人文社会科学为主，教学以问题为中心，重视科学之间的联系。

---

① 单中惠. 西方教育思想史［M］. 太原：山西人民出版社，1996：709.

（5）教师的主要职责是劝说教育。改造主义教育家认为，教师的主要职责就是劝说学生做好准备，去改造自己生活的社会。要实现改造主义的理想，首先要使学生了解社会改造的意义和必要，使学生相信改造主义的哲学，并且愿意为改造主义的理想去奋斗。

（三）改造主义教育的实质与影响

改造主义教育实质上是美国教育界应对"危机"的一种态度和对策。它与进步教育、实用主义教育既有联系又有区别。进步教育和实用主义教育更注重手段，而改造主义教育更注重目的；进步教育和实用主义教育立足于学生的眼前问题，而改造主义教育要植根于未来"理想社会"。改造主义教育重视吸收不同教育思潮的观点，并将其应用到自己的教育模式中去，因此具有"折中主义"的特点。但是，改造主义教育终究不能解决美国社会的危机问题，最终在20世纪60年代后期受到社会冷落并逐渐衰退。

二、新传统教育思潮

新传统教育试图纠正进步教育的偏差，汲取传统教育中的思想内核，反对过分关注儿童个人的经验和忽视学校传授系统文化科学知识。它们对教育的作用、目的、过程、内容与方法，乃至教学的组织形式等进行了新的探讨，形成各成体系的教育理论流派。其中，要素主义教育、永恒主义教育和新托马斯主义教育被认为新传统教育思潮中的主要代表。

（一）要素主义教育

要素主义教育是现代欧美国家一种强调学校教育的任务主要是传授人类文化遗产共同要素的教育思潮。

1. 要素主义教育的发展

"要素主义"一词最早由美国教育家德米阿什科维奇（M. Demiashkvich）于1935年提出。从20世纪30年代起，一些教育家指出进步教育运动降低了普通教育质量，反对以儿童个人经验为课程中心和"从做中学"，批评了过分强调儿童自由和兴趣的做法。起初，这种观点并没有引起重视。但是，30年代的全球性经济危机催化了人们对传统教育合理因素的向往和推崇，他们强调学习人类共同文化遗产的重要性，肯定教师在学校教育中的地位，要求个人必须服从社会、国家和民族的需要，主张重视智力水平和英才教育。1938年，一批持有这种观点的教育界知名学者在新泽西州大西洋城成立了"要素主义者促进美国教育委员会"，这标志着要素主义教育思想流派的形成。巴格莱在会上发表了《要素主义者促进美国教育的纲领》，第一次系统地阐述了要素主义教育思想的基本观点，被称作"要素主义者的宣言"。20世纪50年代，要素主义教育成为当时美国教育的主流思潮，"为60年代后美国的中、小学课程改革运动提供了理论武器，课程改革运动中很多教育理论家和实践家都是从要素主义教育观点中受到启示而投入改革的"[①]。美国的《国防教育法》就吸纳了要素主义教育的核心精神。但是自20世纪60年代末开始，随着美国教育改革的失败，以及美国社会转向要求学校教育有助于解决社会贫困、种族歧视等问题，智力训练的目标遭到冷遇，于是要素主义教育思想逐渐走向了衰落。

---

① 张斌贤，褚洪启. 西方教育思想史[M]. 成都：四川教育出版社，1996：679.

2. 要素主义教育的主要观点

（1）把传递人类文化遗产中的共同要素作为教育目的。要素主义教育针对进步教育过分强调个人经验和"从做中学"的弊端，认为在民族生活、文化历史发展过程中存在着基本的、永恒不变的、共同的文化要素。学校不应是生活适应或职业训练的场所，而应是一个有组织的社会机构，其主要任务就是要把人类文化遗产中共同的文化要素传递给青年一代，通过引导学生系统地学习和掌握人类文化的共同要素，把提高学生的文化素质和智力水平作为学校教育的首要任务，并制定严格的智力训练标准，对学生实行传统的智力训练和天才教育。

（2）把人类文化遗产的共同要素作为学校课程的核心内容。要素主义教育者认为，在人类的文化遗产中，存在着永恒不变的、基本的、共同的要素，它们是人类种族文化经验和民族文化遗产的根基。教育的首要任务就是继承、传递和学习人类文化遗产的共同的文化要素，并将其作为课程的核心内容和教育的主要内容。要素主义教育者主张按照学校课程和教学计划，向学生提供所需的知识、真理、技能和情感发展；在学科设置中，恢复各门学科在教育过程中的地位，加强各门课程的系统学习，重视读写算、数学、自然科学、哲学、历史等基础学科的学习；学校要按照教学的逻辑体系和学术性编订教材，并制定严谨的教学计划、学校纪律、学生学业标准、考核制度和重新组织师资培训工作等。

（3）认为学习过程是一种艰苦的努力。要素主义教育者反对进步教育所持的只强调学生的自由和个人兴趣，以及学生的学习是学生个体经验的总结的学习观。他们认为，学生的学习一定要刻苦努力，要在严格的学校纪律和学业标准的约束下专心致志地学习。学生的兴趣不是生来就有的，而是经过培养的结果。只有保持刻苦努力的学习态度，学会自我克制与约束，才能不断地克服眼前的困难，提高学生的学习能力，从而实现更加长远的目标。

（4）强调教师在教育过程中的核心地位。要素主义教育家认为，进步教育的儿童中心论忽视了教师的指导作用。教师是文化共同要素的继承者和传递者，他们掌握学科的逻辑体系，具有广博的学科知识和相当的学术水平，了解教育过程，熟悉学生学习过程和儿童心理状态，掌握知识传递的教学方法和教学技能。因此，学校应该限制学生依靠个人经验的"非正式学习"，学生应在严格的学校纪律的管理下，在教师的指导和监督下，刻苦努力地学习，顺利地完成各门学科的学习。总之，教育过程的主动权不在学生而在教师，教师在教育过程中应处于核心地位。

（5）突出学校教育的社会功能。要素主义教育认为，学校是传递文化遗产的有组织的社会机构，学校培养出来的学生最终要进入社会，为社会服务，因此，学校还是为社会培养公民和人才的机构。学校通过系统、严格的教育，使学生学会各项基本技能和知识，并且经过严格的心智训练过程，把他们培养成为具有高水平文化素养、智能、广博知识和专业技能的人才，从而更好地适应社会和为社会、国家服务，保证民主社会的稳定与发展。

要素主义教育的主张对于匡正进步教育所带来的问题和弊端，促进教育教学理论框架的形成，提高教育质量和进行课程教学改革等，都具有重要的积极意义和价值。但是要素主义教育的局限性表现为：首先，要素主义教育过于重视知识的逻辑体系，忽视学生的个体经验和实践能力。其次，要素主义教育强调教育以智力训练为基础，突出学习者的认知发展，忽视了学生个体差异和能力水平。再次，要素主义教育忽略了教师与学生之间的互动与交流，以及学生的学习动机和兴趣，压抑了学生学习的自主性和创造能力。最后，要素主义教育提倡"天才教育",忽略了普通学生的教育,不利于民主社会教育的发展。

(二) 永恒主义教育

1. 永恒主义教育的发展

"永恒主义教育"亦称为"新古典主义教育",是 20 世纪 30 年代至 50 年代在美国兴起的一种保守的教育思想流派。永恒主义教育产生的背景有两个方面:一方面,由于进步教育和实用主义教育本身的缺陷,导致了社会公众对进步教育进行反思,对此永恒主义教育严厉批判了进步教育的种种弊端,并提出了基于古典实在论的复古的教育观念,宣扬宇宙精神、人性和教育都是永恒不变的,主张复兴西方古典人文教育。另一方面,美国 20 世纪 20 年代末的经济危机导致社会经济问题呈恶化趋势。一些高等院校的学者站在传统人文主义的立场上,呼吁人们注重古典人文主义教育,认为拯救危机的办法就是要进行"道德的、理智的、精神的革命",通过教育的力量恢复古希腊、罗马以及中世纪的传统教育。其主要代表人物有美国的赫钦斯(Robert Maynard Hutchins, 1899—1977) 和阿德勒(Mortimer J. Adler, 1902—2001),英国的利文斯通(Richard Winn Livingstone, 1880－1960)和法国的阿兰(Emile Chartier Alain, 1868—1951)。

2. 永恒主义教育的主要观点

(1) 教育的性质永恒不变。永恒主义教育认为宇宙中存在着一种永恒不变的实在,万物被一种永恒的普遍法则所支配,个体也是一种永恒不变的实在。人自身存在着共同的最主要的永恒不变的特性——理性。因此,建立在永恒不变的人性基础上的教育,也是固有不变的,在任何情况下教育的性质都是永恒不变的。

(2) 教育的目的是培养和发展人的理性。永恒主义者认为,理性是人区别于动物的特性,是人的本质力量之所在。因此教育的首要目的就是通过理智地训练,培养和发展人的理性。人在发展理性的过程中,同时也获得了真正的美好生活和社会,这样人类才会真正懂得什么是幸福,什么是最好的公民。教育的首要作用始终是塑造人,教育的任务就是表现和发展人所具有的潜在能力。

(3) 教育就是传授给学生永恒不变的真理。永恒主义教育者认为,教育不应是适应眼前所需,应该培养人掌握固有不变的真理,汲取前人的智慧,学到文化遗产中最好的东西,从而更好地继承并发扬人类社会的文化遗产。再者,教育并不是生活本身的完全复制,应该教会学生如何更好地为生活做准备。

(4) 教育的内容是永恒的古典学科。永恒主义教育认为,教育就是要让学生掌握永恒不变的真理,培养和发展人的理性,因此就必须学习永恒的古典学科(亦称为"永恒学科"),并将其作为普通教育的核心内容。"永恒学科"是稳定不变的,是适合于任何时代、任何人的学科,具体来说就是以西方伟大观念为基础的经典名著。

(5) "通过教学进行学习"的教学方法。永恒主义教育者认为,学生在学习与读书时要积极思考,这是一种有效的理智训练方式,这将有助于锻炼学生的思维与智慧,以及培养和发展人的理性。永恒主义教育的教学方法是"通过教学进行学习"。在教学过程中,教师发挥着主导作用,并按照学生的学习速度和接受能力,指导学生有针对性地和主动地阅读、思考与讨论名著,积极发挥学生的能动作用,引起学生的不断反思,激发其内在的倾向性,从而达到培养和发展学生理性的目的。

3. 永恒主义教育的影响

永恒主义教育在经济危机的背景下,倡导自由教育和经典名著的学习,在一定程度上对进步教育改革带来的问题与弊端起到了弥补作用,对美国高等教育和成人教育的发展产生了广泛影响。但是由于永恒主义教育把古典名著置于学校教育的主要内容,不利于现代社会所需人才的培养;只注重人的理性、道德和精神的培养,却忽略了人的身体和情感方面的教育;其影响只是局限在大学和上层知识界的少数人,以及成人教育领域,影响范围有限。因此,自 20 世纪 60 年代之后,永恒主义教育逐渐走向了衰落。

(三) 新托马斯主义教育

1. 新托马斯主义教育的发展

新托马斯主义(neo-thomism)教育是一种以托马斯·阿奎那(Thomas Aquinas,1225—1274) 的宗教神学理论为思想基础的教育思潮。新托马斯主义教育脱胎于中世纪的经院哲学。经院哲学随着文艺复兴的洗涤和资本主义的发展逐渐衰落。到 19 世纪末,新托马斯主义作为一种宗教唯心主义开始复活。进入 20 世纪以来,新托马斯主义努力调和科学与宗教、理性与信仰之间的矛盾,试图回答现代自然科学和认识论对天主教神学哲学的挑战。20世纪 30 年代,以马里坦为代表的一批学者,以新托马斯主义哲学为理论依据对实用主义和进步教育的理论与实践提出了批评,试图建立一套完整的宗教教育哲学理论。

2. 新托马斯主义教育的核心观点

(1) 教育目的是培养真正的"基督教徒"和"有用的公民"。教皇庇护十一世提出:"基督教教育的正当与直接的目的是与神恩合作培养真正的与完全的基督教徒。"①在新托马斯主义者看来,这种基督教徒是一种超自然的人,他们在"基督的榜样与教导的超自然的光明"照耀下,进行"思维、判断与行动"。虔诚的基督教徒与忠诚的公民两者是完全一致的,一个好的天主教徒因坚持天主教原则而成为更好的公民,热爱自己的国家,效忠于合法的政府和政治权威。

(2) 学校课程以基督精神为基础。新托马斯主义教育家认为,每个人都是上帝的后嗣,所以应该培养统一于神性之上的共同人性。为了对学生进行道德上的再教育和培养他们的宗教信仰,学校的一切课程都应该贯穿宗教教育;各级学校的教学与组织、教师、教学大纲和教科书都要受基督教精神的约束。为了使各级学校的学生接受宗教教育,形成基督教的虔诚信仰,所有学校必须开设神学课程。

(3) 教会是教育的主导者和所有者。新托马斯主义教育家强调,因为教会具有上帝专赐的那种使人们灵魂得救的"超自然"的权力,所以教育应该属于教会。教会要监护上帝的后嗣在所有公私教育机构里学习,不仅包括宗教教育,而且包括一切课程的学习。

(4) 教育过程是人的内在精神活动的过程。新托马斯主义教育家认为,由于教育过程本质上是人的内在精神活动的过程,故此教育就是自我教育和自我解放的过程,所以教育不应只局限于家庭和学校,而应贯穿于人的一生。教育的作用在于唤醒作为儿童天性的基本气质,如爱真理、爱善良、爱正义、乐于生存、与他人合作等,培养儿童对生活的积极态度,创造以爱和关注为中心的共同生活的环境和气氛。

---

① [美]白恩斯,白劳纳. 当代资产阶级教育哲学[M]. 瞿菊农,译. 北京:人民教育出版社,1964:92.

（5）教师的首要职能是使学生自由和自主。新托马斯主义教育家认为,教师的任务是解放而不是压制,鼓励儿童认识自身的可臻于完善的潜力比压制不良的精力更为重要,鼓励学生在根本上是必要的,羞辱则有害于学生。教师必须培养学生如何思考、如何表达和如何利用一切新的成就和发现,使他们真正获得自由和真正可以自主。

3. 新托马斯主义的影响

新托马斯主义教育虽然带有浓厚的宗教神学色彩,但是,它并不是托马斯主义在教育领域的直接移植,而是具有明显的调和色彩,表现出一种开放的姿态。新托马斯主义教育既强调人之为人的本质力量,又把这种力量看作是上帝的恩赐和神性的表现;既把神学看作至高无上的学科,又顾及民主的观念,主张神学教学的自愿原则,并强调神学与其他哲学和科学思潮的平等性;既积极提倡自由教育,又不忽视专业化趋势。然而,作为一种强调宗教教育的理论,新托马斯主义教育存在着难以自圆其说的矛盾。他们既期待通过教育来解决资本主义社会的危机,又不希望触动资本主义社会的痼疾;既竭力维护宗教教育的地位,又难于化解其与西方现代社会文化价值观的矛盾。马里坦曾这样说:"关于当代世界的社会变动,教师既不要使学校成为既定秩序的堡垒,又不要使它成为改变社会的武器。"①

思考与拓展

1. 试述欧洲新教育运动发展的历程和特征。
2. 杜威教育思想评述。
3. 研讨进步主义运动的发展历程、主要观点、特征及其影响,分析其衰落的原因。
4. 蒙台梭利与福禄贝尔幼儿教育思想比较。
5. 改造主义教育思潮评述。
6. 概述新传统教育思潮的主要流派及观点。
7. 讨论欧美教育革新运动对近代中国教育的影响。

---

① 王承绪,赵祥麟.西方现代教育论著选[M].北京:人民教育出版社,2001:320.

第十五章 现代欧美主要国家和日本的教育

本章概要:现代教育发端于 20 世纪后随即快速发展。20 世纪前期,各国着力改革初等教育并卓有成效;中等教育的扩大和改造,宣告了教育双轨制的衰亡,教育民主化的来临;高等教育和职业技术教育也迅猛发展;社会主义教育制度的确立打破了西方的教育模式,出现了新的教育思想与实践探索。这一时期爆发了两次世界大战,教育遭受空前浩劫,战火所及的欧、美、亚各国的教育发展都受到了极大干扰。20 世纪后期至今,各国在战争的废墟中重建教育,并适应国家不同时期发展的需要,进行了深刻的变革,从而形成了现今的教育模式。与此同时,西方社会形成了包括分析教育哲学、终身教育、存在主义教育等在内的现代教育思潮;苏联也涌现出了包括列宁、马卡连柯、凯洛夫、赞科夫、苏霍姆林斯基等在内的一大批马克思主义教育思想家。

第一节 美国教育的发展

一、20 世纪前期美国教育的发展

自 19 世纪开始,以公立小学为主体的美国初等教育制度逐步完善,到 20 世纪初期,美国已经完成了初等教育义务化、普及化的发展任务。此时,美国教育改革的重点开始转向中等教育、职业技术教育和高等教育领域。

(一) 中等教育的改革和发展

1. 《中等教育的基本原则》与中学职能的转变

19 世纪以来,伴随着美国公立学校运动的开展,美国公立学校系统的逐步完善,如何科学合理地安排各级学校的学习年限和课程内容,使其符合学生生理与心理发展的规律以及社会需要,成为 19 世纪末 20 世纪初摆在美国教育面前的一个重要课题。1913 年,美国全国教育协会成立了"中等教育改组委员会",重新研究中等教育的职能和目的问题,以提升中学教育的社会效益。该委员会于 1918 年发布《中等教育的基本原则》报告指出,美国教育的指导原则是民主,应当使每一个成员通过为他人和社会服务的活动来展示他的个性,提出了中学是面向所有学生并为社会服务的机构,肯定了六三三学制和综合中学的地位,是美国教育史上非常有影响力的一份报告,乃至于对其他后发国家的中等教育改革都产生了重要影响。

２．进步教育协会的"八年研究"

20 世纪 30 年代起,美国进步教育开始关注高中发展及其存在的问题。如何处理学生的升学和就业,特别是大学与中学的关系,一直是困扰美国高中发展的重要因素。1930 年,美国进步教育协会成立了"大学与中学关系委员会",试图通过加强中学与大学的合作来解决高中发展的问题——主要是大学入学考试要求的限制问题。在主席艾肯(Aiken)教授的带领下,委员会制定了一份为期八年(1933—1940)的由 30 所高中参与的大规模的高中教育改革实验研究计划。故此计划称为"八年研究",又称"三十校实验"。委员会与全美 300 多所大学签订协议,凡参加实验的大学对参与实验的中学毕业生不进行入学考试。参与实验的中学毕业生申请进入大学就读时,须持有所在中学校长的推荐性。实验学校可自行决定开设什么科目,规定学分。"八年研究"对教育目的、教育管理、课程、方法的选择和安排,教育教学评估做了重点研究,取得了有益成果,为美国教育改革向纵深发展提供了有益的思路。

（二）职业技术教育的发展

20 世纪初,为满足社会经济发展对技术工人的需求,美国政府开始关注职业技术教育的发展。1906 年,美国成立了"全国职业教育促进会",旨在推动为全国职业教育提供财政补助的立法进程。1914 年,美国国会成立"职业教育国家补助委员会",议员史密斯(H. Smith),休斯(D. M. Hughes)专门研究补助职业教育问题。1917 年,两人联名提出了关于职业教育的议案,并得到国会批准,成为法案。该法案即美国职业教育史上著名的《史密斯—休斯法案》(Smith-Hughes Act)。法案主要内容包括:联邦政府拨款补助各州大力发展高等以下的职业教育,开办职业学校;联邦与州合作,提供职业教育师资培训并向培训机构提供资助;在公立学校中设立职业科,设置选修的职业课程,把传统的升学中学改为兼具升学和就业职能的综合高中。

《史密斯—休斯法案》的颁布与实施,对美国职业教育产生了重要影响,使职业教育进入普通教育,成为州和联邦政府密切合作的一项教育事业,奠定了美国职业教育发展的基础。

（三）初级学院运动

初级学院运动是在美国四年制大学年限长、学费高、中学毕业生毕业升学压力大的背景下发起的。1892 年,芝加哥大学校长哈珀(Harper)提出将大学的四个学年分为"初级学院"(前两年)和"高级学院"(后两年)的设想。1901 年,美国的伊利诺伊州在乔利埃特建立了第一所公立初级学院。此后在加利福尼亚、密歇根、明尼苏达和爱荷华等州,初级学院获得快速发展。随后,1920 年,美国联邦教育总署组织召开了全美第一次初级学院会议,成立了"美国初级学院协会"。

初级学院是一种从中等教育向高等教育过渡的教育。他的主要特点包括:以高中毕业生为招生对象,没有年龄限制,也没有入学考试;学制两年,不收学费或收费较低,可走读;课程设置多样化,提供较高中更宽广的普通教育和职业教育科目,学生可根据自己的兴趣、能力和需要自主选择;办学形式灵活,学生毕业后可以直接就业,也可以转入四年制学院和大学继续学习。

初级学院的产生,是美国高等教育适应社会政治、经济和文化需要的产物,使美国高等教育结构中增加了一个新的层次,丰富和完善了美国高等教育体系。

二、第二次世界大战后美国的教育改革

(一)《国防教育法》和 20 世纪 60 年代的教育改革

1957 年 10 月,苏联卫星上天事件,极大地震惊了美国社会。各界人士开始反思教育,并强烈要求教育改革。此种情境之下,美国联邦政府颁布实施了《国防教育法》。该法令的主要内容有:加强"新三艺"(自然科学、数学、现代外语)的教学;加强职业技术教育;加强"天才教育",培养拔尖人才;增拨教育经费,用于增加学生贷款,加强教学,设立国防研究奖学金,促进天才学生的培养,增添现代教学设备,改善职业教育等。

《国防教育法》的颁布和实施,掀开了二战后美国大规模教育改革的序幕,使美国教育在内容、方法和组织形式等方面摆脱进步主义教育思想的影响,更加强调理智训练,并加快了教育发展速度,为二战后美国教育改革提供了坚实的法律保障。

《国防教育法》颁布后,美国国家科学基金会设立了专项资金,用于资助物理科学教育委员会进行课程改革研究。1959 年,物理科学教育委员会的成员和部分数学、生物课程改革专家以及心理学家齐聚马萨诸塞州,研讨当前的教育改革。会后,布鲁纳综合与会代表的观点,形成会议总结报告,以《教育过程》为名发表。其主要内容包括:注重早期教育,发掘儿童智力潜能;逐级下放科学技术课程,缩小高级知识与基础知识的差距;以结构主义思想为指导设计中小学课程;鼓励学生采取发现式学习方法。[①] 布鲁纳的结构课程论思想推动了 20 世纪 50—60 年代的美国科学课程与教材实验,同时又是这场课程与教材实验的指导理论。美国科学课程实验从物理学科开始,继而深入到化学、生物学、地质学、数学、天文学等众多科学学科。1960 年,由美国物理科学教育委员会编制的高中物理课本,其系列教材还有实验手册、补充读物、教师用书、习题集、实验器具、教学电影等。[②] 以此为标志,美国课程改革运动全面展开。尔后,化学、生物、社会科学等学科的课程相继进行了改革,推出了相应的学科教材。总体而言,这次课程改革,范围广、跨度大、参与人员多、配套性强、持续时间长。[③]

除了关注课程改革外,教育公平也是 20 世纪 50—60 年代教育改革的重点。这一时期,在逐步高涨的民权运动的推动下,教育也发生了重要的变革。1954 年,美国联邦政府对"布朗案"的判决结果迈出了取消学校种族隔离制度的重要一步。20 世纪 60 年代的美国,教育被视为消除种族歧视,反贫困的重要武器。这一时期,围绕着种族、贫困等问题而展开的立法活动异常活跃。1964 年的《民权法案》明确禁止接受联邦资金的机构在种族、肤色、宗教和民族血统等方面的歧视行为。法案还授权美国司法部长采取法律行动,促进学校消除种族隔离。1965 年的《中小学教育法》(Elementary and Secondary Education Act,1965) 再一次重申了黑人白人合校政策,并制定了针对处境不利儿童的教育措施。1966 和 1967 年,美国分别颁布《中小学教育法》的修正案,该法案在实施中不断扩充完善。除此之外,在高等教育领域也颁布了《高等教育法》(1965)、《高等教育法修正案》(1968)。正是由于这些法律的颁布实施,黑人和少数族裔的教育状况得到了明显的改进。

---

① 杜成宪,王保星. 中外教育简史(下册)[M]. 北京:北京师范大学出版社,2015:354.
② 张斌贤. 外国教育史(第 2 版)[M]. 北京:北京师范大学出版社,2015:390.
③ 李定仁,胡斌武. 29 世纪西方课程实验的历史经验及其启示[J]. 教育研究,2003(3).

（二）20世纪70年代的教育改革

20世纪70年代,席卷整个资本主义世界的"石油危机"导致美国经济凋零,社会失业问题严重。在这种情况下,教育改革转向生计教育和"返回基础"。

1. 生计教育

1971年,美国教育总署署长马兰以终身教育思潮为指导,提出了一种面向人的全部生涯的综合型教育计划——生计教育计划,从幼儿园到成年,按照生计认知、生计探索、生计定向和生计准备、生计熟练等步骤逐一实施,让所有人都获得就业训练。生计教育以职业教育和劳动教育为核心,注重教育与工作的联结,注重学校普通教育与职业教育的有机结合,培养人具有适应社会变化的能力,能够解决就业问题并促进社会繁荣。1974年,美国国会正式通过了《生计教育法》,当年就有9个州通过了必须进行生计教育的专门法律,有42个州采取了推行生计教育的措施。1977年,美国国会又批准实施"生计教育五年计划",拨款4亿美元专项经费推动计划的实施。[①] 这样,到20世纪70年代末,美国全国已有一半以上的学区开展了生计教育。

2. 回到基础

20世纪70年代之后,美国的保守主义势力抬头,加之60年代的教育改革不但没有达到预期,并且整体教育质量呈现下降趋势。在这样的情形之下,社会各界呼吁"回到基础",重新强调基础知识和基本技能的教学。到70年代末,80%以上的州先后制定了学生必须达到的"最低限度能力标志"。"回到基础"运动强调教学过程中教师的主导地位和严明纪律,规定学生统一着装,甚至支持体罚。由于其忽视学生的主体性也遭到诸多批判,在20世纪80年代归于沉寂。

（三）20世纪80—90年代的教育改革

20世纪80—90年代,美国经济形势逐步好转,在教育领域开始推行教育综合改革,致力于创建一个学习型社会。

1.《国家处在危机之中：教育改革势在必行》

1983年,美国"全国教育优异委员会"将经过充分酝酿、讨论而成的教育报告《国家处在危机之中：教育改革势在必行》提交给联邦教育部。报告认为,美国在商业、工业、科学和技术创新方面遥遥领先的地位,正受到全世界竞争者的挑战,而美国的教育质量不断下降,"正在培养的新一代美国人是科学盲和技术盲"。因此,教育改革势在必行。报告建议:加强中学五门"新基础课"(数学、英语、自然科学、社会科学、计算机)的教学;提高教育标准和要求;提高师资标准和教师待遇;各级教育行政部门加强对教学改革的领导和落实。这份报告被美国教育部作为各州教育改革的指导文件。在此报告的指引下,美国各州迅速采取行动,采取提高毕业标准、整顿教师队伍、增加测试等教改措施,对美国教育发展产生了积极影响。

2. 20世纪90年代面向新世纪的教育立法

20世纪90年代后,美国为保持其世界领先地位又对教育进行了改革,相继出台了《美国2000：教育战略》(1991)和《2000年目标：美国教育法》(1994),为即将步入新世纪的美国教育改革与发展勾画了蓝图,指明了前进的方向,对建立高质量的教育体系起了至关重要的作用。

---

① 张斌贤. 外国教育史(第2版)[M]. 北京:北京师范大学出版社,2015:393.

（四）进入 21 世纪以来的教育改革与发展

2002 年，为了提高基础教育的质量，应对新世纪的挑战，布什政府出台了《不让一个孩子掉队法》(No Child Left Behind,2002)。法案以提高学生学习成绩，缩小或消灭劣势群体和非劣势群体学生学业成绩差距为目标，以标准化考试为工具，对美国基础教育进行改革。在法案的压力下，联邦政府、州、学校、教师等相关部门和群体迅速积极投入到教育改革之中，学生的学业成绩很快就得到提升，整个教育的质量也有了很大的提高。但是联邦政府考核并且定级的压力，使得学校忙于应付每年的测试，这甚至成为一些中小学日常工作的"指挥棒"，在一定程度上导致了基础教育的急功近利和虚与委蛇。

2015 年，为了纠正《不让一个孩子掉队法》的偏差，美国奥巴马政府通过了《每一个学生成功法》(Every Student Succeeds Act,2015)。这部新法案共包括九部分内容：① 改进由州和地方教育部门实施的基础项目；② 培养、培训及聘任优质教师、校长和学校领导者；③ 英语学习者及移民学生的语言教学；④ 21 世纪学校；⑤ 各州创新与地方灵活性；⑥ 印第安、土著夏威夷及阿拉斯加本土教育；⑦ 影响援助；⑧ 总则；⑨ 无家可归子女教育及其他法律。[①] 与《不让一个孩子掉队法》相比，《每一个学生成功法》最大的亮点是"还权"，将控制教育的权力归还给各州和地方学区，从而终结了《不让一个孩子掉队法》所规定的联邦以测试为基础的问责制度。除此之外，在对待考试的态度、对"共同核心州立标准"的态度、问责、对薄弱学校的改造等具体方面都有不小的改善。这些变化，受到了美国各界的支持和赞扬。尽管如此，其未来的前景及其对美国中小学教育改革与发展到底能够产生何种影响，尚需时间来验证。

第二节 英国教育的发展

一、20 世纪前期英国的教育改革

英国是西欧最早进行资产阶级革命和最早完成第一次工业革命的国家，其强大的经济实力为教育发展提供了坚实的基础。20 世纪初，英国多次颁布教育法令和提出教育改革报告，加快了教育发展的步伐。

（一）《巴尔福教育法》与教育行政管理体制的变化

直到 19 世纪末，英国尚未形成对学校进行有效的统一管理的体制。1902 年，为了公平分配教育补助金和加强对地方教育的管理，英国通过了《巴尔福教育法》。法案规定废除原来独立于地方政府的地方教育委员会和督促就学委员会，设立地方教育当局，其主要职责是保证初等教育的发展，享有设立公立中学的权利，有权对私立学校和教会学校提供资助和控制。

《巴尔福教育法》是英国进入 20 世纪后所制定和颁布的第一部重要的教育法案。它促

---

① 藤珺，王杨楠.美国基础教育体系真的要大改？——奥巴马政府基础教育改革新法案《每个学生都成功》述评[J].比较教育研究,2016(3).

成了英国中央教育委员会和地方教育当局的结合,形成了以地方教育当局为主的英国教育行政管理体制。该法首次强调初等教育与中等教育的衔接,并把中等教育纳入地方教育部门管理,为建立统一的国家公共教育制度奠定了基础。

(二)《费舍法案》与初等教育的发展

1918年,英国国会通过了《费舍教育法》。法案规定:加强地方当局发展教育的权利和国家教育委员会制约地方当局的权限;为2—5岁儿童开设幼儿园,5—14岁为义务教育阶段,一律免除学费;地方教育当局应建立和维持继续教育学校,并向进入这种学校的年轻人(14—16岁)免费提供一定的学习课程和教育培训。

《费舍法案》在英国历史上首次明确宣布教育立法的实施"要考虑到建立面向全体有能力受益的人的全国公共教育制度",在建立完整的国家教育制度方面迈进了一步,初步确立了一个包括幼儿学校、小学、中学和各种职业学校在内的公立学校系统,特别是加速了初等教育的发展和普及。

(三)中等教育的变化

随着英国初等学校的较快发展,社会对中等教育的普及性和适应性提出了更高的要求,改革传统的中等教育势在必行。

1.《哈多报告》

1924年,英国工党上台执政,首次提出"人人有权受中等教育"的口号。随即任命以哈多爵士(W. H. Hadow,1859—1937)为主席的调查委员会对英国的初等教育展开调查,提出发展中等教育的建议。该委员会在1926—1933年间提交了三次《关于青少年教育的报告书》,一般称《哈多报告》。其中影响较大的是1926年报告书。《哈多报告》建议:小学教育应当重新成为初等教育;儿童在11岁以后所受到的各种形式的教育均称为中等教育;为了使每个儿童进入最合适的学校,应该在11岁时进行选择性考试。

《哈多报告》第一次从国家角度阐明了初等教育与中等教育衔接,中等教育面向全体儿童的教育思想,并从儿童发展角度,明确提出了初等教育后教育分流的主张,以满足不同阶层人们的需要。《哈多报告》被视为现代英国教育发展的里程碑之一。

2.《斯宾塞报告》

为了适应经济发展对技术工人的广泛需求,英国政府又提出了关于改革中等教育的《斯宾斯报告》。《斯宾塞报告》提出:保留初等技术学校,中等学校里加强技术教育,以适应科学技术的发展;广泛建立现代中学,使社会中下阶层的青少年受到中等教育;中等学校课程除普通学科外还应包括具有直接职业价值的训练,并给学生选择学科的最大自由;设立多科性中学,使其兼有文法中学、现代中学和技术中学的特点;重申各种类型的中等学校享有平等地位,青少年入哪种类型学校取决于智力水平。

《斯宾斯报告》坚持了《哈多报告》的改革方向,把中学类型扩大为三种——文法学校、现代中学和技术中学,强调在各类中学之间建立对等关系。《斯宾斯报告》由于更强调社会需要和学校的社会职能以适应战后英国对中等技术人才的需求,推动了英国中等教育的发展。到第二次世界大战前,英国基本上形成了三种类型的中学,"人人受中等教育"的观念已经为英国公众广泛接受。

二、第二次世界大战后英国教育改革

（一）《1944 年教育法》与英国教育的重建

1944 年，二战接近尾声，英国政府通过了以巴特勒为主席的教育委员会提出的教育改革方案，即《1944 年教育法》，又称《巴特勒法案》。法案提出：加强国家对教育的控制和领导，设立教育部统一领导全国的教育，设立中央教育咨询委员会向教育部长提供咨询和建议；规范地方行政管理权限，地方教育当局负责为本地区提供初等、中等和继续教育；实施 5—15 岁的义务教育，向所有学生提供免费的初等教育和中等教育。

这部法案在英国现代教育发展中具有重要地位，它确立和完善了中央和地方在教育行政、管理体制上的相互合作关系，结束了二战前英国教育制度发展不平衡的状况，形成了初等、中等和继续教育相互衔接的学校制度，为战后英国教育的发展和改革奠定了坚实的基础。《1944 年教育法》颁布实施后，从 20 世纪 50 年代开始到 60 年代初期，英国教育事业获得长足发展，基本实现了普及 10 年义务教育的发展目标。[①]

（二）20 世纪 60—70 年代的教育改革

20 世纪 60—70 年代，英国教育改革的重点在中等教育。伴随着各党派就中等教育机构类型的激烈争论，各类中学均有一定程度的发展。师范教育和高等教育也有较大的发展。

1. 综合中学运动

二战后，英国沿用战前业已形成的中等教育的"三轨制"，即文法中学、技术中学和现代中学。但是通过"11 岁考试"选拔学生进入三类中学的做法被认为具有阶级偏见。20 世纪 60 年代废除"11 岁考试"和中等教育"三轨制"成为英国教育民主化运动和实现教育机会均等的需要。20 世纪 60 年代初，英国一些地区逐步开始综合化改组，但由于保守党政府的反对，综合中学发展缓慢。1964 年，英国工党上台后，将"三轨制"中学合并为综合中学，遂成"综合中学运动"之势。而保守党固守英国精英教育的传统，反对"平均主义"。因此，在两党轮流执政的过程中，综合中学的发展也是几经波折。但是随着时代的发展，英国综合学校运动到了 70 年代已呈现出不可逆转的态势。从 1965 年到 1981 年，文法学校和现代中学分别减少了 83% 和 89%。[②] 英国中等教育逐步从选择性的传统的英才教育转向综合性的、面向全体学生的大众教育。

2. 《罗宾斯报告》与高等教育发展

固守精英教育传统的英国大学无法满足战后经济社会发展的需要。1963 年，旨在解决高等教育服务社会问题的《罗宾斯报告》发表。报告提出著名的罗宾斯原则：所有具备入学能力和资格并希望接受高等教育的青年都应该获得高等教育的机会。这一报告成为英国高等教育从传统模式走向现代模式、从精英型走向大众型的转轨宣言书，成为 20 世纪 60—70 年代英国高等教育大发展的政策依据。此后，英国高等教育在新大学创办、大学入学人数、大学课程设置等方面均实现了大规模扩张，并初步形成了高等教育的"双重制"，即高等教育由大学和多科技术学院组成。1971 年，英国创办了以成人为主要教育对象、教学方式灵活

---

① 吴式颖，李明德.外国教育史教程（第 3 版）[M].北京：人民教育出版社，2015：423.
② 王承绪.英国教育[M].长春：吉林教育出版社，2000：375.

多样的开放大学。这成为英国高等教育服务社会的又一重要举措。

3.《詹姆斯报告》与师范教育改革

在师范教育方面,较有影响的是 1972 年发表的《詹姆斯报告》。该报告提出了一项全新的教师职前培训教育和在职培训计划,把师范培训分为个人高等教育、职前教育专业训练和在职进修三个阶段构成的统一体,即"师范培训三段法"。报告引起了政府的重视,其中一部分建议被采纳。到 20 世纪 80 年代初期,整个英国基本上已经不存在独立的师范培训机构,师范教育成为一个专业合并于大学教育院系、多科技术学院和高等教育学院之中。

(三) 20 世纪 80 年代的教育改革

进入 20 世纪 80 年代,英国教育改革频繁,比较有影响力的是《雷弗休姆报告》(1981—1983) 和《1988 年教育改革法》。前者把高等教育改革作为重点,提出要扩大高等院校入学途径,调整高校课程内容和结构,加强和改进高等教育管理等众多措施,为政府推行教育改革提供了依据,也为后者的产生提供了思想准备。后者对英国教育体制进行全面改革,主要内容涉及普通中小学教育、高等教育、职业技术教育、教育管理和教育经费。它的颁布开启了英国自二战以来规模最大的一次改革,被看作是英国教育史上又一个里程碑式的教育改革法案,对英国教育产生了长期的历史影响。

(四) 20 世纪 90 年代的教育改革

20 世纪 90 年代,英国继续推进各项教育改革。在初等教育方面,英国继续实施《1988 年教育改革法》确立的国家统一课程。在高等教育领域,先后颁布和出台了《1992 年继续教育和高等教育法》和《迪尔英报告》(1997),彻底废除了高等教育的"双重制",建立起统一的高等教育体制,从而实现了英国高等教育从精英教育到大众教育的转型。

(五) 进入 21 世纪以来的教育改革

在高中教育方面,通过提供个性化的课程学习服务,凸显高中教育发展的个性化,成为 21 世纪英国高中教育改革的主题之一。从 2000 年 9 月开始,英国着手推行新的高中课程方案。2003 年,英国发表《机会与卓越:14—19 岁青少年的教育》白皮书,提出要实施更灵活的高中教育政策,允许学业基础扎实、学习能力强的学生提前参加中等教育普通证书考试,同时为学习进步缓慢和具有特殊需要的学生提供辅导和帮助。2007 年,英国发布《2020 愿景:2020 年教与学评议组的报告》,提出高中要为学生提供可供选择的、多样化的课程体系,以适应每个学生个性化发展的需要。

在科学教育方面,为适应英国科学教育实践进一步发展的需要,2000 年,英国政府出台了新版的《国家科学教育课程标准》,该标准包括科学课程概况、学习计划、教学要求和实现目标四个部分,确定了科学探究、生命进程及生物、物质及其属性和物理过程这些学生需要学习的基本科学内容。

三、分析教育哲学思潮

分析教育哲学(Analytic Philosophy of Education)是一种将分析哲学的方法和原则应用于教育研究领域的教育哲学思潮。分析教育哲学在把分析哲学的方法应用于教育领域时,或把教育概念的普通语言应用作为分析的主要对象,或把教育概念的逻辑前提作为分析的主要对象,其精髓是批判的严格性,帮助教师澄清一些教育概念。在具体的教育实践中表现为：一是举出反例。如果能对已分析的教育名词和概念举出反例，那就表明需要重新对这些教育名词和概念进行分析。二是解决先决问题。在分析教育名词和概念时必须首先解决先决问题，然后才能进行分析。

（一）分析教育哲学的发展历程

分析教育哲学是在分析哲学的基础上产生和发展的。分析哲学，正式形成于 20 世纪初的英国，是在当时兴起的数理逻辑的基础上发展起来的。分析哲学主张运用分析的方法对基本概念和语义进行澄清，反对逻辑研究中的心理主义，认为哲学的任务就是对语言的意义进行描述和解释，以达到"清思"的目的，从而促成哲学研究从认识的内容转向了认识的表述、从心理概念转向了语言形式的"语言转向"。分析哲学学派林立，其中有代表性、对教育影响较大的两个分支是逻辑实证主义和日常语言学派。

1942 年，分析教育哲学的先驱哈迪（Charles D. Hardie）出版了《教育理论中的真理与谬误》，成为第一部系统明确地运用分析哲学的方法讨论教育问题的著作。由于诸多原因，在哈迪之后，大约过了十多年，西方国家教育哲学界才又关注教育哲学的性质问题，并致力于分析教育哲学学科的特性。1953 年美国学者谢弗勒（I. Scheffler, 1923— ）在美国科学促进会发表《走向教育分析哲学》一文，明确提出了"分析教育哲学"的口号，引起了学者们的注意。1957 年，英国学者奥康纳（D. J. O'Connor）出版了影响极为深远的《教育哲学引论》，进一步加强了教育哲学分析的趋势，并把哲学上的分析运动与教育哲学结合起来。1962 年留美归来的英国学者彼得斯（R. S. Peters）就任伦敦大学教育学院教育哲学教授，倡导将概念分析的方法应用于教育理论问题的研究之中。在他的卓越领导下，英国分析教育哲学得到突飞猛进的发展，形成了久负盛名的伦敦学派。发端于英国的分析教育哲学很快传播到美国、加拿大等地，成为 20 世纪 50 年代至 60 年代西方教育哲学的主流并达到鼎盛，70 年代后期开始逐渐衰落。由于分析方法本身的缺陷、缺乏对价值和道德等问题的考虑、重视概念分析远离实践以及分析教育哲学家们内部的分歧，分析教育哲学逐渐消失。

（二）分析教育哲学主要观点

1. 教育哲学是一种"清思"活动

分析教育哲学认为教育哲学并不是一个知识体系，而是用分析哲学的方法对教育理论中的概念和命题进行检验，帮助教育工作者辨明教育理论和教育实践中所遇到的先验的、模糊不清的概念、术语和定义的一种方法和工具。

2. 教育哲学的任务是澄清教育领域的概念和命题

分析教育哲学认为教育哲学并不能为教育工作者提供教育准则，设计教育方案，更不能发布指令，而是对教育领域的概念和命题进行澄清，使教育概念清晰明了，避免教育研究和实践中概念混乱、争论不休，使教育理论科学化，促进教育的发展。

3. 用逻辑和语言的分析方法研究教育

分析教育哲学认为教育理论和实践的纷争与混乱是由于对语言的误用、误解和表达不确切，因此，应对教育理论和实践中的语言进行分析，避免因对语言的意义使用不当和理解歧义而产生混乱和不必要的争论。

（三）分析教育哲学的特点和影响

分析教育哲学重视教育的实践意义,促使教育哲学朝向教育实践的方向发展。其主要特点包括:① 强调用分析哲学的方法研究教育问题;② 凸显教育哲学的分析批判功能;③ 关注对"教育""教学""课程"等"元教育概念"的分析。

分析教育哲学对现代欧美教育理论的影响主要是引起了教育理论者对逻辑和语义分析在表达教育概念或命题中作用的重视,这对在教育理论中严格、正确地使用各种教育术语和概念无疑是有帮助的。

第三节　法国教育的发展

一、20 世纪前期法国的教育改革

（一）统一学校运动与学制改革

20 世纪初,经由前期的教育改革和实践,法国形成了事实上的"双轨制"。其中一轨包括:母育学校——初等学校——高等小学或职业学校,学生大多是家境贫穷的工人农民子弟,在接受最基本的知识技能教育和训练后,就进入劳动市场,成为新一代的体力劳动者;另一轨包括:家庭教育或中学预备班——中等学校(国立或市立中学)——大学或高等技术学校。学生多是富家子弟,缴纳高额学费,学习传统的经典性学科,毕业后成为统治阶层。两种学校教育之间互不衔接。1919 年,面对这种不平等的双轨制,在激进组织"新大学同志会"的引导下,法国掀起了"统一学校运动"。所谓统一学校,就是属于所有人并且为了所有人的共同学校,具体包含的基本思想是:① 所有儿童毫无区别地在统一开设的小学中接受延续到 14 岁的基础教育(以后降低到 13 岁)。② 中等学校与初等学校相互衔接。中等学校选择学生的标准应该是学生的智力水平和才能,而不是家庭出身、父母职业或社会地位。③ 高等学校的大门向所有中学毕业生开放,不管他们学习的是古典科目还是现代学科,有天赋有潜力的学生都可以进入大学。

在统一学校运动的影响下,法国开启了学制改革。1923 年,法国政府决定在初等教育阶段实行统一学校制度。1925 年,法国初步实现了小学阶段的统一学校。1930 年,法国的国立中学和市立中学免费就读。1933 年,法国颁布中学统一入学考试制度。1937 年,时任教育部长让·泽(M. J. Zay)提出了在初中阶段实行统一学校制度的方案。

统一学校运动所引发的对学制的改革,有力地冲击了法国的双轨制教育,扩大了平民子女接受中等教育的比例,极大地推动了法国教育的民主化进程。

（二）中学课程改革

法国教育素有古典主义的传统,人文学科在课程中占很大比重,是为培养政府文职官员服务的。1902 年,法国教育部门提出了中等教育课程改革方案,要求学生学了 4—5 年的预备课程后,再学 7 年中学课程,强调古典学科和现代学科的并行和相互补充,确立了法国中学课程的基本模式。1923 年,法国教育部长雷昂·贝哈赫(Leon Bereard)反对 1902 年的课程改革,主张以拉丁语、希腊语为核心的文字文学教育作为法国文化教育的基础与核心,而

中等教育是传播这种文化传统精髓的最好场所,重新恢复了以古典为基础的文字教育传统,在前 4 年中,学生用 1/3 的时间学习拉丁、希腊文,用另外 1/3 的时间学习法语和现代外语,而学习自然科学课程的时间只有 5% 左右。这次改革加重了法国教育的古典主义色彩。

(三)职业技术教育的发展

法国历史上很早就出现了专业技术学校。然而由于法国的文化传统,特别是社会长期存在重文轻理倾向,重古典轻实用学科的观念和思想,直到 20 世纪初期,法国的职业技术教育与欧美很多国家相比,发展速度比较缓慢。1919 年,由阿登省议员阿斯蒂埃(P. Astier)提出的《职业技术教育法案》被议会正式通过,通称为《阿斯蒂埃法案》。它成为法国历史上"技术教育的宪章",构建起法国职业技术教育的基本框架。该法案提出:① 国家承担职业技术教育任务,由国家设立相关部门负责职业教育的管理工作;② 规定每一个市镇设立一所职业学校,经费由国家和雇主各承担一半;③ 规定 18 岁以下的青少年有接受免费职业教育的义务;④ 职业技术教育内容包括补充初等教育的普通教育、作为职业基础的各门学科、获得劳动技能的劳动学习三个部分。

《阿斯蒂埃法案》的颁布使法国的职业技术教育第一次获得了较为系统的改革,成为一种由国家管理的事业。之后,法国政府又多次颁布补充法令,进一步完善职业技术教育的体制。

二、第二次世界大战后法国的教育改革

(一)郎之万—瓦隆教育改革

经过二战,法国各个方面都受到严重创伤,教育也同样面临着延续战前的学制改革和使教育适应战后需要的紧迫任务。1947 年法国教育改革计划委员会在物理学家郎之万(P. Langevin,1870—1946)和儿童心理学家瓦隆(H. Wallon,1879—1962)研究的基础上,向议会提出了教育改革方案,史称《郎之万-瓦隆计划》。计划首先批评了当时的教育制度不适应社会和经济发展,既不公正又不平等,不重视科学的进步,主张彻底重建法国教育,实施全面的改革。这次改革提出了战后法国教育改革的六条原则:① 社会公正;② 社会上一切工作的价值平等,任何学科的价值平等;③ 强调人人都有接受完备教育的权利;④ 在加强专门教育的同时,适当注意普通教育;⑤ 各级教育实行免费;⑥ 加强师资培养,提高教师的地位。在此基础上,报告首次明确提出了"教育民主化"的口号,呼吁维护社会正义;强调"以儿童为中心",尊重个性,主张根据儿童不同的心理和生理特点设计学校,帮助他们发展,这在法国官方文件中尚属首次。"方案"成为战后初期法国教育改革的依据。

(二)20 世纪 50—60 年代的教育改革

20 世纪 50—60 年代,法国在戴高乐(Charles de Gaulle,1890—1970)执政期间,为适应二战后经济发展对人才培养的需要,并缓解法国教育领域中的诸种尖锐矛盾,对教育进行了一系列重大的改革,基本坚持了法国教育上已有的改革成果,并进一步制定了新的改革计划。尤其《教育改革法》和《高等教育方向指导法》两项教育法令奠定了 20 世纪 60 年代以来法国教育制度的基础。

1959 年,戴高乐政府颁布了《教育改革法》,规定:① 义务教育的期限延长两年,实施 10 年义务教育(由原来的 6—14 岁延长到 16 岁);义务教育的最后 3 年可在各种类型的职业技

术学校或工商企业办的艺徒学校中完成。② 规定中学一、二年级为观察和指导期,为日后的方向指导做准备,增加成功的机会和选择的科学性。③ 取消小学升中学时的入学考试,以有利于中小阶层子弟就学,加强教育的民主化。

通过这次改革,法国初中教育阶段的入学率明显提高,中学生平均年龄下降,职业技术教育被纳入正规中等教育范畴。但是,在这一体制下,传统势力和偏见仍使不同的学校、学生和教师处于隔绝状态,公共基础仍然只是一种形式。①

1968 年由中学生引起的最终导致大学生和法国工人罢工的"五月风暴"向政府和社会揭示了法国教育制度乃至整个社会体制的内在矛盾,使政府不得不考虑改革法国的高等教育,戴高乐总统批准了以当时教育部长埃德加·富尔(Edgar Faure,1908—1988)命名的《高等教育方向指导法》,简称《富尔法》。该法案提出了三条重要改革原则:① 自主自治:按自主自治的原则重新建立新的教学与科研单位,教学活动、研究计划、教学方法、学生知识和能力的考察方法等均由大学决定。② 民主参与:在教育部长及学区总长的领导下,教授、讲师和一般教员、职员甚至学生都可以参加管理学校委员会,实行民主管理,还要吸收一定比例的校外人士,这样也有助于加强大学与社会的横向联系。③ 多科性结构:打破学科阻隔、互不联系的传统,发展各学科之间的联系,重新组合各种相近的学科,创立新型课程,使大学更好地适应当代科学技术高度分化和综合的特点。

这次改革奠定了法国现代高等教育与管理体制的基础,自此法国的高等教育开始真正进入了它的现代化发展阶段。法国的大学成为实体,师生员工能在一定程度上参与学校和教学与科研单位的管理,大学数量很快由 20 多所增加到 60 多所,大学技术学院也发展到 60 多所;课程与教学的内容和形式不断多样化,新学科和跨学科课程纷纷出现;招生、考核、文凭等方面的制度更为灵活,出台了许多为学生创造更多成功机会的措施。②

(三) 20 世纪 70 年代的教育改革

进入 20 世纪 70 年代以后,席卷整个西方世界的经济危机也深深地影响到法国。在此种背景之下,法国教育又开始了新一轮的改革。

1975 年法国议会通过了《法国学校体制现代化建议》(又称《哈比法》),就普通中小学教育管理体制、教学内容、教学方法等方面提出了诸多改革措施。首先,对法国的教育目标做了新的界定,即"促进儿童的发展,使其获得文化知识,并为其未来的职业生活和行使人与公民的义务做准备"。其次,还制定了囊括了从学前到高中的各个教育阶段覆盖面十分广泛具体改革措施,主要内容有:① 中小学教育应重视学生个性差异和运用个别化教学。学生入学与升级应根据个人智力发展和接受知识能力而不是年龄而定。② 推动教学内容和教学方法的现代化。③ 重视职业教育。在初中三、四年级开设职业教育选修课;在高中设置高度专门化的技术选修课。④ 学校教育管理应更加开放灵活。此外,还规定建立一种完全统一的并向所有学生开放的综合性教育机构——综合中学。

由于该法对学前、初等和中等教育的宗旨、体制、教学内容、课程设置进行较大的改革,为法国当代的普通教育奠定了基础,因此,又被作为法国的"教育基本法"。

---

① 杨捷.外国教育史[M].开封:河南大学出版社,2010:396.
② 杨捷.外国教育史[M].开封:河南大学出版社,2010:397.

（四）20 世纪 80—90 年代的改革

20 世纪 80—90 年代，针对法国教育存在的问题，法国政府继续对教育做出新的调整与改革，进行了大规模的全面教育改革，其基本指导思想是实现教育的民主化、现代化。

1981 年，密特朗（F. Mitterrand, 1916—1996）当选总统，提出实现"法国式的社会主义"，要求高等教育机构积极参与经济和社会发展，参与技术进步，注重培养青年人适应未来职业。1984 年，他签署了国会通过的新的《高等教育法》，即《萨瓦里高等教育法》（Savary Act），坚持了 1968 年《高等教育方向指导法案》的改革方向，重申了高等教育的"自治""参与""多科性"原则，并进一步将高等教育现代化、职业化和民主化作为改革的目标。1989 年，法国国会通过了教育部长诺斯潘（Lione Jospin, 1937—　）制定的《教育方向指导法》，明确教育是国家的第一重点；国家保证青少年受教育的权利和接受教育机会的均等；成立国家教学大纲委员会，负责指导和协调各阶段和各学科之间的教学计划和教学内容，并定期进行检查和修改；重新明确教师的职责，提高教师素质，改善教师地位；进一步采取措施增强学校活力，鼓励各类学校与地方机构和企业建立合作关系。这次改革的基本思想就是要让学校采用更加灵活的方式去组织教育和教学，使它能够适应儿童的身心发展，使教育更加主动地去适应未来社会发展的需要。

20 世纪 90 年代后，法国在继承 20 世纪 80 年代教育改革成果的基础上，进一步推进以提升教育质量为目标的课程改革。1990 年，法国成立了"国家课程委员会"作为全国课程和教学大纲的编写机构。1992 年，该委员会公布了《课程宪章》这一纲领性文件，规定课程编制应以学生为中心，使全体学生具备较高的素质；对学科体系进行综合改革，指明了法国基础教育课程编制的基本原则，确定坚持中央集权制的课程管理体制，课程大纲以政府公报的形式颁布，地方教育部门和学校必须认真实施。此外，师范教育改革也成为这个时期的改革重点。

（五）进入 21 世纪以来的教育改革

法国于 2003 年成立了"学校未来全国讨论委员会"，提出了一份《为了全体学生成功》的报告。该报告确立了法国未来教育改革的目标是"为了全体学生的成功，使全体学生在义务教育完成之后都能具备就业所必需的知识能力和行为准则，并为其终身学习奠定基础"。据此，法国议会在 2005 年 4 月颁布了《学校未来的导向和纲要法》。该法提出，法国教育改革的蓝图在于建设"一个更公正的学校：可信任的学校""一个更有效率的学校：高质量的学校""一个更开放的学校：倾听全国的学校"。为实现此目标，该法提出可以采取的具体措施包括：设立教育成功个人项目；增加奖学金授予学生数量；促进男女学生平等等。

2007 年，为实现文科、理科与经济和社会科之间的平衡，降低高中学生留级率和学业失败率，法国教育部部长达尔克斯（X. Darcos）发布高中课程改革设想，建议进入丰富开放的引导类课程，注意培养学生具有接受高层次学术教育的素质，以更好地满足学生多方面的兴趣、需求和个性发展的需要，最终实现共同发展。2008 年，达尔克斯公布改革的阶段性决议，决定在高中实施更为自由的选课制度。2010 年，法国教育部正式实施《面向 2010 年的新高中》改革方案，将更好定向（主要指向就业和升学，确定未来专业方向）、更好辅导（为帮助每位学生实现成功，结合每位学业情况提供个性化辅导）、学好外语（要求每位高中生应至少掌握两门外语）作为此次高中改革的主题。

三、朗格朗与终身教育思潮

(一) 终身教育的产生

终身教育思潮是现代欧美国家一种强调把教育贯穿人的一生的教育思潮。终身教育思想的萌芽可以追溯至古代社会。后来,伴随着工业革命的进程,成人教育开始被社会和公众广泛接受。进入 20 世纪后,越来越多国家的教育家开始认识到,成人教育不仅应该是普遍的,而且应该是终身的。英国成人教育家耶克斯(A. B. Yeaxlee)在《1919 年成人教育报告》中最早明确提出了"终身教育"的概念。但将终身教育推向世界的却是法国成人教育理论家和活动家朗格朗(Paul Lengrand,1910—2003)。

朗格朗是终身教育思潮的主要代表人物。1962 年他成为联合国教科文组织下属的成人教育局负责人,并负责经济合作与发展组织(OECD)中与成人教育有关的项目。1965 年联合国教科文组织在巴黎召开国际成人教育促进会第三次会议,朗格朗以"终身教育"为题作了总结报告。会议把法文"终身教育"一词("L'educaiionpermanente")译成英文("Lifelong education"),并且建议联合国教科文组织批准终身教育的原则。这次会议被看作是"终身教育"成为国际教育思潮的开端。此后,朗格朗陆续撰写《成人教育与终身教育》(1969)、《终身教育问题》(1970)、《终身教育引论》(1970)等著作,配合联合国教科文组织大力提倡终身教育,开展系列活动。

1970 年是"国际教育年",联合国教科文组织集中讨论了终身教育问题。这一年该组织至少着手 49 项工程,都是直接与终身教育有关的,或者考察它在识字教育和职业进修等领域的应用,或者把它应用于规划新的活动,或者试图阐明终身教育的概念。朗格朗集中阐述其终身教育思想的代表作《终身教育引论》(1970)便是作为国际教育年的专著出版的。这本书被译成多国语言。其中的有关主张已成为许多国家阐述和实施终身教育的主要依据,影响极为广泛。该书被认为是终身教育思想的代表作。朗格朗亦由此被誉为"终身教育的倡导者之一"和"终身教育理论的奠基人"。

(二) 终身教育的主要观点

1. 终身教育是现代社会应对多种挑战的需要

二战之后,科学技术日新月异,经济快速发展和国际交往与竞争日益加剧,教育面临前所未有的挑战。据此,以朗格朗为代表的终身教育思想家们分析认为,终身教育是现代社会应对人类所面临各种新挑战的需要。这些挑战主要包括:① 世界变革的速度加快;② 人口增长的压力;③ 科学技术;④ 政治;⑤ 信息社会;⑥ 闲暇;⑦ 生活方式;⑧ 身心和谐;⑨ 思想意识形态。这些来自人类生存环境改变的挑战,向人们提出了新的教育问题和需要,并呈现出前所未有的广泛性、复杂性和不可预见性,要求教育在目标、内容和方法上进行更新,建立一种新的教育模式,这就是终身教育。

2. 终身教育是一个开放的概念

终身教育是"一系列很具体的思想、实验和成就,换言之,是完全意义上的教育,它包括了教育的所有各个方面,各项内容,从一个人出生的那一刻起一直到生命终结时为止的不间断的发展,包括了教育的各个发展阶段各个关头之间的有机联系"①。其具体含义包括五个方面:第一,教育过程必须持续地贯穿在人的一生之中。第二,教育过程应该具有统一性和整体性。第三,终身教育没有固定的内容和方法。第四,终身教育强调人的个性发展,注重个性发展的连续性。第五,终身教育要求打破传统教育的体制。

3. 终身教育的目标是实现美好的生活

终身教育的目标在于"实现更美好的生活",在于"从中吸取其有益的东西,使人过一种更和谐、更充实、符合生命真谛的生活"②。终身教育的目标包含两方面内容:一是培养新人,使人能够适应各种变化的挑战,富有个性,实现自我发展;二是实现教育民主化,在人的整个一生中提供均等的教育机会。

4. 终身教育的原则

终身教育是未来教育发展的战略。未来的教育就其整体和自我更新的能力来说,都取决于终身教育。教育的整个未来是与建立并实施终身教育制度在一起的。终身教育对于实现教育的机会均等、建立学习化社会都是有益的。由于每个国家都有自身的特点,要提出一种统一的终身教育模式是不可能的。但是,可以遵循一定的原则,从中找寻解决问题的办法。那就是,使教育成为使人成功地履行生活职责的工具。

(三)终身教育的特点与影响

终身教育现在已经成为一种具有广泛影响的国际性教育思潮,其中朗格朗和联合国教科文组织起了重要的推动作用,其主要特点有三,一是注重人的终身学习和教育的整体性,二是强调教育的民主化,三是凸显出国际性。

终身教育思潮自 20 世纪 60 年代中期兴盛后,在教育领域中正在引起一场广泛而深刻的革命。终身教育已经成为建立一个学习化社会的象征。

第四节 德国教育的发展

一、20 世纪前期德国的教育

(一)德意志帝国与魏玛共和国时期的教育

19 世纪末 20 世纪初,德国经济发展步伐加快,"为国家服务"的民族主义精神成为德国教育改革的基本指导方针。

在德意志帝国时期(1870—1918),德国教育就已经形成了典型的三轨制。在这种制度下,形成了国民学校、中间学校和文科中学三类学校。其中文科中学在德国教育中占有重要地位。19 世纪末,受新人文主义影响,德国就开始了对中等教育的改革。改革的主要内容包括减少文科中学古典语言的分量,并在其他中学中增加爱自然科学和现代语言的课程和新增实科中学和文科中学两类学术性中学。进入 20 世纪后,德国继续对中学进行调整。

---

① [法]朗格朗.终身教育引论[M].周南照,译.北京:中国对外翻译出版公司,1985:132-133.
② [法]朗格朗.终身教育引论[M].周南照,译.北京:中国对外翻译出版公司,1985:135.

1901年,德国宣布文科中学、实科中学和文实中学的地位相等,都可以为大学多数科系培养学生,并对现行各中学的课程进行了进一步的调整。

德国在1919年建立了魏玛共和国,并通过了《魏玛宪法》,规定了德国教育发展的指导思想,明确了教育权归各州所有,国家负责对各类学校教育进行监督。在此期间,德国对初等教育、中等教育、教师培养以及高等教育都进行了改革。

在初等教育方面,德国废除了帝国时期的双轨制,在全国实行了四年制的统一初等学校制度。在中等教育方面,德国取消了中学预备学校阶段,使中学建立在统一的基础学校之上;在原来中间学校、文科中学以及实科中学、文实中学的基础上,新增加了德意志学校和上层建筑学校。在教师培养方面,德国提出了彻底改革小学教师培养的方案,规定小学教师必须由属于高等教育的师范学校来培养,学习年限为四年。在高等教育方面,恢复并进一步落实洪堡为柏林大学确立的大学自治、教学与科研相结合的原则;开放高等教育,满足公众对接受高等教育的要求。

(二)纳粹德国时期的教育

1933年,希特勒(Adolf Hitler,1889—1945)领导的纳粹党掌握了德国的政权,并在德国实行法西斯专政。从此,德国社会和教育被纳入法西斯化的轨道,成为纳粹实施法西斯专政统治的工具。为了配合纳粹的统治和加强国家对教育的控制,1934年,纳粹德国设立国家科学、教育和国民教育部。该部贯彻希特勒培养学生民族信念的精神,于1937—1938年提出:小学的任务是把德国的少年儿童培养成民族大家庭的一员,中学则要有助于"国家社会主义者"的培养,使学生具有面向未来的指向。这一时期,各级学校教育的重点不在于传授知识,而是加强品性训练,成为效忠于纳粹政府的工具。在这样的指导方针下,德国教育中原有的民族主义倾向急剧膨胀,教育成为宣传极端民族主义、民族沙文主义和法西斯主义的工具,成为希特勒维护纳粹统治、不断进行对外侵略扩张的工具。德国的各级学校出现了全面倒退的趋势。

二、第二次世界大战后德国的教育改革

二战后,德国一分为二,美英法占领德国西区,建立了德意志联邦共和国,苏联占领东区,建立德意志民主共和国。民主德国和联邦德国教育发展走上了不同的道路。其中联邦德国基本上沿袭了以前德国的教育,是战后初期德国教育的典型代表。1990年,两德统一,教育开始按照联邦德国模式发展。

(一)联邦德国教育的重建与改革

战后初期,联邦德国面临的首要教育问题是在战争废墟上重建学校,并改造纳粹教育制度。联邦德国在战争摧毁的城市和乡村因陋就简地建立起国民学校,充实师资,至50年代初基本满足了就学需要。与此同时,联邦政府成立后,也开始了对纳粹时期教育政策进行了非纳粹化、非军事化、教育民主化的改造。1947年,盟国管制委员会发布"德国教育民主化基本方针"。1949年,联邦德国颁布《基本法》,规定教育立法权属于各州的权力范围,各州教育部是各州教育事务的最高权力机关。联邦德国恢复了重视职业教育的传统,并新建了包括美因兹大学、萨尔布吕肯大学等在内的一批新大学。

20世纪50年代后,联邦德国经济得以恢复,高速发展。与此同时,民众接受教育的诉求愈发强烈。为满足民众受教育需求,1959年,德国教育委员会发布《改组和统一公立普通学校教育的总纲计划》(以下简称《总纲计划》),规定初等教育的六年包括前四年的基础学校教育和后两年的促进教育阶段。后两年为学生发展方向指导期,学生进入不同类型的中等教育机构。在中等教育阶段,设置三类中学,即主要学校、实科学校和高级中学,从而培养不同层次的人才,学生可以通过考试等方式在三种学校间流通。《总纲计划》的颁布,适应了战后德国社会经济发展对学校培养规格和档次的不同要求,仍旧保留了德国传统的等级性,标志着联邦德国全面教育改革的开始。

20世纪60—70年代,德国教育进入新的发展时期。1964年10月28日联邦德国各州州长在汉堡签订了《关于统一学校教育事业的修正协定》,简称《汉堡协定》。《汉堡协定》规定:联邦各州的所有儿童应接受9年制义务教育。由于部分政党反对三分制中学的阶级性,联邦德国于60年代中期开始设立综合中学,但进展一直缓慢。1969年,联邦德国先后成立了联邦教育和科学学部、联邦与州教育计划委员会,加强了中央对教育的领导。1970年,联邦教育咨询委员会提出基于终身教育理念的《教育结构计划》,将学前教育纳入学校教育系统,将初等教育的入学年龄提前到5岁,将中等教育分为两个阶段,统称为"中等教育阶段"加上高等教育领域和继续教育领域,形成统一的学校系统。这一计划被公认为是根本改革德国教育制度的蓝本。在高等教育改革方面,联邦德国于1976年颁布了《高等学校总纲法》,在保留德国传统大学自治、自由特色的基础上,注重挖掘大学生潜力以适应国际竞争的需要,规定大学修业年限为四年,提高大学办学效率。在职业教育方面,联邦德国创造性地实施了双元制职业教育模式,接受过九年义务教育的学生如不能进入大学学习,可一边进入职业学校学习理论,一边在岗位上接受实际操作训练,最终通过考试获得技术工人等级证书。

20世纪80年代,联邦德国在基础教育改革方面注重个别化教育,开发儿童潜能,增设环境教育课程,使普通中学职业教育与职业教育课程相互融合。在高等教育方面,修订了《高等教育总纲法》,赋予大学更多自主权,加强大学信息技术教育,师范院校逐渐并入综合大学,既提升了师范教育的层次,又提升了教师的质量。

(二)德国统一以来的教育改革

1990年,两德统一。统一后的德国在教育领域开展了一系列改革。为提高教育效率,减少青少年社会问题,德国于2000年后逐渐将原有的半日制学校全部改为全日制学校,并缩短学制。为保证基础教育质量,德国成立了国家教育质量研究所(IQB),制定全国性教育评价标准并监督落实。新世纪社会经济结构的变化导致职业岗位的更新和变革,德国根据市场需求,在职业技术教育中及时更新置业项目。在职业教育过程中,增加课程的行动性和情境性,加强对学生综合操作能力的考核。2005年,德国通过《联邦职业教育法》,增强了对职业教育形式的宽容度,承认社会机构举办的职业培训,认可全日制职业学校与"双元制"职业学校对学生进行的职业教育具有同等地位。

高等教育领域的改革也出现了重大转变。20世纪90年代以来,德国实施了"卓越计划",改变过去追求高等教育均衡发展的原则,转而重点支持精英大学的发展。为此,德国提高了大学科研经费,扶持具有潜力的研究项目,重点支持某些重点大学发展,采取以绩效为导向的办学经费分配制度,各州可根据实际情况实施高等教育收费制度。德国在大学间引入竞争机制,通过修订《高等教育总纲法》和颁布《2020 年高校公约》《联邦制改革法案》等,赋予州和高校更多的办学自主权。[①]

三、存在主义教育思想

(一) 存在主义哲学与教育

存在主义教育思想是一些哲学家和教育家将存在主义哲学引申于教育领域所形成的一种以存在主义为取向的教育思潮。存在主义正式产生于一战后的德国,其主要代表人物是海德格尔、雅斯贝尔斯和胡塞尔。二战后,中心转移至法国,其主要代表人物为萨特和梅劳-庞蒂。20 世纪 60 年代以后,存在主义在美国也风靡一时。它以人的现实存在、个体的自我实现、个性的自由发展为基调。[②]

早在存在主义产生的初期,存在主义哲学家就开始关注教育问题,试图用存在主义的哲学观点和理念来解释教育领域的问题。二战后,德国教育人类学家博尔诺夫和美国教育家奈勒正式将存在主义哲学引入教育领域,形成了存在主义教育思潮。

(二) 主要观点

存在主义教育家认为,作为教育对象的人,从根本上而言,是按照他自己的意愿而造就他自身,所以,教育的目的就是使每一个人都意识到自己的存在,并达到"自我完成"。人的自由就是人的存在,但这种自由只是个人的自由选择,个人应对自己所做的一切负责。学生应该学会能够自由选择基于自我的道德标准,而不是服从外界规定的客观道德标准。品格教育在人的自我发展中具有重要的作用。在对学生进行教育时,应回避趋于统一化和标准化抑制和阻碍学生认识"自我"和发展"自我"的团体教学方法,采取个别教育的方法。教师是学生自我实现的影响者和激励者。教师的作用就是利用他自己的人格和知识,引导学生认识"自我"和发展"自我"。

(三) 特点与影响

存在主义教育批判西方制度化的教育和传统的教育理念,提出了一些颇具价值的教育主张。其主要特点包括:以"人的存在"为研究的对象;强调品格教育的重要性;提倡个人的自由选择。

作为一种教育理论,存在主义提出的诸如个性的发展、教育个性化、积极的师生关系等在内的一些教育观点具有积极意义,对于欧美国家的青年学生产生了很大的影响。但是这种影响主要存在于理论界而非实践领域。存在主义过于强调个人意志和自我选择,以及本身存在的消极因素,使其教育主张客观上带有极强的偏激性和片面性,在教育实践领域影响甚微,在 20 世纪 70 年代后逐渐衰落。

---

① 杜成宪,王保星.中外教育简史(下册)[M].北京:北京师范大学出版社,2015:364.

② 李明德、杨孔炽.外国教育思想通史(第十卷)20 世纪的教育思想(下)[M].北京:北京师范大学出版社,2017:143.

第五节　日本教育的发展

一、20世纪前期日本教育的发展

（一）20世纪初期至20年代末的教育改革与发展

日本在19世纪末就已确立了免费义务教育原则,初等教育发展迅速。1907年,日本颁布了《再改正小学校令》,把全国的私立小学改为公立小学,加强现代课程的改革,确立义务教育为6年。在20世纪20年代初期基本普及了6年义务教育,小学的设施和设备逐步有了改善。为了提高初等教育的质量和加强国家主义意识的灌输,日本于1919年2月颁布《修改小学校令》及《小学校令施行规则》,加强对初等教育的课程改革力度,使初等教育的课程体系更好地适应日本社会发展的需要。1924年这两个法令重新修改,目的是要提高高等小学的教育质量,强化实科教育在高等小学中的地位,把图画、手工、实业、珠算规定为高等小学的必修课,把家政和缝纫规定为高级小学女生的必修课。从而进一步促使初等教育适应日本经济和社会发展的要求,迎合日本在国际上竞争和扩张的计划。

1919年,日本文部省公布了《修正中学校令》,其基本内容是重视课程中的理科设置;允许初级中学设立两年的中学预科制度;加强小学与中学的联系,取消原来的初中入学年龄必须是12岁以上的规定,允许学习优秀者提前一年升入中学。同时,为保证教育质量,日本于这一时期开始逐步在中等教育领域建立起严格的考试制度。1920年,日本文部省公布了修订的《高等女子学校令》,强调改善和加强女子教育,将高等女子学校修业年限由四年延长为五年,与普通中等学校的修业年限相同,并与男生一样具有升入高一级学校的资格。日本文部省强调职业教育应当与初等教育衔接并加强与社会的联系,允许职业学校的毕业生具有与中学相同的升入大学的权利。

为了加速培养专门人才,提高大学和专科学校的教育质量,1918年,日本颁布了修订的《大学令》,强调大学的任务就是向学生传授国家所需要的思想和知识,注重人格熏陶,培养高水平的人才;大学除国家创办外,也允许私人团体和地方创办;可设立综合大学,也可设立单科大学等。《大学令》颁布以后,日本的大学得到较快的发展,出现了像东京帝国大学之类的规模较大的综合性大学和一些声誉较高的单科性大学。同时,专科学校教育作为日本高等教育的一部分,在数量和专业种类也都有增加。

（二）军国主义教育的形成

1926年,日本裕仁天皇继位后,日本军国主义法西斯势力逐渐加强,加强了以军国主义思想为核心的帝国主义精神的教育,教育制度从具有浓厚的封建性质和军国主义性质的教育制度,演变为军国主义的法西斯化教育制度。

日本帝国主义政府推行了一系列法西斯政策,具体实施表现在:第一,加强对师生民主进步运动的控制和镇压;第二,灌输军国主义思想,把"共存共荣"的大东亚新秩序"武备第一""天皇万岁"等军国主义思想编写在日本政府各个部分刊印的书籍资料中,渗透到各级各类学校的教育内容中;第三,军事训练学校化和社会化,中等学校以上的各级学校普遍推行军事训练课,采取军队生活方式,学校变成了兵营和精神训练营。

1937—1945 年是日本历史上最黑暗的法西斯统治时期,也是日本法西斯势力发展到鼎盛,又从鼎盛走向灭亡的时期。这期间日本的教育被完全捆在了法西斯军国主义的战车上,成了为侵略战争服务的工具。[①]

二、第二次世界大战后日本的教育改革

(一) 战后初期的教育改革

二战后,战争中彻底失败的日本政府被以美国为首的盟军部队控制。在盟军司令部的督促下,日本开始了旨在肃清法西斯军国主义势力影响的教育改革,并在此基础上逐渐恢复明治时代优先发展教育的传统。

日本国会于 1947 年颁布了《教育基本法》和《学校教育法》,否定了战时军国主义教育政策,指明了战后日本教育发展的方向。《教育基本法》的主要内容为:确立日本教育的目的是培养身心健康、爱好和平的国民;实施九年义务教育;确立教育机会均等和男女同校的原则;禁止在公立学校中进行宗教教育和党派宣传;尊师重教,提高教师地位和待遇;鼓励发展家庭和社会教育。《学校教育法》是《教育基本法》的具体化,其具体内容包括:加强地方的教育领导权;学制改为单轨的"六三三四"制;义务教育年限由 6 年延长为 9 年;高中既设普通科又设职业科,以实施普通教育和专门教育为目的;高等教育机构实行单一类型的大学,提升大学的学术水平,实行学分制,大学以上设研究生院。

《教育基本法》和《学校教育法》颁布后,文部省又发布了一系列文件和法令,对教育课程的设置、教材的编制和应用、师资培养和认可等制度做了更为具体的规定。这为确立战后的资产阶级民主教育体制、促进战后教育改革、发展教育事业提供了法律依据。

(二) 20 世纪 50—60 年代的教育改革

20 世纪 50—60 年代是日本经济的高速增长期,也是教育快速调整的发展期。这一时期教育改革的中心放在发展职业教育和培养科技人才上。

1951 年,日本文部省 发布《产业教育振兴法》,提出加强职业高中教材和师资建设,将职业课程融入普通高中教学中,为不能升入大学的学生就业做准备等在内的一系列振兴职业教育的政策。1957 年,日本制定《新长期经济计划》(1958—1962),首次将教育发展计划和教育政策编入国民经济计划,提出要加强科学技术教育,增加大学理工科学生数量。1960 年,日本制定《国民收入倍增计划》(1961—1970),提出要普及提高中等教育,开设工业高中,增加公共职业训练机构的数量以强化科技与职业教育等措施。1965 年,日本制定《中期经济计划》(1965—1968),提出加强研究生院教育以培养高端人才。1967 年,日本制定《经济社会发展计划》(1967—1971),提出加强就业指导,重视能力考核,增招研究生。

这一时期,持续不断的教育改革和投入,成为日本经济发展强大的推动力。

(三) 20 世纪 70—80 年代的教育改革

进入 20 世纪 70 年代之后,日本基本实现经济强国、技术大国的目标,但同时日本教育也面临着新的挑战,暴露出种种问题和局限性,全面改革教育迫在眉睫。

---

① 杨捷.外国教育史[M].开封:河南大学出版社,2010:355.

1971 年，日本中央教育审议会向文部大臣提交的《关于今后学校教育综合扩充、整顿的基本措施》的咨询报告，拉开日本"第三次教育改革"的序幕。该报告以培养自主性和创造性的人作为教育目标；从终身教育观点出发，对整个教育体系进行综合性整顿；在综合协调家庭教育、学校教育、社会教育的基础上改革学校教育。在中小学教育方面，提出了重视人的个性发展、国家和教育者的责任 3 个基本目标和为实现目标而制定的 10 项具体措施。在高等教育方面，提出了 5 个方面的要求和 12 项具体措施。

这一报告为文部省采纳后，对日本教育改革起了重要的指导作用。随后在 20 世纪 70 年代，日本政府还颁布了《关于改善中小学教学计划的标准》(1977)、《小学初中教学大纲》(1977)、《高中教学大纲》(1978)等法规。日本教育改革取得了一定成绩，但改革力度和步伐都不是很大，进展也很缓慢，到了 20 世纪 80 年代后，深层次教育改革进一步展开。①

20 世纪 80 年代以后，日本教育改革基本上延续 70 年代的做法，但更加深入和具体。1984 年 8 月日本正式组建临时教育审议会，这标志着日本第三次教育改革进入全面展开的阶段。"临时教育审议会"从长远的战略的角度对教育各领域的改革进行了认真而慎重的研究，自 1984 年至 1987 年四次发表关于教育改革的咨询报告。1987 年，日本文部省又成立了"教育改革推进本部"，和"临时教育审议会"一起，成为推进日本 80 年代教育改革的领导机构。

（四）20 世纪 90 年代的教育改革

20 世纪 90 年代，日本教育改革的重点在基础教育和高等教育领域。其中，基础教育改革的方向是"在宽松的环境中培养学生的生存能力"，改革的主题为：加强对学生国家观念与社会道德观念的培养；推行教育地方分权化改革；精选教育内容，重视体验学习；推进学校与入学考试的多样化；促进学校教育与社会教育的结合。为推动改革的实施，日本先后发布了《面向 21 世纪的我国教育》(1996)、关于课程改革标准改善的阶段性报告(1997)和最终审议报告(1998)，公告了幼儿园、中小学校教育课程标准的修订及与此相关的学习指导要领(1998)、公告了高中学校、聋哑学校、护理学校的教育课程标准的修订以及与此相关的学习指导要领(1999)。

高等教育领域的改革主要致力于高等教育的个性化、高水平化、经营管理灵活化。这一时期高等教育改革的主题内容为：注重大学特色建设和个性发展，更新补充教学内容，提升课堂教学效能，造就适应时代变化和社会需要的创造性人才；改革研究生教育，提高科学研究的水平，造就优秀的研究者和高水平的专业技术人员；强化大学的社会服务意识，面向社会开放高等教育机构，为民众提供终身学习的机会。1997 年，日本国会还通过了《独立行政法人通则法》，国立大学被列入独立行政法人化的行列，这为 21 世纪初日本"国立大学法人化"的变革奠定了基础。②

（五）21 世纪以来的教育改革

在基础教育改革领域，日本继续推行《面向 21 世纪的我国教育》的相关规定，并在 2003 年，以政府公告的形式明确指导要领的标准，实行"宽松教育"，在中小学开设培养"生存能

---

① 杨捷. 外国教育史[M]. 开封:河南大学出版社,2010:405-406.
② 吴式颖. 外国教育史教程(第三版)[M]. 北京:人民教育出版社,2015:451-452.

力"课程,强化"综合学习时间"。2005 年,日本还发布《开创新时代的义务教育》报告,提出义务教育的目的在于帮助每个国民养成健全人格,成为合格的国家建设者。学校教育的具体教育职责在于培养学生掌握基础知识和基本技能,具有思考能力和创造能力。它的出台,标志着日本教育从"宽松教育"走向"扎实学力教育"的转向,代表了日本基础教育改革新的方向。

在高等教育领域,21 世纪日本高等教育改革的主题为"大学结构"改革,具体包括国立大学的重组与合并、国立大学法人化改革、21 世纪的"卓越中心"计划。其中国立大学法人化是改革的重点。这一改革启动于 2004 年,主要目的是让日本国立大学具有法人资格,赋予国立大学更大的自主权,能够更有创造性地开展高水平的教育研究与活动,实现从"知识共同体"到"知识经营体"的转变。为适应这一改革需要,日本各国立大学内部管理体制也进行了大幅度的调整,建立了基于国立大学法人化的内部管理体制,设立理事会,引入合议制,成立吸纳理事和校外人员参与的经营协议会。这一改革目前还在继续深入,其改革意义和历史影响尚需继续接受实践的检验。①

第六节　苏联和俄罗斯的教育

一、20 世纪前期苏联教育的改革与发展

(一) 建国初期的教育改革

苏维埃政权建立初期,为了使教育适应新的政治经济发展要求,苏维埃政府采取了一系列果断的措施,对旧教育进行了根本性的改革。

1. 改革教育管理体制

新政权成立后,建立无产阶级的领导机构,改革旧的管理体制,改变教育的等级性与宗教性,成为新政府亟待解决的问题。1917 年 11 月 8 日,全俄苏维埃召开第二次代表大会,通过《关于成立工农政府》的法令,随后成立了以卢那察尔斯基(Анатолий Васильевич Луначарский,1875—1933)为首的教育人民委员部,11 月 9 日根据《关于成立国家教育委员会的法令》,成立了国民教育委员会,取代过去的国民教育部,成为苏联的教育领导机关,并任命卢那察尔斯基为教育人民委员。为了改变俄国的教育现状,使得教育向世俗化和民主化方向发展,新政府采取了以下措施:第一,剥夺教会对学校的领导权,将沙皇时期的教会学校改组为普通学校,交由人民委员会管理;第二,确立宗教信仰自由原则,规定教会同国家分离,教会同学校分离;第三,改革旧的学区制,撤销学堂管理处和视察处等机构,将地方的国民教育事业移交给由各级工人、农民和红军战士代表所组成的相应机构统一管理。

2. 建立统一劳动学校制度

1918 年,苏俄国家教育委员会颁布了苏联教育史上第一个重要的教育法案《统一劳动学校规程》和《统一劳动学校的基本原则》(又称《统一劳动宣言》)。《统一劳动学校规程》提

---

①　吴式颖. 外国教育史教程(第三版)[M]. 北京:人民教育出版社,2015:452 - 453.

出建立一种各阶层各居民都能入学的统一劳动学校,以完成普通教育的任务。规程明确了要设立 9 年制的统一劳动学校,学校分两级,第一级 5 年(8—13 岁),第二级 4 年(14—17 岁),两级学校均为免费。"统一"原则是指针对沙俄学校的等级性而言的,指所有的学校均为同一类型,低、高两级互相衔接。"劳动"则是针对旧学校中理论脱离实际、脱离生产劳动等缺点而提出来的,表现为学校进行的是综合技术劳动教育,所有儿童都要参加体力劳动。《统一劳动学校的基本原则》又对《统一劳动学校规程》的基本精神和条款进行了具体的补充说明。

两个文件的发布具有十分重要的意义,它们为苏联的学制绘制了美好的蓝图,改变了过去陈旧的学习内容,实践了马克思恩格斯有关把教育与生产劳动相结合的理论,尊重学生的人格,发挥学生的主动性与创造性。但也存在很多问题,如过高估计劳动的作用,错误地提出了将生产劳动作为学校生活的基础,取消一切考试与家庭作业,取消了必要的教学计划和教学制度,忽视教师的主导作用,这些做法对 20 年代的苏联教育产生了很大的消极影响。[①]

3. 争取旧教师与培养新教师

革命胜利之后,教师队伍的建设问题显得刻不容缓。当时,被资产阶级派别控制的、具有反动性质的"全俄教师联合会",极力阻碍教育改革的进行。在第一、二次全俄国际主义教师代表大会上,列宁号召教师摆脱资产阶级的束缚,退出"全俄教师联合会"。1918 年 12 月,人民委员会下令解散"全俄教师联合会",把原有教师吸纳到无产阶级教师队伍中来,之后又对旧的教师进行教育和思想改造,稳固了教师队伍。与此同时,苏维埃政府通过发展师范教育培养新的教师队伍。苏维埃政府在很艰难的情况下,大力开办和改组了各种类型的师范学校,培养了大量师范生。教师队伍在短时间内得到了快速发展,保证了教育改革的顺利进行。

4. 开展扫盲运动

革命胜利前,在反动的愚民政策之下,俄国的男子 70% 是文盲,女子近 90% 是文盲。这种状况极大地限制了本国的经济建设和社会发展。卢那察尔斯基上任伊始,就把扫除文盲当作"自己在教育领域中的目标",号召通过各种途径,使居民在短时间内达到普遍识字,并大力支持工农群众的教育运动,建立符合现代教育学要求的学校网,实施普及义务和免费教育。1919 年 12 月,苏联人民委员会更是颁布了列宁签署的《关于扫除俄罗斯联邦居民中文盲的法令》,目标是使一切不会读写的八至五十岁之间的共和国公民,学会用本民族文字或俄语读写。并成立了一个直属教育人民委员部的全国扫盲非常委员会,进一步保障扫盲工作的顺利进行。全国人民响应政府的号召,"每个识字的人都应教不识字的人",积极参加扫盲运动,一场全国范围的扫盲运动铺展开来。此次扫盲运动取得了很大的进展,与 1897 年相比,1920 年苏联识字的人数每一千人中增加了近百人,为后来 20 世纪 50 年代彻底的消灭文盲活动奠定了基础。[②]

(二)20 世纪 20 年代的学制调整和教学改革试验

20 世纪 20 年代,国内战争基本结束,苏维埃的国内外环境变得稳定下来,政权得到稳固,苏联开始了对教育教学的调整和改革。

---

① 杨捷.外国教育史[M].开封:河南大学出版社,2010:362.
② 戴本博.外国教育史(下)[M].北京:人民教育出版社,1990:109.

1. 学校制度调整

随着时间的推移,统一劳动学校逐渐暴露出许多问题。1920 年 12 月 31 日至 1921 年 1 月 4 日,俄共(布)召开第一次党的国民教育会议,针对学制问题和普通教育与职业教育的关系问题,展开了激烈讨论。经过激烈的讨论后,会议考虑到国民经济艰难的实际情况,将原有的九年制学校改为七年制学校(也分为两个阶段:第一阶段 4 年,第二阶段 3 年),把它作为普通学校的基本类型;并在 7 年制学校的基础之上建立 3—4 年制的技术学校,在四年制学校的基础上组织职业学校;将四年制初等义务教育作为普及教育的第一个奋斗目标。会后不久,列宁又起草文件,同意把第二级学校的高年级组改组为职业技术学校。根据第一次党的国民教育会议和列宁的指示,俄罗斯联邦教育人民委员部通过了《改组第二级学校的条例》,形成了以下学制:四年制小学,招收 8—12 岁学生;七年制学校(四三分段),招收 8—15 岁学生;九年制学校(四三二分段),招收 8—17 岁学生;中等技术学校(三或四年)。

2. 综合教学大纲的试行及其经验教训

在苏联 20 年代的教育改革中,具有突破性意义的改革是综合教学大纲的颁布。1921 年 6 月,教育人民委员部国家学术委员会成立教育科学组,确立了制定教学大纲的原则(劳动是学校生活的组成部分,研究人类劳动活动乃是整个教学大纲的基础和重心),旨在从根本上改革旧的教学内容和教学方法。

1921—1925 年,苏俄国家学术委员会公布了《国家学术委员会教学大纲》,包括一系列关于各年级的教学大纲,如《一级统一劳动学校教学大纲(1—4 年级)》(1924)、《二级学校第一阶段(5—7 年级)教学大纲》(1925)等,这些大纲完全取消了学科界限,以劳动为中心,将学习内容按照自然、劳动和社会三个方面的综合形式排列,又按季节、节日和地区的情况组成一些单元,要求学校按照单元组织教学,这在苏联教育史上被称为综合教学大纲或单元教学大纲。

综合教学大纲的出发点是试图通过单元教学的方式把学生的学习与实际生活紧密地联系起来,加强各学科之间的联系;但是却破坏了各门学科之间的内在逻辑,降低了基础知识的学习和基本的读写技能的训练,不能保证学生获得系统和完善的知识体系,在一定程度上导致了教学质量的下降。

3. 教学方法和教学组织形式的改革

综合教学大纲颁布后,苏联在教学方法和教学组织形式上也开始了配套的改革。在教学方法上,要求抛弃过去传统的讲授法,采用在自然环境中、在劳动和其他活动中进行教学的"劳动的教学方法",主张"废除教科书",广泛推行"工作手册""活页课本"和"杂志课本";在教学组织形式上废除班级授课制,采用"分组实验法"和"设计教学法",试图发挥儿童的主动性,培养儿童的创造性。

为了实践这些方法,苏联还建立了许多的实验学校,以便于进一步的推广。但事实上并没有对这些教学方法进行分析批判而只是简单地照搬照抄西欧新教育和美国进步教育的一些做法,给苏联 20 世纪 20 年代的教育改革带来了很大的消极影响。

4. 高等教育改革

与建国初期几年相比,苏联高等教育在 20 世纪 20 年代取得了很大的发展。革命胜利之后,沙俄时期的高校招生制度被废除,苏维埃政府强调社会主义国家的高等院校首先要向工农大众及其子女开放,取消了高等学校的入学考试,实行由党组织、工会和经济组织联合推荐的办法招生。与此同时,在一些高等院校附设工人系,并且为工人提供助学金,解决有志于学习的青年工人和农民进入高等院校学习的问题。与此同时,妇女的教育问题也得到了改善,在 1926 年的高校学生中,妇女占到了 28.1%。[①] 这在一定程度上促进了高等教育的民主化。

沙俄时代高等院校主要以培养官僚为主,革命胜利之后,高等教育的培养方向发生了根本转变。1921 年 9 月颁布的《高等学校规程》确立了高等院校应担负的三项责任:① 为国民经济各部门培养专门人才;② 为高等院校和科研机构培养科学工作者;③ 向人民群众普及科学知识。在这种情况下,高等院校类型发生了巨大变化:第一,加大综合性大学建设的力度。综合性大学可为社会输送多种方向的人才,新政府采取了一系列措施加强综合性大学的建设,促进人才培养。第二,大力发展一些以工程技术为核心的专业学院。20 年代后期,苏联的经济建设以优先发展重工业为核心,并从一些大学和多系科的高等院校中分出若干独立的专业学院。第三,高等院校的分布更加广泛。在白俄罗斯、阿塞拜疆、乌兹别克斯坦、亚美尼亚和哈萨克等地都新建有高等学校。与此同时,高等教育教学工作也发生了改变。1925 年 1 月,联共(布)中央专门做出了《关于当前高等学校在确定同生产部门联系工作中的任务与决定》,把大学生的生产实习作为教学计划的一个组成部分,强调高等学校的教学应当尽可能地同实践结合起来。

(三) 30 年代教育的调整、巩固和发展

1. 教育发展方针的调整

尽管 30 年代之前的苏联教育得到一定的发展,但是仍然存在很多问题,导致教育质量与经济发展的需要相脱节。对此,苏联首先确立了调整教育发展的方针政策。

1931 年 9 月 5 日,联共(布)中央颁布《关于小学和中学的决定》(又称为"九·五决定"),开始整顿中小学教育工作。"决定"主要内容包括:首先,要求总结十月革命胜利以来的教育经验和教训,肯定成绩、指出缺点,要求即刻组织人员专研教学大纲,规定在 1932 年 1 月 1 日前制定出新的教学大纲,明确知识的范围。其次,着重批判了 20 世纪 20 年代流行的"设计教学法"和"学校消亡论"。最后,要求正确执行综合技术教育原则,加强基础知识教育,在贯彻教育与生产劳动相结合的原则时一定要使"一切社会生产劳动服从学校的教学和教育目的"。

"九·五决定"是苏联 20 世纪 30 年代教育改革的开端,它纠正了 20 世纪 20 年代某些鲁莽而急于求成的做法,开始关注基础知识和基本技能的教学,力争遵循教育规律。但是,由于并未摆正生产劳动和传授基础知识和基本技能之间的关系问题,此后,苏联的教育开始走向另一个方向:加强基础知识与理论教育而忽视学生的劳动教育。

此决定成为苏联 20 世纪 30 年代国民教育改革的指导性文件,此后颁布的若干方针政策都是对此决定的进一步贯彻和执行。如《关于中小学教学大纲和教学制度的决定》(1932 年 8 月)、《关于中小学教科书的决定》(1933 年 2 月)、《关于苏联中小学结构的决定》(1934 年 5 月)。

---

① [苏联]叶留金. 苏联高等学校[M]. 张天恩,译. 北京:教育科学出版社,1983:301-302.

2. 义务教育的普及计划

早在 1918 年颁布的《统一劳动学校规程》中,苏联就提出了普及义务教育的设想,但是落后的经济条件、紧缺的师资、学校数量的缺乏,使得义务教育根本无法完全实现。在 1930 年联共(布)第十六次代表大会上,斯大林将普及初等义务教育确定为"主要的问题",把普及义务教育提上了议事日程。

1930 年 7 月和 8 月,联共(布)中央执行委员会和苏联人民委员会先后通过了两份《关于普及义务教育的决定》。第一份决定对义务教育的年限、步骤和条件都做了具体的规定,设立了普及义务教育促进委员会,要求动员更多的财力和人力,促进义务教育的普及。第二份决定为初等义务教育的普及提供了法律依据。这两项决定颁布后,学校的数量和儿童入学数很快增加,到了 1932 年末第一个五年计划完成时,全苏 8—11 岁年龄段儿童入学率已达 98%,普及初等义务教育基本完成。[①] 第一个五年计划期间,在城市和工业区基本完成了普及七年制义务教育,农村有一半的学生进入七年制学校。

在联共(布)举行的第十七次代表大会上通过的第二个五年计划,将普通教育的任务定为完全普及义务教育。在第一个五年计划期间已在城市和工业区普及七年制义务教育的基础上进一步实现在农村地区普及七年制义务教育。农村七年制义务教育的普及,需要扩建和新建更多的农村学校,由于农村地区的学校均为小学,所以必须将学校扩建为七年制学校。在第二个五年计划期间投入使用的新校舍达 18 778 所,其中 15 107 所建在农村,占新建校的 80.5%,农村七年制学校网增长了 142.8%。

在 1939 年 3 月的第十八次代表大会上,联共(布)审议并批准了第三个五年计划,要求在城市普及十年制的义务教育,在农村和民族共和国完成普及 7 年制义务教育,预定到第三个五年计划结束时全苏中小学人数达 4 000 万人。其结果是,到战前的 1940—1941 学年,七年制学校数和学生数比 1933—1934 年分别增加了 60%和 160%,同时,中等学校数量增加了近 7 倍,8 至 10 年级学生数增加了 16 倍。[②]

苏联政府将普及义务教育和师范教育作为一揽子工程对待,在普及义务教育的同时推动师范教育的发展,师范学校的数量和师范生的数量都极大地增加,同时举办各种师训班和讲习班来补充严重缺乏的师资。经过努力,本时期苏联的师范教育体系逐渐形成:中等师范学校,学制 2 至 3 年,招收七年制学校毕业生,培养小学教师;师范学院,学制 4 年,招收十年制学校的毕业生,培养中等学校教师;师范专科学校,培养中学 5—7 年级的教师。

3. 高等教育的进一步调整

由于高等院校各项建设都不太成熟,20 世纪 20 年代后期至 20 世纪 30 年代前期高等院校数量发展过快也留下了很多的问题,有些学校的办学条件根本无法完成专家型人才的培养。在这种情况下,苏联开始了对高等教育的进一步调整。

一是恢复招生考试制度。20 世纪 30 年代之前广泛施行的推荐制由于学生基础知识欠缺,生源质量得不到保障。为此,苏联决定从 1932 年起在高等院校实施"自由报考,择优录取"的考试制度。高等院校招生考试的成绩是学生进入高等院校的唯一通行证,所有高等院

---

① 吴式颖.俄国教育史[M].北京:人民教育出版社,2006:337.
② 杨捷.外国教育史[M].开封:河南大学出版社,2010:370-371.

校均按照高考的成绩择优录取,1938 年还统一了各个高校招生考试的时间。

二是调整高等院校教育机构。20 世纪 20 年代中后期,由于在多科性工业学院和综合大学系科的基础上过多注重专业的发展,苏联教育改革事实上削弱了一些大学的实力,忽视了综合大学的作用。对此,1932 年颁布的《关于高等院校和中等技术学院教学大纲和教学制度的决议》强调了综合大学的作用,要求"要在那些没有大学的各加盟国发展大学"。此项决议的颁布促进了综合院校的发展。

三是完善学位学衔制度。1934 年,苏联政府颁布了《学位学衔授予条例》,在高校施行新的学位和学衔制度,规定:学位分为:博士和副博士;学衔分为:教授、副教授、助教三级;高等院校和科研机构的研究人员的学衔分为:高级研究员和初级研究员。

四是改进研究生教育制度。20 世纪中后期,苏联的研究生教育从无到有、发展迅速,但是生源质量不佳制约着研究生教育的进一步发展。苏联政府为此采取了一些措施改进研究生教育:严格审查招生单位的资格与办学条件;建立严格的研究生入学考试制度;建立健全研究生培养制度,取消了"小组设计法",实行导师制;严格要求研究生的毕业论文;1934 年专门颁布了《学位学衔授予条例》,完善研究生的学位授予制度。

二、第二次世界大战后苏联的教育改革

第二次世界大战中断了苏联刚刚有所发展的教育事业,使其蒙受了巨大损失,教育设施遭受严重破坏,师资力量大大减弱。战后,学校的恢复和重建工作迅速展开,并在短时间内取得了一些成就。随后,苏联在冷战背景和国际社会竞争的大环境下,进行了多次教育改革,形成了完善的社会主义教育体系。

(一)二战后初期至 20 世纪 50 年代中期苏联教育的恢复与发展

卫国战争结束之后,全国人民在苏联共产党和苏联政府的领导下,迅速投入到恢复和发展国民经济的事业中来。1946 年,苏联通过了《关于恢复与发展国民经济的五年计划(1946—1956)的法令》,规定这个五年计划的基本任务是使受害地区得到恢复,使工农业恢复并超过二战前的水平。

在这样的形势之下,教育事业也得到恢复与发展。首先,恢复重建了普通教育网,扩大了教师队伍。其次,普及义务教育工作成果显著。到 1952 年,苏联全国基本实现了七年制普及义务教育,到 1955 年各加盟国又基本实现了各共和国首都、直辖市、中心城市和大工业中心由七年制普及义务教育向普及完全中等教育的过渡。最后,恢复与发展高等教育。经过短暂恢复,到 1947 年底,苏联高等学校的总数已经达到了战前水平,部分类型的高校甚至超过了战前水平,在战后第一个五年计划期间,高等学校学生数量在苏联历史上第一次超过了 100 万。

整个卫国战争后的十多年里,教育事业加速恢复、不断发展,改革成果显著,基本达到、有些还超过了战前的发展水平,教育工作开始逐步踏入稳定时期。

(二)20 世纪 50 年代后期至 20 世纪 80 年代的苏联改革

20 世纪 50 年代前期,苏联普通中小学教育大多是为升入高一级的学校做准备,导致中等学校的教学计划脱离实际生活的需要,劳动教育被忽视。在这种情况下,1958 年 9 月 21日,苏共中央总书记赫鲁晓夫提出了《关于加强学校同生活的联系和进一步发展全国国民教

育制度的建议》,确立了"加强学校与生活联系"的基本指导思想,提出了一系列教育改革政策,揭开了战后苏联大规模教育改革的序幕。随后,"建议"改为"提纲",又将文中的"提纲"改为"法律"。《法律》所涵盖的内容非常广泛,主要涉及 3 个领域:普通教育、职业技术教育和中等专业教育、高等教育。1958 年教育改革一直持续到了 1964 年,改革的成效主要有:原来七年制中等学校改组为八年制,开始实施八年义务教育;十一年制兼施生产教学的劳动综合技术普通中学和寄宿学校迅速增加;职业技术教育得到加强,函授和夜校数量增加,缓解了由于普通中等教育发展过快对高等教育产生的压力。然而,从总体上来说,1958 年教育改革是失败的。普通学校用于生产教学和生产劳动的时间占据了总学时的三分之一,由于没有处理好普通教育兼施职业训练的良好愿望,导致普通教育质量严重下降。同时,在缺乏必要的师资、经费、教学设备的情况下,通过把中学修业年限延长一年用于生产教育,使生产教学变成无谓地延长学制;对青年在岗学习的规定,由于学员本身和企业的利润至上双重原因的影响,改革往往只是流于形式,根本得不到实施。

1966 年 11 月 10 日,苏共中央和苏联部长会议通过了《关于进一步改进普通中学工作的措施》(以下简称《措施》),强调了提高学生知识质量的迫切性,指出学校的主要任务就是"使学生获得牢固的科学基础知识,具有高度的共产主义觉悟,培养青年面向生活并能自觉地选择职业"[①]。《措施》指出,为了进一步完善普通中等教育,实施教学计划和教学大纲时必须遵循以下规定和原则:① 教学内容要符合科学、技术和文化发展的要求;② 各年级科学基础知识的学习要互相衔接,把教材按学年做较合理的分布,从第 4 学年开始系统地讲授科学基础知识;③ 删除教学大纲和教科书中过于烦琐和次要的材料,克服学生负担过重的现象;④ 一到四年级每周课时不超过 24 学时,其他各年级为每周 30 学时;⑤ 七年级开始开设选修课,加强数理学科、自然学科和人文学科知识的学习,发展学生多方面的兴趣和才能;⑥ 普通学校的班额:一到八年级每班不多于 40 人,九到十一年级每班不多于 35 人。

1977 年 12 月 22 日,苏共中央和苏联部长会议通过了《关于进一步完善普通教育学校学生的教学、教育和劳动训练的决议》,掀起了七十年代教育改革的序幕。决议的主要内容有四个方面:第一,肯定了苏联六十年代以来教育改革的成就。第二,指出了教育体系中存在的问题。诸如教材中充斥着许多不必要的信息和次要的材料,不利于学生形成创造性活动的技巧,没能充分发挥集体的作用等。第三,明确了普通学校的主要任务。那就是彻底地实现中等义务教育的普及工作,进一步完善教学教育过程,保证培养出全面发展的共产主义社会建设者,中学毕业生应在毕业前学到深厚的科学基础知识和适当的劳动技巧,并着手认真地掌握一定的职业技能。同时,为了保证普通学校的劳动教育和劳动教学以及职业指导工作顺利开展,要求各个部门安排有效的劳动教学和职业指导。第四,为了减轻学生的负担,规定了各年级的每周学时数。要求在 1980 年以前,实现学生学时的最高限额为:1—3 年级 24 学时,4 年级 27 学时,5—7 年级 29 学时,8 年级 30 学时,9—10 年级 32 学时。这次颁布的决议既强调了普通教育的质量问题,又注重职业教育的指导,试图建立一个既能使学生掌握牢固的基础知识,又可以将其与职业定向、劳动教育有机结合的普通学校教育体系。

进入 20 世纪 80 年代后,苏联更加大了教育改革的力度,在继续 20 世纪 60 年代和 20

---

① 瞿保奎.教育学文集·苏联教育改革(下册)[M].北京:人民教育出版社,1988:90.

世纪 70 年代的教育改革基础上,苏联又实施了新的改革措施。1984 年,苏联最高苏维埃最终通过《普通学校和职业学校改革的基本方针》,当天,苏共中央和苏联部长会议又通过了 6 项有关贯彻基本方针的系列决议,使基本方针更具操作性。基本方针所倡导的教育改革目的是把学校工作提高到一个崭新的水平。1987 年 3 月 21 日,苏共中央公布了经过全民讨论的《苏联高等教育和中等专业教育改革的基本方针》。文件的中心思想是确保专家的培养质量,指出当时的高等学校和中等学校教育不能适应社会和经济的发展需要,要求对教学方式、专业设置进行改革;加强思想教育;加强学校与社会的联系;提高研究生教育质量。至此,苏联的教育改革开始由普通教育和职业教育为主转到以高等教育为主。

三、俄罗斯的教育

1991 年 12 月 26 日,苏联正式宣布解体,各加盟国相继独立,俄罗斯继承了苏联的主要遗产,成为一个拥有独立主权的国家。苏联的突然解体给整个俄罗斯带来了极大的创伤,经济危机、社会动荡,通货膨胀不断加剧。然而,俄罗斯从未放弃对教育的改革,各种教育法律文件不断出台。

(一) 俄罗斯国民教育的法律保障、管理体制和国民教育体系的形成

1991 年 7 月,叶利钦上任后第一号总统令就是《关于发展俄罗斯苏维埃社会主义联邦共和国教育的紧急措施》,明确了教育在俄罗斯经济、文化等方面的重要作用和特殊意义,要求必须确保教育领域发展的优先地位,并提出制定国家教育发展纲要,大力发展教育事业。1992 年 3 月,俄罗斯在解体的苏联国家教育委员会的基础上成立了俄罗斯联邦教育部和俄罗斯联邦科学、高等学校和技术政策部两个部门,对各级各类教育施行联邦中央、联邦主体、地方三级管理。1992 年 7 月,俄罗斯历史上第一部《俄罗斯联邦教育法》出台,主要内容如下:第一,将俄罗斯联邦的教育体制由苏联时期的普通教育、中等职业教育、中等专业教育和高等教育四个部分,改为普通教育和职业教育两个部分,分别颁布普通教育大纲和职业教育大纲。将学前教育纳入普通教育之中,职业教育涵盖初等职业教育、中等职业教育、高等职业教育和高等教育后职业教育。第二,确立了开放式的办学机制。规定不但国家、地方权力机关和管理机关可以创办教育机构,本国和外国各种所有制形式的企业、机关、协会、宗教团体等都可以创办教育机构。此后,俄罗斯非公立教育机构首次得到了长足的发展,成为国民教育体系中不可或缺的一部分。第三,扩大了教育机构的管理权,允许教育机构在一定范围内从事经营性活动和获取补充资金的非经营性活动。《俄罗斯联邦教育法》为俄罗斯新时期的教育指明了方向,奠定了国家教育政策的基础。

根据《俄罗斯联邦教育法》的规定,学前教育体系被归入普通教育体系之中,传统意义上的普通教育分成了四个部分:学前教育;初等普通教育(小学 1—3 或 4 年级,即 7 岁入学的 3 年制和 6 岁入学的 4 年制);基础普通教育(初中 5—9 年级);中等(完全)普通教育(高中 10—11 年级)。职业教育的概念范围也有所扩大,依循终身教育的理念,俄罗斯将普通中等教育之后的各种正式教育均释义为公民为获得职业所接受的教育,原有的师范教育和高等教育也涵盖在职业教育体系之中。

（二）俄罗斯教育的几项重要改革

1. 办学体制的改革

俄罗斯《教育法》规定，教育机构的创办者可以是国家政权管理机构和地方自治机构，本国、外国和境外的企业、各种所有制形式的机构及其所属的团体和协会，本国、外国和境外的各种社会和个人基金会，注册的社会宗教组织、俄罗斯联邦及其他国家公民。

2. 施行国家统一考试

俄罗斯最初的高考制度沿袭苏联做法，施行高校独立考试、自主招生。实施"国家统一考试"是普京时代最重要的教育改革举措。考试内容和科目由俄罗斯教育部制定，内容不得超过国家教学大纲所规定的范围。这有利于教育公平，保证不同家庭收入的学生获得均等的受教育机会。

3. 实施"侧重专业性教学"

这是高中阶段教学改革的重要举措，主要是通过调整教学结构、内容和教学组织形式，促进高中教学的精细化和个体化，为学生个性化发展提供可能性。

4. 加入欧洲教育一体化进程

为了与国际教育接轨并融入欧洲统一的高等教育空间，俄罗斯于 2003 年加入了以促进高等教育互相衔接为宗旨的"博洛尼亚进程"，并开始相应的学制改革。

俄罗斯独立以来，由于时局不稳、经济不景气，对教育的投入十分匮乏，产生了许多消极结果。但是，也应当看到在这个时期非国立教育取得了长足发展，部分缓解了国家教育经费不足的问题，学校获得了更大的办学自主性，教育体系的完整性、有效性和生命力正在逐渐恢复。

四、苏联教育思想

（一）列宁的教育思想

无产阶级的导师列宁十分关注教育事业的发展，始终将教育看作是无产阶级革命和社会主义建设的重要组成部分，他的教育思想对苏联的教育改革与发展起着重要的指导作用。

1. 论"文化革命"

针对苏联社会主义建设初期生产力水平低下，经济、文化和教育落后的现状，列宁提出了进行无产阶级"文化革命"的号召。所谓"文化革命"，既指纯粹的文化方面，也包括物质文明方面。文化方面包括扫除文盲，普及义务教育，实施广泛的政治思想教育，改革旧的教育制度和建立新的社会主义教育制度，造就新型的知识分子和培养各种社会主义建设人才等；物质文明方面的任务是组织和建立发达的物质生产资料的生产，使社会主义获得可靠的物质基础，两者相辅相成。[①]

2. 论教育与政治的关系

列宁指出，资产阶级所宣扬的教育超政治、超阶级的观点完全是虚伪性的表现，不论是教育目的、内容、方法，还是办学原则，无不受到政治的制约。与资产阶级相反，列宁反复强调，所谓学校可以脱离生活、脱离政治，完全是撒谎骗人，苏维埃共和国的整个教育事业都必

---

① 吴式颖. 俄国教育史[M]. 北京：人民教育出版社，2006：289.

须贯彻无产阶级精神,贯穿共产主义道德的培养,对受教育者在思想、组织、教育等方面产生影响,为实现无产阶级专政服务,最终实现共产主义。

3. 论新一代青年人的教育

列宁非常重视青年一代的教育,认为肩负着建设社会主义和共产主义重任的是一代代的新人,因此必须重视对青年人的教育,强调教育、训练和培养出全面发展的、受到全面训练的人,即会做一切工作的人。为此,列宁提出对青年一代教育应遵循的三个原则:社会主义教育与无产阶级政治相联系的原则;教育与生产劳动相结合的原则;实践共产主义道德观的原则。

(二) 马卡连柯的教育实践和教育思想

苏联教育理论家和教育实践家马卡连柯 17 岁时就开始了教师生涯,积累了丰富的教育教学经验。他创造性地建立了社会主义新型教育模式,创立了集体主义教育理论,把 3 000 多名社会流浪儿和问题少年培养成了将军、工程师、医生、教师等对社会有用的人才,创造了教育史上的奇迹。其教育代表作有:《教育诗篇》(1925—1935)、《塔上旗》(1938)、《论共产主义教育》(1937)等。

1. 论教育目的、原则和方法

马卡连柯认为教育目的具有社会性和时代性,应当是可理解的、可实践的。苏联的教育目的是培养有文化的苏维埃工人,并给予良好的中等教育,教以熟练的技术,使其遵纪守法,拥有良好的政治修养、强烈的义务感和荣誉感,能够很好地约束自己并影响他人,勇敢地捍卫无产阶级革命事业。

马卡连柯认为教育应遵循通过集体进行教育的原则、通过劳动进行教育的原则、要求和尊重相结合的原则。

在教育教学方法上,马卡连柯运用辩证唯物主义进行分析,认为任何一种单一的方法发挥作用都是有限度的,问题在于如何最佳地选择和安排各种方法,所选方法的目的性是选择方法的“第一原则”。任何一种方法如果脱离了其他方法单独使用,既不能认为是好的,也不能认为是坏的,关键在于使用的情景和运用的方式。

2. 论集体主义教育

集体主义教育理论是马卡连柯教育思想体系的基础和核心。他认为集体是以社会主义社会的结合原则为基础的人与人相互接触的总体。集体的特征是:具有共同的奋斗目标;集体中个人的目的和利益必须服从集体;具有一定的管理机构和组织制度;具有正确的集体舆论。

马卡连柯指出,当我们对个人施加某种影响的时候,必定也会对集体产生影响,同时当我们对集体施加某种影响的时候,也必定会对个人产生影响,所以应当把集体作为教育对象,通过集体来影响个人,教育者对集体和集体中的每一个人的影响是同时的、平行的。这即是马卡连柯的“平行教育影响理论”。他的另一重要理论为“前景理论”。马卡连柯认为,集体的活力在于不断地前进,因此教育者要不断地向集体提出新的奋斗目标,这种新的目标就是前景,是人的美好希望,集体的发展需要目标“前景”的刺激。马卡连柯还将前景教育分为 3 个步骤:近景教育、中景教育和远景教育,通过前景教育的刺激而焕发整个集体的朝气与活力。

3. 劳动教育

马卡连柯认为劳动教育就是人的劳动品质的教育。他否定单纯消耗体力的劳动,认为只有复杂的劳动才能满足儿童的兴趣和爱好,充分发挥他们的聪明才智。按照教育原则组织的、作为教育过程中的一部分的劳动才具有教育意义,而最理想的劳动就是参加那些用最新技术装备起来的大规模的生产劳动。教学和劳动结合主要表现在培养什么样的人,而不是它的组织形式。

马卡连柯的教育思想蕴涵着深刻的教育哲理与教育智慧,体现了教育的普遍规律,其主要的贡献就在于创立了集体主义教育理论和相关的劳动教育理论,对苏联后期的教育家也产生了很大的影响,至今仍具有现实意义。

(三) 凯洛夫的教育思想

凯洛夫是苏联教育学家和教育理论家,对苏联教育事业和教育学理论的建设做出了杰出贡献。他的教育思想主要体现在所主编的《教育学》一书中。

1. 教学论思想

凯洛夫有关教学论的论述是其思想的精华所在,集中探讨了教学过程的本质、教养和教学的内容、教学原则、教学工作的基本组织形式、教学方法等问题。

凯洛夫在《教育学》一书中提出,教学过程是一种特殊的认识过程。首先,学生在教学过程中接受的是前人已经获得的真理;其次,学生是在有经验的教师指导下获得认识的;最后,在教学过程中需要强调巩固知识的工作,教学过程中还应有计划地实现发展儿童智力、道德和体力的任务。

凯洛夫强调,为了适应共产主义教育的目的,教养和教学的内容具体表现于教学计划、教学大纲和教科书中。教学计划应确保学生所学知识是从整个科学知识中精选出来的基本知识。凯洛夫将共产主义教育分为智育、综合技术教育、德育或共产主义道德教育、体育、美育五个部分,其中智育占第一位。

凯洛夫按照教学过程的基本环节提出了五条指导教学工作的基本原则,即直观性原则、自觉性与积极性原则、巩固性原则、系统性与连贯性原则、通俗性与可接受性原则。班级授课制是教学工作的基本组织形式。在这一组织形式下,最好的教学方法就是讲授法。

2. 德育论

凯洛夫提出,苏维埃学校应该培养用共产主义道德精神来思想和行动的人。德育主要内容包括:第一,培养苏维埃爱国主义精神;第二,培养社会主义的人道主义精神;第三,培养集体主义、友爱和团结互助精神;第四,培养对于劳动和社会公共财产的社会主义态度;第五,培养自觉性的纪律;第六,培养布尔什维克的意志与性格特征。根据道德教育涵盖的内容,凯洛夫还提出了一系列有关道德教育的原则、实施方法。

(四) 赞可夫的发展性教学理论

赞可夫是苏联教育家和心理学家,苏联教科院院士,曾担任过小学教师,后从事缺陷儿童学习特点和心理研究。1957年,赞可夫开始领导俄罗斯教育科学院教育与发展实验室,专门从事教学与发展的研究,提出了发展性教学理论。

通过长期的实验,赞可夫提出了"一般发展"的概念,即"一般发展是指这样一些个性属性的形成与质变,这些个性属性是学生顺利地掌握一门学科材料的基础,而在从学校毕业之后,又是在人类活动的任何一种领域里从事创造性劳动的基础。如果能使一个人在观察力、思维、言语、记忆、意志品质方面取得重大的进步,那么这些就会成为他的不可剥夺的财富"①。

赞可夫指出,以往的教学只倾向于知识和技能的训练,忽视了教学的一般发展职能,知识水平的增加不等于发展水平的提高,教学要促进智、情、意多种心理机能的全面发展,他认为教学的最终目的就是使"教学促进发展","发展促进教育"。为此,他提出了五条发展性教学原则,即以高难度进行教学的原则;以高速度进行的原则;理论知识起主导作用的原则;使学生理解学习过程的原则;使所有学生(包括最差的)都得到发展的原则。这五条教学原则相辅相成、相互联系,可以有效促进学生的学习与进步。

关于教学方法,赞可夫指出只有触及学生的情感生活、意志领域才能使教学方法发挥其高效的作用。教学方法具有如下两个特征:① 多面性,即方法的多种功能,调动和发展智、情、意等方面。② 过程性,学科的每个片段前后都是有机联系的,只有切实掌握了前面的片段,才能转向下面的片段。衡量一般发展的标准包含三方面:学生观察能力、思维能力和实际操作能力。

赞可夫的发展性教学理论一度被运用于 20 世纪 60—70 年代苏联的教育改革,取得了良好的教学效果。但是他的理论也有一定的局限性,主要表现在:立足于心理学,一定程度上忽视了社会因素;重视教师的教学,忽略了学生的学习;主要讨论了学生智力水平的发展,忽视了智育与德育、体育等。

(五)苏霍姆林斯基的全面和谐发展理论

苏霍姆林斯基是苏联教育实践家和教育理论家。在其 35 年的教师生涯中,苏霍姆林斯基总是怀着满腔的热情对待每个学生,关心学生每一步的成长,在一生辛勤的教育实践中,积累了极其丰富的教育经验。基于这些教育实践,他提出了全面和谐发展的教育理论。

苏霍姆林斯基认为,教育目的就是学校教育的理想,那就是使受教育者达到个性全面和谐的发展。全面和谐发展作为一个教育过程,其决定环节就在学校。实现全面和谐发展的唯一途径就是学校必须实施和谐教育。首先,将德、智、体、美、劳五育相互渗透和结合,呈现为一个统一的过程;其次,在学校中形成丰富多彩的精神生活;最后,学校需要创造出一种环境,能够将家庭教育、学校教育和社会紧密联系起来。

图 15-1　苏霍姆林斯基

苏霍姆林斯基的教育理论和教育实践,对苏联二十世纪七八十年代的教育工作者,如巴班斯基,产生了很大的影响。

(六)巴班斯基的教学过程最优化

巴班斯基是苏联教育家和教学论专家,长期从事教育科学研究,最为著名的是有关教学过程最优化的理论。

巴班斯基认为,所谓的教学过程最优化并非是某种特殊的教学方法或方式,而是科学地

① [苏联]赞可夫.论小学教育[M].俞翔辉,译.北京:教育科学出版社,1982:22-23.

指导教学、合理组织教学过程的方法或形式,具体来说是指"在全面考虑教学规律、原则、现代教学的形式和方法、该教学系统的特征以及内外部条件的基础上,为了使过程从既定标准看来发挥最有效的(即最优的)作用而组织的控制"①。教学是否达到了最优化的效果,有两个评判的标准:第一个标准是每一个学生在教养、教育和发展三个方面是否都达到他在该时期内可能达到的水平,而且不得低于所规定的评分标准的水平;第二个标准是学生和教师都遵守有关课堂教学和家庭作业的时数规定。

巴班斯基指出,教学过程最优化的方法体系是指相互联系的、导致教学最优化的方法的总和。这一方法体系强调教学双方最优化方法的有机统一,它既包括教学过程的五个基本成分,即教学任务、教学内容、教学方法、教学形式和教学效果,又包括教学过程的三个阶段即准备、进行、分析结果;既包括教师活动,又包括学生活动。最优化的教学需要最优化效果的方法,教师实现最优化教学的具体措施包括:① 教学任务的综合化和具体化。即在教学前应当综合考虑如何在课堂上解决学生的教养、教育和发展三方面的问题,统筹兼顾,任务细化和具体化。② 教学内容的优选。要求划分出各学科最主要的、本质的因素,减轻学生负担,合理分配材料。③ 教学方法和教学手段的优选。巴班斯基认为,没有任何一种方法是适合所有的教学的,要达到教学过程的最优化就必须把合理的方法结合起来。④ 教学形式的优选。针对不同的学生采取班级授课制、区别教学和个别教学的形式,并要掌握各种教学形式的优缺点。⑤ 教学条件的优选。它所涵盖的范围非常广泛,是各种外部条件的总和。⑥ 分析教学效果确定最优速度。主要是从最优化标准的角度,分析教学结果是否符合预先提出的教学任务的目标,分析时间的消耗量是否符合学校所规定的时间额。依据系统论的观点,巴班斯基分析了教学的规律性,还提出了九大教学规律和相应的 11 条教学原则。

巴班斯基的教学过程最优化理论曾经对苏联和世界教育产生很大影响,其著作被翻译成多种文字出版。他的教学过程最优化理论拥有完整的方法论体系,将辩证的系统方法作为他整个教学过程最优化理论的方法指南;提出了最优化教学的标准,详细阐述了教学过程中每个阶段的最优化效果,还形成了规律、规则、规定这三个渐进的独特的控制体系。不足之处在于他对整个教学过程的改革只是局限于对教学模式的改善,没有触及教育教学本质的东西。

思考与拓展

1. 研讨西方学校教育制度从双轨制到单轨制的途径和意义。
2. 比较二战前后苏联教育改革的异同。
3. 分析苏联教育与生产劳动相结合的内涵与意义。
4. 评述西方国家综合中学运动及影响。
5. 试分析二战后以来,世界主要国家教育改革的趋势。
6. 评述终身教育思潮。
7. 简述苏联马克思主义教育思想家的主要观点。

---

① [苏联]巴班斯基.教学过程最优化——一般教学论方面[M].张定璋,译.北京:人民教育出版社,1984:57-58.

参考文献

[1] [美]克伯雷.西方教育经典文献[M].任钟印,译.北京:人民教育出版社,2016.

[2] 蒋径三.西洋教育思想史[M].福州:福建教育出版社,2011.

[3] 陈汉才.中国古代幼儿教育史[M].广州:广东高等教育出版社,1996.

[4] 陈景磐.中国近代教育史[M].北京:人民教育出版社,1983.

[5] 陈学恂,孙培青.中国教育通史[M].上海:华东师范大学出版社,2009.

[6] 程舜英,曹剑英.中国古代教育家语录今译[M].北京:北京师范大学出版社,1991.

[7] 戴本博.外国教育史[M].北京:人民教育出版社,1990.

[8] 单中惠.西方教育思想史[M].北京:中国人民大学出版社,2017.

[9] 杜成宪,王保星.中外教育简史(上、下册)[M].北京:北京师范大学出版社,2015.

[10] 杜学元.中国女子教育通史[M].贵阳:贵州教育出版社,1995.

[11] 顾树森.中国古代教育家[M].南京:江苏人民出版社,1960.

[12] 郭齐家.中国教育思想史[M].北京:教育科学出版社,1987.

[13] 贺国庆.外国高等教育史[M].北京:人民教育出版社,2003.

[14] 胡金平,王雯.中外教育史[M].苏州:苏州大学出版社,2000.

[15] 雷良波,陈阳凤,熊贤君.中国女子教育史[M].武汉:武汉出版社,1993.

[16] 雷通群.西洋教育通史[M].北京:东方出版社,2012.

[17] 李国钧,王炳照.中国教育制度通史[M].济南:山东教育出版社,2000.

[18] 李明德.西方教育思想史[M].北京:人民教育出版社,2008.

[19] 李申申.简明外国教育史[M].开封:河南大学出版社,1997.

[20] 廖其发.中国幼儿教育史[M].太原:山西教育出版社,2006.

[21] 林玉体.西方教育思想史[M].北京:九州出版社,2006.

[22] 罗炳之.外国教育史[M].南京:江苏人民出版社,1981.

[23] 毛礼锐,沈灌群.中国教育通史[M].济南:山东教育出版社,1986.

[24] 乔卫平,程培杰.中国古代幼儿教育[M].太原:山西教育出版社,2006.

[25] 任时先.中国教育思想史[M].上海:上海商务印书馆,1937.

[26] 舒新城.中国近代教育史资料[M].北京:人民教育出版社,1979.

[27] 宋本成.中国古代教育家教育及教学思想评价[M].呼和浩特:内蒙古教育出版社,1984.

[28] 孙培青.中国教育史[M].上海:华东师范大学出版社,2000.

[29] 滕大春.外国近代教育史[M].北京:人民教育出版社,1989.

［30］滕大春.外国教育通史［M］.济南:山东教育出版社,2005.

［31］田正平,肖朗,周谷平.中外教育交流史［M］.广州:广东教育出版社,2004.

［32］王保星.外国教育史［M］.北京:北京师范大学出版社,2008.

［33］王炳照,李国均,阎国华.中国教育通史［M］.北京:北京师范大学出版社,2013.

［34］王炳照,阎国华.中国教育思想通史［M］.长沙:湖南教育出版社,1994.

［35］王炳照.简明中国教育史［M］.北京:北京师范大学出版社,1985.

［36］王凌皓.中外教育史［M］.长春:东北师范大学出版社,2002.

［37］王天一.外国教育史［M］.北京:北京师范大学出版社,2005.

［38］王晓华,叶富贵.中外教育史［M］.北京:首都师范大学出版社,2009.

［39］吴洪成.中国小学教育史［M］.太原:山西教育出版社,2006.

［40］吴式颖,任钟印.外国教育思想通史［M］.北京:北京师范大学出版社,2017.

［41］吴式颖.外国教育史简编［M］.北京:教育科学出版社,1988.

［42］吴式颖.外国教育史教程［M］.北京:人民教育出版社,2015.

［43］夏之莲.外国教育发展史料选粹［M］.北京:北京师范大学出版社,1999.

［44］熊明安,周洪宇.中国近现代教育实验史［M］.济南:山东教育出版社,2001.

［45］杨汉麟.外国幼儿教育史［M］.南宁:广西教育出版社,1998.

［46］杨汉麟.外国教育名家思想［M］.武汉:华中师范大学出版社,2010.

［47］杨捷.外国教育史［M］.开封:河南大学出版社,2010.

［48］于洪波.简明中外教育史［M］.济南:山东人民出版社,2010.

［49］喻本伐,熊贤君.中国教育发展史［M］.武汉:华中师范大学出版社,1991.

［50］张斌贤.外国教育史［M］.北京:教育科学出版社,2015.

［51］张瑞璠,王承绪.中外教育比较史纲［M］.济南:山东教育出版社,1997.

［52］赵祥麟.外国现代教育史［M］.上海:华东师范大学出版社,1987.

［53］周采.外国学前教育史［M］.北京:北京师范大学出版社,2012.

［54］周洪宇,申国昌.中国教育活动通史［M］.济南:山东教育出版社,2018.

［55］朱镜人.外国教育思想简史［M］.合肥:安徽教育出版社,2011.

［56］朱永新.中国古代思想史［M］.北京:中国人民大学出版社,2011.

后　记

　　本书是集体劳动的结晶,具体分工为:第一章、第九章、第十章、第十一章由安阳师范学院黄思记博士撰写;第二章、第三章由南阳师范学院李玉峰教授撰写;第四章、第五章、第六章由周口师范学院黄宝权博士撰写;第七章、第八章由河南师范大学王世军讲师撰写;第十二章、第十三章、第十四章、第十五章主要由河南大学王立博士撰写,江南大学于书娟博士参与撰写了第十三章,河南大学硕士生常顺利参与撰写第十四章,安阳师范学院魏臣宇老师参与了本书后期的整理和校对。最后,由黄思记做全书的统稿工作。

　　河南大学李申申教授为本书的撰写提出了很多宝贵建议,并为本书撰写序言;安阳师范学院副院长郭翠菊教授为本书的立项和撰写提供了大力的支持和帮助;安阳师范学院张永恒老师、洛阳师范学院杨红军博士和刘艳艳老师等为本书的撰写做了大量先期工作;安阳师范学院高瑞芳老师对书稿的修改提出了很多宝贵意见;南京大学出版社责任编辑曹森为本书更是付出了诸多辛劳;另外,教育史学界的专家、学者的研究成果为本书的撰写提供了丰厚的基础,付梓之际,在此一并表示诚挚的感谢!

　　因我们水平所限,本书肯定存在诸多不足之处,恳请诸位专家、学者不吝赐教,批评指正!

本书编写组

2021 年 5 月